广西大学211工程三期重点学科建设项目资助
扬州大学博士后科研资助计划项目资助

广西大学中国—东盟研究院文库

总编◎阳国亮

跨文化交际视野下的汉泰核心词对比研究

李仕春◎著

中国社会科学出版社

图书在版编目（CIP）数据

跨文化交际视野下的汉泰核心词对比研究/李仕春著. —北京：中国社会科学出版社，2011.8

ISBN 978－7－5161－0077－6

Ⅰ.①跨⋯　Ⅱ.①李⋯　Ⅲ.①汉语—词汇—对比研究—泰语

Ⅳ.①H13②H412.3

中国版本图书馆 CIP 数据核字(2011)第 177755 号

责任编辑　王　茵
责任校对　王有学
封面设计　回归线视觉传达
技术编辑　王炳图

出版发行　中国社会科学出版社
社　　址　北京鼓楼西大街甲 158 号　　　　邮　编　100720
电　　话　010—84029450(邮购)
网　　址　http://www.csspw.cn
经　　销　新华书店
印　　刷　北京君升印刷有限公司　　　　　　装　订　广增装订厂
版　　次　2011 年 8 月第 1 版　　　　　　　印　次　2011 年 8 月第 1 次印刷
开　　本　710×1000　1/16
印　　张　30.5　　　　　　　　　　　　　　插　页　2
字　　数　458 千字
定　　价　65.00 元

总　序

阳国亮

　　正当中国与东盟各国形成稳定健康的战略伙伴关系之际，我校以经济学、经济管理、国际贸易等经济学科为基础，整合法学、政治学、公共管理学、文学、新闻学、外语、教育学、艺术等学科力量，经广西壮族自治区政府批准于 2005 年成立了广西大学中国—东盟研究院；同时将"中国—东盟经贸合作与发展研究"作为"十一五"时期学校"211工程"的重点学科来进行建设。这两项行动所要实现的目标，就是要加强中国与东盟合作研究，发挥广西大学智库的作用，为国家和地方的经济、政治、文化、社会建设服务，并逐步形成具有鲜明区域特色的高水平的文科科研团队。几年来，围绕中国与东盟的合作关系及东盟各国的国别研究，研究院的学者和专家们投入了大量的精力并取得了丰硕的成果。为了使学者、专家们的智慧结晶得以在更广的范围内展示并服务于社会，发挥其更大的作用，我们决定将其中的一些研究成果结集并以《广西大学中国—东盟研究院文库》的形式出版。同时，这也是我院中国—东盟关系研究和"211工程"建设成果的一种汇报和检阅的形式。

　　中国与东盟各国的关系研究是国际关系中区域国别关系的研究，这一研究无论对国际经济与政治还是对我国对外开放和现代化建设都非常重要。广西在中国与东盟的关系中处于非常特殊的位置，特别是在广西的社会经济跨越式发展中，中国与东盟关系的发展状况会给广西带来极大的影响。因此，中国与东盟及各国的关系是非常值得重视的研究课题。

中国与东盟各国的关系具有深厚的历史基础。古代中国与东南亚各国的经贸往来自我国春秋时期始已有两千多年的历史。由于中国与东南亚经贸关系的繁荣，秦汉时期的番禺（今广州）就已成为"珠玑、犀、玳瑁"等海外产品聚集的"都会"（《史记》卷69《货殖列传》）。自汉代以来，经三国、两晋、南北朝至隋唐，中国与东南亚各国的商贸迅速发展。大约在唐朝开元初年，唐朝在广州创设了"市舶使"，作为专门负责管理对外贸易的官员。宋元时期鼓励海外贸易的政策促使中国与东南亚各国经贸往来出现了前所未有的繁荣。至明朝，郑和下西洋加强了中国与东南亚各国的联系，把双方的商贸往来推向了新的高潮。自明代始，大批华人移居东南亚，带去了中国先进的生产工具和生产技术。尽管明末清初，西方殖民者东来，中国几番海禁；16世纪开始，东南亚各国和地区相继沦为殖民地；至1840年中国也沦为半殖民地半封建社会，中国与东南亚各国的经贸往来呈现复杂局面，但双方的贸易仍然在发展。第二次世界大战以后，受世界格局的影响以及各国不同条件的制约，中国与东南亚各国的经济关系经历了曲折的历程。直到20世纪70年代，国际形势变化，东南亚各国开始调整其对华政策，中国与东南亚各国的国家关系逐渐实现正常化，双方经济关系得以迅速恢复和发展。20世纪80年代末期冷战结束至90年代初，国际和区域格局发生重大变化，中国与东南亚各国的关系出现了新的转折，双边经济关系进入全面合作与发展的新阶段。总之，中国与东盟各国合作关系由来已久，渊源深厚。

发展中国家区域经济合作浪潮的兴起和亚洲的觉醒是东盟得以建立的主要背景。20世纪60—70年代，发展中国家区域经济一体化第一次浪潮兴起，拉美和非洲国家涌现出中美共同市场、安第斯集团、加勒比共同市场等众多的区域经济一体化组织。20世纪90年代，发展中国家区域经济一体化浪潮再次兴起。在两次浪潮的推动下，发展中国家普遍意识到加强区域经济合作的必要性和紧迫性，只有实现区域经济一体化才能顺应经济全球化的世界趋势并减缓经济全球化带来的负面影响。亚洲各国正是在这一背景下觉醒并形成了亚洲意识。战前，亚洲是欧美的殖民地；战后，亚洲各国尽管已经独立，但仍未能摆脱大国对亚洲地区事务的干涉和控制。20世纪50—60年代，亚洲各国民族主义意识增强，已经显示出较强烈的政治自主意愿，要求自主处理地区事务，不受大国支配，努力维护本国的独立和主权。亚洲各国都意识到，要实现这种意愿，弱小国家必须组织起来协同合作，由此"亚洲主义"得以产生。东盟就是在东南亚国家这种意愿的推动下，经过艰难曲折的过程而建立起来的。

"东盟"是东南亚国家联盟的简称，在国际关系格局中具有重要的战略地位。东盟的战略地位首先是由其所具有的两大地理区位优势决定的：一是两洋的咽喉门户。东南亚处于太平洋与印度洋的"十字路口"，既是通向亚、非、欧三洲及大洋洲的必经航道，又是南美洲与东亚国家间物资、文化交流的海上门户。其中，世界上每年50%的船只通过马六甲海峡，这使得东南亚成为远东制海权的战略要地。二是欧亚大陆"岛链"重要组成部分。欧亚大陆有一条战略家非常重视的扼制亚欧国家进入太平洋的新月形的"岛链"，北起朝鲜半岛，经日本列岛、琉球群岛、我国的台湾岛，连接菲律宾群岛、印度尼西亚群岛。东南亚是这条"岛链"的重要组成部分，是防卫东亚、南亚大陆的战略要地。其次，东盟的经济实力也决定了其战略地位。1999年4月30日，以柬埔寨加入东盟为标志，东盟已成为代表全部东南亚国家的区域经济合作组织。至此，东盟已拥有10个国家、448万平方公里土地、5亿人口、7370亿美元国内生产总值、7200亿美元外贸总额，其经济实力在国际上已是一支重要的战略力量。再次，东盟在国际关系中还具有重要的政治战略地位，东盟所处的亚太地区是世界大国多方力量交会之处，中国、美国、俄罗斯、日本、印度等大国有着不同的政治、经济和安全利益追求。东盟的构建在亚太地区的国际政治关系中加入了新的因素，对于促进亚太地区国家特别是大国之间的磋商、制衡大国之间的关系、促进大国之间的合作具有极重要的作用。

在保证了地区安全稳定、推进国家间的合作、增强了国际影响力的同时，东盟也面临一些问题。东盟各国在政治制度等方面存在较大差异，政治多元的状况会严重影响合作组织的凝聚力；东盟大多数成员国经济结构相似，各国间的经济利益竞争也会直接影响到东盟纵向的发展进程。长期以来，东盟缺乏代表自身利益的大国核心，不但影响政治经济合作的基础，在发生区域性危机时更是无法整合内部力量来抵御和克服，外来不良势力来袭时会呈现群龙无首的状态，这对于区域合作组织抗风险能力的提高极为不利。因此，到区域外寻求稳定的、友好的战略合作伙伴是东盟推进发展必须要解决的紧迫的问题。中国改革开放以来的发展及其所实行的外交政策、在1992年东亚金融危机中的表现以及加入WTO，使东盟不断加深了对中国的认识；随着中国与东盟各国的关系不断改善和发展，进入21世纪后，中国与东盟也进入了区域经济合作的新阶段。

发展与东盟的战略伙伴关系是中国外交政策的重要组成部分。从地缘上看，东南亚是中国的南大门，是中国通向外部世界的海上通道；从国际政治上看，亚太地区是中、美、日三国的战略均衡区域，而东南亚是亚太地区的"大国"，对中、美、日都具有极重要的战略地位，是中国极为重要的地缘战略区域；从中国的发展战略要求看，东南亚作为中国的重要邻居是中国周边发展环境的一个重要组成部分，推进中国与东盟的关系，还可以有效防止该地区针对中国的军事同盟，是中国稳定周边战略不可缺少的一环；从经济发展的角度说，中国与东盟的合作对促进双方的贸易和投资、促进地区之间的协调发展具有极大的推动作用，同时，这一合作还是以区域经济一体化融入经济全球化的重要步骤；从中国的国际经济战略要求来说，加强与东盟的联系直接关系到中国对外贸易世界通道的问题，预计在今后15年内，中国制造加工业将提高到世界第二位的水平，中国与海外的交流日益增强，东南亚水域尤其是马六甲海峡是中国海上运输的生命线，因此，与东盟的合作具有保护中国与海外联系通道畅通的重要意义。总之，中国与东盟各国山水相连的地理纽带、源远流长的历史交往、共同发展的利益需求，形成了互相合作的厚实基础。经过时代风云变幻的考验，中国与东盟区域合作的关系不断走向成熟。东盟已成为中国外交的重要战略依托，中国也成为与东盟合作关系发展最快、最具活力的国家之一。

中国—东盟自由贸易区的建立是中国与东盟各国关系发展的里程碑。中国—东盟自由贸易区是一个具有较为严密的制度安排的区域一体化的经济合作形式，这些制度安排涵盖面广、优惠度高，它涵盖了货物贸易、服务贸易和投资的自由化及知识产权等领域,在贸易与投资等方面实施便利化措施,在农业、信息及通信技术、人力资源开发、投资以及湄公河流域开发五个方面开展优先合作。同时,中国与东盟的合作还要扩展到金融、旅游、工业、交通、电信、知识产权、中小企业、环境、生物技术、渔业、林业及林产品、矿业、能源及次区域开发等众多的经济领域。中国—东盟自由贸易区的建立既有助于东盟克服自身经济的脆弱性,提高其国际竞争力,又为中国对外经贸提供新的发展空间,对于双边经贸合作向深度和广度发展都具有重要的推动作用。中国—东盟自由贸易区拥有近 18 亿消费者,人口覆盖全球近 30%;GDP 近 4 万亿美元,占世界总额的 10%;贸易总量 2 万亿美元,占世界总额的10%,还拥有全球约 40% 的外汇。这不仅大大提高了中国和东盟国家的国际地位,而且将对世界经济产生重大影响。

广西在中国—东盟合作关系中具有特殊的地位。广西和云南一样都处于中国与东盟国家的接合部,具有面向东盟开放合作的良好的区位条件。从面向东盟的地理位置看,桂越边界 1020 公里,海岸线 1595 公里,与东盟由一片海连接。从背靠国内的区域来看,广西位于西南和华南之间,东邻珠江三角洲和港澳地区、西毗西南经济圈、北靠中南经济腹地,这一独特的地理位置使广西成为我国陆地和海上连接东盟各国的一个"桥头堡",是我国内陆走向东盟的重要交通枢纽。广西与东盟各国在经济结构和出口商品结构上具有互补性。广西从东盟国家进口的商品以木材、矿产品、农副产品等初级产品为主,而出口到东盟国家的主要为建材、轻纺产品、家用电器、生活日用品和成套机械设备等工业制成品;在水力、矿产等资源的开发方面还有很强的互补性。广西与东盟各国的经济技术合作具有很好的前景和很大的空间。广西南宁成为中国—东盟博览会永久承办地,泛北部湾经济合作与中国—东盟"一轴两翼"区域经济新格局的构建为广西与东盟各国的合作提供了很好的平台。另外,广西与东南亚各国有很深的历史人文关系,广西的许多民族与东南亚多个民族有亲缘关系,如越南的主体民族越族与广西的京族是同一民族,越南的岱族、侬族与广西壮族是同一民族,泰国的主体民族泰族与广西的壮族有很深的历史文化渊源关系,这些都是广西与东盟接轨的重要的人文优势。自 2004 年以来，广西成功地承办了每年一届的中国—东盟博览会和商务与投资峰会以及泛北部湾经济合作论坛、中国—东盟自由贸易区论坛、中越青年大联欢等活动，形成了中国—东盟合作"南宁渠道"，显示了广西在中国—东盟合作中的重要作用。总之，广西在中国—东盟关系发展中占有重要地位。在中国—东盟关系发展中发挥广西的作用，既是双边合作共进的迫切需要，对于推动广西的开放开发、加快广西的发展也具有十分重要的意义。

中国—东盟自由贸易区一建立就取得了显著的效果。据中国海关统计，2010 年中国与东盟双边贸易额达 2927.8 亿元，比上年增长37.5%。当然，这仅仅是一个良好的开端，要继续深化中国与东盟的合作，使这一合作更为成熟并达到全方位合作的实质性目标，还需要从战略上继续推进，在具体措施上继续努力。无论是总体战略推进还是具体措施的落实都需要以理论思考、理论研究为基础进行运筹和决策，因此，不断深化中国与东盟及各国关系的研究就显得尤为必要。

加强对东盟及东盟各国的研究是国际区域经济、政治和文化研究学者的一项重要任务。东盟各国及其区域经济一体化的稳定和发展是我国构建良好的周边国际环境和关系的关键。东盟区域经济一体化的发展受到很多因素的制约，东盟各国经济贸易结构的雷同和产品的竞争，在意识形态、宗教历史、文化习俗、发展水平等方面的差异性，合作组织内部缺乏核心力量和危机共同应对机制等因素都会对区域经济一体化的进一步发展造成不利影响。要把握东盟各国及其区域经济一体化的走向，就要加强对东盟各国历史、现状、走向的研究，同时也要加强东盟区域经济一体化有利因素和制约因素的走向和趋势的研究。

我国处理与东盟各国关系的战略、策略也是需要不断思考的重要问题。要从战略上发挥我国在与东盟关系的良性发展中的作用，形成中国—东盟双方共同努力的发展格局；要创新促进双边关系发展的机制体系；要进一步深化和完善作为中国—东盟合作主要平台和机制的中国—东盟自由贸易区，进一步分析中国—东盟自由贸易区的下一步发展趋势和内在要求，从地缘关系、产业特征、经济状况、相互优势等方面充实合作内容、创新合作形式、完善合作机制、拓展合作领域，全面发挥其积极的作用。所有这些问题都要从战略思想到实施措施上展开全面的研究。

广西在中国—东盟关系发展中如何利用机遇、发挥作用更需要从理论和实践的结合上不断深入研究。要在中国—东盟次区域合作中进一步明确广西的战略地位，在对接中国—东盟关系发展中特别是在中国—东盟自由贸易区的建设发展进程中，发挥广西的优势，进一步打造好中国—东盟合作的"南宁渠道"；如何使"一轴两翼"的泛北部湾次区域合作机制创新成为东盟各国的共识和行动，不仅要为中国—东盟关系发展创新形式、拓展领域，也要为广西的开放开发、抓住中国—东盟区域合作的机遇实现自身发展创造条件；如何在中国—东盟区域合作中不断推动北部湾的开放开发、形成热潮滚滚的态势，这些问题都需要不断地深入研究。

综上所述，中国与东盟各国的关系无论从历史现状还是发展趋势来看都是需要认真研究的重大课题。广西大学作为地处中国与东盟开放合作的前沿区域的"211工程"高校，应当以这些研究为己任，应当在这些重大问题的研究上产生丰富的创新成果，为我国与东盟各国关系的发展、为广西在中国—东盟经济合作中发挥作用并使广西跨越式发展作出贡献。

在中国与东盟各国关系不断发展的过程中，广西大学中国—东盟研究院的学者、专家们在中国—东盟各项双边关系的研究中进行了不懈的探索。学者、专家们背负着民族、国家的责任，怀揣着对中国—东盟合作发展的热情，积极投入到与中国—东盟各国合作发展相关的各种问题的研究中来。"宝剑锋从磨砺出，梅花香自苦寒来"，历经多年的积淀与发展，研究院的组织构架日臻完善，团队建设渐趋成熟，形成了立足本土兼具国际视野的学术队伍，在学术上获得了一些喜人的成果，比较突出的有：取得了"CAFTA进程中我国周边省区产业政策协调与区域分工研究"与"中国—东盟区域经济一体化"两项国家级重大课题；围绕中国与东盟各国关系的历史、现状及其发展，从经济、政治、文化、外交等各方面的合作以及广西和北部湾的开放开发等方面开展了大量的研究，形成了一大批研究论文和论著。这些成果为政府及各界了解中国—

东盟关系的发展历史、了解东盟各国的文化、把握中国—东盟关系的发展进程提供了极好的参考材料，为政府及各界在处理与东盟各国关系的各项决策中发挥了咨询服务的作用。

这次以《广西大学中国—东盟研究院文库》的形式出版的论著仅仅是学者、专家们的研究成果中的一部分。《文库》的顺利出版，是广西大学中国—东盟研究院的学者们在国家"211工程"建设背景下，共同努力，经过不辞辛苦、锲而不舍的研究所取得的一项重大成果。文库的作者中有一批青年学者，是中国—东盟关系研究的新兴力量，尤为引人注目。青年学者群体是广西大学中国—东盟研究院未来发展的重要战略资源，青年兴则学术兴，青年强则研究强，多年来，广西大学中国—东盟研究院致力于培养优秀拔尖人才和中青年骨干学者，从学习、工作、政策、环境等各方面创造条件，为青年学者的健康成长搭建舞台。同时，众多青年学者也树立了追求卓越的信念，他们在实践中学会成长，正确对待成长中的困难，不断走向成熟。"多情唯有是春草，年年新绿满芳洲"，学术生涯是一条平凡而又艰难、寂寞而又崎岖的道路，没有鲜花，没有掌声，更多的倒是崇山峻岭、荆棘丛生；但学术又是每一个国家发展建设中不可缺少的，正如水与空气之于人类，整个人类历史文化长河源远流长，其中也包括着一代又一代学者薪火相传的辛勤劳动。愿研究院的青年学者们，以及所有真正有志献身于学术的人们，都能像春草那样年复一年以自己的新绿铺满大地、装点国家壮丽锦绣的河山。

当前，国际政治经济格局加速调整，亚洲发展孕育着重大机遇，中国同东盟国家的前途命运日益紧密地联系在一起。在新形势下，巩固和加强中国—东盟战略伙伴关系，不断地推进中国—东盟自由贸易区的健康发展是中国与东盟国家的共同要求和共同愿望。广西大学中国—东盟研究院将会继续组织和推进中国与东盟各国关系的研究，从区域经济学的视角出发，采取基础研究与应用研究相结合、专题研究与整体研究相结合的方法，紧密结合当前实际，对中国—东盟自由贸易区建设这一重大战略问题进行全面、深入、系统的思考；并在深入研究的基础上提出具有前瞻性、科学性、可行性的对策建议，为政府提供决策咨询，为相关企业提供贸易投资参考。随着研究的深入，我们会陆续将研究成果分批结集出版，以便使《广西大学中国—东盟研究院文库》成为反映我院中国—东盟各国及其关系研究成果的一个重要窗口，同时也希望能为了解东盟、认识东盟、研究东盟、走进东盟的人们提供有益的参考与借鉴。由于时间仓促，本文库错误之处在所难免，敬请各位学者、专家及广大读者不吝赐教，批评指正。

　　是为序。

（作者系广西大学中国—东盟研究院院长）

2011 年 1 月 11 日

前　言

从语言研究的目的来看，中国语言学研究大致经历了两个阶段：第一阶段是以分析语料为主的语文学时期，时间跨度从有汉语研究直到1898 年（以《马氏文通》的出版为主）；研究目的是为本国人阅读文献服务；研究任务主要以处理语料为主，语言学理论散见于各文献之中，反映的汉语特点零乱而分散、不成体系；研究对象主要为古典文献，包括对字词的注释、版本的考证等。语文学时期的著者往往凭着坚实的文献功底做着对传世文献的字词进行注释、对古文献的版本进行去伪存真的考证工作。这个时期在中国有规模的研究从汉代①开始直到1898 年《马氏文通》的出现。

"儒学统一云者，他学消沉之义也……故凡专制之世，必禁言论、思想之自由。"②"凡当主权者喜欢干涉人民思想的时代、学者的聪明才力，只有全部用去注释古典。欧洲罗马教皇权力最盛时，就是这种现象，我国雍乾间也是一个例证。"③梁启超的这两句话可作为语文学研究在中国 2000 多年的历史中一直兴而不衰的最好注解。初始时期的中国社会发展和西方社会发展基本一致，学术思想的发展也基本一致，由此决定的语言学研究也基本一致：中西方的语言学研究都孕育于哲学论争

---

① 中国系统的语文学时期应从汉代开始，汉代出现了一大批注释学家和以《尔雅》、《说文解字》、《方言》、《释名》等为主的著作。

② 梁启超：《论中国学术思想变迁之大势》，《清代学术概论》，夏晓红点校，北京：中国人民大学出版社 2006 年版，第 48 页。

③ 梁启超：《中国近三百年学术史》，太原：山西古籍出版社 2001 年版，第 21 页。

之中，都在统一的国家出现之后进入语文学时期，但是中国自秦、汉以后，就是一个封建专制的统一国家，社会发展的特征是合大于分，而西方自罗马帝国后各国并立，并没有形成一个统一的国家，社会发展的特征是分大于合。因此是封建专制的统一，导致中国学者在自汉"独尊儒术，罢黜百家"后始终在政治高压下讨生活，历代学者的聪明才智也就大都用来注释以儒家经典为主的古典文献作品了，这是中国经历了2000多年的语文学时期的重要原因之一。①

总之，语文学时期语言研究的目的主要是为本国人阅读古书服务。中国的学者主要运用累叠的方式注解古书、考证版本。以《诗经》为例，历代学者都结合自己的时代需要在前一代人注解的基础上进行诠释。

第二阶段：进入20世纪特别是21世纪后随着我国国势的日渐强盛，越来越多的外国人为了和中国打交道而学习汉语，于是出现了"对外汉语教学"这个新专业；随着计算机进一步向智能化发展，人机对话的研究显得日渐重要，因此出现了计算语言学这个新专业。总之，社会的发展向我们研究语言的学者提出两个亟待解决的问题：一与计算语言学有关，一与对外汉语教学有关。本书的写作目的就是通过研究汉语的构词法和造词法，找出能反映汉语词的结构和生成的普遍的反复出现的规律，从而更好地解决计算语言学提出的语言形式化特别是语义形式化的任务，更好地解决对外汉语教学提出的外国人怎样更快更好地掌握汉语的任务。② 因此，第二阶段语言学研究除延续了第一个阶段研究的任务以外，还多了两个任务：为外国人学习汉语服务，为中文信息处理服务。

这个时期是引进理论时代，即语言学时期：从1898年《马氏文通》的出版一直到现在，《马氏文通》主要是用印欧语的理论来分析汉语，从那时起中国语言学界就一直以引进国外语言学理论为主，这一阶段的特点是用引进的理论挖掘汉语的特点，反映的汉语特点比较系统。1898年《马氏文通》的出版标志着中国语言学进入以引进西方语言学理论为

---

① 拙著未刊稿《中国语言学学术思想史研究》中有详细的论述。
② 李仕春：《汉语构词法和造词法研究》，语文出版社2011年版，第18页。

主的时代。这一时期中国的语言学学者用西方的语言学理论分析汉语的特点，建构了基于印欧语的以汉语语法为主的汉语语言学研究体系。"在 19 世纪末，马建忠借鉴当时国外的语法理论撰写出版了中国第一部系统的汉语语法著作。《马氏文通》的出版其意义并不只在汉语语法学领域，可以说预示了现代意义上的中国语言学的开始。根据我对 20 世纪 50 年代以来已有的现代汉语语法研究成果的了解以及我自己研究现代汉语语法的体会，我认为，从《马氏文通》至今，中国国内汉语语法研究中所用到的理论方法，基本上都是从国外借鉴来的。"[①]

语言学时期语言研究的目的有三个：为本国人服务，为外国人服务，为中文信息处理服务。研究目的的多样化决定了研究语言视角的多样化，这有助于汉语特点的发掘。本书的写作主要是为外国人服务的，以外国人学习汉语的眼光构建汉语的词汇体系。

对外汉语研究主要涉及对外汉语教学基本理论、语言学习与习得、跨文化交际和语言测试等几个方面，本书的研究属于文化教学方面的。文化附着物是多方面的，语言是文化最主要的载体，词汇更是主要载体。本书主要在跨文化交际理论的指导下，挖掘汉语词汇中蕴涵的丰富的文化，目前国内有关跨文化交际方面的著作论述内容大同小异，并没有深入文化的具体附着物上面，本书尽量探讨汉语词汇中所蕴涵的丰富的中国传统文化。

学汉语难，学汉语词汇更难，这是我们常听到的外国学生学习汉语的感慨。我们认为这与教汉语的老师没有为学生找到很好的学习词汇的方法有关。目前，国内教外国学生学习汉语词汇，通用的是《HSK 中国汉语水平考试词汇大纲》，这个词汇大纲按照使用频率把汉语的词汇分为甲、乙、丙、丁四级，共 8000 多个词，我们认为这个词汇大纲最大缺点就在于缺乏系统性。

语言的运转规律之一就是有限的格式无限的运用，这有限的格式具体到语言要素就是语音、词汇、语法的组合和聚合规律。当代语言学工

---

① 陆俭明：《当代语法理论和现代汉语语法研究之管见》，《山西大学学报》2007 年第 3 期。

作者对语言运转规律的研究有趋于复杂化的趋势，研究成果越来越脱离大众化，走向学究化，让人越来越看不懂，事实上，语言运转的规律远比我们想象的要简单得多！语言研究者的任务就是要找出复杂的语言现象下面隐含的规律，以使语言学习者能最快地掌握语言技巧，并用之交际。本书的目的之一就是要找出汉语词汇的运转规律，使汉语词汇的学习由难变易。在著者看来，使汉语词汇的学习由难变易的金钥匙就是要建构汉语的词汇体系，就是要用系统的方法把看似一盘散沙的一个个词语之间的联系找出来，建立汉语词汇体系。

从系统性与必要性来讲，我们认为斯瓦迪士 200 核心词列表也许更科学些。斯瓦迪士 200 核心词，是根据不同族群的人拥有的共同词汇制定的，它适合于各民族的交际。本书首先在斯瓦迪士 200 核心词列表的基础上找出汉泰两国共有的核心词，然后系联为不同的义类，再找出单个汉语核心词所含的文化含义，然后进行教学说明。根据跨文化交际先同后异的教学理论，指出在充分利用汉泰相同的词及其义项的基础上，帮助学习汉语的泰国学生掌握不同的义项及其蕴涵的文化含义。

总之，学术性与趣味性构成了本书的两大特征。学术性体现在，本书把斯瓦迪士 200 核心词系联为对应于客观世界和主观世界的不同语义场的语言世界，着力于从客体、主体、语言三个世界同构的角度建构汉语的词汇体系，使外国学生在较短的时间里学会汉语词汇；趣味性体现在本书尽可能挖掘汉语词汇中蕴涵的丰富的中国传统文化，并以小故事、成语、谚语、民间故事、神话传说、典故等形式体现出来，从而增加外国留学生学习汉语的兴趣。

李仕春

2011 年 7 月 1 日

目　录

第二编　汉泰动作义场对比研究

第三编　汉泰性状义场对比研究

第四编　汉泰关系义场对比研究

绪　　论

"跨文化交际"（inter – cultural communication），是指具有文化差异的不同民族之间的交际。主要指本族语者与非本族语者之间的交际，也指任何在语言和文化背景方面有差异的人们之间的交际。通俗来说就是如果你和外国人打交道（由于存在语言和文化背景的差异），应该注意什么问题，应该如何得体地去交流。

语言是文化的一种载体，在语言的三个要素语音、词汇、语法中，词汇是文化的主要承载者。斯瓦迪士核心词列表（Swadesh list），是由美国语言学家莫里斯·斯瓦迪士（Morris Swadesh）在 20 世纪 40 年代到 50 年代提出的一个列表。他从统计学的角度用分析不同的语言（以印欧语系语言为主），从而得出一个约莫有 200 字的核心词列表。几乎每种语言都包括这些核心词汇，它们具有超强的稳定性；而且，只要认识这 200 个词语，就可以利用该种语言做最基本的沟通。

本书确定的汉语核心词，就是在斯瓦迪士核心词列表的基础上选定的。本书的写作步骤是：

写作步骤：

第一步：对照《现代汉语词典》和百度百科等词典的解释，找出核心词有几个常用义项。

第二步：找出每个核心词的每个义项组成的复字词，按义项归类，并解释由核心词组成的多义复字词。

第三步：找出文化词，并略作解释。可以从民俗、文化等有关的书籍里面寻找。

第四步：找出对应泰语词的义项的异同。不同的义项就是汉语特有的文化含义，是泰国人着重需要学的。根据普遍语法理论先同后异的教学原则对每个词的教学作简单的介绍。

第五步：对每个义项所组成的意义复杂的复字词，进行举例说明。例句大多采自北京大学中国语言学研究中心研制的 CCL 语料库中的现代汉语语料，尽可能简洁明快、活泼生动（注：所有的字词尽可能不超过 HSK 词汇大纲所收的词）。

体例说明：

第一，难懂的词义在括号内进行注释，有的做了例句说明。

第二，本书所用术语复字词的含义很宽泛，包括一般语言学意义上的复合词、四字成语、短语、谚语等。

第三，复字词有多个义项的，分别列入不同义项之下，并用下标的 1、2、3……表示。

第四，每个核心词的义项后面一律标明词性，汉语核心词义项用 名、动、形、数、量、副、代、助、介 等表示。泰语核心词义项用英语词性的第一个或前几个大写字母表示，如 N、V、A、NUM、MS、ADV 等。

第五，本书共 4 编 21 章，每编的前后都有引言和结论、每章的前后也有引言和小结。

第一编
汉泰事物义场对比研究

从语言学的角度来看原始人类对世界的认识是从动和静开始的，即当人类把自身和客观世界区分开来给客观世界中的事物进行命名形成语言世界的时候首先是把混沌的客观世界的构成分为两大类：物和物的动作。[①] 人类研究语言的过程也证明了这一点，至少在公元前400年，西方语言学者就把语言的构成要素分为动词性成分和名词性成分了，"柏拉图是第一个认真研究语法的人。他在对话录中把希腊语句子大体上划分为名词性成分和动词性成分这两大部分，这种划分在欧洲后来的所有语言描写的句法分析和词类划分中，一直是主要的语法区别"。[②] 后来，在此基础上，语言学者又先后划分出形容词等词类。从这一观点出发，本书在把汉语词汇分为事物义场、动作义场的基础上，再划分出以事物和动作为附着物的性状义场和联系事物、动作及其属性最终成为语言世界的关系义场，共4大类，每类下面再细分。

本编把事物义场划分为7类，分别是：亲属义场、人体器官构成要素义场、动物器官构成要素义场、动物义场、植物义场、自然物义场、社会物义场。这些事物都是人类生活所必需的，在每个民族语言中都有记录它们的对应词，并且在这几个词的基础上可以衍

---

① 从传统语言学观点来看，只有物，事物的动作、属性等都寄托在物上面。
② 罗宾斯：《简明语言学史》，中国社会科学出版社1997年版，第33页。

生出很多相关的词。因此，我们可以着重让泰国学习汉语者首先学会这些词，然后在此基础上掌握汉语相关的表事物的词。

第一章

汉泰亲属义场对比研究

　　每个民族都有自己的亲属文化，不同的亲属文化中必然有共同的一部分。组成亲属关系文化的词就构成一个亲属义场。每个民族的亲属关系的文化内容不可能都是完全相同的，也就是说它们中有相同的和不同的部分，记录亲属关系的词也有相同和不同的部分。我们结合斯瓦迪士核心词列表、普遍语法理论和跨文化交际理论，把人、男、女、孩、妻、夫、父、母这 8 个词作为亲属义场的代表词，因为它们是构成亲属义场的最基本的成分，是任何一个民族的亲属文化义场都具有的。而且这几个核心词又可以衍生出很多相关的亲属称谓的词。泰国学习者想要学习汉语，首先要掌握的就是这几个最基本的核心词，然后在此基础上学习汉语相关的亲属称谓词。

rén

人 คน

一　人字复字词义项归类

　　① 名 由类人猿进化而成的能制造和使用工具进行劳动并能运用语言进行交际的高等动物：人才、人类、人们、人精、人手、人儿、人人、人才辈出、人才济济、人财两空、人定胜天、人非草木、人各有志、人浮于事、人间地狱、人来人往、人满为患、人面兽心、人面桃花、人命关天、人情世故、人山人海、人人自危、人心惶惶、人心所向、人之常情、人言可畏、人无远虑，必有近忧（人如果没有长远的谋划，就会有即将到来的忧患）；爱人、盲人、本人、病人、常人、仇人、超人、犯人、废人、个

人、夫人、工人、好人、坏人、后人、巨人、军人、客人、老人、猎人、路人、美人、媒人、牧人、能人、泥人、前人、今人、亲人、情人、穷人、富人、仆人、拟人、恩人、商人、圣人、生人、诗人、熟人、世人、私人、外人、罪人、伟人、证人、主人、众人、仙人、神人、先人、闲人、贤人、小人、新人、行人、雪人、艺人、用人、陌路人、明眼人、被告人、文化人、被害人、辩护人、代表人、候选人、发言人、继承人、经纪人、局外人、当事人、意中人、有心人、庄稼人、自己人、平易近人、前无古人、借刀杀人、以貌取人。

例句：

a.【人之常情】婚礼是每一个人一生中的大事，举办得热闹一点，是人之常情。

b.【人命关天】"车都开到这儿，还能不进去？万一要是什么人命关天的事情，你我谁负得起这个责任？"

c.【意中人】近年来，越来越多的香港女性到内地寻觅意中人。

d.【平易近人】温家宝总理和蔼可亲、平易近人，说话时语气温和、亲切感人。

②名别人；他人：人不犯我，我不犯人（如果别人不侵犯我，我也不侵犯别人）、人云亦云；后发制人、惊人、目中无人、旁若无人、舍己为人、盛气凌人、推己及人、先声夺人、息事宁人、一鸣惊人、怨天尤人（埋怨上天，责怪别人）、自欺欺人、血口喷人（比喻用恶毒的话污蔑别人）。

例句：

a.【舍己为人】他决心要做一个像雷锋那样舍己为人，无私奉献的人。

b.【息事宁人】对于抗议，纠缠起来更不划算，出版社一般都采取息事宁人的态度，"哈意"一声，删改乃至绝版。

③名指人的品质、性格和名誉：为人、丢人；文如其人、做人。

例句：

a.【为人】他为人老实，我不相信他会欺骗我们。

b. 【文如其人】"把心交给读者"，是他五十年来从事写作的一个根本信条。"文如其人"，他的文字非常质朴，非常简练，丝毫没有那种虚饰造作之词。

二 人字的文化词

【下里巴人】泛指能够被普通大众所接受的通俗易懂的文学和艺术。

在 2000 多年以前，有一客人到楚国郢都唱巴人的歌曲。一开始他唱两首叫《下里》和《巴人》的歌，楚国人民中有上千人能够跟着和，接下来他又唱了《阳阿》和《薤露》两首歌，这时能跟着和的有几百个人，最后当他唱《阳春》和《白雪》这两首歌时，楚国人中能够跟着和的不过几十个人。《下里》和《巴人》被认为是有史实记载的世界上最早的流行歌曲。后来，人们就将这两首歌的名字合起来成为一个成语：下里巴人。

例句：关东秧歌属下里巴人，但它确实是中华民族艺术宝库中的一朵奇葩。

【解铃还需系铃人】比喻由谁惹出的麻烦，仍由谁去解决。

古时候，在南京的一座寺里，有一位法号叫法灯的禅师，他性格豪放，平时不太遵守佛门的规定，寺内的一般和尚都瞧不起他，只有住持法眼禅师对他有些器重。有一次，法眼在讲经说法时向寺内众和尚问道："谁能够把系在老虎脖子上的金铃解下来？"众人想了好久，都回答不出来。这时法灯刚好走过来，法眼又向他提出这个问题。法灯不假思索地答道："只有那个把金铃系到老虎脖子上的人才能够把它解下来。"法眼听后，认为法灯很能领悟佛教的教义，就当众赞扬了他。

例句：解铃还需系铃人，史学家所篡改的，必由史学家来纠正。

【人为刀俎，我为鱼肉】比喻生杀大权掌握在别人的手上，自己处在被宰割的地位。

秦朝末年楚汉相争，项羽在新丰鸿门设宴招待刘邦，史称鸿门宴。刘邦依约赴宴，在宴上，范增请项庄舞剑助兴，想让项庄在舞剑的过程中找机会杀掉刘邦，但是项伯也起来舞剑，而且常常用自己的身体保护刘邦，因此项庄没办法对刘邦下手。这时刘邦的助手张良把樊哙叫来，让刘邦借上厕所的机会与樊哙逃走。刘邦说："现在出来，还没跟项羽他们告别，要怎么办才好呢？"樊哙说："做大事不必顾及这些小节，讲大礼不必计较那些小的谦让。现在人家好比是菜刀和砧板，我们则好比是鱼和肉，还告辞做什么啊？"于是他们就离开了。

例句：猪也忒傻，不知人为刀俎，我为鱼肉，危险在前，即将成为餐桌上的美食，还哼哼地贪吃。

【人之将死，其言也善】曾子生病了，而且病得很严重，只能躺在床上，起都起不来。鲁国大夫仲孙捷去探望和慰问他，曾子说道："鸟将要死的时候，它鸣叫的声音是哀伤的；人将要死的时候，说出来的话也都是充满善意的。"宋代著名理学家朱熹对这句话的解释是：鸟因为怕死而发出凄厉悲哀的叫声，当人走到生命的尽头，反省自己的一生的时候，就能回归生命的本质，所以说出善意的话来。

例句：中国人大抵都是相信"人之将死，其言也善"的。

【人不可貌相，海水不可斗量】考察和评介一个人品质的优劣不能单凭外表。

宋朝的时候，有个卖油郎叫秦重，爱上名妓花魁娘子，花魁也很喜欢他。秦重恨不得与花魁整天都待在一起，可是花魁住在妓院里面，要去见她并在她那里过夜，每个晚上要付 10 两银子的住宿费。秦重只是一个卖油郎，手中的钱不多，于是他在生活上拼命节俭，努力地攒钱。银铺的伙计看到他这个样子不禁感慨道："真是人不可貌相，海水不可斗量。"后来，在他们的共同努力下，花魁跳出妓院这个大火坑，嫁给秦重做妻子，两人终于可以幸福地生活在一起。

例句：他自信满满地说："人不可貌相，海水不可斗量。你们等着看我的表现吧。"

【人非圣贤，孰能无过】一般人很难避免不犯错误，别人犯错了以后不要一味地去责备他，要多给予宽容和谅解。

春秋时期，晋国的国君晋灵公很残暴，经常滥杀无辜。有一次他的大臣赵盾和士季进宫去劝谏他，但是晋灵公的态度十分冷淡，很不情愿地承认自己的错误。士季说："一般人谁不会犯错呢，犯错了但能改正过来，还有什么比这样做更好的呢?"但是晋灵公根本就听不进士季的话，还派人暗杀了赵盾。晋灵公的这种行为引起百姓的极大不满，他们奋起反抗，最后赵盾的族人、晋灵公的姐夫赵穿把晋灵公杀死了。

例句：直到现在，冯友兰先生仍然是我心目中的一代鸿儒。人非圣贤，孰能无过?

【人老珠黄】比喻妇女老了被轻视，像珍珠年代久了就变黄不值钱一样。

例句：女人到了三四十岁已是人老珠黄，难以找对象了。

【人杰地灵】指杰出的人物出生或到过的地方成为名胜之区。

王勃是唐代的一大才子。在 14 岁那年的重阳节，他参加了洪州阎都督举办的一个宴会，因为当时他还不够出名加上年纪小，所以被安排坐在一个很不起眼的角落里。当他把自己写的《滕王阁序》献给阎都督时，阎都督完全被他的才气所折服，不禁赞扬道："你真是当今的奇才啊!"于是重新安排座位，把王勃奉为上等的宾客，并亲自陪坐。在《滕王阁序》中有句"物华天宝，龙光射牛斗之墟；人杰地灵，徐孺下陈蕃之榻"。

例句：济州岛人杰地灵，民风淳朴，社会治安良好，以至路不拾遗，夜不闭户。

【前无古人，后无来者】从前没有过，今后也不会再有了。夸张性地形容仅此一个。有时也用来讽刺，与"前不见古人，后不见来者"意思相同。

例句：他的这一举动至今在法国还是"前无古人，后无来者"。

三　对应的泰语词及其义项

คน［N］人

คน［NUM］（量词）

四　教学说明

"人"在汉语和泰语中第一个义项都是相同的，因此在理解上应该没什么问题，但是在汉语中"人"字的复字词很多，有些又是很常见的，而且很多复字词的意思都比较深刻，所以在教学中当遇到有关"人"的复字词时教师要尽量向学生解释清楚。还有第二和第三个义项是泰语中所没有的，也应该成为教学的重点。

nán

男 ชาย

一 男字复字词义项归类

①形 属性词。男性（跟"女"相对）：男学生、男盗女娼、男男女女、男方、男儿、男人、男声、男士、男性、男友、男子汉、男子、男耕女织、男才女貌；一男一女、少男、美男子。

②名 儿子：男孩（儿）。

二 男的文化词

【男女授受不亲】在古代的时候，中国的礼教规定男女之间不能直接接触（当然已经结为夫妻的男人和女人除外）。他们在交谈的时候必须要保持一定的距离，而且最好还有第三个人在场。即使他们之间需要传授什么东西，也不能有身体的触碰。甚至有"吃饭的时候器皿不放在一块儿，坐着的时候不能挨着坐"的说法。

例句：你我男女授受不亲，你可记得我在能仁寺救你的残生，那样性命呼吸之间，我尚且守这大礼，把那弓梢儿扶你。

【男尊女卑】在中国封建社会里，男子地位高，女子地位卑下。

例句：男尊女卑是封建社会的一个传统观念。

三 对应的泰语词及其义项

ผู้หญิง [N] 男人、男生

คน [N] 男人

ผู้ [N] 男的（一般用在动物上，如公鸡：ไก่ตัวผู้）

女 หญิง

女
nǚ

一 女字复字词义项归类

①形 属性词。女性（跟"男"相对）：女方、女工（女性的工人）、女家、女强人、女儿墙（也叫女墙，指城墙上面呈凹凸形的短墙）、女权、女人、女士、女生、女神、女声、女王、女巫、女性、女婿、女友、女主、女子；美女、处女、孙女、侄女、妇女、红男绿女、家庭妇女、男女、少女、外甥女、仙女、修女。

例句：

a.【女强人】她有着女强人的干练和果断。

b.【女神】素有"水中女神"之称的睡莲，总是跟着阳光按时开闭。

c.【少女】垂柳体态轻盈，婀娜多姿，柳枝低垂，迎风摇曳，如绿衣少女婆娑起舞，给人们带来了春天的信息，给人以美的享受。

②名 女儿：长女、生儿育女、子女、儿女、独生女、闺女。

例句：【闺女】护士笑慰她说："可爱人啦，八斤重的一个大胖闺女！"

二 女的文化词

【织女】又叫织女星。织女是中国著名的民间传说牛郎织女故事中的女主角。她是天上的仙女，爱上了民间一个普通的凡人牛郎，他们真心相爱并且生活在一起。但当时天界有规定仙女不能私下凡间和凡人结为夫妻，王母娘娘知道这个消息后很愤怒，强行把他们分开。最后经过众仙的劝说，王母娘娘也感到了他们之间深厚的情谊，就允许他们在每年农历七月初七相会。传说这天天上所有的喜鹊都会自觉地飞到银河上互相衔着彼此的身体搭成一座鹊桥，牛郎和织女就可以在鹊桥上相会，互诉相思别离之苦。民间还传说这天晚上在葡萄架下可以听到牛郎和织女在鹊桥上所说的情话。因而农历七月初七也被认为是中国的情人节。

例句：人们同情牛郎织女，关注"鹊桥相会"，有许多感人的民间活动。

【女子无才便是德】这句话在古时候的意思是女子即使有才能，也不在丈夫面前显露，而是表现得谦卑、恭顺，这才是女子的德行所在。而现在人们的理解是旧道德规范认为妇女不需要有才能，只要顺从自己的丈夫就行。不管是古人还是今人的理解，都没有抛开隐藏在这句话背后的社会现实。它实际上是古代社会男权和女权相争的结果，为确保男权中心主义的统治地位以及对女性的压迫与控制而存在。那时候人们认为男人拥有聪明才智可以成就事业，女人拥有聪明才智不仅不是好事，而且还是搅乱天下、酿成灾难、祸国殃民的根源。

例句：她请醒秋的父亲教她书，他说："女子无才便是德，读书有什么用呢?"

三　对应的泰语词及其义项

ผู้หญิง [N] 女人、女生

หญิง [N] 女人、女生

四　教学说明

我们可以通过教泰国学生有关"女"的文化词，使他们认识中国传统文化中男尊女卑的社会现象。

hái
孩 เด็ก

一　孩字复字词义项归类

名 儿童：孩儿、孩子、孩提（指幼儿时期）、孩童、孩子气、孩子头、孩子王；男孩、女孩、小孩、婴孩。

例句：

a.【孩提】心理健康的基础是在一个人的孩提时代建立起来的。

b.【孩子王】主教练朱广沪是中国孩子王，是这支队伍中最忙

的人。

c. 【孩子气】他一脸的孩子气。

二　孩的文化词
无。

三　对应的泰语词及其义项
เด็ก〔N〕孩子

qī
妻 ภรรยา

一　妻字复字词义项归类
名 男子的配偶：妻子、妻离子散、妻儿老小、妻大夫小；夫妻、前妻、未婚妻、贤妻良母（既是丈夫的好妻子，又是子女的好母亲。用来称赞妇女贤惠）。

例句：【贤妻良母】她的愿望是成为一个贤妻良母。

二　妻的文化词
【结发夫妻】传说一：古代人们以男人胡须的长短来衡量他的学识，男人的胡子越长就被认为是学识越高。古代有一位皇帝，在登基的前一夜他就一直担心自己的胡子太短了，为此事烦恼而不能入睡。他身边的娘子聪明过人，就把自己的头发剪下来，很仔细地一根一根地接在皇帝的胡须上，只一夜的时间，皇帝的短胡子就变成了长胡子。第二天，皇帝登基的时候，用手捋着自己的胡须，接受臣子的朝拜。臣子惊叹皇帝一夜之间，胡须就长得超过肚脐，真的是真龙天子。娘娘剪发结皇帝胡须的故事就成为结发夫妻这个词的由来。

传说二：指元配夫妻。中国古时候举行结婚的仪式是：新郎、新娘结婚除了要一拜天地，二拜高堂，然后夫妻对拜，最后饮交杯酒外，还要在洞房花烛之夜夫妻男左女右并坐，各自剪下自己的一束头发，然后再把这两缕长发相互缠绕起来，以誓结发同心、爱情永恒、生死相依、永不分离。

例句：她和徐义德是结发夫妻，当年徐义德没有现在这样发达，她和他就很好了。

三 对应的泰语词及其义项

ภรรยา，ภริยา，เมีย［N］妻子

fū
夫 สามี

一 夫字复字词义项归类

①名与妻结成配偶者，丈夫：夫妻、夫妇、夫妻店（夫妻两人共同经营的小商店。引申为夫妻俩合作同一项目，如夫妻两人一起拍电影等）、夫婿；前夫、未婚夫、姨夫、姐夫、妹夫。

例句：【夫妻店】在事业上我们开的是"夫妻店"，共同经营我们的艺术。

②名成年男子：大丈夫、懦夫（软弱胆小的人）、匹夫。

例句：【大丈夫】那大丈夫的真性情和赤子之心，绝非那些见利忘义之辈能够作秀。

③名从事某种体力劳动的人：车夫、船夫、农夫、渔夫。

例句：【农夫】强壮的农夫在金黄的麦田里挥镰收割，窈窕的姑娘扛着巨大的酒坛前来犒劳。

二 夫的文化词

【一夫当关，万夫莫开】这个成语出自李白的《蜀道难》"剑阁峥嵘而崔嵬，一夫当关，万夫莫开"。它的意思是山势又高又险，一个人把着关口，一万个人也打不进来，形容地势十分险要。

例句：这个地方的地势十分险要，真可谓"一夫当关，万夫莫开"。

【天下兴亡，匹夫有责】国家兴盛或衰亡，每个普通的人都有责任。

例句：作为一名现代的大学生，更应该时刻记住天下兴亡，匹夫有

责的道理。

【夫贵妻荣】封建社会中妻子没有独立的社会地位，只能依附于丈夫。她们认为如果丈夫尊贵，自己也就跟着光荣。

例句：现代社会的女性必须努力实现自我价值，彻底摈弃夫贵妻荣的观念。

【夫唱妇随】在男尊女卑的封建社会里，男人的社会地位比女人高出许多，在家庭中也是以男人为中心，一个封建家族中往往是男性的长者说了算，而夫妻之间就是丈夫说了算，妻子必须绝对服从自己的丈夫。这个成语原指封建社会中妻子必须服从丈夫，现在多用来比喻夫妻和睦相处。

例句：这对夫妇一直夫唱妇随，真是羡煞旁人。

三 对应的泰语词及其义项

สามี，ผัว [N] 丈夫

ชายที่บรรลุนิติภาวะ [N] 成年男子

四 教学说明

第三个义项是泰语中所没有的，而且第二个义项中有些复字词还有引申义，因而应成为教学的重点。

fù
父 พ่อ

一 父字复字词义项归类

①名 父亲：父女、父亲、父系、父兄、父子；继父、师父、认贼作父。

②名 家族或亲戚中的长辈男子：父辈、父老；伯父、姑父、舅父、叔父、外祖父、姨父、岳父、祖父。

例句：【父辈】虽然不被父辈普遍认可，许多中国年轻人仍十分中意网络带来的自由和快乐。

二　父的文化词

【无颜见江东父老】因为自己的失败而感到羞愧，觉得再没脸回去见家乡的人。

在楚汉相争中，项羽知道自己中了韩信的十面埋伏之计后，就在夜里率领部下逃跑。当他跑到乌江边的时候，乌江的亭长正划着一只小船等在那里，见到项羽过来，就对他说："江东地方虽然小，但是也有一千多里土地和几十万人民，您还可以在那里称王。现在请您赶紧上船到江东去吧。现在这里只有我有船，敌人的军队来了，他们也没有船过江。"项羽听后笑了一笑说："老天爷叫我灭亡，我渡江做什么呢？当初我与八千江东的弟兄一起渡江向西前进，现在没有一个人还活着。就算是江东父老同情我，立我为王，我还有什么脸面去见他们？即使他们不说，我心里怎么会不觉得惭愧呢？"

例句：他说："如果我背弃自己的誓言，那我真的无颜见江东父老了。"

【父母之命，媒妁之言】在中国封建社会里，儿女婚姻必须由父母做主，并且要经过媒人的介绍。

在古代，女子出嫁之前一般很少出门，与外界的接触很少，更很少有可能遇到自己中意的男子。这样等她们到了嫁人的年龄时，便会有男方的媒人上门来提亲，女方的父母就会在这些上门来提亲的人中给自己的女儿选择女婿，如果他们认为合适，他们的女儿就得跟那一家的男子结婚，很少甚至不会问女儿是否同意。对于男子来说大致也是这样的，他的父母听说哪家的女子好就请媒人去帮忙提亲，如果女方的父母也同意这门婚事，这两家就结成亲家了。在森严的等级制度和封建礼教的影响下，这种婚姻制度的确也有它存在的合理性。但是这种制度不尊重当事人的意愿，也酿成了不少爱情悲剧。

例句：他的太太比他大3岁，当初是奉"父母之命，媒妁之言"结的婚。

【一日为师，终身为父】即使是只教过自己一天的老师，也要一辈子把他当做父亲看待。比喻十分尊重老师。

在中国古代要读书就请先生来家里教或是到先生开办的私塾那里跟同学一起学习。而如果要学习某项专门的技艺，就去拜有这项专门技艺的人为师。而且拜师是一件很郑重的事，不是什么人都可以成为老师的，老师不仅要有很深厚的学识或高超的技艺，而且还要德高望重。这样人们就认为老师在一个人的成长过程中起到很重要的作用，学生必须像尊敬和孝顺自己的父亲那样对待自己的老师，不管是在拜师学艺期间还是在离开老师以后。

例句：中国有句古话，叫做"一日为师，终身为父"。没有教练长期精心的培养，哪有运动员今天的成功？

三　对应的泰语词及其义项

พ่อ, บิดา, พระชนก [N] 父亲

ผู้ใหญ่ในวงศ์ตระกูล [N] 家族或亲戚中的长辈男子

四　教学说明

第二个义项和有关"父"字的文化词应成为教学的重点。我们可以通过父的第二个义项，使泰国学生认识有关父系的亲属称谓词。

mǔ
母　แม่

一　母字复字词义项归类

①名母亲：母女、母校、母爱、母亲、母亲河、母乳、母系；母性、老母；再生父母、继母、后母、乳母、师母、生母、养母、贤妻良母。

例句：【母亲河】华夏儿女把黄河当做自己的母亲河。

②名家族或亲戚中的长辈女子：祖母、伯母、姑母、姨母、舅母、曾祖母、外祖母、丈母娘、亲家母、岳母。

例句：【外祖母】我外祖母生有 10 个孩子，这样一来我就有 6 个姨母。

③ 形 属性词。禽兽雌性的（跟"公"相对）：母鸡、母猪、母牛、母畜、母老虎。

例句：【母牛】他家养有几头母牛。

④ 形 有生出或组成其他事物的能力或作用的：母法、母公司、母盘、母体、母音、母语；字母、声母、韵母、鼻韵母、分母。

例句：【母法】宪法是其他法律制度的母法。

二　母的文化词

【母老虎】语言或行为气势汹汹，让人感觉不寒而栗的那种女性，多用来比喻凶悍的女人。

例句：他家的邻居中有一个很凶悍的妇女，因此他经常在背地里叫她"母老虎"。

【失败乃成功之母】善于从失败中吸取经验教训，才能成功。

我国古代神话中有一个叫鲧的人，他偷了天帝的一种可以生长的土，想用这种土来阻挡洪水，但是他失败了。天帝得知这件事后就命令祝融把鲧杀死了。鲧虽然死了但是仍然像活着一样，他死了三年以后尸体仍然没有腐烂，有人就用一把大刀剖开他的肚子，竟然从里面得到一个活的婴孩，这就是禹。长大后的禹总结前人治水失败的经验教训，最终找到了防治洪水泛滥成灾的方法。人们就是根据这样的一个故事总结出了失败乃成功之母的道理。

例句：老师语重心长地对他说："别灰心，失败乃成功之母，继续努力，我相信你一定会成功的。"

三　对应的泰语词及其义项

แม่，มารดา，พระชนนี［N］母亲

ไก่ตัวเมีย［N］母鸡

ผู้หญิง［N］女人

四　教学说明

第一个和第三个义项是汉语和泰语所共有的，而且也是比较容易理

解的。那么第二和第四个义项以及有关母字的文化词就应该成为教学的重点,我们可以通过母的第二个义项,使泰国学生认识有关母系的亲属称谓词。

小　结

本章考察了亲属义场中的 8 个核心词,共有 18 个义项,平均每个词 2.25 个义项。在词性转化方面:男、女、母由名词性义项转化为形容词性义项,这说明亲属义场中的核心词词性单一,遵循由事物本体向事物属性转化的规律。另外,同一词性义项的引申遵循功能相似的原则,例如:"父"由义项①"父亲"引申为义项②"家族或亲戚中的长辈男子",是因为这两类人在亲属关系中的地位基本相似。

汉语亲属义场中的核心词的义项一般较少,对应的泰语词的义项也差不多,这是因为人类之间基本亲属关系很稳定的缘故。但汉泰亲属义场中以核心词构成的文化词含义存在区别。因此,我们在教学过程中可以用母语释义法,适当地运用对应的泰语词进行解释,并让泰国学生通过他们民族的基本亲属关系,理解汉语的亲属关系,并注意比较两者的异同,通过"异"重点介绍汉语亲属核心词的文化含义。

第二章

汉泰人体器官义场对比研究

　　人体器官词在人类交际中占有很重要的地位，这不仅因为全人类的人体器官是相同的，而且还因为人们可以以自身的器官来认识客观世界，它们是人类最早认知的概念之一，也是给其他事物命名的参照物之一。人体器官词在各种民族的语言中虽然语音形式不同，但是它们所标志的客观事物基本相同，同时它们又蕴涵着各民族的丰富的文化知识。所以在对外汉语教学中，研究人体器官词有着重要意义。

　　在本章中，我们把斯瓦迪士核心词中有关的人体器官词分为以下几类：第一，头部器官义场，核心词有发、头、耳、眼、鼻、口、牙、舌，头是思维的主要器官，人的思维活动在其中都得到充分的反映，人的喜、怒、哀、乐等感情大都能通过脸部得到充分的表现。第二，人体四肢义场：手、脚、甲、腿、膝是表人体四肢有关器官的词，是人类活动必不可缺少的词。第三，躯干义场：颈、背、腹、乳。第四，内脏义场：心、肠、肝是人体重要的内脏器官，心与精神和思维活动有密切关系，可以表现人的种种内心活动。第五，肤、肉、血、骨则又是构成人体必不可缺少的要素。

　　上述人体器官词属于基本词的范畴，它们具有稳固性、常用性，这些器官词还常常作为词根产生一些复字词，例如"眉目"、"头目"、"眼前"、"眼红"、"狗腿子"等等，这些词的产生一方面保留着词根义，另一方面引申出的意义与词根本义之间存在一定差距。对于以汉语为母语的人来说，认清它们之间的联系不成问题，但是对于外民族学习汉语的学生来说，由于思维和文化的差异，则就是另外一回事了。所以我们要弄清汉语中人体器官词义项的分布规律和构词规律，这样就可以更好地进行汉语教学，从而使泰国学生很好地掌握汉语器官词，能够熟练运用到日常交际中。

第一节　头部器官义场

发 ผม
^{fà}

一　发字复字词义项归类

名 人的前额、双耳和头颈部以上生长的毛：毛发、须发、白发、假发、理发、发际、发胶、发型、发蜡、发廊、发妻、发卡、发式、发网、发指、发鬓、发乳、发屋、结发夫妻、披头散发、千钧一发、怒发冲冠、毫发无遗。

例句：

a.【发菜】要知道，任何一家高级餐厅、酒店里菜谱上的发菜都是破坏草原的实证。

b.【发妻】最后，他抛弃发妻，又找了位姑娘。

c.【令人发指】布什在接受采访时承认美军虐待战俘的行为"令人发指"。

d.【千钧一发】千钧一发之际，幸好认识黄仲权的群众闻讯赶来，巧妙地将黄仲权和战友营救出来。

e.【怒发冲冠】眼看着朝夕相处的战友倒在了血泊之中，顾正泽怒发冲冠，他加快了脚步，边追边发出声声怒吼："站住，往哪儿跑！"

二　发的文化词

【发妻】古时候，新郎和新娘在新婚的第一天晚上，会将彼此的头发盘起来，并把发尾缠结在一起，人们称之为结发。因此，在民间便有了结发夫妻一说，而妻子便被称为发妻。后来，由于一夫多妻制的施行，发妻又用来指元配妻子，即第一次婚娶的妻子。

【千钧一发】顾名思义，即指用一根头发悬起千钧重物。一钧指三十斤，千钧即三万斤。千钧一发用来比喻极为紧急的关头。

唐代大诗人韩愈，素来反对佛教。一次，唐宪宗打算派使者去迎接佛骨入朝。他因进谏而得罪皇帝，被贬到潮州做了刺史。在那里，他认识了一个老和尚，两人很谈得来。因为韩愈在潮州朋友少，所以与和尚的接触就多了起来。外面的人听说了，便盛传韩愈也信佛教了。韩愈有个朋友，叫孟郊，官任尚书，很信佛教，也因得罪了皇帝而被贬吉州。他听到人们关于韩愈的传闻，很是疑惑。以他对韩愈的了解，韩愈是最反对信仰佛教的人。于是，他就写了封信问韩愈。韩愈看到信后才知道人们对他的误解，因此立刻回信给孟郊解释了这件事情。并且，韩愈在信中对朝中那些只守佛教而不信儒教的大臣们进行了一番猛烈抨击。其中，有这样一句话："百孔千疮，随乱随失，共危如一发引千钧。"韩愈以此形容当时的形势危险到了就如一根头发系着一千钧重的东西。

例句：在千钧一发的时刻，一位不知姓名的解放军战士奋不顾身地跳进冰冷的河水中，救起了落水儿童。

【怒发冲冠】指愤怒得头发直竖，顶起帽子。比喻极度愤怒。

赵惠文王获得一块稀世的和氏璧，这块璧因为春秋时楚人卞和发现而得名。秦昭王知道了这件事，便图谋将其据为己有。于是，他给赵王写了封信，假装说愿意用 15 座城池换得和氏璧。赵王担心秦王使诈，不愿交换。但又怕秦王会以此为借口而进攻赵国。就在他和臣子们商量很久都没有对策的时候，有人向他推荐蔺相如，说他有勇有谋，是解决这次事端的最佳人选。于是赵王立马召见了蔺相如，并问他："秦王说要拿 15 座城池来换和氏璧，我们能不能答应？"蔺相如回答："秦强我弱，因此不得不答应。"赵王又问："但是如果他得到了和氏璧，却又不肯交出 15 座城池，我们怎么办？"蔺相如说："既然秦王已经提出了这样的请求，如果我们不答应，那就是我们理亏；但是如果秦王不实现他的诺言，就是他理亏了。因此，我们宁愿交出和氏璧，而选择让秦王承担失信的责任。"

于是，蔺相如带着和氏璧来到秦国。但是秦王却并没有以正式礼仪迎接他，而只是在临时居住的宫室里接见了他。秦王拿着和氏璧，爱不释手，并且还递给旁边的大臣和姬妾们看。蔺相如本来就因为秦王的随意接见而十分生气，又看到他并没有要交换城池的想法，于是便假装以和氏璧上有瑕疵为由，拿回和氏璧。拿到和氏璧后，蔺相如退后到柱子旁边。此时的他，极其愤怒，就连头发也竖着，将帽子顶了起来。他对秦王说："赵王本来就担心您失言，而不想交换和氏璧。在听了我的进谏，斋戒五天以后，才派我送了过来。但是您不但不在朝廷上正式接见我，而且现在连换城池的事情提都不提。所以我才把和氏璧拿回来。如果大王您要硬逼我，我就同这和氏璧一起撞在柱子上同归于尽。"秦王见此情形，连忙道歉，并承诺斋戒五天后受璧。蔺相如早已知道秦王不会交换城池，便偷偷派人把和氏璧带回赵国。秦王知道了，无可奈何，只能按照礼仪把蔺相如送回赵国。

例句：战士们看到班长牺牲了，一个个怒发冲冠，发誓为班长报仇。

三 对应的泰语词及其义项

ผม ［N］ 发

四 教学说明

在汉语中，"发"字主要是指和头发有关的义项，作名词比较多，可以用直观法进行教学。

tóu
头 หัว，ศรีษะ

一 头字复字词义项归类

① 名 人身体的最上部分或动物身体的最前的部分。

1）头和脸：头骨、头脸、头皮、头饰、头痛、头像、头顶、头晕、头疼、头痛、头昏、头颅、剃头、梳头、枕头、烫头、头重脚轻、头破血流、头昏眼花、垂头丧气、虎头蛇尾、头昏脑涨、头重脚轻、改头换面、焦头烂额、晕头转向、油头粉面、交头接耳、齐头并进、蓬头垢面、评头论足、空头支票、虎头虎脑、白头偕老、埋头苦干、当头一棒。

2）指面貌。

3）指面子，体面：头角（喻青年的气概或才华）、头衔、风头、头面人物。

例句：

a.【头面人物】由于该联盟头面人物均是总统机构和政府的要人，因此舆论对此十分重视。

b.【虎头蛇尾】即使非查处不可，也往往虎头蛇尾，大事化小，小事化了。

c.【白头偕老】我觉得能够从一而终，从青梅竹马到白头偕老，这是最幸福不过的。

②名 指头发或所留头发的样式：留头、剃头、梳头、平头、分头。

③名 物体的顶端：山头、笔头、两头尖、头版新闻。

④名 指事情的起点或端绪：头绪、头伏、苗头、露头、龙头、桥头、开头、尽头、从头儿说起。

例句：【头绪】经过这次挫折，她对学习、交往的兴趣也明显降低，自己总感到没有头绪，不知该如何调整自己的生活。

⑤名 物体的残余部分：烟头、蜡头、布头儿、铅笔头。

⑥形 以前，在前面的：头三天、头前、头天。

⑦名 用在数量词前面，表示次序在前的；第一：头趟、头一遍、头几本、头三天、头班车、头等、头生、头号、头婚、头回。

⑧名 首领：头子、头目、头家、头里、头马、头人、头领。

⑨名 方面：他们是一头的。

⑩动 临，接近：头睡觉先洗脸。

⑪量 多指牲畜：一头牛。

二 头的文化词

【头牌】旧时演戏时，演员的姓名写在牌子上，悬挂在剧院门口，挂在最前面的牌子叫"头牌"。因用以借指主要演员。

【挂羊头，卖狗肉】挂着羊头却卖狗肉。比喻表里不一致，以好的名义做招牌，实际上兜售低劣的货色。

春秋时期，齐国的齐灵公很喜欢宫女扮男装。因此，齐国的妇女也都纷纷效仿，很多男女不分的笑话也由此而出。齐灵公担心这种风气会影响齐国的声誉，赶紧下令禁止。但是出现了"令不行，禁不止"的现象。于是，晏子进谏说："大王您在宫里面要求女扮男装，但是在全国要求禁止这种行为。这就好比是在肉店的门口挂着牛头，但里面卖的却是马肉。我想这样是很难禁止的。但如果您在宫内也同样禁止，百姓岂敢不从！"齐灵公听了，觉得很有道理，便听从了晏子的意见。果然，没过多久，全国的这种风气就消失不见了。后来，人们便把晏子所说的"挂牛头，卖马肉"改为现在的"挂羊头，卖狗肉"。

例句：有个别商人，惯用挂羊头，卖狗肉的手段欺骗顾客。

【抱头鼠窜】抱着头，像老鼠那样惊慌逃跑。形容受到打击后狼狈逃跑。

楚汉相争时，有一个叫蒯通的人来见韩信。他对韩信说："楚汉相争已经几年了，可仍然这么僵持着，他们之间究竟谁胜谁败，大王有举足轻重的作用。你不如谁也不帮，谁也不靠，以齐地为根据地，和他们三分天下，然后再图谋统一全国。"韩信听了，说："汉王待我这么好，我怎么能忍心背叛他呢？"蒯通说："当初常山王张耳和陈余是割了脑袋都不变心的好朋友，可是张耳在被迫无奈的情况下，抱头鼠窜，归了汉王，并借汉王之兵消灭了陈余。现在大王和汉王的交情不见得比张耳和陈余的交情深。古人说得好：'飞鸟尽，良弓藏；狡兔死，走狗烹。'大王的功劳太大，汉王没法赏您；大王的威信只能叫汉王害怕。我真替大王担心啊！"虽经蒯通反复劝说，但韩信始终没有背叛汉王，最后，韩信被汉王的夫人吕后杀了。

三　对应的泰语词及其义项

หัว, ศรีษะ ［N］头

耳 ěr

一 耳字复字词义项归类

①名 听觉和平衡感觉的器官（通称"耳朵"）：耳背、耳濡目染、耳聋眼花、耳垂、耳聪目明、耳朵软、耳朵眼、耳垢、耳掴子、耳光、耳膜、耳目、耳目一新、耳熟能详、耳机、耳环、耳畔、耳闻目睹、耳聋、耳鸣、耳听八方、耳旁风、耳郭、耳孔、耳蜗、耳饰、耳炎、耳根清净。

例句：【耳濡目染】他以自己在云南的耳濡目染，畅谈了云南之行的收获、观感、见闻，并回答了笔者的提问。

②名 像耳朵的东西：木耳、银耳、耳菜、耳帽儿。

③名 像耳朵一样分列两旁的东西：耳房、耳子、耳舱。

例句：【耳房】两边为厢房（称耳房），二层吊厦式，称"三间两耳"。

④动 听说：耳闻。

二 耳的文化词

【掩耳盗铃】原为盗钟掩耳。掩：遮蔽，遮盖；盗：偷。偷铃铛怕别人听见而捂住自己的耳朵。比喻自己欺骗自己，明明掩盖不住的事情偏要想法子掩盖。

春秋时候，有人到范氏家里偷东西，看见院子里吊着一口大钟。钟是用上等青铜铸成的，造型和图案都很美观。小偷见了非常高兴，很想把这口大钟偷回家去。可是钟又大又重，怎么也挪不动。他想来想去，只有一个办法，那就是把钟敲碎，然后再分别搬回家。

小偷找来一把大锤，拼命朝钟砸去，咣的一声巨响，把他吓了一大跳。小偷着慌，心想这下糟了，这种声音不就等于是告诉人们我正在这里偷钟吗？他心里一急，身子一下子扑到了钟上，张开双臂想捂住钟声，可钟声又怎么捂得住呢！依然悠悠地传向远方。

他越听越害怕，不由自主地抽回双手，使劲捂住自己的耳朵。"哎呀！钟声变小了，听不见了！"小偷高兴地想："太好了！把耳朵捂住不就听不见钟声了吗！"于是，他赶紧用两个布团塞住耳朵，心想，这下谁也听不见钟声了。于是就放手砸起钟来，一下一下，响亮的钟声传到很远的地方。人们听到钟声马上跑来把小偷捉住了。

三 对应的泰语词及其义项

หู ［N］耳朵

หู ［N］把手

อยู่ด้านข้างทั้งสอง ［N］像耳朵一样分列两旁的东西

眼 ดวงตา
yǎn

一 眼字复字词义项归类

① 名 人和动物的视觉器官：眼睛、眼底、眼力₁（指视力）、眼色、眼神、眼帘、眼目、眼疾手快、眼白、眼波、眼岔、眼馋、眼袋、眼福、眼红、眼高手低、眼尖、眼睑、眼球、眼圈、眼生、眼屎、眼熟、眼窝、眼跳、眼线、眼晕、眼睁睁、眼眶、眼眸、眼膜、眼瞳、眼镜、眼科、眼泪、眼中、眼病、眼部、眼花、眼皮、眼泡、眼纹、眼影、眼珠、眼花缭乱。

例句：

a.【眼疾手快】她眼疾手快，一把接住孩子，揽入怀中，而她的手臂和肩背却被行李架重重撞击。

b.【眼高手低】当然我们应该承认，确有部分青年科技人员眼高手低，能说不能干。

② 名 见识，对事物的看法：眼力₂（指见识）、眼光远大、眼界开阔、眼界、眼光。

③ 名 孔洞，窟窿：炮眼、针眼儿、泉眼。

例句：【泉眼】记者在趵突泉公园看到，三股水的喷涌势头明显减弱，最南边的泉眼水势较好。

④ 名 关节，要点：节骨眼儿、字眼儿。

⑤ 名 当前：眼前利益、眼下、眼看、眼里眼下、眼见。

例句：现在中国队中有很多年轻球员，他们缺少大赛的经验，眼下中国队就要迎来世界杯预选赛，你认为对年轻球员应该如何使用？

⑥ 量 用于井、窑洞：一眼井、一眼旧窑洞。

二 眼的文化词

【眼不见为净】只要没看见，就可以认为干净。其意义是指心里不以为然，但又没有办法，只好撇开、不管。也在怀疑食品不干净时，用作自我安慰的话。对于解决不了的问题或厌烦的事情采取回避态度。

【眼高手低】最初眼高手低指做人眼界要开阔，目标要远大，做事情则要低下手来，踏踏实实地做工作。现在多解释为，要求的标准很高（甚至不切实际），但实际上自己也做不到。

例句：不然，仍旧脱离不了教条主义和党八股，这叫做眼高手低，志大才疏，是不会有结果的。

【眼中钉】比喻心中最厌恶、最痛恨的人。

三 对应的泰语词及其义项

ดวงตา ［N］眼睛

ตา ［N］眼睛

ตา ［N］外公

ตา ［V］旋转、次

ตา ［N］植物要长出叶子或分枝的地方

ตา ［N］格子

四 教学说明

在汉语和泰语中，"眼"有相同的义项，都表示"眼睛"，但泰语中还可以引申为"外公"等其他义项，在教学中要重点突出不同点。掌握汉语义项②到⑥的学习。

鼻 จมูก

bí

一 鼻字复字词义项归类

名 嗅觉器官，亦是呼吸的孔道：鼻子、鼻窦、鼻孔、鼻腔、鼻涕、鼻音、鼻烟（由鼻孔吸入的粉末状的烟）、鼻炎、鼻窦炎、鼻祖、鼻青脸肿、鼻尖。

二 鼻的文化词

【鼻祖】①始祖，有世系可考的最初的祖先。②比喻某一学派或某一行业的创始人。③比喻最早出现的某一事物。

唐明皇李隆基很喜欢看戏，也愿意和唱戏的人一起唱戏。一年元宵节，李隆基与文武百官一边宴饮，一边看梨园弟子唱戏，唱戏的为了讨好皇帝就扮成各种神仙鬼怪，并唱诵着唐明皇新编的歌，他们一会儿唱歌，一会儿跳舞，一会儿击板，一会儿打鼓，非常热闹。唐明皇也情不自禁地加入了跳舞的队伍，但是他发现别人不是戴着面具，就是化了装，只有他一个人与众不同，于是他叫人找来一些白灰，然后抹在自己的鼻子上，扮成了白鼻子的丑角。唐明皇说："我亲自化了装与你们同乐。"梨园弟子见皇帝这么高兴就一直欢跳到黎明。从那以后人们都尊称唐明皇为戏剧的始祖。在演戏化装时往往从鼻子开始画起，唐明皇又是第一个往鼻子上涂抹白灰的人，所以人们又把始祖称为"鼻祖"。现常用来比喻某一事物的创始人。

三 对应的泰语词及其义项

จมูก［N］鼻子

口 ปาก

kǒu

一 口字复字词义项归类

① 名 人和动物吃东西和发声的器官（亦称"嘴"）：口腔、口才、

口齿、口杯、口碑、口彩、口吃、口臭、口传、口服、口蜜腹剑、口气、口琴、口若悬河、口授、口述、口是心非、口角、口实、口舌、口技、口号、口供、口味、口福、口语、口水、口风、口哨、口腹、口惠、口诀、口谕、口渴、口令、口音、口粮、口感、口沫、口罩、口信、口形、口滑、口红、口算。

例句：

a.【口碑】金杯银杯不如老百姓的口碑，金奖银奖不如老百姓的夸奖。

b.【口蜜腹剑】我们都要向张普景同志学习，公事公办，不卑不亢。不要再搞口蜜腹剑那一套了。

c.【口若悬河】除此之外，杰西·杰克逊还经常在电视节目上充当主持人，口若悬河的谈风迷住了许多热情的观众。

②名 容器通外面的地方：瓶子口、口径、口器。

③名 出入通过的地方：门口、港口、口岸、口袋。

④名 特指中国长城的某些关口（多用作地名）：古北口。

⑤名 破裂的地方：口子、伤口。

二　口的文化词

【信口雌黄】晋代的王衍，字夷甫，很会说话，发现有讲得不妥的地方，即加以更改。当时的人们说他这是信口雌黄。现在用来指不顾事实、随口乱说。

【口不应心】嘴里说的和心里想的不一致。

【口蜜腹剑】嘴上说的很甜美，肚子里却怀着害人的主意。形容两面派的狡猾阴险。

三　对应的泰语词及其义项

ปาก［N］口

ปาก［NUM］（量词）

四 教学说明

在汉语和泰语中，"口"有相同的义项，都可以指人和动物吃东西和发声的器官。在汉语中"口"字可以作量词，在泰语中，"口"也可以作量词，因此要充分利用它们的相同点进行教学。

牙 ฟัน
yá

一 牙字复字词义项归类

① 名 齿（古代把大齿称为"牙"，现在"牙"是齿的通称，亦称"牙齿"）：牙垢、牙龈、牙碜、打牙祭、牙膏、牙头、牙花、牙具、牙线、牙医、牙慧、牙侩、牙齿、牙婆、牙签、牙床、牙刷、牙炎、牙印、牙粉、张牙舞爪、咬牙切齿、伶牙俐齿、以牙还牙。

② 名 像牙齿形状的东西：抽屉牙子。

③ 名 特指象牙：牙雕。

二 牙的文化词

【狗嘴里吐不出象牙】比喻坏人嘴里说不出好话来。

【虎口拔牙】比喻做十分危险的事情。

【象牙之塔】指主张"为艺术而艺术"的资产阶级文艺家脱离社会现实的个人幻想的艺术境界。也比喻脱离现实生活的知识分子的小天地。

【以眼还眼，以牙还牙】用瞪眼回击瞪眼，用牙齿咬人对付牙齿咬人。指对方使用什么手段，就用什么手段进行回击。

三 对应的泰语词及其义项

ฟัน［N］牙齿

ฟัน［V］割（割草）

四 教学说明

在汉语和泰语中，"牙"字都有指"牙齿"的义项，但在泰语中，

"牙"可以作动词表示"割草"，这是在汉语义项中所没有的，所以在教学中，要重点突出这个不同点。注意汉语义项②和③的学习。

舌 ลิ้น
_{shé}

一 舌字复字词义项归类

①名 人或动物嘴里辨别滋味、帮助咀嚼和发音的器官：舌头、舌耕、舌苔、舌端、鹦鹉学舌、笨嘴笨舌、油嘴滑舌、口干舌燥、舌尖音、舌边音、舌根音、卷舌音、翘舌音、三寸之舌、瞠目结舌。

②名 语言辩论的代称：舌战（激烈议论）、舌辩、唇枪舌剑、舌战群儒、七嘴八舌、长舌之妇、巧舌如簧。

例句：【舌战】她们正在进行舌战。

③名 像舌头的东西：帽舌、火舌、鸭舌帽。

二 舌的文化词

【齿亡舌存】亡：脱落，不存在。牙齿都掉了，舌头还存在。比喻刚硬的容易折断，柔软的常能保全。

【三寸不烂之舌】比喻能说会辩的口才。

【铜唇铁舌】比喻雄辩的口才。

【耳目喉舌】比喻作为搜集、了解情况和宣传政策的工具。

三 对应的泰语词及其义项

ลิ้น［N］舌头

ลิ้น［N］阀门

四 教学说明

在汉语和泰语中，舌有相同的义项，都表示舌头，但汉语中还可以引申为其他义项，在教学中要重点突出不同点。掌握汉语②和③义项的学习。

第二节　四肢义场

shǒu
手　มือ

一　手字复字词义项归类

①名人使用工具的上肢前端：手心、棘手（形容事情难办，像荆棘刺手）、着（zhuó）手（开始做，动手）、手不释卷、手表、手脚、手指、手工、手套、手势、手臂、手腕、手忙脚乱、手记、手掌、手软、手帕、手舞足蹈、手感、手头、手机、手电筒、手足无措、手边、手疾眼快、手眼通天、手挥目送、手到擒来、手足之情、携手、高抬贵手、举手、左手、右手、住手、拉手、双手、牵手。

例句：

a.【棘手】解决这些问题最现实，也最棘手的，就是要精简机构，分流人员，压缩开支，减轻负担。

b.【手不释卷】毛泽东一生可以说手不释卷，从传统文化中汲取了巨大的智慧和高超的表达力。

②动拿着：人手一册。

③动亲自动手：手稿、手迹、手令、手书（a. 笔迹；b. 亲笔书信）、手笔。

④名技能、本领：手法（技巧，方法）、手段、留一手、手术、手巧、手艺。

⑤名做某种事情或擅长某种技能的人：国手、扒手、生产能手、高手、好手、新手、拿手、老手、抄手、写手、枪手、歌手、助手。

⑥形小巧易拿的：手枪、手册、手榴弹。

二 手的文化词

【强将手下无弱兵】有本领的将领手下没有懦弱的兵。比喻好的领导必然能带出好的部属。

【衣来伸手，饭来张口】形容懒惰成性，坐享别人劳动成果的人。

【鹿死谁手】原比喻不知政权会落在谁的手里。后来泛指在竞赛中不知谁会取得胜利。

东晋时期，后赵的开国皇帝石勒是中国历史上唯一一个奴隶出身的皇帝。有一次，他设宴招待从高丽来的使者，喝酒喝得快醉的时候，他大声地问臣子徐光说："我比得上自古以来的哪一个君王？"徐光想了想说："您非凡的才智超过汉高祖（刘邦），卓越的本领又赛过魏太祖（曹操），从三皇五帝以来，没有一个人能比得上您，您恐怕是轩辕黄帝第二吧！"石勒听后笑着说："人怎么能不了解自己呢？你说的也太过分了。我如果遇见汉高祖刘邦，一定做他的部下，听从他的命令，只是和韩信、彭越争个高低；假使碰到光武帝刘秀，我就和他在中原一决雌雄，较量高下，不知'鹿死谁手'。"

三 对应的泰语词及其义项

มือ［N］手

ศัพท์บอกจำนวนใช้กับความสามารถหรือฝีมือ［N］（手儿）技能、本领

四 教学说明

在汉语和泰语中，"手"有相同的义项，都表示人使用工具的上肢前端，但汉语中还可以引申为其他义项，在教学中要重点学习汉语义项②到⑥。

jiǎo

脚 ขา

一 脚字复字词义项归类

①名人和某些动物身体最下部接触地面的部分：脚心、脚掌、

脚背、脚跟、脚步、脚印、脚法（指踢球、踢毽子等的技巧）、脚镣、脚踏实地（形容做事实事求是，不浮夸）、手忙脚乱、忙手忙脚、脚丫、脚趾、脚气、脚踵、脚踝、脚力、脚尖、手脚、踮脚、缠脚、脚夫、脚印、碍手碍脚、七手八脚、绊手绊脚、大手大脚、跺脚、指手画脚、慌手慌脚、落脚、马脚、露出马脚、慢手慢脚、毛手毛脚、轻手轻脚、拳脚、捎脚、失脚、费手脚、做手脚、束手束脚、顺脚。

②名 最下部：脚注、山脚、墙脚、脚下；韵脚、针脚、阵脚、注脚。

例句：

a.【脚踏实地】他们对中西天文学均采取去伪存真的科学态度，并脚踏实地做了大量的工作。

b.【下脚料】人工栽培竹荪，主要采用轻工、木材、竹器加工厂的生产下脚料，农、林、牧业的富含有机质的废料作为培养料。

二　脚的文化词

【脚夫】专门为别人搬运物品的人或被人雇佣赶牲口的人。

【急来抱佛脚】比喻事到临头，才急着想办法。

古时候，中国云南的南面有一个国家的人们非常信奉佛教，全国各地建造了许多精美的寺院，寺院中精心塑造了很多大的佛像。当时，有个人犯了死罪要被处死，在走投无路的情况下，急急忙忙来到一座寺院里，抱住一尊大佛的脚表示忏悔。官府见他心诚，就赦免了他的死罪。从此，一些犯罪的人，经常跑到寺中，抱着佛脚悔过，请求得到宽恕。后来，这个国家的和尚到中国来传经，这个故事也随着传到中国来，并形成了"闲时不烧香，急来抱佛脚"这句谚语。

三　对应的泰语词及其义项

ขา［N］脚

ส่วนล่างสุดของสิ่งของ［N］最下部

甲 เล็บ

一 甲字复字词义项归类

①名手指或脚趾上的角质硬壳：指甲、指甲花、指甲盖儿。

②名某些动物身上有保护功能的硬壳：龟甲、甲骨文、甲骨、象甲、穿山甲。

③名古代军人打仗穿的护身衣服，用皮革或金属叶片制成：盔甲、甲兵、甲士。

④名现代用金属做成有保护功能的装备：甲板、装甲车。

例句：

a.【花甲】将十天干和十二地支顺序搭配，就构成了 60 个干支，俗称"六十花甲子"。

b.【甲等】他多次被评为优秀团员、优秀团干、增产能手、甲等先进生产者、优秀青年突击手。

二 甲的文化词

【解甲归田】解：脱下；甲：古代将士打仗时穿的战服。脱下军装，回家种地。指战士退伍还乡。

【甲骨文】主要指殷墟甲骨文，又称为"殷墟文字"、"殷契"，是殷商时代刻在龟甲兽骨上的文字。19 世纪末在殷代都城遗址即今河南安阳小屯村发现，继承了陶文的造字方法，是中国商代后期（前 14—前 11 世纪）王室用于占卜记事而刻（或写）在龟甲和兽骨上的文字。殷商灭亡周朝兴起之后，甲骨文还延续使用了一段时期。甲骨文是中国已发现的古代文字中时代最早、体系较为完整的文字。

三 对应的泰语词及其义项

เล็บ［N］甲

กระดอง［N］某些动物身上有保护功能的硬壳

เล็บ〔N〕手指或脚趾上的角质硬壳

เกราะ（ที่ป้องกันตัว）〔N〕现代用金属做成有保护功能的装备

腿 ขา，เท้า
tuǐ

一 腿字复字词义项归类

①名下肢，在脚的上面，在膝上胯下的称"大腿"，在膝下脚上的称"小腿"：腿脚、腿带、拔腿、撒腿、盘腿、伸腿、歇腿、飞毛腿、抱大腿、拖后腿、扯后腿、腿肚子、腿腕子。

②名器物上像腿的部分：桌子腿儿。

③名特指经盐腌、洗晒、晾挂等工序加工成的猪后腿：火腿、云腿。

二 腿的文化词

【狗腿子】卑躬屈膝的跟随者；给有势力的坏人奔走的人；走狗。

三 对应的泰语词及其义项

ขา，เท้า〔N〕脚、腿

ขา〔N〕叫别人用的尾音或别人叫自己而用的回音

四 教学说明

在汉语和泰语中，"腿"有相同的义项，都表示下肢，在脚的上面，但汉语中还可以引申为其他义项，在教学中要重点突出不同点。掌握汉语义项②和③的学习。

膝 หัวเข่า
xī

一 膝字复字词义项归类

名大腿和小腿相连的关节的前部：膝盖骨、护膝、屈膝、膝眼、膝下（子女幼时依偎于父母的膝下，因以"膝下"表示幼年，后用作对父母的敬辞）、奴颜婢膝、膝盖、盘膝、卑躬屈膝、膝行而前、吾膝如铁、膝痒搔背、膝行匍匐、承欢膝下、促膝谈心。

二 膝的文化词

【膝下】①子女幼时常依于父母膝下，故借指幼儿。②在与父母通信时，用作敬辞，表示对父母的爱慕。

【膝痒搔背】比喻言论不中肯或做事不得当。

三 对应的泰语词及其义项

หัวเข่า［N］膝盖

เข่า［N］膝盖

เข่า［V］用膝盖攻击别人

四 教学说明

在汉语和泰语中，"膝"有相同的义项，都表示"膝盖"，但泰语中还可以引申为其他义项，在教学中要重点突出不同点。

第三节 躯干义场

jǐng
颈 คอ

一 颈字复字词义项归类

①名颈项：长颈鹿、颈椎。

②名物体上的形状像颈或部位相当于颈的部分：瓶颈、曲颈甑、颈联。

二 颈的文化词

【颈联】律诗分为四联：首联，颔联，颈联和尾联。首联是第一、二句；颔联是第三、四句；颈联是第五、六句；尾联是第七、八句。

三 对应的泰语词及其义项

คอ［N］颈项，脖子

คอ［N］（衣服的）领子、衣领（คอเสื้อ）

四 教学说明

在汉语和泰语中，"颈"有相同的义项，都表示颈项，我们可以用母语释义法利用迁移规律让学生掌握汉语中的"颈"，同时还可以向泰国学生介绍中国一些诗歌常识，例如绝句、律诗等。

bèi
背 แผ่นหลัง

一 背字复字词义项归类

①名 人体后面从肩到腰的部分，躯干的一部分，部位跟胸和腹相对：背脊、背影、后背、擦背。

②名 物体的后面或反面：背面、刀背、背后、背景。

③动 用背部对着，与"向"相对：背光、人心向背、背水一战、背山面海。

④动 向相反的方向：背地性（植物向上生长的性质）、背道而驰。

⑤动 避开，离开：背地、背井离乡。

⑥动 凭记忆读出：背书、背诵、背台词。

⑦动 违反：违背、背离、背信弃义、背约、背叛。

⑧形 不顺：背运、背兴（xìng）、背时。

⑨形 偏僻：背静、背街小巷。

⑩形 听觉不灵：耳背。

二　背的文化词

【背水一战】在自己城下和敌人决一死战，多指决定存亡的最后一战。

例句：面对当前的形势，他主张背水一战。

三　对应的泰语词及其义项

แผ่นหลัง［N］背

หลัง［MW］（量词）

หลัง［MW］（量词）房子的量词

หลัง［A］后（前后的后）

หลัง［N］背

หลัง［N］上面的（如手背：หลังมือ）

หลัง［ADV］以后（如下课后：หลังเลิกเรียน）

四　教学说明

在汉语和泰语中，"背"有相同的义项，都表示人体后面从肩到腰的部分，但汉语中还可以引申为其他义项，在教学中要重点掌握汉语义项②到⑦的学习。

fù

腹 ท้อง

一　腹字复字词义项归类

①一般指人和脊椎动物躯干的一部分，介于胸和骨盆之间，包括腹壁、腹腔及内脏（通常称"肚子"）：腹部、腹膜、腹水、腹泻、腹疾、心腹（喻极亲近的人）、腹稿、腹诽（指口里不说而心里不以为然，亦作"腹非"）、遗腹子。

②比喻地区的前部、内部或中部：腹地、腹背受敌。

例句：【腹地】地处欧洲腹地的弹丸小国瑞士，湖光山色，十分美丽。

二　腹的文化词

【腹背受敌】腹：指前面；背：指后面。前面和后面受到敌人攻击，形容处境非常危险。

例句：他只有奋力冲上这座山峰，才有可能摆脱腹背受敌的困境。

三　对应的泰语词及其义项

ท้อง〔N〕腹

ท้อง〔N〕怀孕

四　教学说明

在汉语和泰语中，"腹"有相同的义项，都表示人和脊椎动物躯干的一部分，我们可以用直观法进行教学。

乳 เต้านม
rǔ

一　乳字复字词义项归类

①名 分泌奶的器官：乳房、乳峰、乳罩。

②名 乳房中分泌出来的白色甜汁：乳汁（亦称"奶"）、哺乳、乳母（奶妈）、乳臭（xiù）未干（对年轻人表示轻蔑）。

③名 像乳汁的东西：豆乳、乳胶、乳腐、乳白。

④名 像乳头的东西：钟乳（钟上可敲打的突出物）、钟乳石。

⑤动 生，生殖：孳乳。

⑥形 初生的、幼小的：乳燕、乳牙、乳猪。

二　乳的文化词

【乳娘】是专门代替孩子的亲生母亲喂奶并照顾婴儿的女人，又叫"奶妈"、"保姆"等，在不同的时代有不同的称呼。

这种现象，从古到今一直存在，原因有很多方面。以前大多是小孩的生母家有权有势有钱，因此找人代替喂奶，是一种特权的象征；也有的是亲生母亲身体弱没有乳汁，才雇请乳娘帮助喂奶。当奶妈的女人大多是乡间贫家妇女，放弃对自己孩子的喂养，而用自己的乳汁去哺育别人的孩子。

在封建社会里，权贵家的孩子一般由乳娘喂养。例如：皇宫里一般设有专门负责"招聘"乳娘的"奶子府"，常年"应聘"的青年妇女就有几十人，她们多是十五到二十岁刚生过孩子而且乳汁充足的农村妇女。她们虽然地位低下，无人重视，但一朝入选进宫，哺养的乃是龙子、龙孙，从此，她们也就成为人上人了，俗语"一朝入选，终生富贵"，说的就是这些人。

三　对应的泰语词及其义项

เต้านม［N］乳房

นม［N］乳房

นม［N］乳、奶

四　教学说明

在汉语和泰语中，"乳"有相同的义项，都表示分泌奶的器官，但汉语中还可以引申为其他义项，在教学中要重点掌握汉语义项②到⑥的学习。

第四节　内脏义场

xīn

心　หัวใจ

一　心字复字词义项归类

①名人和高等动物身体内推动血液循环的器官。人的心在胸腔的中部，稍偏左方，呈圆锥形，大小约跟人的拳头相等，内部有四个空腔，上部两个是心房，下部两个是心室。心房和心室的舒张和收缩推动血液循环全身。也叫心脏：心包、心律、心衰、心悸、心头、心肠、心

房、心肝、心肝宝贝、腹心、心腹、呕心、人心、烧心、身心、恶心、人面兽心、有口无心、心窝、心脏。

　　②名习惯上指思想的器官和思想、感情等：心爱、心安理得、心病、心不在焉、心驰神往、心慈手软、心胆俱裂、心得、心地、心烦意乱、心服口服、心扉、心广体胖、心寒、心理、心狠手辣、心花怒放、心怀鬼胎、心怀叵测、心慌意乱、心机、心急火燎、心急如焚、心迹、心悸（心里害怕）、心情、心曲、心软、心神不定、心盛、心事、心事重重、心术不正、心思、心死、心酸、心算、心疼、心碎、心态、心痛、心照神交、心无二用、心细、心弦、心向往之、心心相念、心虚、心绪、心绪不宁、心血、心血来潮、心眼、心仪、心仪已久、心意、心硬、心有灵犀、心有余悸、心余力绌、心语、心猿意马、心愿、心悦诚服、心窄、心直口快、心中无数、心醉神迷、心尖、安心、熬心、变心、操心、称心、成心、诚心、吃心、痴心、赤心、春心、力不从心、粗心、存心、歹心、丹心、碧血丹心、担心、当心、定心、动心、多心、贰心、烦心、芳心、放心、费心、分心、负心、甘心、公心、攻心、挂心、关心、漠不关心、好心、寒心、黑心、狠心、恒心、横心、红心、灰心、会心、慧心、祸心、匠心、交心、焦心、戒心、尽心、上进心、漫不经心、惊心、触目惊心、揪心、居心、决心、军心、开心、寻开心、可心、苦心、煞费苦心、宽心、离心、民心、满心、刻骨铭心、耐心、内心、偏心、潜心、一见倾心、掉以轻心、热心、振奋人心、安抚人心、震撼人心、蛊惑人心、惑乱人心、笼络人心、收买人心、陶冶人心、忍心、散心、善心、畅心、烧心、身心、衷心、收心、顺心、私心、死心、随心、遂心、贪心、谈心、促膝谈心、一条心、贴心、铁心、同心、戮力同心、童心、痛心、外心、违心、唯心、文心、窝心、悉心、细心、软心、邪心、信心、自信心、雄心、野心、万众一心、疑心、异心、劳心、用心、险恶用心、无所用心、别有用心、忧心、有心、愿心、怀恨在心、铭记在心、糟心、掌心、真心、知心、拳拳之心、赤子之心、忠心、赤胆忠心、专心、壮心、醉心、赏心悦目、赏心乐事、雄心壮志、枉费心机、同心同德、忠心耿耿、钩心斗角、心力交瘁、尽心尽力、诚心诚意、心灰意冷、胆战心惊、苦心经营、归心似

箭、心甘情愿、心潮澎湃、痴心妄想、心满意足、心存芥蒂、挖空心思、死心塌地、白首之心、于心何忍、人心惶惶、开心见诚、童心未泯、狼子野心、粗心大意。

③ 名 中心；枢纽，主要的，中央的部分：实心、手心、中心、靶心、木心、点心、核心、四海归心、夹心、空心、圆心、重心、轴心。

二 心的文化词

【心腹之患】指隐藏在内部的重大祸患。

春秋末年，吴王夫差准备带领军队攻打齐国，越王勾践带领大臣带着丰厚的礼物来拜见他，夫差特别高兴，而他的大臣伍子胥认为吴国攻打齐国，对吴国本身益处不大，当前只有越国才是吴国的心腹之患，但是夫差根本听不进去。没过几年，越国趁吴国北上伐晋国时出兵伐吴，将吴国彻底打败。

【心广体胖】原指人心胸开阔，外貌就安详。后来指心情愉快，无所牵挂，因而人也发胖，也作心宽体胖。

三 对应的泰语词及其义项

หัวใจ［N］心脏

ใจ［N］心脏

四 教学说明

"心"的义项①、③及其构词体系比较具体，可以用直观法进行教学。义项②比较抽象，是教学的重点，它构成了一个庞大的构词体系，表达出了中国人复杂的心情，我们可以用举例法让泰国学生掌握心的义项构成的复字词。

cháng
肠 ลำไส้

一 肠字复字词义项归类

① 名 消化器官的一部分，形状像管子，上端连胃，下端通肛门。

分为小肠、大肠两部分，起消化和吸收作用：肠子、肠衣、羊肠小道、脑满肠肥。

②[名]心思，情怀：愁肠、衷肠。

③[名]在肠衣里塞进肉、淀粉等制成的食品：香肠、鱼肠、腊肠。

例句：

a.【羊肠小道】一路上，崇山峻岭，重峦叠嶂，他在羊肠小道上日夜兼程；饥一顿，饱一顿，甚至在断炊的情况下仍奋勇前进。

b.【肝肠寸断】郭兰英肝肠寸断，潸然泪下。

二 肠的文化词

【脑满肠肥】脑满：指肥头大耳；肠肥：指身体胖，肚子大。形容不劳而食的人吃得饱饱的，养得胖胖的。

例句：看他那脑满肠肥的样子，就知道是个贪官。

三 对应的泰语词及其义项

ลำไส้［N］肠

ไส้［N］秘密（不好的秘密）

ไส้［N］里面的东西，如：铅芯 ไส้ดินสอ

ไส้［N］家人（ขี้ดีกว่าไส้，血浓于水）

ไส้［N］肠

ไส้［N］馅儿

四 教学说明

在汉语和泰语中，"肠"有相同的义项，都表示消化器官的一部分，但汉语中还可以引申为其他义项，在教学中要重点掌握汉语义项②和③的学习。

gān

肝 ตับ

一 肝字复字词义项归类

①[名]人或动物体内最大的消化腺，有合成与储存养料、分泌胆汁、

解毒等功能：肝脏、肝炎、肝胆、心肝、肝癌、肝火、肝气、肝儿、肝素、肝硬化、炒肝、夹肝、沙肝儿、猪肝。

②形 比喻真挚的心意，关系密切：肝怀（内心）、肝心（比喻人的内心）、肝血（比喻赤诚之心）、肝脾（比喻内心）、肝胆相照、肝肠寸断、披肝沥胆、推心剖肝。

例句：

a.【肝胆相照】共产党同各民主党派长期共存，互相监督，肝胆相照，荣辱与共。

b.【肝肠寸断】读到这些文字，就像是在撕碎一个人的灵魂，有一种肝肠寸断的感觉。

③形 比喻勇气、血性：肝胆过人、肝脑涂地、侠肝义胆。

例句：

a.【肝胆过人】他小小年纪就肝胆过人，让人佩服。

b.【肝脑涂地】团长十分骁勇善战，打起仗来有一股甘为国家肝脑涂地的狠劲儿。

二　肝的文化词

【肝肠寸断】肝和肠断成一寸一寸的，形容悲痛欲绝的心情。

公元346年，晋国有一个叫桓温的将军，他率领军队沿着长江上溯攻打蜀国。船进入三峡的时候，有个部将捉到一只小猿放到船上，母猿看到后心急如焚，沿岸奔跑，跟着船队跑了100多公里。最后在巫峡的时候母猿竭尽全力跳到船上，由于担忧和劳累过度而气绝身亡。军士剖开母猿后，看到它腹内肝肠寸断，十分感人。

【肝脑涂地】肝胆、脑浆溅了一地。形容惨死。也形容竭尽忠诚；任何牺牲都在所不惜。

汉高祖刘邦战胜项羽，平定中原后，就和他的群臣商议建立首都的事情。由于群臣们都是来自华山以东的人士，所以都说："周朝把首都建立在洛阳，世祚（zuò）传了数百年；秦朝把首都建立在咸阳，传位还不过二代就灭亡了，所以我们应该借鉴历史教训把首都建立在洛阳比较好。"汉高祖听了群臣建议后还是犹豫不定。

汉高祖五年，刘邦巡幸洛阳的时候，有个叫娄敬的人，请求晋见皇上。娄敬问皇上："陛下想把首都建立在洛阳的原因，难道是想要和周朝较量兴隆的盛况吗？"皇上说："不错。"娄敬又说："陛下获取天下的情况和周朝不同。周武王的祖先积德行善几十年，人们都愿意跟随他，没有经过多少杀戮，就取得了天下。而陛下从丰沛起事开始，统兵三千，经历无数战斗后才席卷蜀汉地区，平定三秦，并且又和项羽抗衡决战中原。就单单拿成皋孤城之争来说，经历大战七十个、小战四十个，让天下无辜百姓肝脑涂地，尸横遍野，哭泣之声不绝于耳。那些受创伤的人尚且还没有复原，你就想和西周较量兴隆盛世的境况，我私下认为陛下这样做欠缺考虑啊！"

最终汉高祖采纳了娄敬的建议，取消了把首都建立在洛阳的念头，并赐娄敬为刘姓，所以历史称他为刘敬。

【肝胆相照】肝胆：比喻真诚的心。形容对人忠诚；用真心相待。

宋朝有个大文豪叫范仲淹，官职高为宰相，他有一句名言："不为良相，愿为良医。"良相治理的是国家，良医治理的是身体，两者虽然职业不同，其实道理却是相通的。

就拿肝（经）和胆（经）来说吧。"肝胆相照"这一成语比喻以真心相见。其实肝胆相照在中医里也是有讲究的，《内经》中说："肝者，将军之官，谋虑出焉。胆者，中正之官，决断出焉。"意思是说，足厥阴肝经在里，它负责谋虑；足少阳胆经在表，它负责决断。只有肝经和胆经互为表里，肝胆相照，一个人的健康才能有保证。同样的道理，一个国家要想兴盛发达，也需要"肝"（谋略之才）和"胆"（决断之才）互为表里，肝胆相照。在唐朝有个"房谋杜断"的故事。房玄龄这个大臣好比是大唐的肝，他善谋略，精于管理日常政务；杜如晦这个大臣好比是大唐的胆，他临危有方，善于决断。正是由于房、杜二人的肝胆相照，才成就了继往开来的"贞观之治"。

三　对应的泰语词及其义项

ตับ［N］肝

ตับ［MS］量词（鞭炮）

ตับ［N］一排排

四　教学说明

"肝"在汉语中引申义及其构成的词汇多被赋予忠诚的文化含义，对于外国学生来说比较抽象。从语用的角度释义能够让外国学生比较容易地掌握词语的含义。

对于外国学生来说，他们对所学的语言知识最注重实际运用，但在学习过程中，往往可能只知道意思而不知道语用条件，使用时不分褒贬而滥用。如使用频率非常高的"肝胆相照"，学生只知道意思是"比喻人真诚的心意"而不知道这是用于朋友或者合作伙伴之间的话，也许会造出"我对你的爱意就像蓝天和白云，肝胆相照"的错误句子。所以，在教学中必须要强调词语感情色彩与语用环境，否则在交际中就难以避免语用失误而产生适得其反的效果。总之，我们既要根据所讲生词的特点选择适当的方法，又要灵活地将这些方法有机结合起来使用，以提高词汇教学的效率。

第五节　构成要素义场

fū
肤　ผิวหนัง

一　肤字复字词义项归类

①名皮肤：肌肤、肤色、肤革（相当于肌肤，有时候引申为肤浅）、皮肤病、体无完肤。

例句：【肌肤】在海边，夏天的主旋律就是"晒太阳"，晒成古铜色的肌肤是欧洲人去海边度假的主要原因，是他们心目中健康和美丽的标准。

②形表面的，浅薄的：肤浅、肤泛、肤廓、肤见（浅陋的见解）、肤学（浅学，所学浅陋）、肤俗（肤浅庸俗）、肤庸（浅薄平庸）、肤语

（肤辞，肤浅空泛的言语）。

例句：

a.【肤浅】有的杂文作品主题不错，但是不典型，说理肤浅，不能服人。

b.【肤语】写文章要言之有物，有主题有思想，否则通篇滥用肤语，不成文章。

二　肤的文化词

【身体发肤】本指身躯、四肢、须发、皮肤，后亦泛指自己身体的全部，自身。

例句：在中国，身体发肤受之父母，因此你不能去伤害它。

【体无完肤】①形容浑身受伤。②比喻论点被全部驳倒或文章被删改得很多。

例句：我那时为《新华日报》写的评论，每篇都经过他修改，有的被删改得体无完肤。

【陈言肤词】指陈旧而肤浅的言辞。

例句：通篇滥用陈言肤词的文章难以让人信服。

【柔肤弱体】指柔弱的身体。

三国时期，魏国的王朗年少时，因为家里贫穷，长得柔肤弱体。长大以后，有一次他与华歆一起坐着船逃难，有一个人想搭船依附他们，华歆立刻表示得很为难的样子，王朗表示同意。不久贼兵就追上来了，王朗想抛掉搭船的人，华歆认为救人要彻底，命令立刻开船，最后他们终于胜利逃脱。

例句：看他那柔肤弱体的样子，怎么能扛起一百公斤的米包呢！

三　对应的泰语词及其义项

ผิวหนัง［N］皮肤

หนัง［N］皮肤

หนัง［N］电影

四 教学说明

"肤"在汉语和泰语里都有皮肤的义项，但是肤在汉语里引申出表面的、浅薄的义项，因此在教学中要注重肤在汉语里引申义项的解释说明。另外，肤在泰语里有电影的义项，汉语里没有这个义项，在教学中也要强调这个区别。

在具体教学中可以采用"例句释义"教学法。

教师针对学生的错误准备一些例句，这些例句是他们熟悉的场景、事情和生活，让学生通过例句来体会词义。"肤浅"一词，对译的英语单词是"superficial"，但是泰语中没有相同的引申义项。有的学生以为"肤浅"就是"简单"的意思，容易错误地造出"这个学期的期末考试很肤浅"等句子。因此只有用较多的例句，让学生借助新增的言语信息才能正确理解和掌握这个词，如：

（1）许多外国人对中国的认识是很肤浅的，中国人的形象是被固定了的，这与他们不了解我们国家的历史与现况有关。

（2）在西方社会赚大钱获得的满足感终归是皮毛和肤浅的，唯有学术上的建树带来的满足才是充实、深刻和高层次的。

（3）侯宝林先生的相声不能不说是通俗文艺形式，但他的相声净化了肤浅庸俗的趣味，从而把相声艺术的格调提高到前所未有的水平。

通过以上的例句，让学生比较容易地掌握"肤浅"是汉语口语中比较常用的一个形容词，它可以表示文章的道理很浅薄，也可以表示人对事物的认识或者感觉很表面。这种通过例句增加言语信息来认知语言的方法，认知语言学认为"语言获得的过程是一种假设的过程"，这个过程的第三步就是"通过表达句子或聆听例句检验假设"。由于我们的教学对象已经具有相对的概括、推理的思维能力，所以较易从听或看的例句信息中推知出词语的意义和用法。因此在初级阶段用较多的例句增加词语信息来促进初学者推知和识记汉语的词义是一种非常有效的办法。

肉 เนื้อ

ròu

一 肉字复字词义项归类

①名 人或动物体内接近皮的部分的柔韧物质：肉体、肉类、肉食、肉票（被盗匪掳去的人，盗匪借以向他的家属勒索钱财）、肉身（佛教指肉体）、肉案、肉饼、肉丸、猪肉丸、肉丸子、肉馅、肉馅饼、肉刑、肉糜、肉末、肉牛、肉排、肉皮、肉片、肉铺、肉色、肉食动物、肉丝、肉松、肉畜、肉店、肉丁、肉冻、肉嘟嘟、肉干、肉感、肉鸽、肉冠、肉桂、肉红、肉乎乎、肉酱、肉卷、白肉、肥肉、骨肉、横肉、肌肉、鸡肉、酱肉、筋肉、烤肉、腊肉、马肉、牛肉、皮肉、生肉、兽肉、瘦肉、息肉、咸肉、血肉、腌肉、羊肉、鱼肉、炸肉、猪肉、粉蒸肉、涮羊肉、俎上肉、行尸走肉、有血有肉。

例句：

a.【肉体】人的精神和肉体是互相结合着的，就像刀和锋的关系一样。

b.【肉感】她有一头淡栗色的柔发，体态既娇憨又肉感。

②名 果实中可以吃的部分：桂圆肉、枣肉、果肉。

例句：【枣肉】总工会引进科技成果，成功地制成了以内黄大枣为主要原料的纯天然枣肉饮料——冬夏枣茶 。

③名 极亲密疼爱之称，多用于称呼子女：骨肉。

例句：【骨肉】饱受精神创伤的老母心力交瘁，眼看自己日益衰老，再也不忍心亲骨肉单身去闯荡江湖，一再敦促女儿回到她的身边。

④形 交战双方徒手或用短兵器格斗：肉搏、肉搏战。

例句：【肉搏战】飞机赶来助战时，一一五师官兵冲入敌阵，与敌人展开了短兵相接的肉搏战，使日军的飞机、大炮失去了作用。

⑤副 由轻佻的或虚伪的言语、举动所引起的不舒服的感觉：肉麻。

例句：【肉麻】宾客餐厅的大门，是个帅气的男人，很善于应酬，但从不让人看上去肉麻。

二　肉的文化词

【肉袒负荆】赤裸上身，背着荆条请罪，表示愿受责罚。

战国时期，赵国有两位重臣，一个叫蔺相如，另外一个叫廉颇。由于蔺相如多次立下功劳，赵王就封他为相国。廉颇为此很不服气，认为自己的武功盖过廉颇的嘴，于是很多次都在处理事情上故意和蔺相如作对。蔺相如为了国家社稷，对廉颇多次退让。后来，廉颇得知蔺相如的良苦用心后，惭愧不已，就决定袒露背膀，背负荆条，向蔺相如请罪。

例句：在这件事情上我确实对不住您了，改日肉袒负荆，登门谢罪。

【癞蛤蟆想吃天鹅肉】比喻人没有自知之明，一心想谋取不可能到手的东西。

例句：平时不学习还想考试得满分的人简直是癞蛤蟆想吃天鹅肉。

三　对应的泰语词及其义项

เนื้อ［N］肉

เนื้อ［V］亏本，赔本，吃亏（เข้าเนื้อ）

四　教学说明

"肉"在汉语里只有第一个义项和泰语相同，而肉在汉语里引申出很多不同于泰语的义项，因此在教学中要注重汉语"肉"引申义项的教学。另外，"肉"在泰语中有亏本、吃亏的义项，在教学中也要注意这个区别。

xuè, xiě

血　เลือด

一　血字复字词义项归类

血₁xuè

①[名]人或动物体内循环系统的不透明液体组织，暗赤或鲜红色，味咸而腥，主要成分为“血浆”、“血细胞”和“血小板”：血癌、血型、血脂、血压、血糖、血书、血崩、血沉、血蛋白、血滴虫、血点、血管、血红、血花、血迹、血祭、血浆、血库、血瘤、血色、血水、碧血、补血、充血、活血、经血、流血、呕血、贫血、热血、失血、输血、鲜血、淤血、止血。

例句：

a.【血癌】最近，他们又在忙着向社会各界募捐，为的是挽救两位身患血癌的中国公民的生命。

b.【血型】我们的血型是由父母的遗传基因决定的。

②[形]人类因生育而自然形成的关系：血统、血缘、血亲、血肉、血肉相连、骨血。

例句：【血缘】部落是由两个或两个以上具有相同或相近血缘关系的氏族或胞族联合组成的社会组织。

③[形]喻刚强热烈：血性、血气方刚。

例句：【血气方刚】一个又一个的困难，并未难倒这位血气方刚的青年。

④[形]杀伤，杀害：血雨腥风、血海深仇、血案、血洗、血仇、血肉横飞、血刃、喋血、浴血。

例句：【血仇】他找到了那个残杀他父亲的纳粹凶手报了血仇。

⑤[形]喻指辛勤的劳动：血本、血汗、心血、呕心沥血、茹毛饮血。

例句：【血本】众所周知，阿布为了打造“牌”切尔西，几乎是不惜血本地投入，仅在去年就投资过亿英镑收购球员。

$血_2$xiě

①[名]血（xuè）的口语读音（多单用）。意义等同于人或动物体内循环系统的不透明液体组织，暗赤或鲜红色，味咸而腥，主要成分为“血浆”、“血细胞”和“血小板”：鸡血、血块子、血沥沥（血淋淋）、血唬零喇（血糊淋粒）、血胡同、血糊突（流血很多，像粥样）、血渌

渌、血豆腐、血糊糊、血晕。

②形 比喻非常惨痛或严酷：血淋淋。

例句：【血淋淋】巨大的爆炸声后，我急忙跑出家门，看到一辆损毁的汽车内躺着 3 个血淋淋的人。

③形 忠心，热忱：血心。

例句：【血心】历史证明人民解放军对祖国的血心是不容置疑的。

二 血的文化词

【血泪、血泪史、血泪账、血泪家史】①带血的眼泪，一般指因极度悲痛而流的泪水。②比喻惨痛的遭遇。

例句：中国现代史，是中国饱受帝国主义和殖民主义侵略、压迫、欺凌的血泪史。

【心血来潮】来潮：潮水上涨。指心里突然或偶然起了一个念头。

传说在乾元山，有个金光洞，洞里面有一个太乙真人闲坐在碧游床上，真人正在运元神的时候，忽然心血来潮。因为神仙把烦恼、嗔痴、爱欲这三件事永远抛弃在脑后，并且要做到心如磐石永不动摇，如果有心血来潮的情况，就是预示有事情发生。果然不久后有一个弟子前来禀报：他的哪吒弟子出事了。

例句：尽管电影已过了开映时间，她心血来潮，一门心思要到影院去看看。

【丹心碧血】丹心：红心、忠心；碧血：血化为碧玉；碧：青绿色的宝石，表示血的珍贵。赤诚的忠心，宝贵的鲜血。用以赞扬为国捐躯的重大牺牲。

在周朝的时候，有一个叫苌弘的人，一生忠于朝廷，不卑不亢，有浩然正气。他因为正直得罪了朝廷中的权贵，最后蒙冤被周人杀害了。传说他被杀害的时候，有人慕名收集他的血液藏在家里，三年后这些干血块全都化成了碧玉。

例句：江泽民同志为烈士纪念碑题词："丹心碧血为人民。"

三　对应的泰语词及其义项

เลือด ［N］血液

อุปมาว่า แข็งกร้าว ［N］喻刚强热烈

四　教学说明

"血"在汉语中引申义项比较抽象，可以选择用"语境法"通过大量的例句进行教学。

凡词大多可以分为两类，即具体或抽象。前者如"血点、血管、血红、血花、血迹"，后者如"血统、血缘、血亲"等。具体的词语可以用实物或动作演示解释，而抽象词则不易如此，对这类词语，举例是比较好的处理办法。比如解释"血缘"的词义，可以设计如下的问答：

"你身体里的血液有你父亲的基因，对吧?"

"是的，还有母亲的。"

"那你父亲的血液里有你祖母的基因，对吧?"

"是这样的。"

"那我们可以说，你和你祖母有什么关系呢?"

"我和我祖母有血缘关系。"

"不错，很聪明。"

在这里，"血缘"一词的词义在对话中不知不觉地得到了解释，即人类因生育而自然形成的关系。通过这样的举例，学生对词义有了较清楚的认识。

另外，由"血"组成的词汇在汉语中很多被赋予了特殊的民族精神和内涵。在教学中，如果遇到类似于成语这样的词，它们有着固定的意义和特定的文化内涵，这时，老师可以利用讲故事的方法讲解词义，加深学生印象。譬如"呕心沥血"在字面上，学生每个字都能认识，但里面的具体含义，学生未必能够理解，只有知道这个故事后，从那个"呕心沥血"的人身上总结出经验，才算是准确地理解了词语的含义。

骨 กระดูก

gǔ

一 骨字复字词义项归类

①名 人和脊椎动物身体里面支持身体保护内脏的坚硬组织：骨头、骨节、骨干、骨骼、骨鲠、骨灰盒、骨灰、骨髓、骨折、骨殖、白骨、筋骨、枯骨、肋骨、龙骨、颅骨、排骨、颧骨、锁骨、头骨、尾骨、胸骨、趾骨、坐骨、虎骨酒、甲骨文、刻骨铭心、毛骨悚然、敲骨吸髓、切骨之仇、粉身碎骨、脱胎换骨、尸骨、露骨。

②形 比喻在物体内部支撑的架子：伞骨、扇骨、骨架、骨子、龙骨、主心骨。

例句：【骨架】只见现场一片狼藉，公交车被炸得只剩下骨架，地上到处是血迹和汽车玻璃碎片。

③形 指文学作品的理论和雄健的笔力：骨力、骨格。

例句：【骨力】我决定从加强画的气势和骨力两方面去着手，以表现出我们中华民族宏远壮观的伟大气魄。

④形 指人的品质、气概：侠骨、骨气、傲骨、媚骨、仙骨。

例句：【侠骨】女友的出现让人称"石头"的石智勇有了"侠骨柔情"，他的钱包里放上了女友的照片，即使外出和朋友吃饭也不忘。

⑤形 亲近的有血统关系的人：骨肉、骨血。

二 骨的文化词

【夺胎换骨】本为道家语，指夺人之胎以转生，易去凡骨为仙骨。后比喻学习前人不露痕迹，并能创新。

夺胎换骨原本是道家的说法，即吃了金丹换去凡骨凡胎后就可以成为神仙。后来古代文人借用以前古文的意思，然后用自己的语言重新去表达，这是换骨法；而深入研究古文的原意，然后进一步加以刻画形容的就叫夺胎法。

例句：他在文学创作用字上发明所谓的"夺胎换骨"法，想借以打破原先诗歌均衡而流于陈熟的格局，返华美于朴拙。

【贱骨头】指不自尊、不知羞耻或不知好歹的人。

《红楼梦》里面有一个叫贾琏的男人，他私自娶了尤二姐后，他的老婆王熙凤假仁假义地将她接回荣国府。王熙凤正准备想办法算计尤二姐的时候，贾琏的父亲贾赦又将身边丫头秋桐赏赐给贾琏做妾。这个秋桐眼中容不下尤二姐，就跑到贾母那里告状。贾母没有核实实际情况就骂尤二姐说："凤丫头倒好意待他，他倒这样争风吃醋的。可真是个贱骨头。"

例句：他竟然恩将仇报，真是个贱骨头。

三　对应的泰语词及其义项

กระดูก　［N］骨头

กระดูก　［A］小气

四　教学说明

"骨"在汉语里第一个义项基本和泰语相同，没有泰语里面小气的义项，在教学中要注意区别，把重点放在汉语"骨"的引申义项的教学上。

由"骨"构成的词汇，可以尝试"拆分推测法"的教学模式。这个方法，是在综合考虑汉语词汇特点基础上提出来的。我们知道，汉语是以音节为基本语言单位，每个音节写成一个汉字。除少数单纯词外，汉语词汇系统中的大部分词语都是合成词，由两个或两个以上的语素组成，这是汉语的特点。我们可以据此对词语进行拆分，通过分析词语内部的语素和语素之间的关系来学习新词的意义。例如：傲骨＝傲（骄傲）＋骨（骨气，刚毅）等。

汉语中浩如烟海的词语，实际上只由几千个常用汉字构成。当学生学习到一定阶段后，真正不认识的字就越来越少了，那时候，难题不是认识汉字，而是怎样正确理解那几个认识的汉字之间的关系。因此，我们很有必要教会学生如何认识这种关系。这也反映出我们华语教学的一个重点问题：教育学生不是为了教育一个被动的接受者，而应是培养具有主动性、创造性的优秀学生。教会学生用已学过的知识推测新词词义，无异于增加了学生的本领，让其在以后的学习中更加自如，更加得心应手。

小　结

本章考察了汉语人体器官义场中的 24 个核心词共有 93 个义项，平均每个词 3.87 个义项。人体器官义场中的核心词的义项一般遵循由专指到泛指再到抽象的引申规律，例如"腿"由专指义项①"下肢，在脚的上面，在膝上胯下的称'大腿'，在膝下脚上的称'小腿'"到泛指"器物上像腿的部分"（义项②）是外形相似的引申；"甲"的专指由义项①"手指或脚趾上的角质硬壳"到泛指"某些动物身上有保护功能的硬壳"（义项②）则是功能相似的引申。

在词性转化方面：发、鼻、口、牙、舌、脚、甲、腿、膝、颈、腹、心、肠等不发生词性转化，仍然是名词性义项，手、背、乳、肝、肤、肉、血、骨等由名词性义项转为形容词性义项，耳、背、乳等由名词性义项转为动词性义项，眼、头等由名词性义项引申出量词义项。

汉语人体器官义场中的大部分核心词既可以用来指代人体器官，也可以用来指代动物器官。因为，汉泰人体器官义场中的大部分核心词都有相同的具体的指称对象，所以可以用直观法和母语释义法相结合的形式教会泰国学生掌握汉语的人体器官义场中核心词的第一个义项及其构词体系。

另外，人体器官义场中的核心词的引申义、比喻义都比较抽象，但它们往往和它们的所指——相对应的人体器官的功能、外形有关，所以我们在教泰国学生这些义项及其构词体系时要在把本义和引申义之间的关系说明的基础上，设置具体的语境帮助学生掌握。

第三章

汉泰动物器官义场对比研究

　　动物器官和人体器官有同有异，所以在各民族语言中，除了可以用表示人体器官的词来表示动物器官的词外，动物因自身的特殊情况还有表示自己器官的词。本章依据斯瓦迪士 200 核心词中有关表示动物器官的词，选出汉语中有关动物器官构成要素的核心词，对它们的义项及其构词体系进行了描写，并结合具体词汇及文化背景，分析汉语动物器官词汇蕴涵的文化含义。

dàn

蛋 ไข่

一　蛋字复字词义项归类

　　①|名|鸟、龟、蛇等所产的卵：蛋白、蛋白质、蛋花、蛋黄、蛋壳、蛋糕、蛋卷、蛋品、蛋清；鸡蛋、鸭蛋、蛇蛋、鸟蛋、皮蛋、荷包蛋、鸡蛋里挑骨头（比喻故意挑毛病）。

　　例句：【鸡蛋里挑骨头】在质量问题上就是要鸡蛋里挑骨头，严格把关，精益求精。

　　②|名|（儿）形状像蛋的：脸蛋儿、泥蛋儿、山药蛋儿。

　　例句：【脸蛋儿】她圆圆的脸蛋儿真可爱！

　　③|名|人、家伙，含贬义（约定俗成的骂人的话）：笨蛋、坏蛋、（浑）混蛋、穷光蛋、王八蛋。

　　例句：

　　a.【坏蛋】看一个坏蛋挨打，大家都齐声叫好。

b. 【笨蛋】错误人人都会犯，坚持错误是笨蛋，聪明人不是不犯错误，而是有了错误立即改正。

二　蛋的文化词

【红喜蛋】传说在三国的时候，东吴周瑜想用假招亲的计谋把刘备引到吴国当人质，威胁他交还荆州。但他的这个阴谋被诸葛亮识破了，于是诸葛亮将计就计，设下"红喜蛋计"对付周瑜。

诸葛亮让刘备到东吴的时候带上很多染红的鸡蛋，一到东吴，就不论宫廷内外不论大小官吏逢人就送红喜蛋，一个人都不落下，并说这是吴国一种非常隆重的皇室礼仪。得到红喜蛋的人都感到很光荣，而没分到红喜蛋的人，还纷纷上门向刘备讨要。刘备呢，更是来者不拒，并大肆宣扬招亲的舆论。其实当时的东吴根本没有送红喜蛋的习俗，大家都觉得这事很新鲜，便一传十，十传百，弄得家家户户都以为东吴公主孙尚香将与皇叔刘备成亲了。最后，周瑜只能假戏真做，刘备娶到了一位好夫人，欢天喜地，而周瑜却落了个"赔了夫人又折兵"的下场。从此，中国江南地区开始形成了这样一个习俗：每当结婚的时候都要分发红喜蛋，人人都可以讨红喜蛋，寓意着新婚人家"龙凤呈祥"。

后来，送红喜蛋的习俗从江南地区逐渐蔓延到了国内其他地方。现在，红喜蛋已经成为一种具有民间特色的报喜美食。

三　对应的泰语词及其义项

ไข่［N］蛋、卵：ไข่ไก่鸡蛋、ไข่เป็ด鸭蛋、ไข่ปลา鱼卵（用点构成的虚线）

ไข่［N］蛋制甜食品：ไข่หวาน糖水荷包蛋

ไข่［N］形状像蛋的东西：ไข่มุก珍珠

ไข่［V］下蛋〔喻〕生小孩

四　教学说明

"蛋"的义项①、②在汉语和泰语中基本相同，不同之处在于义项③。义项③显示在中国人的风俗文化中"蛋"有贬义色彩，这点在教学时应向泰国学生说明。

jiǎo
角 เขา

一　角字复字词义项归类

①名牛、羊、鹿等头上长出的坚硬的东西：角尖、角质、牛角、鹿角、羊角、触角、额角、崭露头角。

例句：【崭露头角】在激烈的竞争中，他开始崭露头角，博得领导的信任和同事的称赞。

②名形状像角的东西：角冠（道士的尖帽子）、角楼、角巾、角头（黑社会的老大）；鬓角（耳朵前边长头发的部位。也指长在那里的头发）、豆角、犄角、菱角、皂角。

③名古代军中吹的一种乐器：号角。

例句：【号角】未熄的路灯在雾中迷离，报警的号角在雾中远播。

④名伸入水域的陆地的尖端或延长部分（多用于地名）：岬角、好望角、科德角、哈特拉斯角。

⑤名从一个点引出两条射线所形成的平面图形；从一条直线或一个点上展开的多个平面所形成的立体图形：角度、角尺；直角、锐角、补角、对角、夹角。

例句：【角度】每个人站的角度不同，得出的结论也就不一样。

⑥名物体两个边沿相接的地方：角标、角落、角门、角球、角椅；拐角、视角、死角、口角（争吵）、棱角、墙角、眼角、转角、桌角、嘴角、壁角、楼角。

例句：

a.【口角】再好的朋友也有口角，千万不要斤斤计较。

b.【视角】从不同的视角去看问题，不一定会更好，但肯定会不同。

c.【死角】他已被逼入了死角。

⑦ 量 中国的货币单位，一角等于一元的十分之一。

⑧ 量 多用于从整体划分出的角形东西：一角饼。

二 角的文化词

【凤毛麟角】凤毛指的是凤凰的羽毛，麟角指的是麒麟的角，这些都是很稀有的物品，故以此来比喻珍贵而稀少的人才或宝物。

在中国的南朝时期，著名诗人谢灵运的孙子谢超宗很有才学，担任新安王刘子鸾的常侍，他写的各种文告都很精彩，孝武帝夸奖他有凤凰的羽毛。右卫将军刘道隆听到孝武帝夸谢超宗有凤凰的羽毛，认为这是一种很稀罕的东西，于是到谢家寻找，可他找了半天，什么也没找到。其实刘道隆是个笨蛋，不知道孝武帝是在夸奖谢超宗的才气。

【天涯海角】形容极远的地方，或相隔极远。

唐代大文学家韩愈，从小就失去了父母。哥哥韩会把韩愈养大，韩愈和哥哥的继子十二郎关系很好。后来，韩愈的哥哥死了，就只剩下韩愈跟十二郎相依为命。韩愈在 19 岁的时候，到京城去当官，从此就与十二郎分开了。在这以后的十年中，韩愈和十二郎只见过三次面。后来，韩愈因为很想念十二郎，打算回家和十二郎一起生活。可正当他准备回家的时候，十二郎却病死了。韩愈非常伤心，写了一篇《祭十二郎文》来纪念十二郎。祭文里有一句"一在天之涯，一在地之角"让人印象特别深刻。

【钩心斗角】心：宫室的中心；角：檐角；诸角向心，叫"钩心"，诸角彼此相向，像戈相斗，叫做"斗角"。"钩心斗角"本义为宫室建筑的内外结构精巧严整，后人用它比喻用尽心机，明争暗斗。含贬义。

【拐弯抹角】指沿着曲折的路走，比喻说话绕弯，不直截了当。

例句：

a.【凤毛麟角】核发电站在发展中国家还是凤毛麟角。

b.【天涯海角】他们走遍了天涯海角，都见不到人迹。

c.【钻牛角尖】凡事都要留有余地，别死钻牛角尖。

d. 【钩心斗角】这么美好的日子，我们为什么要钩心斗角，非置对方于死地不可呢？

e. 【拐弯抹角】我讨厌拐弯抹角，就单刀直入地说吧。

三　对应的泰语词及其义项

เขา［N］角：เขากวาง鹿角

เขา［N］山：เขาเขิน高的山

四　教学说明

"角"的汉泰义项除了义项①相似之外，其他义项完全不同，虽然汉语义项较多，但其义项是根据角的本义引申出来的，其中包括角的性质、状态及功能等，所以在学习时应注意义项间的相互关系，可以用语境法进行"角"的引申义的教学。

wěi
尾 หาง

一　尾字复字词义项归类

①名鸟、兽、虫、鱼等动物的身体末端突出的部分：尾巴；马尾₁、马尾₂（马尾辫的简称，指将大部分的头发往后集中，用一个皮筋或其他装饰品将辫子扎起来竖在半空中的发型，因为看起来像马的尾巴而得名）、鸟尾、蛇尾、鱼尾、燕尾服、虎头蛇尾。

例句：【虎头蛇尾】同样是为老百姓办好事、办实事，为什么有的能坚持始终，有的则虎头蛇尾呢？

②名末端，末尾：尾灯、尾部、尾翼、尾期、尾梢、尾声、尾音、尾羽、尾韵、尾市、尾号、尾句、尾联、尾花（报刊、书籍上诗文末尾空白处的装饰性图画）；榜尾、船尾、话尾、街尾、结尾、末尾、排尾、甩尾、首尾、首尾相连（前后连接不断）、首尾呼应（头和尾相互接应）、眼尾、追尾（指同车道行驶的车辆尾随而行时，后车车头与前车车尾相撞）。

例句：

a.【尾声】假期已进入尾声。

b.【尾音】他说话的时候总是把尾音拉长，好像含着水果糖一样，直到嗒出滋味才停下来。

c.【末尾】在综合治理工作方面，经严格量化考评，排末尾的即为整治对象。

d.【甩尾】车辆在砂石或光滑路面上行驶时要注意减速缓行以避免发生甩尾，造成人员伤亡。

e.【追尾】一辆无牌摩托车从惠州往淡水方向行驶，追尾撞上因故障停靠路边的大货车。

③名指事物残留的或没有了结的部分：尾房、尾气、尾数、尾迹；扫尾、收尾。

例句：

a.【尾气】汽车尾气超标是造成大气污染的一个重要原因。

b.【扫尾】职工们用 40 天时间完成了以往 4 个月才能完成的工程扫尾和搬迁任务。

c.【收尾】他说起话来，好像只知道开头，而不知道如何收尾。

④动指跟踪或在后面跟：尾随、尾追（在后面紧紧追赶）、尾缀、尾骑、尾犯（从犯）。

例句：

a.【尾随】他尾随乘务员到了飞机厨房。

b.【尾追】十余行人骑自行车尾追两凶犯数千米。

⑤量多指鱼：一尾鱼。

二　尾的文化词

【摇头摆尾】形容人摇头晃脑、轻浮得意的样子。

【狐狸尾巴】比喻坏人的本性或迷惑人的罪证。

从前，有一位唱挽歌的人，叫孙岩，他和妻子结婚已经三年多了，但他的妻子在睡觉的时候从不脱掉外衣，孙岩对此感到奇怪，但是他从不敢询问自己的妻子。

有一天晚上，他终于忍不住好奇，在妻子睡着以后，悄悄地解开她的外衣，发现妻子竟然长着狐狸的尾巴。孙岩害怕极了，他决定赶走他的妻子。妻子在离开之前，突然用刀割下孙岩的头发，然后迅速跑掉了。邻居们连忙上前追赶，但孙岩的妻子已经变成了一只狐狸，人们很难追上她。从此以后，洛阳城中越来越多的人被割下头发，因为狐狸变成一位美丽的妇人，穿着精致华美的衣服，当她在路上行走的时候，只要看到被她吸引而靠近她的人，都会割下他们的头发，前后共130多个人。以至于当时只要有妇女穿着漂亮衣服，都会被别人指着说是狐狸精。

在中国的古代传说中，狐狸能够变成人形去迷惑众生，但它的尾巴却始终无法改变，这也成了人们辨识狐狸真面目的标志。

例句：不法分子的狐狸尾巴是藏不住的。

三 对应的泰语词及其义项

หาง［N］尾，尾巴，尾羽：หางไก่ 鸡尾、หางม้า 马尾、หางเปีย 辫子

หาง［N］末，末尾，末端：หางแถว 队尾、排尾，หางตา 眼角

หาง［N］尾部，后部，后裾：**หางเสียง** 语句尾音、**หางเสื้อ** 燕尾服的后裾

หาง［V］尾随

หาง［N］已提出精华的剩余物：**หางกะทิ** 最后榨出的椰子浆、หางเหล้า 酒尾、หางข้าว 选剩的末等稻谷

หาง［MS］（量词）尾（用于黑鱼干）

四 教学说明

"尾"的汉泰义项基本相同，可以根据每个义项的特点进行比照学习，但仍要注意每个义项的细微差别，如汉语义项②中，尾灯中"尾"的义项有"位于末端"的意思，表方位。

羽 ขน

yǔ

一 羽字复字词义项归类

①名 飞禽类的毛：羽缎、羽冠、羽毛、羽毛球、羽绒、羽扇、羽坛（羽毛球界）、羽舞、羽衣、羽箭、羽物、羽类、羽皮；尾羽。

②名 鸟类或昆虫的翅膀：羽翅、羽翼$_1$（翅膀）、羽化$_1$（古人认为仙人能飞升变化，因此把成仙叫做羽化）、羽化$_2$（昆虫由蛹变成虫）。

例句：【羽翼$_1$】草地旁的水面上不时有两三只大天鹅展翅飞起，雪白的羽翼在空中划过优美的弧线。

③名 辅佐的人或事物：羽翼$_2$（比喻辅佐的人或力量）、党羽（指那些追随一个领袖或一个政党的拥护者，含贬义）。

例句：

a.【羽翼$_2$】你把生命给予他的后裔，用你武力的羽翼庇护他们的权利。

b.【党羽】他的党羽众多，组织严密。

④量 用于鸟类：一羽信鸽。

二 羽的文化词

【羽毛丰满】小鸟的羽毛已经长全，比喻已经成熟或实力已强大。

西汉时期，刘邦当上皇帝后立吕后的儿子刘盈为太子，但后来因为宠幸戚夫人而想改立刘如意为太子。吕后担心自己的儿子不能当上皇帝，请张良帮她出主意，于是张良让太子刘盈请出商山四位贤士。刘邦在看到太子有商山四贤辅佐后，觉得刘盈的羽翼已成，实力强大，也就打消了另立太子的念头。

【羽毛未丰】丰，丰满。指小鸟没长成，身上的毛还很稀疏，比喻年纪轻，经历少，不成熟或力量还不够强大。

战国时洛阳人苏秦，年轻的时候跟着智者鬼谷子学习辩术谋略。学习结束后，他周游列国，希望有朝一日，他的治国谋略能获得君王们的接纳。秦国在当时是西方大国，它凭借有利的地理环境，发展农业，国力慢慢强盛了起来。但这时的秦国还不能与其他大国相抗衡。苏秦这次远游秦国，是要说服秦王与函谷关以东的一些国家联合，联盟作战，但秦惠王并没有听取他的建议，而是说："我们秦国现在就像一只羽毛还没长全的小鸟，要想展翅高飞那是不行的。先生你千里迢迢来到这里开导我，我很感激。至于称霸争帝的事，我希望在以后如果有适当的时机，能再听听你的高见。"苏秦在秦国耗费了所有钱财，上书十多次，但仍未说动秦王。最后，苏秦只得灰溜溜地离开了秦国。这时的苏秦，也就像羽毛未丰的小鸟，无法振翅飞于那动荡的政治天空。

a.【羽毛丰满】她把我从小抚养成人，而我却在羽毛丰满时，弃她远去，一去不返。

b.【羽毛未丰】他们的地位已经被一群羽毛未丰的黄毛小子占夺了。

三　对应的泰语词及其义项

ขน［N］羽、毛：ขนนก 羽毛、ขนไก่ 小鸡羽毛、ขนตา 睫毛

四　教学说明

"羽"的汉泰义项除了其本义项①之外，其他义项则有所差异。在汉语义项③中，羽翼、党羽等词语的"羽"字义是其翅膀义项的引申义，学习时请注意理解和把握。

翅 ปีก
chì

一　翅字复字词义项归类

①名昆虫和鸟类等动物的飞行器官，通称翅膀：翅膀、翅脉、翅翼、展翅。

②名翅果向外伸出呈翅状的果皮。

③名鱼翅：翅席、翅子、鱼翅（鲨翅）。

④ 名 物体上形状像翅的部分：鼻翅、纱帽翅。

二　翅的文化词

【插翅难飞】插上翅膀也难飞走，比喻陷入困境，怎么也逃不了。

例句：他们在上海城市及郊区布下了天罗地网，看来绑匪是插翅难飞了。

【展翅高飞】指鸟展开翅膀远远飞走了，亦比喻充分发挥才能，施展抱负。

例句：像一只羽翼丰满的鸟儿，即将展翅高飞，我对前途充满信心，未来是那样美好。

三　对应的泰语词及其义项

ปีก［N］翅膀

ปีก［N］边（多用于足球：运动员的位置）อยู่ปีก

小　结

本章考察了汉语动物器官义场中的5个核心词共有24个义项，平均每个词4.8个义项。同人体器官义场中的核心词义项的引申规律一样，动物器官义场中的核心词也遵循由专指到泛指再到抽象的引申规律，主要是外形相似、功能相似的引申。

在词性转化方面：角、尾、羽等由名词性义项引申出量词义项。

动物器官义场中的核心词义项比较丰富，多按照器官的形状引申为与之相似的客观事物，也有按照器官的功能引申的，一般生成具体的名词性义项。在词性转化方面，动物器官义场中的核心词比人体器官义场中的核心词简单得多，核心词的名词性义项只引申出量词义项。

我们可以运用直观法进行动物器官核心词各个义项及其构词体系的教学。对于相应的量词，可以用语境法教学，但要说明量词的形成原因。

在人类语言漫长的发展过程中，人们会不自觉地借动物来寄托或表达自己的情感。但由于受历史、习俗、价值观念、宗教信仰等诸方面文化因素的影响，不同语言中的动物词汇有其各自的文化意义，这也赋予了动物词汇以丰富的内涵。为了避免在跨文化交际中对此类问题产生误解，应注意这些差别，以便更好地理解和体会不同语言中动物词汇的魅力所在。

第四章

汉泰动物义场对比研究

　　动物和人类生活有着密切的联系，各种表示动物的词语在人类生活中占有非常重要的地位。不同的民族对于这一普遍而又特殊的物种，既有某些共同的认知，又有各自特殊的文化内涵。因此，在对外汉语词汇教学过程中，我们应该在向汉语学习者系统地传授动物词汇知识的同时，也应该有意识地将动物词汇所蕴涵的文化内涵进行系统的介绍。同时，我们还可以结合语义场理论，利用相关联想建立同素词族网络，有系统有步骤地引导学生学习更多相关复字词，从而快速有效地扩大他们的词汇量。

　　在本章中，关于动物词的选择，我们首先考虑词语所表示对象的常见性，然后再结合斯瓦迪士 200 核心词和 HSK 常用词汇大纲，选出汉语中使用次数较多且每个民族都共同拥有的动物核心词。我们所选出的动物词，不仅是汉泰人民所共同熟悉的，而且是代表动物种类中最重要、最基本的一部分词汇，掌握这些词语对泰国学生学习汉语有很大的帮助。

wù

物 สัตว์

一　物字复字词义项归类

①名 东西；事物：财物、产物、宝物、动物、读物、废物、公物、古物、谷物、怪物、文物、衣物、生物、药物、证物、植物、赃物、景物、货物、实物、事物、信物、作物、物品、物产、物件、物体、物

质、物资、物价、物理、物权、物欲、物种、物主、物以类聚、物是人非、睹物思人、玩物丧志、暴殄天物、庞然大物。

例句：

a.【物件】车上有各种物件。

b.【物欲】我们要反对过度的物欲享受，追求精神的健康。

c.【物是人非】十年后再回到家乡，这里早已是物是人非了。

d.【暴殄天物】敌人把大量食品倒入河内，简直是在暴殄天物。

②名指自己以外的人或与自己相对的环境：物议、物听、物意、物师、物轨、物宗、物和、物望、物情、待人接物、损己以利物。

例句：【物议】他似乎自以为是作家便可以免遭物议。

③名内容；实质：言之有物、言之无物。

例句：

a.【言之有物】我们写作文，首先要求的是言之有物，感情真实。

b.【言之无物】整个演讲内容让人觉得十分枯燥，且言之无物，台下的人多不感兴趣。

二　物的文化词

【物以类聚】指同类的东西常聚在一起，现多比喻坏人和坏人常在一起，也作物以类聚，人以群分或方以类聚，物以群分。

春秋战国时期，齐宣王想召集天下的贤才帮他治理国家。没过多久，贤士淳于髡便向他推荐 7 个人，并且个个都本领高强。齐宣王又惊又喜，于是就问淳于髡："普天之下，真正的贤士是很难得的。千里之地，能找到一个就已经很了不起了，但你却能在这么短的时间内找到 7 个，能告诉我你是怎么做到的吗？"淳于髡回答道："鸟和鸟共同集聚在一起，兽和兽共同集聚在一起。而要找到柴胡和桔梗这些药材，如果到沼泽地去找，一辈子都找不到。但是如果到山的北面去找，用车子都不够装。我想说的是，其实世间的物种都是按照种类聚集在一起的，我淳于髡也算得上是一个贤士，因此，您需要的人才，对于我来说就像到河里打水一样简单。"从这以后，人们便用"物以类聚"来概括淳于髡的话。现在，也常常用来比喻有同样不良嗜好的人总是聚集在一起，含有贬义。

例句：

a. 物以类聚，人以群分，这是社会中的一种规律性现象。

b. 这个犯罪团伙的主要成员都是一些盗窃犯、流氓犯，真是物以类聚，人以群分。

【别无长物】长物：多余的东西。除身体之外再没有多余的东西。原指生活俭朴。现形容贫穷。

东晋时有个叫王恭的书生，生活非常节俭，认识他的人都说他以后肯定会成为一个对社会有用的人。有一年，王恭和父亲一起从会稽来到都城建康。他的一个同族王忱听说了，便去拜访他。两人坐在王恭家里的竹席上促膝长谈。坐着坐着，王忱觉得主人家的席子非常光滑，非常舒服。他想王恭是从会稽来的，那里盛产竹子，因此家里一定有不少这样的竹席，便对席子大大地赞赏了一番，并且希望王恭也能送他一张一样的席子。王恭听了，便毫不犹豫地将他们坐着的这张竹席赠给了王忱。其实，王恭家里现在就这么一张竹席了，送给王忱以后，他就改用了草席。王忱知道了，觉得很过意不去，就去王恭家里道歉。王恭笑着说："没关系，只是因为您不太了解我。我这一生，本来也就没有什么多余的物品。"因此，后人便用"别无长物"来形容生活俭朴，但现在一般都用来形容贫穷了。

例句：

a. 三年来，经他手的钱成千上万，但他清廉自守，离职时依然是那点简单的行李，别无长物。

b. 他们除双手外，别无长物，其经济地位和产业工人相似。

【空洞无物】空空洞洞，没有什么内容，没有东西。多指言谈、文章极其空泛或不切实际。

东晋时，有一位大臣，叫周颐，字伯仁。年少时就善于交谈，年长后颇有名望，说话诙谐幽默，性格乐观开朗，为人心胸宽广，不拘小节。因此，人们都用"有雅量，友爱过人"来称赞他。周颐的家里，常常有一些名流之士来喝酒闲谈。而那个时期，在名士中间正流行"清谈"之气。他们都很注重自己的个性品格，不在乎礼节，也总是一边喝酒一边议论。在这些人中间，有一个叫王导的，他是辅助司马睿的丞相。因为和周颙一样是名门望族，因此私交甚好。有一次，周颙和王导在一起聊天，越聊越高兴。说着说着，王导竟将身子侧卧，并把头枕在周颙的腿上，还用手指着周颙的肚子问："你这肚子里面都装的是什么呀？"周颙直直身子，摸摸肚子，很巧妙地答道："这里面什么都没有，'空洞无物'。但是，像您这样的人，我觉得倒是能装下几百个。"

例句：有人嘲讽或感叹某些作家，说他们滥开专栏，大写空洞无物的甚至是无聊的文字。

三 对应的泰语词及其义项

สัตว์〔N〕物

四 教学说明

"物"在汉语中的常用义为"东西；事物"。因此，在教学过程中，我们应重点学习这个义项及其相关复字词。对于表示具体意义的复字词，我们可以采用"直观释义法"和分析复合词结构等方法进行教学。而表示抽象意义的词语，则可以多利用"语境法"进行教学。

yú
鱼 ปลา

一 鱼字复字词义项归类

名 脊椎动物的一类，生活在水中，冷血，一般有鳞和鳍，用鳃呼吸。种类极多，包括软骨类和硬骨类：鱼白、鱼肚白、鱼饵、鱼肉、鱼水情、鱼翅、鱼刺、鱼肚、鱼鳞、鱼尾纹、鱼子；鲤鱼、鲫鱼、草鱼、鲢鱼、甲鱼、鳄鱼、鲸鱼、章鱼、鱿鱼、美人鱼、小鱼、金鱼、浑水摸鱼、临渊羡鱼、鱼目混珠、鱼米之乡、鱼龙混杂、鱼跃龙门、沉鱼落雁。

例句：

a.【临渊羡鱼】要改善我们这样一个经济落后大国的人民生活条

件，只能靠艰苦奋斗，而不能只是临渊羡鱼。

b.【浑水摸鱼】她也趁机浑水摸鱼，拿了两件衣服。

c.【鱼目混珠】不法商贩，常常干出鱼目混珠的事情，坑害顾客。

d.【鱼龙混杂】我们要坚持揪出政府中的腐败分子，杜绝鱼龙混杂。

二　鱼的文化词

【沉鱼落雁】沉：使下沉；落：使落下。原指女子貌美，使游鱼下沉，使飞雁降落，不敢与之比美。后来形容女子容貌美丽动人。

春秋时期，有个长得如花似玉的女子，叫西施。她每天都会去河边浣纱，河里的鱼儿看到西施，觉得自己不如西施美丽，于是羞愧地全都沉到河底，再也不敢浮出水面。汉朝时期，也有个美若天仙的王昭君。在她嫁去塞外番王的路上，天上的大雁看到王昭君的美色，都惊讶地忘记了扇动翅膀飞行，因此全都掉到了树林里面。这以后，人们便都用"沉鱼落雁"来称赞一个女人的美丽。

例句：壁画上的女子个个有沉鱼落雁之容，闭月羞花之貌。

【三天打鱼，两天晒网】三天之中，一天是打鱼，两天是晒网。比喻学习或工作缺乏恒心，不能坚持不懈。

这个成语是从曹雪芹的《红楼梦》中得来的，里面有个人叫薛蟠。在他入住贾府以后，听说贾府有一所私立学校，便兴冲冲地进去读书。但是在看到学校里面有很多年轻的小伙子以后，心里又有了追求男色的想法，心思压根就没有学习上面。就连后到的贾宝玉和秦钟也成了他贪恋的目标。因此，后人便用"三天打鱼，两天晒网"来比喻一个人在学习或工作上没有恒心，缺乏毅力。

例句：

a. 三天打鱼，两天晒网，是学不会弹钢琴的。

b. 学外语要细水长流，如果像你这样，三天打鱼，两天晒网，肯定学不好。

【如鱼得水】好像鱼得到水一样。比喻有所凭借。也比喻得到跟自己十分投合的人或对自己很合适的环境。

三国时期，刘备在还没建立自己的邦国以前，只能寄居在亲戚刘表的屋檐下，帮其驻守新野。但是胸怀大志的刘备并不满足于此。这时，正好徐庶向他推荐诸葛亮，并且说如果想实现自己的志愿，就一定要想方设法招揽诸葛亮。因此，为了得到诸葛亮的协助，刘备便三次亲自拜访了他住的茅庐，并且得到了诸葛亮的极大帮助，最终建立了蜀国。后来，刘备便对自己的结拜兄弟关羽和张飞说："我得到了孔明以后，做起事来就像鱼儿得了水一样容易。"以后人们便用"如鱼得水"来比喻得到跟自己十分投合的人或对自己很适合的环境。

例句：

a. 小朋友进入了儿童乐园，一个个如鱼得水，玩得可痛快了。

b. 青纱帐一起来，游击队如鱼得水，活动更加方便了。

三　对应的泰语词及其义项

ปลา［N］鱼

四　教学说明

"鱼"是现实生活中客观存在的，并且经常遇到的动物。因此，在实践过程中，我们可以采用"直观释义法"来进行教学，即我们可以用"鱼"的图片、卡片，甚至实物来讲解词语意义。

关于"鱼"的复字词，我们首先可以以直观释义的方式引导学生学习"鱼"的种类词语。其次，不是"鱼"类又不是成语的复字词我们除了采用图片进行教学以外，还可以从词语结构的角度进行分析。最后，对于相对抽象的成语我们可以采用故事法和例句释义法等方式进行教学。

niǎo
鸟　นก

一　鸟字复字词义项归类

名脊椎动物的一类，体温恒定，卵生，嘴内无齿，全身有羽毛，前肢变成翅膀，后肢能行走。一般的鸟都会飞，也有的不能飞行：小鸟、飞鸟、海鸟、候鸟、雏鸟、鸵鸟、鸟粪、鸟巢、鸟笼、鸟瞰、鸟枪、惊弓之鸟、鸟尽弓藏、鸟语花香、鸟枪换炮、一石二鸟、笨鸟先飞、害鸟、比翼鸟。

例句：

a.【鸟瞰】站在高处鸟瞰，坑里的兵马俑一行行，一列列，十分整齐地排成了一个巨大的长方形军阵。

b.【鸟枪换炮】原来是骑自行车的，现在买了汽车了，人家会说你鸟枪换炮了。

c.【一石二鸟】张敏做了一笔生意，而且还交了一个朋友，真是一石二鸟。

二　鸟的文化词

【笨鸟先飞】笨拙的鸟先飞起来。比喻能力差的人做事时，害怕落到别人后面，比别人先着手做事。

传说东汉时，有个人叫乐羊子，他有一位十分贤德的妻子。有一次，乐羊子在路上捡到一块金子，很开心地拿回家里给妻子。但妻子却说："真正有志气的人总是对自己要求很严，而不会拿捡到的东西回家毁掉自己的声誉。"乐羊子听了，很是惭愧，便又把金子放回了原来的地方。后来，妻子又和他说："你虽然不聪明，但是越是不聪明的人就越是要比别人更早到外地去学习，做到笨鸟先飞。"所以乐羊子就出外求学去了。但是过了一年，他又因为想念妻子回到了家。妻子便把他带到家里的织布机旁边说："这些布都是一寸一寸、一天一天织出来的，只有日积月累，才能成为一匹很完整的布。但如果我织了一半就不织了，就会前功尽弃。而求学和织布是一样的，也不能半途而废。"听完，乐羊子深受感动，就又回去求学了，以后的七年都没有回过家。

例句：

a. 我能力不如别人，只好笨鸟先飞了。

b. 笨鸟先飞，我必须早做准备。

【鸟尽弓藏】飞鸟打光了，弹弓也就藏起来不用了。比喻事情成功之后，原来借助的力量就被一脚踢开或加以消灭。

例句：

a. 那些为资本家卖命的走狗们，终有一天会明白鸟尽弓藏的道理的。

b. 一旦义军战败，将军对朝廷已无用处，鸟尽弓藏的时候就要到来。

【惊弓之鸟】被弓箭吓怕了的鸟。比喻受过惊吓的人，遇到一点情况就惶恐不安。

战国时期，有个非常厉害的射箭能手，叫更羸（léi）。有一天，他陪魏王一起散步，远远地看到飞来一只大雁。更羸便对魏王说："大王，这次我不需用箭，只要拉一下弓弦，便能够射下这只大雁，您信不信?"魏王听完，笑着说道："你的箭术再怎么好，也不至于到如此地步吧?"更羸却十分自信地回答："您就等着看吧。"没过多久，等那只大雁飞到他们头顶时，更羸便拉动弓弦，只听到"砰"的一声弦响，大雁便扑通一声掉到了地上。魏王为此惊奇不已，拍手大笑道："呀！你的箭术竟然到了如此地步，真是常人难以想象啊！"更羸回答说："大王，其实这次并不是因为我的箭术，而是因为我知道那只大雁已经受伤了。"魏王听了，就更奇怪了："大雁飞在天上，离我们这么远，你是怎么知道它受伤了?"更羸说："一开始，我就发现这只大雁一直飞得很慢，很吃力，并且叫声也很凄惨。据我以前的经验，它飞得很慢，是因为它受了伤，而凄惨的鸣叫，则可能是因为它已经掉队很久了。因此此时的它已经筋疲力尽了。所以只要一听到弓弦的声音，便会因为害怕而想加快飞行。这样一来，它受伤的地方就会因为太过用力而加重痛感，最终就掉下来了。"

例句：

a. 那些工头们，个个如惊弓之鸟，巴不得赶快飞出车间。

b. 犯罪分子一听到警车的声音，就像惊弓之鸟，撒腿就跑。

三 对应的泰语词及其义项

นก［N］鸟

四 教学说明

"鸟"的客观性和普遍性决定了在对外汉语词汇教学中,我们可以采用"直观释义法"来进行教学,即我们可以利用"鸟"的图片、卡片,甚至实物来讲解词语意义。

关于"鸟"的复字词,我们首先可以以直观释义的方式引导学生学习"鸟"的种类词语。其次,不是"鸟"的种类又不是成语的复字词,我们除了采用图片进行教学以外,还可以从词语结构的角度进行分析。最后,对于相对抽象的成语,我们可以采用故事法和例句释义法等方式进行教学。

gǒu

狗 หมา,สุนัข

一 狗字复字词义项归类

名 哺乳动物的一类,嗅觉和听觉都很灵敏,舌长而薄,可散热。是人类最早驯化的家畜,有的可以训练成警犬,有的用来帮助打猎、牧羊等。又叫犬:疯狗、狼狗、猎狗、野狗、恶狗、宠物狗、走狗、落水狗、狗屁、狗熊、狗肉、狗尾草、画虎类狗、白云苍狗、狗急跳墙、狗尾续貂、狗仗人势、狗皮膏药、兔死狗烹、狗嘴吐不出象牙。

例句:

a.【走狗】他最终变成了他领导的一条走狗。

b.【画虎类狗】抄袭别人的东西,容易文不对题,会闹出画虎类狗的笑话。

c.【白云苍狗】近来国际形势如白云苍狗,变幻莫测。

d.【狗急跳墙】我们要时刻保持高度警惕,严防阶级敌人狗急跳墙,做垂死的挣扎。

e.【狗仗人势】我们要严惩那些狗仗人势,残害百姓的黑恶势力。

f.【狗嘴吐不出象牙】你还真是狗嘴吐不出象牙来。

二 狗的文化词

【兔死狗烹】野兔捕杀了，猎狗无用，被煮着吃了。比喻事情成功之后，把效力有功的人抛弃或杀掉。

春秋时期，吴国和越国争夺霸权，越国战败，便屈服于吴国，向其求和。但是以后的十年，越王勾践吸取教训，卧薪尝胆，任用范蠡和文种一起协助重整越国。终于在十年以后报仇雪恨，重新击败了吴国。吴王夫差一边逃命，一边向越国求和，但是范蠡和文种却始终都没有答应。夫差走投无路，便用箭将写给范蠡的信射到他的兵营里面，告诉范蠡说："兔子都被捉没了，那么抓兔子的猎狗也就没有了用处，于是便会被主人杀掉煮了吃；同样的道理，敌国一旦被灭，那些为战争出谋划策的臣子也就没有用武之地了，就会被铲除或抛弃。你和文种两个人为什么就不能使吴国继续保存，而替你们各自留些余地呢？"但即使这样，范蠡和文种依然拒绝夫差的求和，最后夫差只能拔剑自刎了。

接着，勾践在为灭掉吴国而宴请群臣的庆功会上，发现没了范蠡的踪影。第二天便有人在太湖旁边发现了范蠡的衣服，这样，大家就都认为范蠡是投湖自尽了。但是没过多久，文种就收到了一封信，信里说："兔子都被捉没了，那么抓兔子的猎狗也就没有了用处，于是便会被主人杀掉煮了吃；同样的道理，敌国一旦被灭，那些为战争出谋划策的臣子也就没有用武之地了，就会被铲除或抛弃。我深知越王的为人，我们只能与他共患难，但不能和他共安乐。您如果现在还不离开他，那在不久的将来，一定会大祸临头的。"这时，文种才知道范蠡并没有自尽，而是自己偷偷隐居起来了。虽然他对于范蠡的告诫不以为然，但也常常假装生病而不去上朝，时间久了便引起勾践的怀疑。终于有一天，勾践来到文种的府上探望他，临走前留下一把佩剑。文种知道这把剑是当年夫差赐死其忠臣伍子胥的那一把，也明白越王的用意。因此后悔当时没有听进范蠡的劝告，但最终也只能拔剑自尽。

例句：在封建社会里，许多为统治阶级效力的人，最终落了兔死狗烹的下场。

【落水狗】掉在水里的狼狈不堪的狗。比喻失势的坏人。现比喻遭受打击的人。

例句：

a. 这绝不是危言耸听，现实已经敲响了警钟。我们必须继续发扬痛打落水狗的精神，绝不容许迷信等丑恶的东西卷土重来，污染清新的空气。

b. 那会儿自己正给批得落水狗似的，幸好有了他们的帮助。

【狗尾续貂】貂尾不够，就用狗尾来补充。比喻拿不好的东西接到好的东西后面，显得好坏不相称（多指文学作品）。

西晋时期，司马衷在其父晋武帝司马炎驾崩以后，继承了王位。但他对朝政之事却一窍不通，于是国家大权便被贾后所操控。贾后素来心狠手辣，赵王司马伦便以此为借口带兵闯入宫中，杀死贾后，自封相国。接着又想方设法笼络文武百官，并伺机废掉晋惠帝，自称为王。而在当时的晋国，百官戴的官帽都是用貂尾装饰的，但因为司马伦大肆加官封爵，装饰官帽的貂尾也供不应求，所以那些官员就只得拿狗尾来代替。因此，在民间，人们便想出了"貂不足，狗尾续"的民谣来讽刺当时的朝政。后来这句民谣便被人们流传下来，并被简化成"狗尾续貂"，用以比喻续作不佳。

例句：

a. 你这部小说已经写了大半，请我继续写下去，我怎敢狗尾续貂。

b. 文章到这里结束就已经很圆满了，他非要在后面又加上一段，真是狗尾续貂！

【狗皮膏药】中医用狗皮膏药消肿止痛。比喻骗人的货色。

古代有一个姓王的掌柜，家里做膏药生意，他很好善乐施，即使是穷苦人家，只要生了疮，一样会帮助治疗。因此王掌柜得到了人们的敬重和喜欢。有一天，王掌柜在赶庙会回来的路上，遇到一个乞丐。他穿得破破烂烂，并且还瘸着一条腿。那条瘸腿不时地散发出一股臭味。乞丐一看到王掌柜，便直接把瘸腿伸到他的面前。原来他的腿上长了个疮，想请王掌柜治一治。于是，王掌柜便拿出一贴膏药直接贴在他的疮口上，并且告诉乞丐过一天就会好。到了第二天，他们又相遇了。但是，乞丐却说他的腿并没有好些，反而变得更加严重了。王掌柜一看，果然，只见乞丐腿上的疮更大了。于是，王掌柜又给乞丐换了一种膏药，并说："这次我给你换了药性更强的膏药，如果明天还不见好，你就来我家找我。"又过了一天，王掌柜正准备出门，大门一打开，便看见那个乞丐正坐在自己家的门口。王掌柜还没来得及说话，乞丐就破口大骂起来："你这当的什么大夫，卖的什么膏药，一点用处都没有，都是假货。"掌柜一看，疮口真的又变得越发严重了。心里觉得很过意不去，王掌柜便把乞丐扶进自己家里。但是刚进家门，只见一只大黄狗便"嗖"地一下扑过来一口咬住乞丐的腿。见此情形，王掌柜立刻拿起庭院里的木棍将狗打死。乞丐看着躺在地上的狗，开心地说道："太好了，又有狗肉吃了。"掌柜把乞丐安顿在客厅以后，就又去后院取出家里的贵重药材，重新配出一贴膏药。但是等到他回到客厅时，却看到乞丐正津津有味地吃着烤狗肉，旁边还铺着几块剩下的狗皮。看到掌柜手中的膏药，乞丐便拿过来，敷在疮口上，接着又将地上的狗皮捂到上面。没过多久，乞丐便把腿上的膏药揭开，神奇的是那个疮口竟然好了。王掌柜看着狗皮膏药，感慨万分。这时，明明在客厅的瘸腿乞丐却忽然消失不见了。惊讶过后，仔细一想，王掌柜才明白，原来这都是李铁拐在向自己传授仙方。而这个李铁拐正是传说中的八仙之一，他背上常背着一个大葫芦，里面装着能治病救人的灵丹妙药。因此，人们都认为李铁拐就是狗皮膏药的发明人。

例句：

a. 他拼命追她，像块狗皮膏药，贴得紧紧的，撕不下来。

b. 王医生说："这里不是杂货铺，我也不是卖狗皮膏药的大夫。"

三　对应的泰语词及其义项

สุนัข, หมา [N] 狗

四　教学说明

"狗"的客观性和普遍性决定了在对外汉语词汇教学中，我们可以采用"直观释义法"来进行教学，即我们可以利用"狗"的图片、卡片，甚至实物来讲解词语意义。

关于"狗"的复字词，我们首先可以以直观释义的方式引导学生学习"狗"的种类词语。其次，不是"狗"的种类又不是成语的复字词，我们除了采用图片进行教学以外，还可以从词语结构的角度进行分析。再次，对于相对抽象的成语，我们可以采用"故事法"和"例句释义法"等方式进行教学。最后，在中国文化中，"狗"有忠诚和奴性两种，但更多的是用于贬义，用来表示"屈从、狼狈、忘恩负义"等，如"走狗、落水狗、狗咬吕洞宾"等等。因此，在教学过程中，我们应注意不同民族对于同一词语感情色彩的区别。

shī

虱 เหา

一 虱字复字词义项归类

名 虱子。

二 虱的文化词

【扪虱而谈】扪：按。一面捉着虱子，一面谈着。形容谈吐从容，无所畏忌。

东晋大将桓温北伐，驻军灞上（今西安市东）的时候，王猛穿着粗布衣服到桓温营中求见，桓温让他谈谈对时局的看法。王猛在大庭广众之下，一面敞开衣服旁若无人地捉拿虱子，一面滔滔不绝地纵谈天下大事。桓温见了暗暗称奇，就问他说："我奉天子之命，讨伐逆贼，为百姓除害，而你们关中豪杰却没有人到我这里来效劳，这是什么原因呢？"王猛直言不讳地说："您不远千里地来到叛军境内，快到长安城了，而您却不渡过灞水去把它攻打下来，大家摸不透您怎么想，所以不来。"这句话说破了桓温的心思，他想的是：如果他收复关中，只是虚，而攻打下来的地盘却是朝廷的，与其消耗实力，失去与朝廷较量的优势，为他人作嫁衣裳，不如留敌自重。王猛暗带机关的话，触及了他的心病，他默然久之，无言以对，同时越发认识到面前这位扪虱寒士非同凡响。过了好半天，桓温才抬起头来慢慢说道："江东没有一个人能比得上您的才干！"

三 对应的泰语词及其义项

เหา ［N］虱

四 教学说明

我们可以结合"扪虱而谈"向泰国学生介绍魏晋南北朝时期的社会特点，如魏晋风度及当时的社会文化背景。

shé
蛇 ᘞ

一 蛇字复字词义项归类

名 爬行动物的一类，身体圆而细长，有鳞无四肢。种类很多，有的蛇有毒，有的无毒：蟒蛇、水蛇、地头蛇、响尾蛇、眼镜蛇、毒蛇、蛇头、蛇胆、蛇皮、打草惊蛇、杯弓蛇影、画蛇添足、蛇蝎心肠。

例句：

a.【地头蛇】李霸天是一个纯粹的地头蛇，看见平民百姓就呼来喝去。

b.【蛇蝎心肠】他看上去是一个大好人，没想到却有着一副蛇蝎心肠。

二 蛇的文化词

【地头蛇】在当地有势力的欺压人民的恶霸，现在也用来比喻本地有一定能量的人物。

【画蛇添足】画蛇时添上脚。喻指徒劳无益，多此一举。

春秋战国时期，楚国有个贵族，把祭祀完祖先的一壶酒赏赐给过来帮忙的客人。客人们围坐着这壶酒，便讨论起来："这里只有一壶酒。如果我们大家一起喝，那肯定不够；但是如果只有一个人喝，就一定绰绰有余。"于是，他们想出了一个办法，就是进行画蛇比赛，谁先画好，谁就可以独享这壶酒。不一会儿，就有一个人把蛇画好了。理所当然，酒便归了他。这个人左手端着酒壶，右手拿着笔，心想如果能给这条蛇再添几只脚就更好了。但是，当他还在画脚的时候，另外一个人却一把抢过酒壶，说："世间的蛇本来就没有脚，你却偏偏要给它添上几只。这不，我的已经画好了。"说完，那个人便一口把酒都喝完了。而那个给蛇画脚的人却因此而错失良机。

例句：

a. 切勿刻意求工，以免画蛇添足，丧失了自然。

b. 多写上这一句，不但没增强表现力，反而成了画蛇添足。

【杯弓蛇影】将映在杯中的弓影误认为蛇。比喻疑神疑鬼，自相惊扰。也可用来比喻虚幻的实际不存在的东西。

古代，有个办理文书事务的官员，叫杜宣。一年夏天，县令应郴请杜宣到家里喝酒，让仆人把酒席摆在厅堂里，厅堂的北面墙上挂着一张红色的弓。县令和杜宣围着酒席坐下，并把酒杯倒满。这时，由于太阳光的作用，墙上弓的影子被折射到了杜宣的酒杯里。看着酒杯中蠕动的影子，杜宣以为是一条蛇，心里直冒冷汗。但是苦于这次是他的上司专门请他喝酒，也没有拒绝的理由，杜宣便只能忍着心中的恐惧，强行喝下几口。但是当仆人又打算给他斟酒时，他再也坚持不住，随便找了个理由告辞回家了。回到家后，杜宣越想越觉得自己在县令家里喝下的是有蛇的酒，而且更是觉得好像有蛇在肚子里蠕动。因此，杜宣便被吓得连吃饭喝水都觉得很痛苦，很困难。见此情形，家人便请来大夫为他诊治。虽然喝了很多药，却总不见好。县令听说杜宣生病的消息，前来看望。问起他生病的原因，杜宣便把那天喝下带蛇的酒的事情告诉了县令。回家以后，县令坐在厅堂里，反复回忆着当天发生的事情，也不明白酒杯中怎么会出现蛇。就在这时，北面墙上的弓突然引起了他的注意。于是，他便把一杯酒放在当天杜宣坐的位置上。果然看见酒杯中有了个很像蛇的弓的影子。弄明白事情的原委以后，县令便让仆人把杜宣接到府上，并让他坐在原来的位置上。县令指着酒杯中的影子，告诉杜宣："你看到的酒杯里的蛇，其实只不过是那面墙上的弓的影子而已，所以，你现在大可放心了。"杜宣看完以后，心中的恐惧马上消失了，身体也很快恢复了健康。

例句：

a. 她不知从哪儿听到要地震的消息，整天杯弓蛇影，稍有动静就慌作一团。

b. 他这人就是多心，别人随便说笑话，他老是以为在说自己，真是杯弓蛇影。

【虎头蛇尾】头大如虎，尾细如蛇。比喻开始时声势很大，到后来劲头很小，有始无终。

从前，清朝的官场异常腐败，人们用钱就能买个官做。因为受不了这种歪风邪气，一个住在京城的都老爷在上交的奏折中请求皇上能整顿一下这种不正之风，皇上很快就同意了他的请求，并将整顿的命令发布到各个省份。其中，湖南的巡抚在接到皇上的命令之后，便马上组织了一场针对他手下官员的考试，并扬言要将请人代考者处斩。但是，在考试的过程中，他却抓到了代替他的二公子考试的枪手。结果，他并没有兑现他的承诺，而是使这件事不了了之，虎头蛇尾了。于是，后人便用"虎头蛇尾"来比喻开始时声势很大，但后来却劲头很小。

例句：

a. 这是一项很重要的工作，要抓紧抓好，善始善终，决不能虎头蛇尾。

b. 学习不能虎头蛇尾，必须持之以恒，始终如一。

三　对应的泰语词及其义项

งู［N］蛇

四　教学说明

"蛇"的基本义，在教学过程中，我们可以采用"直观释义法"进行介绍。关于"蛇"的相关复字词，我们首先可以利用图片形式来介绍"蛇"的不同种类。其次结合"直观释义法"和分析复合词结构两种方法，引导学生学习既非种类又非成语的其他词语。再次，对于比较抽象的成语，可以利用"故事法"或者"例句释义法"进行学习。最后，"蛇"在中国文化中，通常表示"恶毒、残暴"，如"蛇蝎心肠、地头蛇"等，因此，在教学实践中，我们应特别指出，以使学生正确理解词义。

chóng

虫 แมลง

一 虫字复字词义项归类

①名 虫子：害虫、草虫、臭虫、大虫、毒虫、飞虫、昆虫、瓢虫、蚊虫、甲虫、蛀虫、毛虫、萤火虫、血吸虫、寄生虫、虫牙、虫灾、虫子、虫草、虫害、虫眼、雕虫小技、冬虫夏草、百足之虫，死而不僵。

例句：【虫害】虫害的扩散损害了大量果树。

②名 比喻具有某种特点的人（多含轻蔑意）：书虫、网虫、可怜虫、应声虫、跟屁虫、糊涂虫、鼻涕虫。

例句：

a. 【书虫】他就是一个大书虫，整天泡在图书馆里。

b. 【应声虫】她并没有自己的主见，只知道像应声虫一样应和人家。

c. 【糊涂虫】你这个糊涂虫整天稀里糊涂的。

二 虫的文化词

【雕虫小技】雕：刻；虫：鸟虫书，我国古代的一种字体，西汉时学童所学的一门功课。雕刻鸟虫书的小技巧。比喻微不足道的技能。

唐朝时期，有个人叫韩朝宗。他对人非常热情，常常会想办法帮助年轻人找到好的工作，因此人们都非常敬佩和爱戴他。一天，韩朝宗收到一封信，是一个叫李白的年轻小伙子写的。他在信中请求韩朝宗帮自己介绍一份工作，并且在信的结尾用了这样一句话："恐雕虫小技，不合大人。"这句话的意思是，恐怕我写的文章都只是微不足道的小技能而已，并不值得大人您欣赏。而这个谦虚的年轻小伙子就是现在名垂千古的大诗人李白。因此，后人便引用"雕虫小技"来形容写文章或做事情时使用的都是一些小技巧罢了。

例句：以前，民间工艺技术被认为是雕虫小技，一般读书人看不起。

【百足之虫，死而不僵】百足：虫名，躯干计二十节，切断后仍能蠕动；僵：肢体僵硬不能活动。比喻势力雄厚的集体或个人一时不易垮台。

例句：他跌倒不久，便又东山再起了，这还真是百足之虫，死而不僵啊。

三　对应的泰语词及其义项

แมลง ［N］有 6 只脚的虫子

แมง ［N］有 8—10 只脚的虫子

四　教学说明

首先，"虫"的基本义以及"虫"类的讲解，我们可以采用"直观释义"的方法进行教学。而非成语的复字词，我们则可以采用分析词语结构的方式来帮助学生学习。其次，对于含"虫"的比较抽象的成语，则可以结合"故事法"和"情境释义法"进行讲解。再次，"虫"的引申义，受中国文化影响，多用于贬义。因此，教学实践中，我们应多利用联想，突显词义引申途径。最后，要特别注意表示"虫"的泰语和汉语之间的不对称性。在汉语中，无论是 6 只脚的虫子，还是 8 只脚的虫子，都只用一个"虫"字表示。

小　　结

本章考察了汉语动物义场中的 7 个核心词共有 10 个义项，平均每个词 1.43 个义项。

动物义场中核心词一般只有一个义项，不发生词性转化。因此对动物义场中的核心词的教学可以采用直观法，利用具体事物或图片向学生介绍核心词的义项及其构词体系。但是，千百年来，人们给与自己生活休戚相关的动物赋予了很多文化含义，所以，我们在教学过程中应注意搜集、整理，把动物词汇中蕴涵的丰富的中国传统文化利用讲故事的形式系统地传授给泰国学生，以增加他们学习汉语的兴趣。

第五章

汉泰植物义场对比研究

在植物义场研究中，我们结合斯瓦迪士200核心词、HSK常用词汇大纲以及《中国语言生活状况绿皮书》中造词能力强的前500字，选出林、树、枝、叶、皮、花、果、种、根、草10个词进行对比研究。

以上10个词，是人类认知范畴中表植物的最基本的单位，也是丰富植物义场词汇的基本构词成分。正如语义场理论所表示的，这10个词共同构成大的植物义场，义场中的每个词又分别包含不同的下位义场。因此，掌握了植物义场中的这10个基本词，泰国学生不但能从整体上把握汉语表达植物对象的名称，而且还能利用这些词学习更多下位义场的词语，从而能极大地丰富他们的汉语词汇量。

在具体的汉语学习中，对于上面10个植物词，我们认为可以分三个不同层级的语义场来进行。当代认知语言学认为，基本范畴是人们认识世界最直接、最基本的层面，是人们对世界事物进行范畴化的有力工具。而以上10个词就构成了植物范畴中的基本范畴。因此，同样也构成了植物义场中的基层语义场。掌握了基层义场，我们就能进一步引导泰国学生学习其上层义场和下层义场。通过这种有步骤有层次的学习，不仅能提高学习者的学习效率，而且能帮助学习者在脑海中按照上下位义场的顺序形成不同的分类，进而加深学习的印象。

lín
林 ป่า

一 林字复字词义项归类

①名成片的树木或竹子：林丛、林带、林地、林冠、林海、林立、

林木、林农、林区、林泉、林涛、林荫道、林子、树林、竹林、杏林、松林、园林、造林、防沙林、防风林、森林、绿林、密林、山林。

例句：

a.【林海】在这林海深处，连鸟也很少飞进来，只偶尔能听到几声鸟叫而已。

b.【林立】很多工厂林立在江边。

c.【密林】在遥远的地方，有一片密林。

②名 聚集在一起的同类的人或事物：儒林、艺林、碑林、词林、石林、峰林、楼林、诗林、书林。

例句：【碑林】这座碑林的石碑大都已经修整完了。

③形 形容众多：林林总总、枪林弹雨。

例句：

a.【林林总总】在这些林林总总的故事中，有很多属于神话传说。

b.【枪林弹雨】担架队冒着枪林弹雨往返于阵地和野战医院之间。

④名 林业：林产、林场、林学、林业局、林政。

例句：

a.【林场】他们除去了林场中多余的树木，以便日后森林长得更茂密。

b.【林学】森林的管理需要专业的林学知识。

c.【林业局】林业局是国家管理林业的主要部门。

二 林的文化词

【绿林好汉】指聚集山林反抗封建统治阶级的人们。旧时也指聚众行劫的群盗股匪。

汉代天凤年间，由于统治者的残酷剥削，当阳的绿林山地区民不聊生，百姓总是为了食物而相互争斗。而逃亡到此的新市人王匡和王凤叔侄二人却总是努力说服人们共同生存。因为总是能为这里的饥民排忧解难，化解纷争，所以他们被绿林山地区的饥民当成了"首领"。最终，由于忍受不了王莽政权的压榨，王匡、王凤等在绿林山中宣布起义。赵义人数多至七八千人，并最终以这场"绿林起义"推翻了王莽政权。后来，人们便以"绿林好汉"泛指结伙聚集山林之间反抗政府或抢劫财物的人们。

例句：财主叫他们是土匪，穷人称他们是"红胡子"，是"逼上梁山"的绿林好汉。

【林下风气】林下：幽僻之境；风气：风度。指女子态度娴雅、举止大方。

例句：举目看十八姨，体态飘逸，言辞泠泠，有林下风气。

三　对应的泰语词及其义

ป่า［N］林

ป่า หมูไม้；แมกไม้［N］树林

กิจการป่าไม้［N］林业

树 ต้นไม้
shù

一　树字复字词义项归类

①名 木本植物的总称：果树、梨树、桃树、桑树、枣树、松树、杏树、白杨树、铁树、橡树、棕树、茶树、槐树、柳树、圣诞树、枯树、老树、古树、参天大树、栽树、树丛、树大根深、树大招风、树倒猢狲散、树墩、树干、树冠、树胶、树林、树龄、树苗、树木、树梢、树身、树荫、树荫凉儿、树葬、树脂、树种、树桩。

例句：

a.【树丛】房子在树丛之中。

b.【参天大树】与蚂蚁的大小相比，一棵草好比一棵参天大树。

c.【树大根深】这个团伙可谓是树大根深，很难连根拔起。

②动 种植、培养：十年树木，百年树人、树稼、树植、树养、树事、树其树以阴人、树杨。

例句：【十年树木，百年树人】人们都知道"十年树木，百年树人"，我们应该把培养人才这件大事抓好。

③ 动 立、建立：建树、树碑立传、独树一帜、树敌、树立、树基、树功、树炮。

例句：

a. 【建树】他在生物学上的建树得到了大家的一致认可。

b. 【树碑立传】历代的反动统治者都为自己树碑立传，以抬高个人，掩盖罪行。

c. 【独树一帜】这篇文章在参赛作品中独树一帜。

④ 量 用于树木：千树万树梨花开。

例句：【千树万树梨花开】现在正是千树万树梨花开的季节。

二　树的文化词

【铁树开花】比喻事情非常罕见或极难实现。

铁树是一种生长在热带的植物。人们也叫它苏铁，是一种常绿乔木，很少开花。它适合在温暖潮湿的南方生长，对北方寒冷的气候不太适应。生长在南方的铁树，一般情况下，每年都会开花。但是如果人们把它移植到北方，因为那里的气候干燥寒冷，热量不足，生长就会比较缓慢，开花的次数也是屈指可数。因此，"铁树开花"就是由北方的人们发明出来的，用来比喻事物非常罕见。

例句：

a. 要想让他说出实话来，简直比叫铁树开花还要难。

b. 在这么短时间内达到目标，简直是铁树开花。

【树倒猢狲散】树倒了，树上的猴子就散去。比喻为首的人垮下来，随从的人无所依凭也就随之而散。

宋朝时期，有个叫曹咏的侍郎。他很擅长阿谀奉承，深得奸臣秦桧的喜欢，也因此而得以加官晋爵，做了朝廷大官。在这以后，很多人便主动上门来巴结曹咏，这让他很是得意忘形。但是有一点让他很恼怒，那就是他的大舅子厉德新从未向他献过殷勤。这是因为厉德新很清楚曹咏的官职并不是凭他真正的本领得来的，而是靠着顺从奸臣秦桧才得以升官。因此，厉德新坚信他终有一天会恶有恶报，落得个凄惨下场。因为这样，曹咏便对厉德新始终怀恨在心，千方百计地想从厉德新那里找点什么差错。但是素来洁身自好的厉德新没有给他这个机会，他也就无计可施了。

后来，秦桧一死，那些依靠秦桧的人便都溃败了，曹咏也因此被贬谪到了新州。厉德新知道这件事情以后，非常开心，于是就写了篇赋给曹咏，题叫《树倒猢狲散》。他把秦桧和曹咏等人的关系看成树和猢狲的关系，借此披露了像曹咏一样狐假虎威，欺压百姓的丑恶行径。后来，这篇赋的内容被人们广泛传播。现在，人们也同样用"树倒猢狲散"来比喻为首的人首先垮下来，那些依附他的人也就都会跟着散伙。

例句：你要知道树倒猢狲散，现在树还没有倒呢！

三　对应的泰语词及其义项

ต้นไม้ ［N］树

ปลูก(ต้นไม้) ［V］种植、培养

ก่อตั้ง;สถาปนา ［V］树立、建立

四　教学说明

汉语和泰语中，"树"既有名词词性义项，又有动词词性义项。因此，我们应在教授相同义项的基础上，重点学习其动词义项。同样，在复字词的教学过程中，对于表示具体意义的词语，我们可以采用"直观释义"的方法进行；对于表示抽象意义的词语，则可以采用"分析词语结构法"、"例句释义法"和"故事法"等方法进行。

zhī

枝 กิ่ง

一　枝字复字词义项归类

①名 树木等植物主干分出来的细茎：枝丫、枝节、枝蔓、枝条、枝叶、枝干、枝末、枝头、枝繁叶茂、树枝、柳枝、枝杈、侧枝、枯枝、粗枝大叶、节外生枝、细枝末节、金枝玉叶、花枝招展。

②<u>量</u>用于树枝或带枝的花朵：一枝花、一枝梅花。

例句：【一枝花】她从树上折下一枝花装在瓶里。

③<u>量</u>用于细长或杆状的东西（同"支"），现常用"支"：一枝步枪、一枝笔、一枝蜡烛。

例句：【一枝蜡烛】天暗了下来，琴子点燃了一枝蜡烛。

二 枝的文化词

【粗枝大叶】原指花草树木的枝茎粗壮。原比喻简略或概括。现多指工作粗糙；做事不认真、不细致；不研究事物各方面的具体情况。

例句：

a. 他做事老是这么粗枝大叶，这回可捅娄子了。

b. 你老是这么粗枝大叶，不求甚解的，这可不行。

【金枝玉叶】原形容花枝叶的美好。后借称帝王子孙。比喻人的身份极其尊贵。

例句：让一个金枝玉叶的公主来干这重活儿，你是故意为难她呀。

三 对应的泰语词及其义项

กิ่ง ［N］树枝

กิ่ง ［MS］量词

ศัพท์บอกจำนวน, ใช้กับช่อดอกไม้ที่ติดกิ่ง ［N］用于树枝或带枝的花朵

ศัพท์บอกจำนวน, ใช้กับสิ่งของที่เป็นลักษณะราวหรือกระบอก ［N］用于细长或杆状的东西（同"支"），现常用"支"

四 教学说明

泰语的"枝"和汉语一样，都表示"树枝"，都能作量词，这就使该词的学习难度大大降低。因此，在实际教学中，我们可以简单运用"母语教学法"，使学生能够迅速理解词义。同时，我们应在注意两者之

间的细微差别的基础上，将重点放在复字词的学习上。首先，我们可以选择"直观释义法"教授表示具体概念的词语。其次，对于表示抽象概念的复字词，我们则可以结合例句、语境或故事来进行教学。

ye
叶 ใบ

一 叶字复字词义项归类

①名植物的营养或光合作用的器官：树叶、枫叶、红叶、落叶、柳叶、荷叶、茶叶、桑叶、菜叶、枯叶、竹叶、叶子、叶片、叶面、叶柄、叶尖、叶基、叶绿素、叶脉、叶枝、叶落归根、一叶知秋、一叶障目、叶落知秋。

例句：

a.【落叶】一阵风吹过，地面被铺上了一层落叶。

b.【叶落归根】海外的游子大都希望叶落归根，回归故土安享晚年。

c.【叶落知秋】都说叶落知秋，可是如今国际形势这么复杂，几乎没有迹象可以遵循。

②名像叶子的东西：百叶窗、千叶莲、铁叶、肺叶、一叶扁舟、肝叶。

例句：【一叶扁舟】地球对于整个宇宙来说，就相当于一叶扁舟。

③名较长时期的某一段：13世纪初叶、19世纪中叶、唐朝末叶。

例句：【19世纪中叶】这个故事发生在19世纪中叶。

二 叶的文化词

【叶公好龙】① 叶公：春秋时楚国贵族，字子高，封于叶（古邑，今河南叶县）。比喻口头上说爱好某事物，实际上并不真爱好。

春秋时期，楚国有个贵族叫叶子高。他总是喜欢向别人宣扬自己非

---

① 叶公好龙的"叶"和树叶没关系，但它是汉语中很重要的一个成语，所以我们把它选入本书。

常喜欢龙。为了表达对龙的喜爱，他在自己的衣带钩上画龙，在家里的酒具上刻龙，甚至房间里能够雕刻的地方都雕上了龙。河中的真龙听说了叶子高的这些喜好和行为，非常开心，便想让叶子高目睹一下真龙的模样，也顺便认识一下叶子高。于是有一天，真龙就来到了叶子高的家里。它把自己的脑袋伸到房间的窗户里，把尾巴放在厅堂里面。没想到，叶子高一见真龙，吓得魂不附体，面如死灰，头也不回地跑掉了。真龙觉得非常失望。它终于明白，叶公所谓的对龙的喜欢，其实只不过是一种表面上的形式而已，并不是真正的喜欢。于是人们便用"叶公好龙"来比喻口头上说喜欢某事物，事实上却不真的喜欢。

例句：他表示愿意帮助别人，但当有人向他求援时，却退避三舍，这与叶公好龙毫无差别。

【一叶知秋】从一片树叶的凋落，知道秋天的到来。比喻通过个别的细微的迹象，可以看到整个形势的发展趋向与结果。

例句：看到梨、枣，人们便有一叶知秋之感，而开始要晒一晒夹衣与拆洗棉袍了。

【一叶障目，不见泰山】障：遮。一片树叶挡住了眼睛，连面前高大的泰山都看不见。其常用来比喻某人被眼前极其细微的事物蒙蔽，看不到事物的整体和本质。也比喻目光短浅。

春秋战国时期，楚国有个书生，生活很贫穷，便一心想着要找到一个发财的好方法。一天，他在一本书上看到一句话："如果谁能找到螳螂捕蝉时藏身的那片叶子，那么别人就都看不到他了。"没想到，他对此竟然信以为真。从此以后，就整天坐在树下望着树上的叶子，期盼能找到一片螳螂藏身的叶子。巧合的是，他有一天竟然就真的看到了一只螳螂躲在一片树叶的后面。但当他摘下树叶时，叶子却从手里掉了出来，和地上的其他形状相同的落叶混在了一起。因此，书生就只能把地上的树叶都带回家里，一片一片检查。每次，他都会用树叶挡住自己的眼睛，一次次重复问妻子同样的问题："你能看见我吗？"次数多了，妻子就失去了耐心，也只好随口附和："看不见！看不见！"听完，书生非常开心地拿着那片叶子去偷别人的东西，结果却被人送进了衙门。县令听完书生的事迹以后，忍着笑说："你还真是一叶障目，不见泰山呀！"

例句：

a. 你们不能一叶障目，仅仅因为一些小的失误就全盘否定我们所取得的巨大成就。

b. 在处理重要的人或事时，我们千万不能一叶障目，必须要多方面考虑。

三　对应的泰语词及其义项

ใบ［N］叶子

ใบ［MS］量词

คล้ายกับใบไม้［N］像叶子的东西

四　教学说明

泰语的"叶"和汉语一样，都有"叶子"的义项。不同的是，汉语中的"叶"还可表示"较长时期的某一段"和姓氏。因此，我们应该在教授共同义项的基础上，重点介绍"叶"的其他义项，并结合相关复字词加深学生的理解。而对于表示具体概念复字词的教学，我们可以采用"直观释义"的方式；对于表示抽象概念的复字词，则可以运用"分析词语结构法"、"语境释义法"或者"故事法"。

pí
皮 เปลือก

一　皮字复字词义项归类

①名人或生物体表面的一层组织：树皮、表皮、脸皮、肚皮、眼皮、头皮、麦皮、牛皮、虎皮、羊皮、蛇皮、鱼皮、脱皮、剥皮、鸡毛蒜皮、碰掉了一块皮、皮肤、皮肉、皮毛、荞麦皮、皮屑、皮脂、皮质、皮张、皮包骨、皮层、皮库、皮影戏、皮开肉绽、皮下组织、皮笑肉不笑、皮之不存，毛将焉附。

例句：

a.【鸡毛蒜皮】这种鸡毛蒜皮的小事，我们最好不要斤斤计较。

b.【皮开肉绽】他被打得皮开肉绽，鲜血直流。

c.【皮笑肉不笑】那家伙皮笑肉不笑的样子真的很讨厌。

②名包在或围在外面起包装作用的一层东西：书皮、封皮。

例句：【书皮】他用书皮将刚买回来的书包起来了。

③名表面：地皮、水皮、皮相。

例句：

a.【水皮】你怎么这么水皮，这么简单的事情都办不好。

b.【皮相】他对这篇文章的几句话只可惜全是一种皮相的批评。

④名某些薄片状的东西：铅皮、豆腐皮儿、铁皮、皮膜。

例句：【豆腐皮】豆腐皮是湖北武汉的著名小吃。

⑤形有韧性的：皮糖、皮蛋、皮球。

例句：【皮糖】皮糖吃起来很有嚼劲。

⑥形酥脆的东西受潮后变韧。

例句：【皮】花生放皮了，吃起来不香了。

⑦形顽皮的；调皮的：调皮。

例句：【调皮】这孩子真调皮。

⑧形由于受申斥或责罚次数过多而感觉无所谓。

例句：【皮】老挨说，他早就皮了。

⑨名皮革或毛皮：皮箱、皮鞋、皮袄、皮包、皮草、皮尺、皮带、皮货、皮匠、皮具、皮革、皮大衣。

例句：【皮制品】为了保护大自然，现在很多皮制品都是用人工皮做成的。

⑩名指橡胶：橡皮、皮筋。

例句：【皮筋】小姑娘从精品店里买回了橡皮擦和可爱的小皮筋。

二 皮的文化词

【皮之不存，毛将焉附】焉：哪儿；附：依附。皮都没有了，毛往哪里依附呢？比喻事物失去了借以生存的基础，就不能存在。

春秋战国时期，魏国有个叫东阳的地方。有一年，东阳向国家上交了比往年多出十倍的钱粮布帛。满朝百官也一齐对魏文侯表示祝贺。但是，魏文侯对这件事情却没有感到很开心。他心里反复思考东阳的实际情况会是什么样子。一方面，东阳的土地并没有增加，另一方面，东阳的人口也没有明显增加，那他们怎么突然一下子提高了这么多的上交量呢？因此，他猜测上交量的增加必然是官员们加重税收的结果。这便让他想起了自己一年前遇到过的一件事。那时，他正好在巡游。一天，在路上他遇到了一个人。奇怪的是，这个人竟将羊皮衣反穿在身上，毛朝内，而皮朝外，并且背上还背着装满了东西的箩筐。魏文侯非常奇怪地问那个人："你为什么要把羊皮衣反过来穿，而把皮层露在要背东西的那一面呢？"那个人说："这是因为我很爱惜这件羊皮衣，如果把毛层放在外面的话，我怕弄脏了，而且背东西时也会把毛给磨掉。"魏文侯回答道："你的这种想法是错误的。其实皮层比毛层更加重要，皮层是毛所依附的地方，它一旦没有了，那么毛还有可依附的地方吗？"即便这样，那个人却依然反穿着他的羊皮衣走了。这使魏文侯想到，如果官员们为了多收得钱粮布帛而大肆压榨百姓，那又和那个反穿羊皮衣的人有什么区别呢？于是，他便将文武百官都召集起来，把他所遇到的事情告诉了他们，并语重心长地说："皮之不存，毛将焉附？如果百姓都得不到安宁，那么国家拿什么来安定。因此，以后你们一定要铭记这一点，而不要本末倒置了。"

例句：如果江山不保，你们不是也跟着家破人亡？皮之不存，毛将焉附？

【皮笑肉不笑】极其不自然地装出一副笑脸。形容虚伪或心怀恶意的样子。

例句：他们不得已见了面，皮笑肉不笑，说话慢慢吞吞，爱说不说。

【皮影戏】皮影，又称灯影。皮影戏以在灯光照射下用兽皮刻制的人物隔亮布演戏而得名，是我国民间广为流传的傀儡戏之一。

皮影戏是我国历史相当悠久的一种民间艺术。它发源于我国西汉时期的陕西华县，是灯光照射所形成的影子的表演活动。人们一般采用兽皮或纸板来制作表演人物。在表演过程中，表演者站在白色幕布的后面，不但要用手控制戏曲中的人物活动，而且还要用嘴来说唱戏曲故事的情节。同时加上其他人员的乐器的配合，整体流露出一股很强的乡土气息。

三 对应的泰语词及其义项

เปลือก〔N〕皮

四 教学说明

汉语中"皮"的义项比较复杂。不但表示树皮，还可表示人皮、橡皮、人造皮等，并且以此引申出许多其他义项。因此，实际教学中，我们应将重点放在汉语特有的其他常用义项的学习上，注意义项与义项之间、基本义与引申义之间的关系，并结合相关复字词进行讲解。关于复字词，一方面，我们可以运用图片或事物等讲解表示具体概念的词语意义；另一方面，对于表示抽象概念的复字词，我们则可以运用例句、语境和故事的形式来进行教学。

huā
花 ดอก

一 花字复字词义项归类

① 名 种子植物的繁殖器官，由花瓣、花托、花蕊组成，有各种形状和颜色：鲜花、红花、玫瑰花、杜鹃花、梅花、桃花、莲花、桂花、杏花、菊花、兰花、梨花、昙花、花苞、花朵、花萼、花粉、花冠、花蕊、花卉、花茎、花蕾、花轴、花瓣、花柱、花药。

例句：

a.【昙花】对社会不起作用的措施，不论其设计得多么完美，往往是昙花一现，不能持久。

b.【花苞】鸡冠花、红杜鹃花等，其花或花苞都是美味的佳肴。

c.【花药】花粉从一朵花的花药传到另一朵花的花柱上，这种传粉的方式叫异花传粉。

②名可供观赏的植物：插花、花草、花丛、花茎、花木、花农、花瓶、花圃、花期、花前月下、花束、花坛、花池、花园、花展、花障、花海、花匠、花盆、花篮。

例句：

a. 【花境】花境是园林绿地中又一种特殊的种植形式。

b. 【花前月下】平时，我们可以携手漫步于公园，呼吸新鲜空气，体味一下花前月下的那种感觉。

c. 【花障】在邻居家的庭院里，有个拴着紫色绸带的花障。

③名棉花：花纱布、弹棉花、轧棉花。

例句：【弹棉花】他初中毕业就学会了祖传弹棉花的手艺。

④名形状像花朵的东西：花卷、雪花、浪花、火花、麻花。

例句：

a. 【雪花】冬天哈尔滨的夜晚飘起了雪花。

b. 【火花】电线短路产生的火花引起了剧烈爆炸。

⑤名烟花，一种内装火药的包扎品，在夜间燃放，可见烟火喷射，呈各种色彩，可供人观赏：花炮、烟花、礼花。

例句：【烟花】五彩缤纷的烟花更增添了节日的气氛。

⑥名花纹：白地蓝花、花边、花色、花砖。

例句：【花】被面的花太密了。

⑦形（眼睛）模糊迷乱：眼花、昏花。

例句：【昏花】他的身体已经十分衰弱，眼睛昏花，牙齿大多脱落了。

⑧形形容衣服磨损或要破没破的样子。

例句：【花】这个小孩的袖子都磨花了。

⑨形用来迷惑人的；虚假的，不真实的：花点子、花花肠子、花花公子、花账、花言巧语、花心。

例句：【花点子】在关键政策上不要乱出花点子，重要的是落实。

⑩ 形 表面好看，没有实效的：花架子、花拳绣腿、花招。

例句：

a.【花架子】爱摆花架子的干部，不配领导群众。

b.【花拳绣腿】这些东西好比花拳绣腿，中看不中用。

c.【花招】这些东西，对于那些玩弄花招的人来说是至关重要的。

⑪ 名 比喻事业的精华：文艺之花、革命之花。

例句：【文艺之花】各个民族的文艺之花会在祖国的艺术园林中绽放得灿烂无比。

⑫ 名 比喻美貌的女子：花容月貌、花枝招展、校花、交际花、姐妹花。

例句：

a.【花容月貌】她虽然已经30多岁了，但仍能算得上是花容月貌。

b.【花枝招展】姑娘们都把自己最漂亮的衣服穿上，个个打扮得花枝招展。

c.【姐妹花】咖啡厅的角落坐着一对美丽的姐妹花。

⑬ 名 指某些小的颗粒：葱花、泪花、油花儿、水花、豆腐花、冰花、蛋花。

例句：

a.【葱花】她喜欢往面条上加点葱花再吃。

b.【泪花】看到了眼前的一幕，他们的眼睛都闪动着泪花。

c.【水花】他跳入湖中，溅起一片水花。

⑭ 形 种类或颜色错杂的：花白、花腔、花哨、花样、花猫、花狗、花式、花样滑冰、花不棱登、花花绿绿、花里胡哨。

例句：

a.【花腔】和那些人不同，他从来不会玩花腔。

b.【花式】50多名参赛选手进行了花式跳伞比赛。

c. 【花不棱登】这件衣服花不棱登的，我不喜欢。

d. 【花花绿绿】桌上堆满了花花绿绿的包装盒。

e. 【花里胡哨】他把身上披着的那件花里胡哨的衣服脱了下来。

⑮ 名 痘；天花。

例句：【天花】我小时候出过天花。

⑯ 名 装饰性的像花的图形：窗花、花饰。

例句：

a. 【窗花】新年到了，人们都往窗上贴上了美丽的窗花。

b. 【花饰】那件衣服的袖子边上有美丽的花饰。

⑰ 名 某些幼嫩的小生物：蚕花、鱼花。

例句：【蚕花】蚕茧里隐约可以看见可爱的小蚕花。

⑱ 名 作战时受的外伤。

例句：【花】在战争中，他挂了两次花。

⑲ 名 指妓女或跟妓女有关的，以及不正当男女关系：花花世界、花街柳巷、花天酒地、寻花问柳、花边新闻。

例句：

a. 【花花世界】他终于经不住这花花世界的诱惑，走上了犯罪的道路。

b. 【花天酒地】大款们慢慢习惯了花天酒地的生活。

c. 【寻花问柳】老婆告诉男人不要背着自己在外面寻花问柳。

⑳ 名 花样装饰的：花车、花灯、花环、花轿、花圈、花墙。

例句：

a. 【花车】婚礼当天，他们租了 10 辆婚庆花车。

b. 【花灯】过节时，人们喜欢在河边放花灯。

二 花的文化词

【昙花一现】昙花：一种花期极短的花，多在夜间开放，花美又香。比喻美好的事物或景象出现了一下，很快就消失。

例句：一位长辈告诫他，不要做昙花一现式的人物。

【花边新闻】早期的花边新闻并不是一种专门的新闻形式。它只是新闻编辑为了报纸的外观完美，而对版面进行改造所形成的一个小专栏。通常，编辑都会把关于人的能引起人们兴趣的各种小新闻穿插在版面和版面或者文章和文章中间。这就是早期的花边新闻。

后来，随着时代和潮流的慢慢发展，这种小新闻就发展成为一种专门的新闻形式。它不再是占报纸面积不大的小专栏，已经变成了可以作为整版甚至整本正式发行的大新闻。这种新闻形式的内容依然没有离开各种人，尤其是明星们的各种活动甚至是私生活。由于受商业利益的驱使，如今的花边新闻已经逐渐失去了可信性，而只是成了人们谈笑风生的话题。

例句：他们在下面掩口窃笑，或是窃窃私语，谈论着上次见面时就已谈过的花边新闻。

三 对应的泰语词及其义项

ดอก［N］花纹

ดอก［MS］量词

ดอก［N］花

ดอก［N］利息（同音词）

四 教学说明

汉语中"花"作为植物义场中最基本的词语，是学习的重点，也是难点。由于"花"的义项繁多且相当复杂，因此，在对外汉语词汇教学过程中，我们不但要比较汉泰的相同义项，而且更要重点讲解其不同义项，注意义项与义项之间、基本义与引申义之间的关系，并结合相关复字词的讲解加深学生的理解。需要指出的是，现代汉语中的"花"不同于泰语，不可以作量词。而关于复字词，一方面，我们可以运用图片或实物等讲解表示具体概念的词语意义；另一方面，对于表示抽象概念的复字词，我们则可以用例句、语境和故事的形式来进行教学。

guǒ
果 ผล

一 果字复字词义项归类

①名 植物的果实:水果、干果、坚果、苹果、杬果、野果、腰果、硕果、松果、糖果、开花结果、自食其果、果实、果茶、果冻、果饵、果脯、果干儿、果酱、果酒、果绿、果木、果农、果盘、果皮、果品、果肉、果树、果汁、果子酱。

例句:【自食其果】你现在这样做,终究会自食其果的。

②名 结果;事情的结局:成果、战果、因果、效果、正果、前因后果。

例句:【前因后果】他们对这次事件的前因后果进行了深刻的反思。

③动 实现;成为事实:欲出游,天雨未果。

例句:【果】公司职员因抗议未果,集体提出辞职。

二 果的文化词

无。

三 对应的泰语词及其义项

ผล [N] 结果

ผล [N] 利益

ผล [MS] 量词

ผล [N] 果

四 教学说明

首先,汉语的"果"和泰语的相同之处在于都表示"果实"和"结果",不同的是,汉语中的"果"还可作动词,表示"实现;成为事实",而泰语中的"果"则可以表示"利益",还可以作量词。因此,我们应该在讲解其共同义项的基础上,重点突出其不同义项,加深汉语学习者对于"实现"等的动词功能的理解。

zhǒng
种 เมล็ด

一 种字复字词义项归类

①名生物分类的基本单位：物种、灭种。

例句：【种】小麦是单子叶植物禾本科小麦属的一种。

②名人种；种族：黄种、黑种、白种、种族歧视、种族主义。

③名生物传代繁殖的物质：树种、高粱种、麦种、传种、配种、种畜、种苗、种禽、种仁、种条、种子。

④名按事物的性质划分的类别：兵种、语种、工种、军种、剧种、税种、各种、品种、种别、种群、种类、种差、种系。

⑤名胆量；骨气：有种、没种。

例句：【没种】你这样对一个女孩子，真的是很没种。

⑥量用于人或事物的类别：两种人、三种布、各种情况、几种颜色。

二 种的文化词

【龙生九种】比喻同胞兄弟品质、爱好各不相同。同"龙生九子"。

相传东海龙王一共有九个儿子，但性格全然不同。老大囚牛很喜欢音乐，老二睚眦很喜欢武力，老三嘲讽很喜欢探险，老四蒲牢很喜欢鸣叫，老五狻猊很喜欢静坐，老六霸下很喜欢背重东西，老七狴犴很喜欢诉讼，老八赑屃很喜欢文学，老九虫吻很喜欢直接吞东西。虽然出自同样的父母，但喜好却各异。因此，人们便用"龙生九种"来比喻同胞兄弟品质、爱好各不相同。

例句：她们虽然是亲姐妹，但却是龙生九种，各不相同。

三 对应的泰语词及其义项

เมล็ด［N］种子

ประเภท ชนิด หมวดหมู่ พันธุ์ ［N］ 按事物的性质划分的类别

四 教学说明

不同于泰语，汉语中"种"除了表示"种子"，还可表示"人种、种族"等其他意义，并可以作量词。因此，在实际教学的过程中，我们应该在学习共同义项的基础上，重点教授汉语特有的其他常用义项，并结合相关复字词的学习加深理解。

gēn
根 ราก

一 根字复字词义项归类

①名高等植物茎干下部长于土中或水中的部分，有吸收土壤或水分的养分、固定植物的作用，有的还有储藏养料的作用：草根、芽根、树根、胚根、根茎、须根、扎根、根瘤、根毛、根茎、根系、根蒂、根端、根雕、根苗、根深蒂固、根植、叶落归根、根深叶茂、盘根错节。

例句：

a.【根深蒂固】中国人中重男轻女的思想是根深蒂固的。

b.【根深叶茂】经过精心的栽培，他们的友谊之树已经是根深叶茂了。

c.【盘根错节】这两个公司之间的矛盾盘根错节，很难解决。

②名比喻子孙后代：命根子、根嗣、根谱。

例句：【命根子】足球是足球运动员们的命根子。

③名物体的基部：墙根、舌根、耳根、牙根、词根、根底、根基、根脚。

④副根本地；彻底：根除、根绝、根治。

例句：【根绝】为了根绝这种事情的再次发生，我们必须进行深刻反省。

⑤名事物的本原；人的出身底细：祸根、寻根、病根、寻根问底、根本、根由、根源、知根知底、归根结底、追根溯源。

例句：

a.【寻根问底】有些事情不要寻根问底，知道太多了也没什么益处。

b.【归根结底】未来的路，归根结底还是要我们自己去走的。

⑥ 名 依据：根据、无根之谈。

例句：【无根之谈】他在书中表达的观点并非无根之谈。

⑦ 量 用于细长的东西：两根筷子、一根无缝钢管。

二 根的文化词

【叶落归根】树叶落到树根旁。比喻事物有一定的归宿。多指客居异乡的人最终还是要回归本乡本土。

例句：有多少在异国他乡漂泊半生的老华侨，临终前叮嘱儿女将其骨灰撒到神州大地上，这真是叶落归根，感人至深。

【六根清净】六根：佛家语，指眼、耳、鼻、舌、身、意。佛家以达到远离烦恼的境界为六根清净。比喻已没有任何欲念。

例句：【六根清净】人要达到完美的境界，就要做到心无杂念，六根清净。

【盘根错节】盘：盘曲；错：交错；节：枝节。树木的根枝盘旋交错。比喻事情繁难复杂。

例句：

a. 它们的根部特别发达，盘根错节，绕来缠去。

b. 盘根错节的关系使小煤窑的处理变得十分复杂。

三 对应的泰语词及其义项

ราก［N］根

ราก［N］树根

หัวราก（ดังเช่นหัวผักกาดและต้นแครอท）［N］［NUM］① 根本；② 量词

四 教学说明

不同于泰语，现代汉语中"根"既可以作名词，又可以作副词，还可以作量词。因此在实际教学过程中，我们应该在学习共同义项的基础上，重点教授汉语特有的副词和量词的常用义项，并注意义项与义项之间、基本义与引申义之间的关系，结合相关复字词的学习加深理解。而关于复字词，一方面，我们可以列举图片或实物等讲解表示具体概念的词语意义；另一方面，对于表示抽象概念的复字词，我们则可以运用例句、语境和故事的形式来进行教学。

cǎo
草 หญ้า

一 草字复字词义项归类

①名高等植物中栽培植物以外的草本植物的统称：野草、青草、芳草、花草、牧草、枯草、甘草、茅草、药草、杂草、割草、除草、草本、草场、草虫、草丛、草地、草甸子、草荒、草灰、草芥、草绿、草皮、草坪、草原、草泽、草木皆兵、草菅人命、寸草不生、打草惊蛇、寸草春晖。

例句：

a.【草菅人命】官府草菅人命的行为引起了百姓的愤怒。

b.【打草惊蛇】为了不打草惊蛇，他假装四处检查了一下。

②名用作燃料、饲料或编织器物的稻、麦之类的茎和叶：稻草、干草、猪草、草绳、草包、草编、草荐、草料、草帽、草屋、草鞋、草垫、草垛、草房、草庐、草席、草纸、草船借箭。

③名旧指山野、民间：草贼、草鸡、草寇、草莽、草民、草野。

例句：

a.【草寇】人们一开始把山林中的强盗叫做草寇。

b.【草莽】我原以为他们只是草莽英雄，没想到他们却是治世奇才。

④形雌性的（家畜或家禽）：草驴、草鸡。

二　草的文化词

【草木皆兵】木：树；皆：全，都是。野草和树木都像是士兵。比喻军队败退时心虚，把草木都看成是敌兵。亦形容极度惊恐时发出多疑的错觉。

东晋十六国时期，前秦的皇帝苻坚一直怀着吞并晋王朝的野心。于是，他亲率九十万大军攻打东晋。东晋只有谢石、谢玄两大将率八万兵马迎敌。苻坚凭着自己庞大的队伍，压根没把东晋的军队放在眼里。但是让人惊讶的是，苻坚派出的二十五万先头部队竟然惨败在晋军的手里，还失去了手下一员大将。因为这场战争，前秦军队士气大减，军心动摇。这个结果让苻坚变得心虚起来。他拉着弟弟苻融一起连夜赶到前线视察战情。远远地望见晋军队伍始终严整待发，士气高昂，就连晋军驻扎的山上的草木也都像士兵一样。看到这些，苻坚很后悔当初的轻敌，回头对弟弟苻融说："这么强大的敌方军队，你怎么可以说他兵力不足呢？"接着，在后来的淝水一战中，苻坚彻底被晋军击败，溃不成军，他弟弟也被杀死。苻坚在逃亡过程中，一直胆战心惊，只要听到什么风吹草动便以为是敌人追上来了。后来，人们便用"草木皆兵"来形容因极度恐慌而出现多疑的错觉。

例句：敌人吓得惊恐万状，草木皆兵。

【草船借箭】运用智谋，凭借他人的人力或财力来达到自己的目的。

三国时期，野心勃勃的曹操想要征服吴国。由于受到曹操的威胁，孙权和刘备便联合起来共同对抗曹操。孙权有员大将，叫周瑜，他智勇双全，但心胸狭窄。因为诸葛亮比其略胜一筹，便心生妒忌，一心想着除掉他。由于水上作战需要很多箭，周瑜便要诸葛亮在十天之内造出十万支箭，想借机为难他。但是诸葛亮却自立军令状，保证三天之内便能得到十万支箭。周瑜一听，心里暗喜，以为这正是除掉诸葛亮的最佳时机。他一边叫军匠们减少造箭材料，一边又叫大臣鲁肃去诸葛亮那里打探虚实。诸葛亮一见鲁肃，就请求他帮自己借 20 只船，一千多个草把子，并且每只船上需要 30 名士兵，船的表面都要用青布幔子包起来。同时，诸葛亮还要求鲁肃对周瑜保密。鲁肃答应了他的请求，把东西都准备齐全了。但是过了两天，诸葛亮却仍没有行动。到了第三天的晚上，诸葛亮才邀请鲁肃一起上船去取箭，并用绳索把船都连在一起，鲁肃对此感到很奇怪。没过多久，诸葛亮率领的 20 只船开到离曹营不远的地方，并按计划一字排开。但是由于雾大，双方都看不清人。于是诸葛亮便命令士兵击鼓呐喊，营造进攻声势。而曹操以为对方来进攻，但因为有雾，又担心受埋伏，所以只能令 6000 名弓箭手向江中射箭。殊不知，对面的船上布满了草把，因此，等到大雾散去，20 只船已经密密麻麻地插满了箭，数量竟然超过十万支。诸葛亮命船队打道回府。原来，诸葛亮在这之前，早就知道了当日的大雾天气，故特施此计轻松取得十万支箭。

【寸草春晖】寸草：小草；春晖：春天的阳光。小草的心意，难以报答春天的恩惠。比喻子女报答不尽父母的养育之恩。

例句：

a. 对祖国母亲，我们总怀有寸草春晖之情。

b. 我是党培养的大学生，我对党总有股寸草春晖之情。

三　对应的泰语词及其义项

หญ้า〔N〕草

ลวกๆ,สุกเอาเผากิน；หยาบ；（เขียน）หวัด〔A〕（字）潦草不清楚

四　教学说明

汉语中的"草"除了表示植物草的意义，还可表示"做燃料的稻麦类的茎和叶"、"民间的"等。因此，我们在讲解汉泰共同义项的基础上，应将重点放在其他不同义项的教学上。同时采用"直观释义法"和列举法来解释其具体义项，运用"分析词语结构法"、"情境释义法"或"故事法"等解释其抽象义项。

小　　结

本章考察了汉语植物义场中的 10 个核心词共有 58 个义项，平均每个词 5.8 个义项，植物义场中核心词义项的引申规律一般由特指到泛

指，由具体到抽象。

不同于动物义场中的核心词，植物义场中的核心词的义项一般能够进行词性转化，其中树、皮、花、草转化为形容词性义项，果、根转化为动词性义项之后又发生实词虚化形成副词性义项，树、枝、种、根转为量词性义项，叶没发生词性转化。

对于植物义场中的 10 个核心词，在讲授其基本义时，我们可以利用具体事物或图片进行辅助；在讲解其引申义时，要注意同一词语不同义项间的各种关系，注意用语境法来加强学生对引申义的理解。另外，中国文化博大精深，很多词语仅仅通过字面意义很难真正理解。因此，在教学实际中，我们可以结合词语本身所蕴涵的中国文化来讲解，这样既加深了学习者的印象，又增加了课堂的乐趣。

第六章

汉泰自然物义场对比研究

　　生活在天地间的人所接触的无非是存在于天上地下的万事万物而已。本章根据斯瓦迪士200核心词列表，按照从上到下的顺序，把有关自然物的核心词又细分为以下几个义场：日月义场包括日、月、星、天、夜等表示常见于天空的自然现象的5个核心词；云雾义场包括云、雾、风、雪、雨等记录生成于天空的自然现象的5个核心词；山石义场包括山、石、沙、尘、地等代表陆地上常见的自然存在物的5个核心词；河海义场包括河、海、水、湖、冰等表示与水有关的自然现象的5个核心词。本章所选的词，是每个民族都要接触到的、每种语言中必不可缺少的表达自然现象的词，它们的构词体系在每种语言中既有共性又有个性，共性反映了人类对共同的客观事物具有共同的认知规律，个性反映了不同民族的认识事物的不同的文化特征。

　　以汉泰文化作对比，每个表示自然事物的核心词在两国语言中既有共同的义项分布规律又各自拥有自己独特的义项分布。本章主要是梳理这些表示自然事物的核心词在汉语中的义项分布规律及其构成复字词的规律，挖掘由其构成的汉语中的文化词，简单列举泰语对应的词及其义项，并做出简要的教学说明。

第一节　日月义场

日　พระอาทิตย์

一　日字复字词义项归类

①名太阳：日斑、日珥、日光灯、日光、日光浴、日晷、日华、

日环食、日冕、日偏食、日全食、日色、日食、日头、日暮途穷、日心说、日月如梭、日晕、日照、日中。

②名日本：日语。

③名从天亮到天黑的一段时间，白天（跟"夜"相对）：日班、日工、日间、日托、日夜、夜以继日、日妆。

例句：【日以继夜】目前，沿海地区干部和群众正日以继夜，巡查在千里海塘之上。

④名地球自转一周的时间：日界线。

⑤量用于计算天数：两日、这几日。

例句：【两日】彭大将军料事如神，在此等待两日后，敌三十一旅大摇大摆地钻入了我军布下的口袋。

⑥名每天；一天天：日报、日常、日积月累、日记、日记账、日就月将、日均、日夕、日臻、日志、日新月异、日薪、日益、日用、日用品、日理万机。

例句：【日常】我们日常用以说明某件事决不能成功的一句话是"除非太阳从西面出来！"

⑦名泛指一段时间：日程、日后、日来、日内、日前、日趋、日子。

例句：

a.【日子】距奥运会开幕的日子越来越近了。

b.【日趋】辛亥革命后，严复的思想日趋保守。

⑧名特指某一天：节假日、纪念日、工作日、安息日。

二 日的文化词

【日薄西山】太阳快要落山。比喻人到老年或腐朽的事物衰败接近灭亡。

例句：近年来，由于种种原因，这支当年声名在外的篮球队已"日薄西山"。

【日上三竿】太阳升起有三根竹竿那样高。形容太阳升得很高，时间不早了。形容人起床太晚。

例句：爸爸每日写到深夜，早上就睡到日上三竿，醒后第一件事就是抽烟。

【日新月异】形容发展变化快，每天每月都有新的变化，不断出现新事物、新气象。

例句：学校如果只传授知识，学生从课堂上所得到的知识不能适应日新月异的世界。

【夸父逐日】是我国最早的著名神话之一，意思是夸父拼命追赶太阳。它有两种含义：褒义，比喻有宏大的志向，或巨大的力量和气魄，反映了古代人民与大自然竞争不断奋斗的精神，探索自然、征服大自然的强烈愿望和顽强意志；贬义，自不量力。

夸父是古代神话传说中的一个巨人，住在北方荒野的成都载天山上。他双耳挂两条黄蛇，手拿两条黄蛇。夸父与太阳赛跑，一直追赶到太阳落下的地方；口渴了，到黄河、渭河去喝水。黄河、渭河的水不够了，夸父又向北去喝大湖里的水。他还没赶到大湖，就在半路渴死了。他丢弃的手杖，顿时化为一片桃林。

三　对应的泰语词及其义项

พระอาทิตย์［N］太阳

กลางวัน(ตรงข้ามกับ)［N］从天亮到天黑的一段时间，白天（跟"夜"相对）

四　教学说明

"日"的第一个义项可以采用直观法进行教学。利用幻灯片等直观形象的方法来解释第一个义项及其构成的复字词词义。其他义项比较抽象，可以用语境法进行教学。

yuè
月 พระจันทร์

一 月字复字词义项归类

① 名 月球，月亮：月宫、月光、月桂、月黑天、月华、月轮、月偏食、月球、月球车、月球站、月全食、月色、月食、月台、月下老人、月相、月牙、月夜、月晕、满月、残月、新月、日月交辉。

② 量 计时单位，公历一年分十二个月：月半、月初、月底、月度、月份、月季、月均、月令、月末、月嫂、月头儿、月中、月终、月子、月子病、月利、月票、学雷锋月、年月、闰月、长年累月。

例句：

a.【月】从每年 12 月到第二年的 2 月，这里的月平均气温在 –45℃以下。

b.【长年累月】这里的人民是好样的，他们长年累月同大自然作斗争，为改变生存环境而艰苦奋斗。

③ 名 每月的：月报、月工、月供、月经、月刊、月历、月钱、月薪。

例句：【月供】一想到每个月都要付 1000 多元的月供，就感到压力特别大，很多以前喜欢就买的东西现在也省了。

④ 形 形状像月亮的，圆的：月饼、月白。

二 月的文化词

【月下老人】人们称主管婚姻的神为月下老人或月老，同时也用作媒人的代称。

传说唐朝的时候，有一个叫韦固的少年，求了很多次婚也没有成功。有一天他来到宋城，路上遇到一个老人在月光下背靠着一个袋子坐着，手中翻着一本书。韦固便问他："请问您看的是什么书？"老人答道："这本是天下人的婚姻簿。"韦固又问道："那么您掌管的是什么呢？"老人回答："掌管天下人的婚姻。"韦固又问关于袋中的红绳子，老人解释道："把这个系在一个男子和一个女子的脚上，即使他们是仇人或是住在相隔很远的地方，也能结成夫妻。这个红绳子一旦系上，就再也不能改变。"老人为韦固和相州刺史的女儿牵了红绳，最终使他们两人结为夫妻。

例句：这是一条流淌着情与爱的河，是月下老人抛下的一条红线。

【坐月子】坐月子最早可以追溯至西汉《礼记内则》，距今已有2000多年的历史，称之"月内"，是产后必需的仪式性行为。以社会学的论点，坐月子是协助产妇顺利度过人生转折，因为婴儿产出让身体、生活有所改变，从人妻到人母、从外人到家人，坐月子的仪式促使产妇进入神圣地位，周边的人甘愿为她付出。无论是产褥期或坐月子，都意味着产妇要卧床休息，调养好身体，促使生殖器官和机体尽快恢复。

三 对应的泰语词及其义项

พระจันทร์ [N] 月亮

ดาว [N] 月亮、星期一

四 教学说明

泰语中的"月"还有"星期一"的义项，在教学中着重对汉语②、③、④义项的介绍。中国和泰国的文化有着许多差异，彼此对对方文化的好奇心是促进交流的强大动力。

泰国学生个性活泼，有着较强的表现欲望，在教学中不妨让学生参与讲解。先让泰国学生说出泰语中"月"的文化含义及其有关的文化词，然后教师再引导学生认识汉语中"月"的有关文化词，从而增加学生学习汉语的兴趣。

xīng

星 ดาว

一 星字复字词义项归类

①名 夜晚天空中闪烁发光的天体：星辰、星斗、星光、星汉、星号、星河、星火₁（流星的光）、星罗棋布、星散、星星、星夜、星移斗

转、星移物转、流星、彗星、卫星、金星、木星、火星、牛郎星、织女星。

②名天文学上指宇宙间发射光或反射光的天体：星际、星球、星体、星图、星团、星系、星云、行星、恒星。

③名细碎或细小的东西：星火₂（微小的光）、星火燎原、星星点点、星子、零星。

例句：【星星之火】尽管沙皇政府疯狂镇压，革命屡遭挫折，但是列宁坚信，星星之火，终会燃成熊熊火焰，并且为此进行了长期艰苦的工作。

④名明星：球星、星探、歌星、影星。

⑤名二十八星宿之一。

二 星的文化词

【二十八星宿】中国古代天文学家把天空中可见的星分成二十八组，叫做二十八宿，东、西、南、北四方各七宿。东方青龙七宿是角、亢、氐（dī）、房、心、尾、箕，北方玄武七宿是斗、牛、女、虚、危、室、壁，西方白虎七宿是奎、娄、胃、昴（mǎo）、毕、觜（zī）、参（shēn），南方朱雀七宿是井、鬼、柳、星、张、翼、轸（zhěn）。印度、波斯、阿拉伯古代也有类似我国二十八宿的说法。

【星星之火】一点点小火星。比喻开始时很小，但有远大发展前途的新事物。

例句：谁能想到，十几年之后，星星之火已经燎原：各地广播电视台开办的主持人节目犹如百花盛开。

【斗转星移】星斗变动位置。指季节或时间的变化。

例句：天鹅饭店创建之初装修档次和内部设施还说得过去，但斗转星移，一连9年，"天鹅"再没有大修过，洁白的羽毛日益灰暗了。

【众星捧月】许多星星衬托着月亮。比喻众人拥护着一个他们所尊敬爱戴的人。

例句：乘着这个改朝换代的时机，咱们得众星捧月，把他抬出去！

三 对应的泰语词及其义项

ดาว [N] 星星

ดาว [A] 最出色、最漂亮、最帅的

四 教学说明

泰语中的"星"除了有"星星"的义项外,还有"最出色"的意思,在教学中着重介绍汉语③、④义项。可以适当地贯穿母语释义法。学习者在汉语习得初期,特别是零起点阶段,把母语看做一种工具,是很有必要的,因为在学习初期未能养成用汉语思维的习惯,这时,可以适当地运用母语进行解释。但有时母语的释义不是非常准确,所以,这种方法对教师的要求很高,需要教师很好地把握使用母语进行教学的量和度。泰国学生活泼好动,能歌善舞,特别是青少年有崇拜偶像的心理,在教学中可以结合一些歌星、影星来讲解,培养他们的学习兴趣。

tiān

天 ฟ้า

一 天字复字词义项归类

①名天空:天地、天空、天象、天涯、天文、天籁、天蓝、航天、天色、天气、天光(天色或天空的光辉)、天幕、天亮、天明、天际、天边、天渊之别、天壤之别、天经地义、天翻地覆、天南地北、天崩地裂、天差地远、天长地久;满天飞、顶天立地、仰天大笑、摩天大楼、水天一色、铺天盖地;重见天日;参天、冲天、青天、航天、露天、闹翻天(形容大吵大闹)、四脚朝天、遮天蔽日、一飞冲天、一步登天、坐井观天。

②名位置在顶部的;凌空架设的:天线、天梯、天棚、天沟、天井、天窗、天桥、天车、天花板、天灵盖。

例句:

a. 【天车】天车装在厂房上空,是可以移动的起重机械。

b. 【天壤之别】两个人都是艺术大师,艺术待遇却有着天壤之别。

③ 名 一昼夜二十四小时的时间，有时专指白天：天儿、前天、昨天、今天、明天、后天、整天、成天、全天、半天、当天、改天、白天、星期天、礼拜天。

例句：

a. 【天儿】过了秋分，天儿越来越短了。

b. 【白天】白天就你们老两口儿啊？

④ 量 用于计算天数：每天、几天、第二天、三天三夜、多少天。

⑤ 名 一天里的某一段时间：五更天。

例句：

【五更天】白春兰每天五更天就从炕头上爬起来，给上学的孩子做好饭。

⑥ 名 季节：春天、夏天、秋天、冬天、冷天、黄梅天、三伏天。

⑦ 形 天然的，天生的：天生、天然、天职、天险、天堑、天真、天职、天性、天资、天赋、天分、天才、天成、天敌、天姿国色、天生丽质、天造地设、听天由命、暴殄天物、先天。

例句：

a. 【天职】1927 年初，受命开赴前线，与日寇决一死战，复我河山，保我民族，保全国家，是我天职。

b. 【天赋】巴西在足球方面最大的优势是有不乏天赋的球员。

⑧ 名 天气：天寒地冻、变天、阴天、晴天、阴雨天、太阳天、艳阳天。

例句：

【天寒地冻】隆冬的河北坝上，天寒地冻，滴水成冰。

⑨ 名 自然界：天下、天灾、天时、天火、天籁、怨天尤人、人定胜天、天外有天。

例句：

a. 【天灾】近年来，全球范围内不断发生地震、洪水、海啸等天灾。

b.【人定胜天】新中国成立初期，毛泽东以人定胜天的气魄提出南水北调的战略构想，可谓高瞻远瞩。

⑩ 名 迷信的人指自然界的主宰者；造物：天条、天使、天神、天老爷、天年、天良、天命、天理、天意、天道、天公、天机、天兵、天骄、天仙、天主、天王、天皇、天书、天数、苍天、天作之合、天怒人怨、天打雷轰、天罗地网；老天爷、谢天谢地、听天由命、吉人天相；人命关天（指人命事件关系极为重大）、无法无天（不怕法律，也不怕天道报应。形容肆无忌惮，胡作非为）。

例句：【苍天】古堡完整保留至今，该是人有情，苍天有眼。

⑪ 名 迷信的人指神佛仙人或去世的人所住的地方：天庭、天宫、天河、天门、天国、天堂、归天、天兵、天府之国、天上人间、天伦之乐；在天之灵；升天、归天。

例句：

a.【天堂】《古兰经》中说："只有骆驼穿过针孔，他们才能进入天堂。"

b.【天伦之乐】他带着孩子开车去乡下郊游、爬山、钓鱼、游泳、放风筝，一家人享受天伦之乐。

二　天的文化词

【天方夜谭】天方夜谭，原指阿拉伯民间故事集《一千零一夜》。多用来比喻虚诞夸饰的议论，荒诞不经的说法。

例句：成本不高的露天种植在新疆的冬季是天方夜谭。

【天衣无缝】原指神话中仙女穿的天衣，不用针线制作，没有缝儿。现比喻事物非常完美自然，不露痕迹、没有破绽，找不出毛病。

古时候，有一个叫郭翰的先生，擅长写诗作画，性格幽默，喜欢开玩笑。在一个盛夏的夜晚，他坐在树下乘凉，抬头看着浩瀚的天空中挂着的一轮明月，微风轻轻吹来，整个院子弥漫着花草的香气。突然，一位国色天香的仙女含笑来到郭翰面前。郭翰并没有失态，他很有礼貌地问："小姐，请问你是谁？从哪里来？"仙女微微鞠躬，回答道："我是从天上来的织女。"郭翰又问："既然你是从天上来的，能和我谈谈天上的事情吗？"仙女问："你想知道什么？"郭翰故意说："我什么都想知道。"仙女愁眉苦脸地说："这可难为我了，你让我从哪儿说起呀？"郭翰说："凡人都传说仙人很聪明，你就随便说说吧。"仙女说："凡间四季分明，而天上四季如春，夏无酷暑、冬无严寒，绿树常青，花开不谢。凡间生老病死，而天上没有疾病，但没有像你说的那么好。"郭翰反问道："那你为什么还跑到苦难的凡间来呢？"仙女说："你不是一个饱读诗书的人吗？难道你没有读过庄周老先生写的'在栽满兰花的屋子里待久了，也闻不到香味'的话吗？我在天上待久了，难免会闷，所以偶尔要下凡间到处玩玩。"郭翰又问："你是仙人，你知道哪里有传说中长生不老的药吗？"仙女说："这种药虽然人间没有，但天上随处可见。"郭翰说："既然天上多得很，你应该带一点下来让人们尝尝。"仙女说："假如把天上的东西带到凡间，它们就会失去灵气，不管用了。所以长生不老药是带不来的，不然早让秦始皇、汉武帝吃了。"郭翰有些不信，说："你口口声声说自己从天上来，你有什么能证明你不是编出这些大话骗我呢？"仙女一听，就让郭翰看自己身上的衣服。郭翰前前后后仔仔细细地看完，发现她衣服最大的特点是没有任何缝隙，感到很不解。仙女不屑地说："天衣无缝，你连这都不知道怎么称得上才子，我看你是个十足的大傻瓜！"郭翰听完，仰头哈哈大笑，再回过神时，眼前的仙女已经不见了。

例句：协奏乐队天衣无缝般地有机配合，创造出一种疏密有致的浑然境界。

【天字第一号】从前对于数目多和种类多的东西，常用《千字文》文句的字来编排次序，"天"字是《千字文》首句"天地玄黄"的第一字，因此"天字第一号"就是第一或第一类中的第一号，借指最高的、最大的或最强的。

例句：微软公司在全世界同行业中是天字第一号。

【天高皇帝远】也作山高皇帝远。原指中央权力达不到的偏远地方。后比喻僻远地区，不遵守法纪的恶势力。现泛指机构离领导机关远，遇事自作主张，不受约束。

北宋末年，浙江台州、温州一带大旱，饿死的百姓很多。而朝廷中因为当官的人多，加上奢侈浪费已经成为一种风气，不但没有拨款进行救灾，反而加重赋税剥削百姓。人们终于再也忍受不下去了，起来反抗朝廷的压迫。他们在旗子上写道："天高皇帝远，民少相公多。一日三遍打，不反待如何？"

例句：一些单位和个人欠外地债务后，自认为外地法院"天高皇帝远"管不了。

【天荒地老】天荒秽，地衰老。指经历的时间极久远。

唐朝时期，诗人李贺到长安考科举，但因别的事被取消了考试资格，他非常痛苦，喝了很多酒想借此浇灭心中的愁苦。有人为了开导他，给他讲了古代西汉主父偃和唐朝马周的故事，听完后他立刻作了一首诗《致酒行》，其中有一句："主父西游困不归，家人折断门前柳。吾闻马周昔作新丰客，天荒地老无人识。"（意思是当年主父偃向西入关打仗，资金困乏滞留异乡，家人因为思念他折断了门前杨柳。哎，我听说马周客居新丰之时，天荒地老无人赏识。）

例句：他向妻子求婚的时候说过，他对她的爱直到天荒地老，海枯石烂。

【天造地设】造：制作；设：安排。指事物自然形成，合乎理想，不必再添加人工。现多指男女般配，相处和谐。

例句：周围的熟人都说她和他是天造地设的一对。

【天马行空】天马奔腾速度极快，像是腾起在空中飞行一样。比喻诗文书法等气势豪放，不拘一格，流畅自然；也指思维不同寻常地跳跃，还指不切实际的想法。

传说汉武帝时期，西域有一匹马叫做天马。没人可以抓住这匹四肢健壮，腿脚灵活的马。后来人们在天马住的山脚下放了一匹漂亮的五彩马，没过多久，它和天马生出了很多匹小马。据说它们生出的这种马是神马，和普通的马有很大不同：它出的汗是赭石色的，它的马蹄踏在石头上就可以形成深深的坑。这个消息传到汉武帝耳中，汉武帝十分好奇，想拥有一匹神马，便派使者通过丝绸之路送去丰厚礼品，用百匹的绸缎换一匹小马。可是西域人认为不能将天马作为交换的礼物送给汉朝，于是就将使者赶回西汉。汉武帝知道后很气愤，下令派兵攻打西域，终于得到了一匹小马。

例句：散文一般当做自由随意的文体，如行云流水，天马行空，无拘无束。

【天网恢恢】天网，天道之网。恢恢，广大的样子。天道像个广大的网，做坏事的人逃不出天道的惩罚。后多用来形容作恶者终究难逃国法的制裁。

老子是春秋时期的哲学家，他认为世界上的一切事情都是命中注定的，人们想改变命运已经安排好了的东西是不可能的，只能顺从自然的安排，人们不应当去争取，否则不但得不到好处，反而还会有害处，这就叫天网恢恢，疏而不漏。

例句：这个案子警示不法分子：天网恢恢，疏而不漏，不要心存侥幸，以身试法。

【天花乱坠】形容说话有声有色，极其动听，多指夸张而不符合实际。

梁武帝萧衍是中国古代南朝梁国的开国皇帝，他特别忠诚地信仰佛教，他把云光法师请来宣讲佛法，讲到《涅槃经》时，梁武帝非常认真地听讲，从早到晚听上一整天也没有丝毫倦意。云光法师说得绘声绘色，感动了上天，鲜花纷纷从天上落下。从此，梁武帝更加信佛，后来干脆出家做了和尚。

例句：有的老板担心出血太多赔了老本，把价格定得天花乱坠。

三　对应的泰语词及其义项

ฟ้า［N］天；天空

ฟ้า ท้องฟ้าง ท้องนภา นภาอากาศ อยู่ข้างบน［N］位置在顶部的；凌空架设的

ธรรมชาติ ตั้งแต่เกิด ตั้งแต่กำเนิด［A］天然的，天生的

四　教学说明

"天"只有一个义项和泰语一样，"天"字在汉语中有较多义项，要

注重讲解，避免学生混淆，不能正确掌握。其中有多个义项比较抽象，难以应用具体直观的图像或实物展示给学生，因此充分运用母语解释法、设置语境法、同素词归类和替换法进行教学很有必要。"天"字在中国古代具有特别的文化含义，让学生了解这些文化词的典故有利于学生更好地掌握这些词，在学习生活中灵活运用。

夜 ^{yè} คืน

一 夜字复字词义项归类

① 名 从天黑到天亮的一段时间（跟"日"或"昼"相对）：夜晚、白天黑夜、昼夜、夜班、夜不闭户、夜长梦多（比喻时间拖长了，事情可能发生不利的变化）、夜车、夜场、夜大、夜工、夜壶、夜间、夜景、夜空、夜盲、夜猫子（猫头鹰，比喻喜欢晚睡的人）、夜明珠、夜幕、夜色、夜校、夜宵（夜里吃的酒食、点心）、夜生活、夜市、夜以继日、夜总会、没日没夜、深更半夜、夜黑风高、年夜饭、一夜成名、熬夜（整晚不睡觉）、半夜、黑夜、午夜、夜深人静、日夜兼程（不分白天黑夜拼命赶路）、深夜、彻夜、宵夜（同夜宵）、隔夜、守夜、月夜。

例句：

a. 【熬夜】我每天熬夜看书，总是黑着个眼圈上课。

b. 【夜猫子】他是个夜猫子，晚上十一二点钟都不想睡觉。

c. 【一夜成名】每一个人都要拼杀，每一个人都想获胜，追求一夜成名。

d. 【夜长梦多】这件事要赶紧解决，免得夜长梦多，再出问题。

② 量 用于计算夜：三天三夜、每日每夜。

例句：【每日每夜】演员梦仍然每日每夜都萦绕在我的心中，像一个难缠的魔鬼，一天又一天地包围着我。

二 夜的文化词

【夜不闭户】夜间不用关闭门户睡觉，形容社会治安情况良好。

战国时期，卫国人商鞅因逃难到秦国，主张用法律治理国家，受到秦孝王的重用，他先后制定一系列新法，废除维护贵族特权的旧法，主张在法律面前人人平等，执法严明，不徇私情。经过一段时间，秦国社会安定，夜不闭户，路不拾遗，国力强盛。

例句：他的家，是一间破旧的小室，可以夜不闭户，小偷不会光顾。

【年夜饭】年夜饭，又称团圆饭。除夕这一天对华人来说是极为重要的。这一天人们准备除旧迎新，吃团圆饭。在古代的中国，一些监狱官员甚至放囚犯回家与家人团圆过年，由此可见"团圆饭"对中国人是何等重要。

三 对应的泰语词及其义项

คืน [N] 夜晚：โรงเรียนกลางคืน（夜校）

คืน [N] 还：คืนเงิน（偿还）、คืนให้（归还）

四 教学说明

"夜"字的汉语义项与泰语义项基本相同，可直接用泰语进行解释，但要注意汉语"夜"的量词用法。

第二节 云雾义场

云 เมฆ

一 云字复字词义项归类

名 在空中悬浮的由水滴、冰晶聚集形成的物体：云彩、云层、云端、云海、云集、云散、风流云散、云山雾罩、云开见日、云烟过眼、云梯、云天、云头、云雾、云霞、云消雾散、云霄、云烟、云游、云雨、浮云、烟云、乌云、火烧云、积雨云、流云、风云、星云、高耸入云、风云人物、愁云惨雾、白云苍狗、风云际会、义薄云天、风从虎，云从龙、闲云野鹤、祥云瑞气、青云之上、风云万变、风云变色、风轻云淡、叱咤风云（形容有重大影响力的人）、平步青云（比喻社会地位陡然大幅度上升，用于祝辞）、风卷残云（大风卷走了残云。比喻一扫而光）、万里无云、壮志凌云、谋臣似雨，猛将如云（形容谋士、武将非常多，人才济济）。

例句：

a.【壮志凌云】劳工们义正词严，置生死于度外，壮志凌云的气概，我为之振奋。

b.【云烟过眼】生活如同万花筒，云烟过眼，转瞬即逝。

二 云的文化词

【巫山云雨】巫山云雨是著名的长江三峡的自然景观，至今是旅游览胜的好去处。在挺拔青翠的巫山十二峰层峦叠翠之中，云腾雨落，十分美丽壮观。也指古代神话传说巫山神女兴云降雨的事。后来"巫山云雨"成为一个成语，并以此代称男女欢合。

楚襄王和宋玉一起游览云梦之台的时候，宋玉说："以前先王（指楚怀王）曾经游览此地，玩累了便睡着了。先王梦见一位美丽动人的女子，她说是巫山之女，愿意献出自己的枕头、席子给楚王享用。楚王知道弦外有音非常高兴，立即宠幸那位巫山美女两相欢好。女子告诉怀王，再想找自己的话，记住就在巫山，早晨是'朝云'，晚上是'行雨'。"

现常用"巫山云雨"形容男欢女爱，是自此留下来的。

例句：这对情侣，一度巫山云雨后，女的便珠胎暗结了。

【风起云涌】大风刮起，乌云像水一样涌现。比喻许多事物相继兴起，声势浩大。

例句：在 20 世纪的今天，科技革命风起云涌。

【腾云驾雾】神话描写神仙、妖魔或得道的人可以乘着云雾在空中飞行。也形容人在身体、精神处于不正常状态时的举止。

例句：我生病时躺在床上犹如腾云驾雾一般。

【行云流水】①比喻自然流畅，不受拘束（多指文章、歌唱、诗文、书法等）。②形容事物流转不定，易于消逝。③形容速度快，而且动作轻巧。

例句：面对阿森纳队行云流水般的进攻，朴次茅斯队后防非常吃力。

【天有不测风云】比喻有些灾祸的发生，事先是无法预料的。

三国时期，曹操屯兵赤壁打算攻打东吴，周瑜与诸葛亮商量用火攻，可此时季节已过没有东南风。周瑜急得生了病，诸葛亮就去看他说："人有旦夕祸福，天有不测风云。"并且告诉他："欲破曹公，宜用火攻，万事俱备，只欠东风。"

例句：真是天有不测风云，人有旦夕祸福，不幸的事却偏偏落在刘大夫身上。

【翻手为云，覆手为雨】形容人反复无常或惯于玩弄权术。

唐朝伟大的诗人杜甫处于从盛唐走向衰弱的时期，他深切体会到了上层社会的世态炎凉，人情淡薄，到处都是尔虞我诈，不禁想起了春秋时期的管鲍之交的真情友谊。于是他就抚今思古即兴作了《贫交行》："翻手作云覆手雨，纷纷轻薄何须数。"

例句：你尽可以梦想，在梦里做你的国王，做你的天皇，做你的神仙；在梦里飞来飞去，翻手为云，覆手为雨。

三 对应的泰语词及其义项

เมฆ〔N〕云

四 教学说明

可以采用直观法进行教学。利用幻灯片等直观形象的方法来解释词义，把"云"的图片让学生看，让"云"这个事物直观地呈现出来。同时也可以利用天空中有云时的自然现象，使"云"的形象真正地在学生脑中留下深刻的印象。这种方法活泼有效，给学生以视觉的刺激，同时与生活中的自然现象联系起来，使学生睹物思字，容易激发其学习兴趣，提高积极性。

雾 หมอก

一　雾字复字词义项归类

①[名]气温下降时，在接近地面的空气中，水蒸气凝结成的悬浮的微小水滴：雾霭、雾沉沉、雾茫茫、雾蒙蒙、雾气、雾凇、云雾、烟雾、水雾、迷雾、晨雾、尘雾、防雾镜、云山雾罩、云雾缭绕、雾起云涌、云消雾散、烟消雾散、腾云驾雾、冲云破雾（冲破云层，突破迷雾。比喻突破重重障碍和困难）。

例句：【腾云驾雾】神话片中常可看到，孙悟空一个筋斗翻上天空，腾云驾雾，如履平地。

②[名]像雾的许多小水滴：喷雾器、气雾剂。

二　雾的文化词

【雾里看花】旧指人老了眼睛昏花，现在多比喻对事情看得不清楚。

例句：走马看花，雾里看花，都是看不清的。

【一头雾水】形容摸不着头脑，糊里糊涂。

例句：这个案件非常复杂，看完卷宗后还是一头雾水。

【吞云吐雾】原形容道士修炼养气，不吃五谷，后形容人吸烟。

例句：我们现在只听说许多人躺着吞云吐雾，却很少见到有人像外国水兵似的满街发酒疯。

三　对应的泰语词及其义项

หมอก［N］雾

หมอก［A］苍茫，朦胧

四　教学说明

可举一张画有"雾"的图片，使"雾"的形象能让学生一目了然。直观法直接将实物与目的语的符号系统连接起来，绕过了由母语到目的语的解释翻译过程，因而可以使学生直接掌握词语的意义和用法。

fēng
风 ลม

一　风字复字词义项归类

①　名　跟地面大致平行的空气流动的现象，是由于气压分布不均匀而产生的：风洞、风化、风暴、风暴潮、风挡、风害、风寒、风和日丽、风刀霜剑、风灯、风车、风力、风能、风尘、风级、通风、龙卷风、微风、风筝、风风雨雨（喻多年的艰难）、风云变幻、风云人物、风雨无阻（风雨都阻挡不住，指事情一定如期进行）、风吹雨打、风雨飘摇（形容动荡不安，形势很不稳定）、风尘仆仆、风平浪静（无风无浪，平安无事）、风吹草动、风云突变、风口浪尖、风雨同舟、风卷残云、风烛残年（风中之烛易灭。喻指老人的残年，不久于世）、风声鹤唳、风餐露宿（形容旅途或野外生活的艰苦）、风调雨顺、风急浪高、一帆风顺（船张满帆顺风行驶。比喻极为顺利）、叱咤风云、谈笑风生（谈话的兴趣浓厚，谈话的内容生动幽默，有说有笑，使听的人感到轻松而投入）、呼风唤雨、春风得意、雷厉风行、兴风作浪、闻风而动、大风大浪、捕风捉影、避风港、暴风骤雨、乘风破浪、遮风挡雨、煽风点火、山雨欲来风满楼、满城风雨、饱经风霜、争风吃醋、腥风血雨、春风满面、弱不禁风、一路顺风。

例句：

a.【春风得意】大学毕业后的小韦春风得意，不愿再回到厂里，停薪留职办了一个装潢公司，当上了经理。

b.【煽风点火】他厉声喝道："谁拿谁犯法！当官当兵的都一样！谁敢再煽风点火，严加惩处！"

②　动　借风力吹（使东西干燥或纯净）：风干、风化。

例句：【风化】当山金和含金岩石裸露地表后，遭受长期风化剥蚀而崩解，金粒和沙、砾、岩块一道被流水冲向低处。

③　形　像风那样快：风风火火、风行、风驰电掣、风发、风帆。

例句：

a.【风驰电掣】这时，一列深圳至广州的特快列车风驰电掣而来。

b.【风行】1904 年沈心工用简谱编写的《学校唱歌集》出版，风行一时。

④名风气，风俗：蔚然成风、移风易俗、整风运动、不正之风、风潮、风俗、风尚、歪风邪气、风靡一时（形容事物、爱好、衣饰等在一个时期内极流行）、风土人情、伤风败俗。

例句：

a.【风俗】在中国，端午节有吃粽子的风俗。

b.【风靡一时】20 世纪 60 年代初，随着电影《地道战》的播放，其插曲风靡一时，几乎老幼皆能吟唱。

⑤名景象：风景、风光、采风。

例句：【风景】日内瓦是世界有名的风景区，号称"世界公园"。

⑥名态度，姿势：威风凛凛、作风、风度、风纪、风采、风操、风格、风骨、风华正茂、风情、风流、甘拜下风。

例句：

a.【风情】汽车模特的表演形式要和汽车文化结合起来，它是一种风情，一种韵律，一种时尚，一种享受。

b.【风华正茂】目前，她已变得骨瘦如柴，那个风华正茂、美艳如花的阿惠已经彻底消失了。

c.【甘拜下风】瑞典队教练甘拜下风，称赞中国队员进攻和退守速度甚快。

⑦名风声；消息：闻风而动、风声、闻风丧胆、望风而逃、通风报信。

例句：【望风而逃】他们把几十万华北国民党军队驱赶得望风而逃。

⑧形传说的，没有事实根据的：风闻、风言风语、空穴来风。

例句：【风闻】风闻他被打成了外院"洋三家村"的大老板。

⑨ 名 中医指一种致病的重要因素：中风、痛风、风寒、破伤风、麻风病。

例句：【破伤风】蚂蟥叮咬，破伤风病随之而来，疟疾、回归热及其他传染病也大为流行。

二　风的文化词

【风马牛不相及】完全不相干的；明确地不包含在某事物中的。

例句：几千年前，人类就发现了电现象和磁现象，但一直把它们看做风马牛不相及的两回事。

【风花雪月】原指古典文学作品里描写自然景物的四种对象。后来比喻堆砌辞藻、内容空泛的诗文。也指爱情之事或花天酒地的荒淫生活。

例句：我从前写过不少"风花雪月"的文章，那时母亲承担了家中大量"柴米油盐"的事务。

【风吹草动】风稍一吹，草就摇晃。比喻微小的变动。

春秋时期，楚平王是个十分迷恋女人的君王，后来还霸占了自己的儿媳妇。大臣伍奢对君主这样的行为非常不满，楚王一不高兴，就下令把伍奢抓了起来，连伍奢的大儿子也一起被杀死。伍奢的二儿子伍员（伍子胥）看情形不对赶紧逃命，一路上躲躲藏藏，有什么风吹或草摇动的声音，他都会被吓到。有一天，伍子胥来到江边，遇到一个渔翁，伍子胥把事实真相都告诉了他。后来，渔翁上岸帮他找吃的，伍子胥怕他去告密，就躲在岸上的芦苇丛里。等到渔翁一回来，让他吃了一顿丰盛的晚餐后，送别伍子胥时，他还反复叮咛渔翁千万不要跟别人说起见过他的事情。渔翁见伍子胥怀疑自己，为了不让他担心，竟然投江而死。伍子胥非常难过，继续逃亡的生活。后来，他在吴国受到重用，掌握了吴国的军队，他立刻攻打楚国，报了杀父的深仇大恨。

例句：兔子的耳朵又大又长，而且能向四面转动，听觉特别灵敏，一有风吹草动，它就立即躲避起来。

【血雨腥风】风里夹着腥味，雨点带着鲜血。形容疯狂杀戮的凶险气氛或环境。

例句：大革命失败之后，在血雨腥风的恶劣环境中，林彪选择了革命道路，他随本部参加了南昌起义。

【树欲静而风不止，子欲养而亲不待】树想要静下来，风却不停地刮着；孩子想孝顺父母，父母却死了。比喻事情不能如人的心愿。

孔子一次外出，听到一阵悲伤的哭声。孔子就说："快赶车，快赶车，前面有个贤人！"当他到那儿的时候看到的是一个叫皋鱼的人，身上穿着短衣，手拿着镰刀，在路边哭泣。孔子就走下车，对皋鱼说："你家没有丧事吧，为什么哭得如此悲伤？"皋鱼回答说："我有三个过失：小时候喜欢学习，周游各诸侯国，没有好好地照顾我的亲人，这是过失之一。我的志向高尚，想做大事业，不愿侍奉庸君，结果我年纪已经很大了还是一事无成，这是过失之二。我与朋友交往很深厚，但是都中断了联系，这是过失之三。大树想停下来，可是风停不下来；儿子想孝敬父母，可是父母已经不在了。过去了再也追不回来的是岁月，逝去了再也见不到的是亲人。请允许我从此离别人世去陪伴我逝去的亲人。"说完就一直站着不动，直到最后这样死去。

孔子对弟子们说："你们要引以为戒，这件事足以使你们明白其中的道理啊！"于是，辞别孔子，回家赡养双亲的门人，就有十三人。

【风烛残年】风烛：风中飘摇的灯烛，极易吹灭；残年：余剩的年岁。比喻临近死亡的晚年。

例句：有许多像祁老者的老人，希望在太平中度过风烛残年，而侵略者的枪炮打碎了他们的希望。

【无风不起浪】比喻事情发生总有个原因。

从前，有个小孩叫小天，他从小就没有母亲，由父亲抚养长大。一天，小天的父亲回到家就看见一个穿戴华贵的妇人带着自己儿子在他家门口吵吵闹闹，于是就问这是怎么回事。从妇人的口中得知原来是儿子欺负了她家小孩。他就问儿子为什么要欺负同学。小天哭哭啼啼地说：那个同学在他面前说他没有母亲，是个没娘要的孩子。开始小天没理他，后来他不断地说，小天才忍不住动手打了他。听完事情的原委，小天的父亲没有责备小天，而是对着小天的同学和那个妇人说了句"无风不起浪"，叫妇人回去好好想想，就带着小天走进自己家了。而妇人明白了原来是自己的小孩不对，也没再说什么，就回家了，事后又跟小天家道了歉。

此后，人们就用无风不起浪比喻事情发生总有原因。

例句：虽然你的谈话发表在一贯造谣的《中央日报》上，不过，无风不起浪……所以决定派我来查清事实。

三　对应的泰语词及其义项

ลม［N］风

ลม［V］中风

ประเพณี; ความนิยม［N］风气，风俗

ทิว, ทิวทัศน์; ทัศนียภาพ［N］景象

四　教学说明

"风"的教学可采用情景设置法。可设置这样一个情境：用一张纸放在讲台或拿在手上，然后用纸板或其他物件让这张纸在风的吹动下发生一定的位移。在学生观看了这一现象之后，问学生纸为什么会发生这样的变化。由此引出风这个事物。同时也可列举生活中出现的一些由风这个事物而引发的自然现象，如被风吹动摇摆的树，被风吹落的树叶等。使学生在生活中逐渐地了解并掌握"风"这个字。其他义项可采用语境法进行教学。

xuě
雪　หิมะ

一　雪字复字词义项归类

①名空气中降落的白色结晶，多为六角形，是气温降低到0℃以下时，空气层中的水蒸气凝结而成的：雪暴、雪崩、雪藏、雪雕、雪花、雪片、雪橇、雪人、雪原、雪灾、雪泥鸿爪、暴风雪、冰雪、雨夹雪、雪景、冰天雪地、冰雪消融、滚雪球、打雪仗、降雪、积雪、滑雪、初雪、大雪、鹅毛大雪、披霜蹈雪、瑞雪。

②形颜色或光彩像雪的：雪白、雪亮、雪豹、雪糕、雪花膏、雪

莲、雪柳、雪松、雪条、雪兔、雪青。

例句：【雪白】他穿着雪白的工作服，胸前印着红殷殷的"461"号，眼角、嘴边都是笑意。

③ 动 洗掉（耻辱、仇恨、冤枉）：雪耻、雪冤、雪恨、昭雪、洗雪、沉冤得雪。

例句：【昭雪】1978年12月，中共十一届三中全会为他平反昭雪，恢复名誉。

二 雪的文化词

【阳春白雪】原指战国时代楚国的一种艺术性较高、有难度的歌曲。现比喻高深的、不通俗的文学艺术。

例句：从严肃高雅的文化到通俗的大众的文化，从阳春白雪到下里巴人，我们都不要忽视。

【雪中送炭】在下雪天给人送炭取暖。比喻在别人急需时给以物质上或精神上的帮助。

在战国时期，楚国冬天下着大雪，楚怀王虽然点上炉火，穿上了皮大袄但还是觉得很冷，突然，他想了一会儿，就下令给全国的贫苦百姓和游客送去取暖的煤炭，让百姓过个温暖的冬天。人们听说了很高兴，也非常的感动，心中十分感激楚怀王。这就是"雪中送炭"的由来。后来就用来比喻在别人急需时给以物质上或精神上的帮助。

例句：她说，这些救助如雪中送炭，她希望巴姆人民能充分利用这些救援物资，重建家园。

【雪上加霜】比喻接连遭受灾难，损害更加严重。

在一个贫穷的小山村里，有这样一户人家，家里有三口人，父亲、母亲和一个10岁的小女孩。去年秋天，父亲在山上砍柴的时候不小心摔伤了，以至于今天还是无法干活，于是母亲为了这个家拼命地干活，即使这样他们的生活还是勉强能维持下去。但不幸的是，她的母亲由于抵不住多日的劳累，终于在一个下午晕倒了，后来身体没法再做过多的活了，可是家中开支却因为这样增加了。村里人不由感叹这真是雪上加霜啊，本来小女孩他们家就不好过了，如今她的母亲又发生这样的事，真是可怜！

例句：对于已经缺兵少将的英格兰队来说，伍德盖特的受伤无异于"雪上加霜"。

三 对应的泰语词及其义项

หิมะ［N］雪

สีที่ขาวเหมือนหิมะ［A］颜色或光彩像雪的

四 教学说明

"雪"的教学可采用直观释义法。即利用实物、幻灯片等直观形象的方法来解释词义，把具体形象、直观的词汇直接跟目的语联系，主要用于解释现实生活中存在的事物。

yǔ
雨 ฝน

一 雨字复字词义项归类

①名 从云层中降向地面的水：雨布（遮雨用的布）、雨点、雨刮器、雨季、雨具、雨量、雨林、雨露、雨幕、雨披、雨前、雨情、雨伞、雨刷、雨水、雨丝、雨淞、雨雾、雨靴、雨衣、雨意、春雨、冬雨、喜雨、暴风雨、雨夹雪、雷阵雨、阵雨、暴雨、血雨腥风、风里来雨里去、雨过天晴、遮风避雨、人工降雨、及时雨、和风细雨、风雨无阻、日晒雨淋、倾盆大雨。

②形 比喻密集程度：雨矢（箭矢像雨一样落下）、雨注（像雨一样下降）。

二 雨的文化词

【雨后春笋】指春天下雨后，竹笋一下子就长出来很多。比喻好的事物迅速大量地涌现出来。褒义词。

例句：各种网上购物中心、网上礼仪公司等如雨后春笋般蓬勃发展，对盛极一时的"邮政礼仪"提出了严峻挑战。

【呼风唤雨】旧指神仙道士的法力。现比喻人具有支配自然的伟大力量。比喻具有非凡的本领。也可形容反动势力猖獗。

例句：郭小川《春暖花开》："春暖花开，正是英雄用武之时，大好河山，正是呼风唤雨之地。"

三 对应的泰语词及其义项

ฝน [N] 雨

四 教学说明

汉语中的"雨"义项单一，可以让学生通过泰语中的ฝน理解。雨是个典型的象形文字，无须任何解释，一个"雨"字摆在那儿，雨的形、雨的声、雨中的景、雨中的情都在字中了。只要设置相应的情景和对话，看"雨"、听"雨"的过程中，"雨点、雨滴、雨水、下雨、大雨、小雨、雨声"这些词语脱口而出，"雨点落在小草上，小草绿了。雨水给马路洗了个澡"这样的句子充满课堂，深入下去，一个个生动的小故事也在不远处。学生自然而然就掌握了"雨"的语义场。

第三节 山石义场

山 ภูเขา

一 山字复字词义项归类

①名 地面上由土、石形成的高耸的部分：山坳、山包、山崩、山区、山城、山川、山地、山村、山顶洞人、山峰、山冈、山高水低、山歌、山沟、山谷、山河、山涧、山口、山脚、山梁、山林、山陵、山岭、山路、山脉、山明水秀、山坡、山清水秀（形容山水风景秀丽）、山高路远、山泉、山势、山水、山头、山洼、山窝、山峡、山腰、山

野、山岳、山寨、山庄、高山、河山、火山、假山、青山、江山、爬山、登山、拜山、靠山（比喻可以依靠的有力量的人或集体）。

例句：【靠山】战争年代，部队打胜仗，人民是靠山。

②名形状像山的东西：冰山、矿山、盐山、金山。

例句：【矿山】矿山、钢铁厂等排放的工业废渣中，含有不少有害物质。

二 山的文化词

【开门见山】比喻说话、写文章直截了当。

例句：他笑着让我坐在沙发上，很和蔼地问我找他有什么事。我开门见山地把我的来意向他说了一下。

【铁案如山】定案像山那样不能被推翻。

例句：看来这番话又是铁案如山，谁也驳不倒的。

【万水千山】很多山和水，形容路途遥远险阻。

【有眼不识泰山】比喻看不出地位高或本领大的人。

【放虎归山/纵虎归山】比喻放走敌人，留下祸根。

【海誓山盟】指男女相爱时立下的誓言，表示爱情要像山和海一样永恒不变。

例句：想当初海誓山盟，可现在怎么就要分手了呢?

【山穷水尽】山和水都到了尽头。比喻无路可走，陷入绝境。

例句：切尔西队尽管已被逼到山穷水尽的地步，却仍未见到柳暗花明。

【山珍海味】山野和海洋里各种珍贵的食品，比喻丰盛的菜肴。

【愚公移山】比喻只要有毅力，有恒心，不怕困难，就可以成功。

太行、王屋两座山，方圆七百里，高七八千丈，本来在冀州南边，黄河北边。

有个叫愚公的人，快90岁了，面对北山居住。由于大山的阻隔，出来进去都要绕道，愚公就召集家人商议说："我和你们一起把家门前的这座山挖平，使道路一直通到豫州南部，到达汉水南岸，好吗?"大家都表示同意。他的妻子提出疑问说："就凭你的力气，连魁父这座小山都不能削平，能把太行、王屋怎么样呢？再说，挖下来的土和石头有地方放吗？"众人说："把它扔到渤海的边上，隐土的北边。"

于是愚公率领儿孙中能挑担子的三个人上山，凿石头，挖土，用箕畚运到渤海边上。邻居京城氏的寡妇有个孤儿，刚七八岁，也蹦蹦跳跳地去帮助他。冬夏换季，才能往返一次。河湾上的智叟讥笑愚公，阻止他干这件事，说："你太愚蠢了！就凭你残余的岁月、剩下的力气连山上的一棵草都动不了，又能把泥土石头怎么样呢？"愚公长叹说："你的心真顽固，顽固得没法开窍，连孤儿寡妇都比不上。即使我死了，还有儿子在；儿子又生孙子，孙子又生儿子；儿子又有儿子，儿子又有孙子；子子孙孙无穷无尽，可是山却不会增高加大，还怕挖不平吗？"河曲智叟无话可答。

握着蛇的山神听说了这件事，怕他没完没了地挖下去，就把这件事向天帝报告了。天帝被愚公的诚心感动，命令大力神夸娥氏的两个儿子背走了那两座山，一座放在朔方的东部，一座放在雍州的南部。从此以后，冀州的南部直到汉水南岸，再也没有高山阻隔了。

【放虎归山】老虎一直以勇猛著称，人们想要捕捉它是很难的。如果已经把老虎捉到手却又放了它，这无疑是后患无穷。也叫"纵虎归山"，比喻放走已经落网的敌人，留下后患。

三国时期，刘备被吕布打败，由于兵微将寡，就投靠在曹操门下。有一次，曹操派人请刘备饮酒，曹操问刘备："天下谁是英雄？"刘备故意不得要领地乱说，曹操却说："天下英雄只有我和你。"刘备一听，吓了一大跳，连筷子都掉到了地上，此时正巧有一滚雷炸响。曹操问刘备为何如此惊吓，刘备连忙说："没什么，是雷声把我给吓到了。"曹操哈哈大笑，从此，不再提防刘备，并很器重他，封他为豫州牧，许其收纳原来溃败失散的兵将，还供给军需粮草，刘备因此羽翼渐丰。后来张鲁在汉中称王，刘备向曹操自荐，愿领兵去讨伐张鲁。这时有人对曹操说："刘备貌似忠厚，实怀雄才大略，若派他去讨伐张鲁，无异于放虎于山林。"曹操不听。刘备遂领兵而去，后占领下邳、攻下徐州，巧计夺荆州，经过赤壁一战，联合孙权抗曹，建都巴蜀，成三国鼎立之势。曹操临死还忌恨于此，恨当初没能听人意见，放虎归山以致酿成大患。

例句：对于受伤的老虎，当然应该穷追猛打，置之死地，而不可放虎归山，让它养好伤口再扑出来。

【调虎离山】调虎离山计，出自《三十六计》，指设法使老虎离开原来的山冈。比喻用计使对方离开原来的地方，以便乘机行事。

东汉末年，军阀并起，各霸一方。孙坚的儿子孙策，年仅 17 岁，却年少有为，继承父志，势力逐渐强大。公元 199 年，孙策准备向北推进以夺取长江以北的卢江郡。卢江郡南有长江之险，北有淮水阻隔，易守难攻。

占据卢江的军阀刘勋势力强大，野心勃勃。孙策知道如果硬攻，取胜的机会很小。他和手下商议，定出了一条调虎离山的妙计。针对刘勋极其贪财的弱点，孙策派人给刘勋送去一份厚礼，并在信中把刘勋大肆吹捧一番。信中说刘勋功名远播，令人仰慕，并表示要与刘勋交好，孙策还以弱者的身份向刘勋求救。孙策说："上缭经常派兵侵扰我们，我们力弱，不能远征，请求将军发兵降服上缭，我们一定会感激不尽的。"刘勋见孙策极力讨好他，万分得意。上缭一带，十分富庶，刘勋早想夺取，现在见孙策一方软弱无能，便免去了后顾之忧，决定发兵上缭。刘勋的部将刘晔极力劝阻，但刘勋哪里听得进去，他已经被孙策的厚礼、甜言迷惑住了。

孙策时刻监视刘勋的行动，见刘勋亲自率领几万兵马去攻上缭，城内空虚，心中大喜，说："老虎已被我调出山了，我们赶快去占据它的老窝吧！"于是立即率领人马，水陆并进，袭击卢江，几乎没遇到顽强的抵抗，就十分顺利地控制了卢江。刘勋猛攻上缭，一直不能取胜。突然得到急报，说孙策已取卢江，刘勋这时才知中计，但后悔已经来不及了，只得灰溜溜地投奔曹操。

例句：那天晚上，她调虎离山，使同伙乘机盗走财宝。

【东山再起】指再度出任要职。也比喻失势之后又重新得势。

东晋谢安才学过人，但在朝廷做官时遭到一帮小人的嫉妒，使得他时而被贬谪时而又被录用。谢安一气之下辞官来到一座叫土山的山上隐居，常常邀人下棋，落个耳根清净。但他其实是人在外，而心念家，于是就模拟家乡浙江会稽东山景色，在土山上大兴土木搞建筑，并改土山为东山。

公元 383 年八月，符坚率百万大军南下伐晋。此时的皇帝想起了谢安，决定重新起用他，就派员到东山，封他为征讨大都督。救国要紧，谢安没有推托，他回到朝廷调兵遣将，上下整顿，赏罚分明，官兵一心，要与符坚决一死战。

不多久，符坚的人马打到了淮河、淝水，只要一过江，东晋难保。谢安知道，凭东晋的八万官兵跟符坚的百万大军硬拼，就犹如鸡蛋碰石头——自不量力。于是他坐镇东山，临危不乱，精心排兵布阵，并把自己的侄儿谢玄也派到前线去打仗。谢玄临走前想探听这个仗怎么个打法，谢安只说了一句话"朝廷自有安排"。谢玄心里没底，第二天又派人来听口风，谢安呢，就拖来人下棋，一直下到天黑，打仗的事一字未提，到了当天半夜时分，才掏出将帅单，摆出了他的"八卦阵"。

淝水那里战事拉开，谢安仍稳坐东山跟人下棋，敌人果真中计，大败而逃。喜报传来，谢安接过一看，二话没说，还下他的棋。客人等不及了，都围过来听消息才知道前方打了胜仗，谢玄立了大功，在场的人无不佩服谢安沉得住气，这就是历史上著名的以少胜多的战役"淝水之战"。

淝水一仗，救了东晋，谢安被封为三公之上。因为他东山闲居以后，又出来做了一番大事业，后来人们都称谓他"东山再起"。

例句：经历了 1985 年经济危机巨大冲击后的牟其中，时时在寻找"东山再起"的机会。

【不识庐山真面目】比喻认不清事物的真相和本质。

庐山因周武王时期高人匡俗结庐而居得名，它三面临江，山势十分雄伟，山清水秀，风景奇丽。它临江靠水，山上烟雾缥缈，人们很难看清它的真实面貌。苏轼有诗《题西林壁》："横看成岭侧成峰，远近高低各不同。不识庐山真面目，只缘身在此山中。"这首诗的意思是横看是蜿蜒山岭侧看是险峻高峰，远近高低看过去千姿百态不相同。之所以不能认识庐山的真实面目，只因为身处在这重峦叠嶂的深山中。

【山外有山】一个人在山里走的时候，会看到一座高山的外面还有另一座高山。本来以为这座高山已经是最高的山了，没想到走过它之后前面又出现了一座更高的山。这个成语用来比喻人，就是形容如果一个人在某方面的建树或者水平很高了，千万不要认为他就是最高的，在他了解的范围之外，肯定还有比他的建树和水平更高的人存在。人们经常用这句话自勉，告诫自己千万不能骄傲，要继续努力下去，因为比自己高的人还大有人在。

例句：外地来的人多，我们出去和外地交流的机会也多了，大家知道了山外有山，天外有天，外面的世界更美好。

三　对应的泰语词及其义项

ภูเขา ［N］山

ภูเขาไฟ ［N］火山

สิ่งของที่มีลักษณะคล้ายกับภูเขา ［N］形状像山的东西

石 หิน _{shí}

一　石字复字词义项归类

①名 构成地壳的矿物质硬块：石板、石器、石壁、石舫、石材、石担、石碑、石头、石柱、石门、基石、石阶、石化、石林、石料、礁石、石灰、石窟、石鼓、绊脚石、石沉大海、玉石、钻石、宝石、岩石、化石、磐石、大理石、花岗石、飞沙走石（沙土飞扬，石块滚动，形容风势狂暴）。

②名 石刻：石雕、石刻。

例句：【石刻】潮音洞，也就是传说中观音菩萨显现真身的地方，洞口有一尊石刻的观音像，并刻有"观音现身处"五个大字。

③名 古代用来治病的石针：药石（常见于古文）。

④名 石磬，中国古代乐器八音之一（常见于古文）。

⑤名 矿物类药物，亦指道教用矿石炼的所谓长生的药：金石（常见于古文）。

⑥名 结石的简称：排石、结石、胆结石。

⑦专有名词：石榴、石榴裙、石英、石油、石油气、石蜡、石煤、石笔、石棉、石墨、石膏、石膏像。

二　石的文化词

【绊脚石】比喻在生活中所遇到的阻碍前进的挫折或困难等，一般用在自己达到目的的过程中起阻碍作用的人或物上。

例句：自满是进步的绊脚石。

【垫脚石】供步行时踏脚的石头。常比喻借以向上爬的人或事物。

例句：失败是成功之母，是垫脚石，我会战胜它。

【石沉大海】石头沉到海底，比喻从此没有消息。

例句：我们给厂家写了4封信，至今石沉大海。

【石破天惊】原形容一种古代乐器演奏的声音忽而高亢，忽而低沉，出人意料，有难以形容的奇境。后多比喻文章议论新奇惊人。同时也用来形容声音大得惊人。

例句：邓小平同志石破天惊的谈话，在中国大地旋起一股股冲击波。

【石榴裙】红裙子，借指女人。

在唐代，石榴裙是一种服饰款式，极受年轻女子青睐。这种裙子颜色红若石榴，不染其他颜色，使穿着它的女子特别俏丽动人。女子对石榴裙的喜爱经久不衰，于是俗语中说男人被女子的美貌所征服，称为"拜倒在石榴裙下"。"拜倒在石榴裙下"的产生与中国古代的四大美人之一杨贵妃有关。传说杨贵妃特别喜欢石榴花，唐明皇投其所好，在宫中种满了石榴，等到石榴花盛开的时节就在那儿摆设酒宴。杨贵妃饮酒后，双颊绯红，人比花娇。因唐明皇过分沉迷杨贵妃，不理朝政，大臣们迁怒于杨贵妃，见到她也不行礼。一天杨贵妃偷偷对唐明皇说群臣对她不尊敬，见面不行礼。唐明皇听完立即下令，所有文官武将，见了贵妃一律行礼，有敢不下跪的处以重罚。从此，大臣们一见到杨贵妃身着石榴裙走来，没有人再敢不下跪行礼。于是"拜倒在石榴裙下"的典故流传千年，现在成了崇拜女性的俗语。

【以卵击石】拿鸡蛋去碰石头。比喻不估计自己的力量，自取灭亡。

墨子是中国古代著名的思想家，有一年，他前往北方的齐国。路上他遇见一个叫"曰"的人，他告诫墨子不能往北走，因为天帝在北边杀黑龙，刚好墨子皮肤很黑，所以往北走是不吉利的。墨子不相信他的话，继续走向北边。没过多久他折回来了，因为北边的河水泛滥，过不了河。叫"曰"的那人很得意。墨子微微一笑，说："南北两方的行人全都因为河水泛滥不能渡河。而行人中皮肤有黑的也有白的，怎么都过不去呀？""曰"听后支吾着回答不出来。墨子又说："假如天帝在东南西北方都杀了龙，按照你的推理，岂不是全天下的人都动弹不得了吗？你的谎言就像鸡蛋，我的道理像石头，你的谎言是抵挡不过我的道理的，拿鸡蛋去碰石头，就算把普天下的鸡蛋全碰光了，石头还是毁坏不了。""曰"听完后羞愧地走了。

例句：用大钱赚小钱，成功的概率高，而以小钱去赚大钱，则有可能造成以卵击石的下场。

三　对应的泰语词及其义项

หิน［N］石头；宝石；结石

หิน［N］岩石

四　教学说明

在汉语中"石"的①和⑥义项和泰语重合，学生对于意思相同的部分接受较快，而剩下的几个义项学生理解起来可能比较困难。教师在教学中可以用图示或实物的方法展示有关这些义项的具体的词语，对学生进行不断重复的展示，加深学生的记忆和理解。

沙 ทราย
sha

一　沙字复字词义项归类

①名细小的石粒：沙包、沙暴、沙场、沙尘、沙袋、沙雕、沙锅、沙坑、沙盘、沙丘、沙滩、沙土、沙灾、沙洲、沙子、沙荒、沙砾、沙化、流沙、沙漠、沙尘暴；防沙林、飞沙走石；防风固沙、风沙、泥

沙、散沙。

②　名　像沙的东西：沙瓤、沙眼、豆沙、冰沙。

例句：【冰沙】我现在有自己最喜爱的地方了，在那儿我可以来一杯绿豆冰沙之类的东西。

③　形　（嗓音）不清脆，不响亮：沙哑、沙音。

例句：【沙哑】她上万次地教儿子喊"妈妈"，儿子还没能发出声音，她的嗓子就沙哑了。

④专有证：沙鸥、沙虫。

二　沙的文化词

【沙里淘金】淘：用水冲洗，滤除杂质。从沙里淘出黄金。比喻好东西不易得，做事费力大而成效少。还可以比喻从大量的材料里选择精华。

例句：

a. 现在选个干部简直比沙里淘金都难。

b. 如今戴上"黄金万两县"桂冠的漠河，隆隆的机械代替了沙里淘金的手工采金法。

【大浪淘沙】只有在大风浪中的水里，才能够洗净（净化）混在沙石中的污泥浊水。比喻革命者只有在长期的激烈斗争中锻炼成长并经受住考验（筛选），才能够成为真正的无产阶级革命者。

例句：看来只有通过市场竞争和大浪淘沙之后，音响行业才会驶出几条万吨轮。

三　对应的泰语词及其义项

ทราย　[N]　沙；沙子；沙滩；沙地；沙洲

ของที่มีลักษณะคล้ายกับทราย　[N]　像沙的东西

四　教学说明

"沙"字在汉泰语中只有①、②义项相同，对于相同的义项，可以采用母语释义的方法教学。义项③、④可采用直接的图像、声音展示的方法，让学生直观地理解接受。

chén

尘 ฝุ่น

一 尘字复字词义项归类

①名飞扬的或附在物体上的细小灰土：尘埃、尘暴、尘肺、尘封、尘垢、尘雾、尘土、尘烟、烟尘、浮尘、粉尘、灰尘、吸尘器、一尘不染（形容非常清洁、干净）、接风洗尘（指设宴款待远来的客人，以示慰问和欢迎）。

②名尘世：尘俗、尘虑、尘事、尘缘、尘嚣、前尘、红尘、凡尘。

例句：【红尘】在都市的万丈红尘中奔波，转眼已是 8 年。

二 尘的文化词

【步人后尘】后尘：走路或行车时后面扬起的尘土。最初是用于褒义，表明人的自谦。现在基本上用于贬义，指跟在人家后面走。比喻追随模仿，学人家的样子，走上别人走过的老路，没有创造性。

例句：真正的企业家不屑步人后尘，而是立志创新。

【尘埃落定】尘埃虽然在空中飘浮，但最终要落到地面上。比喻事情经过许多变化，终于有了结局或结果。

例句：至此，这起纷纷扰扰达 4 个月的股票纠纷案终于尘埃落定。

【风尘仆仆】风尘：指行旅，含有辛苦的意思；仆仆：行路劳累的样子。形容旅途奔波，忙碌劳累。

例句：他走过了中国的万水千山，到 70 岁高龄仍风尘仆仆地去山西采访。

三 对应的泰语词及其义项

ฝุ่น [N] 灰尘；尘埃；尘土

โลกีย์วิสัย, โลกมนุษย์ [N] 尘世

地 ที่นา

<small>dì</small>

一 地字复字词义项归类

①名地球；地壳：地质、地震、地震波、地轴、地图、地热、地球村、地理、地壳、大地₁（指地球）、地表、地层、地核、地级、天地、地貌、天时地利。

②名地球表面除去海洋、江河、湖泊的部分：地势（地面高低起伏的形势）、地面、地下水、低地、山地、陆地、雪地、旱地、高地、平地、大地₂（广大的地面）。

③名地球表面的土壤：林地、种地、地税、地皮、地牢、地主（拥有或占有土地，自己不劳动并靠地租为主要生活来源的人）、地租、地产、地洞、地沟、地瓜、地基、地价、地窖、地道、地灯、地力、地铁、地下室、地平线、田地₁（指种植农作物的土地）、土地、荒地、园地、不毛之地（贫瘠荒凉，不长庄稼的地方，废弃的土地）、脚踏实地（比喻做事认真踏实）。

例句：

a.【地主】世代以租种地主土地为生，终年劳碌仅能糊口。

b.【地基】那些几十层高的大楼所以能够稳如泰山，是因为它从地基、梁柱到房顶，有一套完整而严密的结构。

④名建筑材料铺成的平面：地板、地毯（由羊毛织成的一种重厚的机织或毡合织物，铺于地面）、地砖、地板砖、地板胶、木地板；扫地。

⑤名地球上的一个区域：地区、地界、地带、地域、地段；产地、内地、外地、各地、边地、本地、当地。

例句：【地区】林彪率领这支部队继续南下，一直打到中南地区，并在那里迎来了全中国的解放。

⑥名地方：地摊、地保、地段、地盘、地痞、地头蛇、地标、地

大物博、地广人稀；谷地、腹地、原地、重地、领地、空地、圣地、胜地、故地、场地、宝地、要地、阵地、禁地、空地、产地、基地、坟地、墓地、集结地、集散地、根据地、容身之地（指安身的地方）、立足之地（能够站脚的地方。也比喻容身的处所）、用武之地（形容地形险要，利于作战的地方。比喻可以施展自己才能的地方或机会）。

⑦ 名 地点：地址、无地自容、目的地、所在地。

例句：【根据地】同年 11 月率部向井冈山进军。从此开始了建立和扩大革命根据地的军事斗争。

⑧ 名 人在社会关系中所处的位置：地位、易地以处。

例句：【地位】他们没钱，可他们有理想；他们没地位，可他们有希望；他们不被理解，可他们有独立的人格。

⑨ 名 地步：地步、置之死地而后生、田地$_2$（指地步）。

例句：

a.【地步】看着塑料袋子里那不多的几粒米，我明白我已走到了山穷水尽的地步。

b.【田地$_2$】仅仅不到一个月，今天我竟也落到了这步田地。

⑩ 量 路程（用于里数、站数后）：一里地。

⑪ 名 底子：质地。

⑫ 名 表示思想或行动的某种活动领域：见地（对事物的认识和看法）、境地（境界）、心地。

二 地的文化词

【地府】人死后灵魂的归宿之地，这是一种迷信的说法。在古代的中国，很多神话和佛教典籍中对阴曹地府都有记载。中国的阴阳学说有三界之说，分为天上、人间、地狱；认为人是有灵魂的，人死后的灵魂要到阴曹地府去报到。阎罗王会对每个人进行审判，根据他在生前的表现作出判决：好人可以长生不老，到天上过神仙的生活；既不好也不坏的人要继续投胎再做人；坏人就被打入阴曹地府中的十八层地狱受到相应的惩罚。

【九天九地】原指天上的最高层和地的最深处。后比喻两者相差极远。

【拜天地】也称作拜高堂，是中国古代的一种婚礼仪式。旧时举行婚礼，新郎新娘先拜天地，接着举行拜祖先及新郎父母、长辈的仪式。

【花天酒地】形容沉湎于吃喝嫖赌的荒淫腐化生活中。

例句：他频频出入于歌厅、舞场、游乐厅，花天酒地，无所不为。

【死心塌地】原指死了心，不作别的打算。后常形容打定了主意，决不改变。

古时候，有一个叫李彦实的人，是河南府尹，他一直与女儿玉英相依为命，有一次被人诬陷，只好向刘员外借了十两银子赴京受审。刘员外趁这个机会逼玉英嫁给他。后来玉英与借宿在尼姑庵准备进京赶考的张晋卿私定终身。张晋卿考中科举，回来做了洛阳县令，两人终于团聚，玉英让他还掉刘员外的债才能死心塌地地生活。

例句：我们的政策是：对死心塌地的特务汉奸，我们要坚决镇压。

【五体投地】两手、两膝和头一起着地。是古印度佛教一种最恭敬的行礼仪式。后比喻佩服到了极点。

中国唐代的玄奘和尚在《大唐西域记·三国》描述了这种行礼仪式："致敬之式，其仪九等：一、发言慰问，二、俯首示敬，三、举手高揖，四、合掌平拱，五、屈膝，六、长跪，七、手膝踞地，八、五轮俱屈，九、五体投地。"

【天时地利人和】指作战时的自然气候条件，地理环境和人心的向背。

中国古代著名思想家孟子说："天时不如地利，地利不如人和。"意思是说有利于作战的时令、气候比不上有利于作战的地形重要，有利于作战的地形比不上人心所向、上下团结重要。

例句：裁判、饮食、观众、场地适应、赛前练习等天时地利人和因素，都会帮助东道主选手多争金牌。

【置之死地而后生】原指作战时把军队布置在无法退却、只有战死的境地，兵士就会奋勇前进，杀敌取胜。后比喻事先断绝退路，就能下决心，取得成功。

西汉时期，刘邦派兵攻打赵国，由两大将韩信和张耳率军。赵王歇和他的大将陈余率领了二十万大军在井陉口迎战。陈余没有听谋士李左车的建议，仗着优势兵力，要与韩信硬拼。韩信故意在河边列阵，意在置之死地而后生。在打仗的过程中，韩信带领着士兵们背水一战，越战越勇，最后轻取赵军大营，将陈余杀死，活捉了赵王歇。

三　对应的泰语词及其义项

ที่นา［N］地

บก.、ที่ดิน、พื้นดิน［N］地球表面除去海洋、江河、湖泊的部分

ที่ดิน（สำหรับเพาะปลูก）；ที่นา［N］地球表面的土壤

第四节　河海义场

hé
河 แม่น้ำ

一　河字复字词义项归类

①名天然的或人工的大水道：河滨、河槽、河汉子、河川、河床、河道、河段、河防、河工、河沟、河谷、河口、河狸、河流、河马、河曲、河渠、河山、河滩、河网、河鲜、河沿、河鱼、河运、运河、护城河。

②名指银河系：银河、河汉、河外星系、星河。

③名特指黄河：河套。

二　河的文化词

【河东狮吼】又叫河东狮子吼。河东，古郡。比喻妇人妒悍，大吵大闹。

宋朝文学家苏东坡因"乌台诗案"被从朝中贬到黄州（也就是现在

的湖北黄冈），他在黄冈有个好友陈慥，号季常。他们两人都喜欢游山玩水、饮酒听歌、写诗作赋、研究佛理。有一次两人在一起边喝酒听歌边谈佛理，陈慥的夫人柳氏非常爱吃醋，听到他两人在听歌女唱歌，气得怒火中烧，一边大喊大叫，一边"啪、啪"地拍窗户，不让他们喝酒听歌。到了第二天，苏东坡写了一首诗取笑陈慥：

龙丘居士亦可怜，

谈空说有夜不眠。

忽闻河东师子吼，

拄杖落手心茫然。

河东是柳氏的郡望，暗指柳氏。"师（狮）子吼"一语来源于佛教，意指"如来正声"，比喻威严。后来这个故事被宋代的洪迈写进《容斋三笔》中，广为流传。河东狮吼的典故从此确立，至今仍然是凶悍妻子的形容词。又因为陈慥字季常，后来人们就把怕老婆的人称为"季常癖"。

例句：他皱着眉头说：没办法，想过家庭生活就要忍受河东狮吼。

三 对应的泰语词及其义项

แม่น้ำ ［N］ 河

四 教学说明

汉语和泰语的"河"义项都比较单一，在教学中注意第二义项的说明。我们常常说汉字教学要"以字带词"，要使学生知道这个汉字可能出现在怎样的常用词或词组中，或者说常常出现在怎样的汉语语境中，做到这些，汉字的教学任务才算完成，剩下的就是学生举一反三的问题了。当然，针对不同级别的学生，教授汉字时提供的常用词或词组不同，所给的语境也应该因级别不同而难易有别。"河"这个汉字，学生知道了形、音、义的关系之后，教师可以根据学生实际，在"河川、河床、河道、河段、河防、河工、河沟、河谷、河口、河狸"等词组中选择一部分教给学生，使他们学完这个字就拥有一个围绕这个汉字的词库。

hǎi
海 ทะเล

一 海字复字词义项归类

①名 大洋靠近陆地的部分，有的大湖也叫海：海洋、海域、海拔、海疆、海内、海岸、里海、海豹、海滨、海菜、海产、海潮、海程、海带、海岛、海盗、海防、海匪、海风、海港、海沟、海狗、海关、海归、海龟、海货、海禁、海军、海口、海况、海蓝、海狸、海里、海蛎子、海岭、海流、海路、海轮、海螺、海马、海米、海绵、海面、海难、海内、海牛、海鸥、海盆、海浸、海区、海参、海狮、海蚀、海事、海兽、海獭、海滩、海塘、海图、海涂、海退、海豚、海湾、海味、海峡、海鲜、海啸、海星、海盐、海燕、海鱼、海域、海员、海运、海葬、海外、海藻、海战、海蜇、海藻虫、海岸线、海角天涯、海阔天空、海誓山盟、海洋性气候；大海、出海、青海、滨海、沧海、下海、石沉大海、翻江倒海、情深似海。

例句：

a.【海啸】日本气象厅在震后发布海啸警报，要求当地居民向高地转移。

b.【海角天涯】无论我走到海角天涯，都难忘祖国高原那韵味独具的美。

c.【情深似海】岁月流逝，情之波却永不泯灭。乡情、亲情、友情，情深似海，永不枯竭。

②名 比喻连成一大片的同类事物：人海、火海、人山人海、脑海、苦海、林海、浩如烟海。

例句：

a.【人山人海】国庆节上午 9 点钟左右，焕然一新的北山路上已是人山人海，阴沉的天气并没有影响游客的心情。

b.【脑海】在我出现之前，他已经是人们脑海里根深蒂固的伟大球员，要改变某些人心中的这个顺序很难。

③形 大的（器皿或容量等）：海碗、海量、海涵（敬辞，称对方大度包容，多用于书面语）；夸下海口。

例句：

a.【海量】面对因特网海量信息无从下手的时候，搜索引擎可以助人们一臂之力。

b.【海涵】我们山区小县，拿不出什么好东西，只有这样薄酒淡菜，还望吴团长海涵。

④专有名词：海王星、渤海、黄海、死海、红海。

二　海的文化词

【排山倒海】形容力量强，声势大。

【海枯石烂】直到海水枯干，石头粉碎，形容经历极长的时间，多用于誓言，反衬意志坚定，永远不变。

【泥牛入海】比喻一去不复返。

【海底捞月】到水中去捞月亮。比喻去做根本做不到的事，只能白费力气。

【刀山火海】比喻非常困难和艰险的地方。

【海市蜃楼】①在平静的海面、大江江面、湖面、雪原、沙漠或戈壁等地方，偶尔会在空中或"地下"出现高大楼台、城郭、树木等幻景，这种景象就被称为海市蜃楼。

中国山东省的蓬莱岛海面上就经常出现这种幻景。古人错误地认为是蜃吐气而成，因而又称之为蜃景。实际上，它是大气中由于光线的折射作用而形成的一种自然现象。当空气各层的密度有较大差异时，远处的光线通过密度不同的空气层就发生折射或全反射，这时可以看见在空中或地面以下有远处物体的影像。这种现象多在夏天出现在沿海一带或沙漠地方。

②比喻虚幻的事物。

例句：人们常常把那些虚幻的东西叫做海市蜃楼，或者把一些不现实的事情称为空中楼阁。

【沧海桑田】大海变成农田，农田变成大海。比喻世事的变化很大。也说桑田沧海。

从前有两个仙人，一个叫王远，一个叫麻姑。一次，他们约好一起到蔡经的家中喝酒。到了约定的那天，王远早早地将自己打扮得很隆重，并带了很多随从，热热闹闹地往蔡家去。当他到蔡家的时候，麻姑还没到，他同蔡家的人行过见面礼之后就独自坐在院子里等麻姑，可是等了很久麻姑还是没有到。于是就派使者去请她，过了一会儿，使者来向王远禀报说："麻姑命我先向您问好。现在，她正奉上级的命令巡视蓬莱仙岛，请您再稍等一会儿。"没过多久，麻姑也到了，她看上去就像是人间十八九岁的漂亮姑娘。她蓄着长到腰间的秀发，衣服不知是用什么材料做成的，上面绣着美丽的花纹，好看极了。麻姑和王远互相行过礼之后，王远就吩咐下人摆好桌子，准备吃饭。在吃饭的过程中，麻姑对王远说："自从在天上工作以来，我已经亲眼见到东海三次变成桑田。刚才到蓬莱的时候，又看到海水比上次浅了一半，难道它又要变成陆地了吗？"王远叹息道："是啊，圣人们都说，大海的水在下降。不久，那里又将扬起尘土了。"

例句：放眼庐州，蜀山淝水之间，沧海桑田，日新月异，到处充满了创造与活力。

【曾经沧海】出自元稹的《离思五首》："曾经沧海难为水，除却巫山不是云。取次花丛懒回顾，半缘修道半缘君。"后人多引用前两句诗来比喻对爱情的忠诚，说明这辈子只要你来相伴，我的爱不会再给另一个人。"曾经沧海"是"曾经沧海难为水"的缩略说法，比喻曾经经历过很大的场面，眼界开阔，见多识广，对比较平常的事物不放在眼里。

例句：他手里拄着一根竹杖，平静地环顾着山冈，一副曾经沧海的模样。

【精卫填海】比喻按既定的目标坚韧不拔地奋斗到底。

这是一则最令人感动的中国远古神话之一。女娃是炎帝的小女儿，她十分乖巧，炎帝把她视为掌上明珠。炎帝不在家的时候，女娃就一个人玩耍，她很想让父亲带她去东海看一看，那里是太阳升起的地方。可是她的父亲太忙了，没有时间带她去。有一天，女娃没有告诉她的父亲，就一个人驾着一只小船向东海划去。不幸的是，海上突然起了狂风大浪，像山一样的海浪把女娃的小船打翻了，女娃不幸落入海中，永远回不来了。女娃死后，她的灵魂化作了一只小鸟，这只小鸟总是发出"精卫、精卫"的悲鸣，所以人们就叫它"精卫"。精卫鸟不断地从西山衔来石头和树叶投入东海中，想要把东海给填平，因为她怕东海的浪头再夺去人的生命。大海嘲笑它道："小鸟儿，算了吧，你这工作就是干一百万年，也休想把我填平！"精卫十分执著地回答："哪怕是干上一千万年，一亿年，干到宇宙的尽头，世界的末日，我终将把你填平的！"

例句：昔日的龙湖区是一片荒地、沙滩，龙湖人民发扬了精卫填海的精神，填海铺路，愣是建起了一座崭新的海上小城。

三　对应的泰语词及其义项

ทะเล [N] 海

อุปมาว่า สิ่งของหรือบุคคลที่กว้างใหญ่ไพศาล [N] 比喻连成一大片的同类事物

ภาชนะหรือความจุที่มีปริมาณเมหึมา, ใหญ่มหึมา [A] 大的（器皿或容量等）

shuǐ
水　น้ำ

一　水字复字词义项归类

①名 最简单的氢氧化合物，一种无色、无味、无臭的液体：水表、水葱、水稻、水地、水电、水分₁（指物体内所含的水）、水感、水工、水垢、水花、水华、水患、水荒、水火、水门、水米无交、水能、水暖、水波、水草、水淋淋、水晶、水利、水产、水绿、水疗、水果、水害、水红、水饺、水解、水井、水酒、水具、水灵灵、水浇地、水龙头、水轮机、水力发电、水利工程、水利枢纽、水滴石穿、水乳交融、

水天一色、水涨船高、水中捞月、水土不服、水火无情、水泄不通、水到渠成（水流到的地方自然形成一条水道。比喻时机成熟，事情自然会成功）；热水、冷水、冰水、洪水、雨水、潜水、秋水、江水、降水、湖水、淡水、海水、露水、溪水、山穷水尽、拖泥带水、蜻蜓点水、行云流水、望穿秋水、跋山涉水、依山傍水、山清水秀。

例句：

a.【水天一色】我头枕着碧波，环视四周，但见水天一色，天是湛蓝湛蓝，湖是湛蓝湛蓝，分不清是天融进湖中，还是湖融进天。

b.【细水长流】两个水龙头就悠悠地用它们的细水长流培养人的耐心。

c.【落花流水】一支英军从香港出发，到朝鲜战场上去作战，被中国人民志愿军打得落花流水。

②名 河流：汉水、湘水、邛水。

③名 指江、河、湖、海、洋：水陆交通、水旱码头、水上人家。

例句：【水陆交通】位于江西省鄱阳湖岸边的鄱阳县，水陆交通发达，曾是聚集南北富商和东西艺人的宝地。

④名 液汁：水笔、墨水、汽水、苏打水、口水、奶水。

例句：【水笔】代表们拧开坐席上事先准备好的银色墨水笔，郑重地填下自己的选择。

⑤名 指附加的费用或额外的收入：外水、肥水、油水。

例句：

a.【肥水】企宣在某种程度上有为歌手选歌的权力，这样一来"肥水不流外人田"的思想就会在他们那里作祟。

b.【油水】虽然春节联欢晚会的制作是油水少、难度大、劳心费力的活，可他们心甘情愿地倾注全部心血。

⑥形 质量差，不地道：水货、水分$_2$（比喻某一情况中夹杂的不真实的成分）。

例句：【水分$_2$】这语言并不是完全北京话，里头有水分吧。

⑦专有名词：

以产地命名：水鳖子、水貂、水痘、水碓、水鹿、水葫芦、水鸟、水牛、水母、水雷、水军、水库、水道、水流、水路。

以功能命名：水电站、水产业、水泥、水泥钉、水程、水库、水坝、水泵、水门、水面、水磨、水磨工夫、水磨石。

二　水的文化词

【细水长流】比喻节约使用财物，使经常不缺用。也比喻一点一滴不间断地做某件事。

【落花流水】原来是形容残败的暮春景色。后常用来比喻被打得大败，也指残乱而零落的样子。

【一衣带水】水面像一条衣带那样窄，形容一水之隔，往来方便。

【高山流水】比喻知音难遇或乐曲高妙。

伯牙是春秋时期一名琴艺很高超的琴师。有一天，他在荒野地弹琴，有一个上山打柴的人叫钟子期，他能通过伯牙的琴声领悟到他是在弹奏那高大宏伟的高山。一会儿，伯牙换了一首曲子，钟子期能听出伯牙是在演奏那潺潺的流水。就这样，他们两个人成了好朋友和知音，伯牙擅长弹琴，而钟子期擅长听琴。钟子期死后，伯牙就把他的琴给摔了，并下定决心他这辈子都不再弹琴。因为他认为这世上再也没有一个人能够听得懂他的琴音，再没有谁值得他去弹琴给他们听了。

例句：毛阿敏说，过去在部队唱歌，不少是歌唱祖国的歌，是高山流水，因此，她演唱时需要保持一种端庄大方，严肃认真的姿态。

【水落石出】水落下去，水底的石头就露出来。原指一种自然景象，后多用来比喻事情终于真相大白。

北宋著名的文学家苏轼，很有骨气，不愿意向处于很高的政治地位或者是有很大权力的人低头，因此他常常会惹得那些大官员不高兴。有一次，他被降职并被调到黄州去了。在黄州做官的时候，他曾经两次游历位于黄州城外的赤壁，并写出两篇很有名的作品即《赤壁赋》（包括《前赤壁赋》和《后赤壁赋》）。在《后赤壁赋》中就有这样的句子来描绘赤壁"江流有声，断岸千尺，山高月小，水落石出"。在这部作品里面，"水落石出"是指冬天的一种自然景象，后人将其引申为事情终于真相大白的意思。

例句：不管什么疑难案件，到了海瑞手里，都一件件调查得水落石出，从不冤枉好人。

【水性杨花】像流水那样容易变化，像杨花那样轻飘。比喻年轻女子作风轻浮，感情不专。

传说，古时候有一位太后，姓胡，人们都称她为胡太后。在她年老的时候，不仅和宫中的大臣搞暧昧关系，还爱上一名叫杨白花的侍卫，后来杨白花离她而去，胡太后就为他做了一首诗，诗的名字就叫做《杨白花》，这首诗是这样写的："阳春二三月，杨柳齐作花。春风一夜入闺闱，杨花飘零落南家。含情出户脚无力，拾得杨花泪沾臆。春去秋来双燕子，愿衔杨花入窠里。"后来胡太后被沉入河中淹死了。当后人提起胡太后的时候，就会用"水性杨花"来称呼她。而这个词也被用来形容像胡太后那样轻浮的女人。

例句：如果他真的爱你，真的了解你，那么，他不会相信你是个水性杨花、红杏出墙的女人，他应该知道，你感情专一，你所爱的只有他一个人。

【水墨画】它是一种以水墨为主的绘画形式，是中国传统绘画方式之一，是国画的代表。基本的水墨画，只用水和墨来作为绘画的工具，因而也只有黑与白两种颜色，但更高层次的水墨画，还有工笔花鸟画，整幅画的色彩十分多而且十分好看。工笔花鸟画有时也被称为彩墨画。在中国画中，按照墨与清水结合的比例分为浓墨、淡墨、干墨、湿墨、焦墨等，用不同的墨可以画出不同浓淡（黑、白、灰）层次。这样就形成了中国画的另一种韵味，这种韵味被称为"墨韵"。

例句：傅抱石是20世纪中国水墨画家，与齐白石并称"南北二石"。

【水粉画】水粉画是中国特有的一种绘画种类。它是把水和粉质颜料调和在一起绘制而成的一种画。水粉画的特点是处在不透明和半透明之间，色彩可以在画面上产生艳丽、柔润、明亮、浑厚等艺术效果。水粉画在湿的时候，颜色的饱和度很高，等它干了以后则由于粉的作用和颜色失去了光泽，饱和度大大降低，这就是它颜色纯度的局限性。

例句：阳光下的小镇就像镶嵌在碧海蓝天之间的一幅水粉画。

三　对应的泰语词及其义项

น้ำ［N］水

น้ำ［N］液汁

^{hú}

湖 ทะเลสาบ

一　湖字复字词义项归类

①名 被陆地围着的大片积水：湖光山色、湖广、湖蓝、湖绿、湖色、湖泽、淡水湖、咸水湖、湖泊、湖水、湖面、江湖、礁湖、盐湖、太湖石、江湖骗子、五湖四海、人工湖。

②专有名词：湖南、湖北、洞庭湖、鄱阳湖、西湖、太湖、芜湖。

二　湖的文化词

【五湖四海】指全国各地，有时也指世界各地。现有时也比喻广泛的团结。

五湖一般指洞庭湖、鄱阳湖、太湖、青海湖、洪泽湖，有时指洞庭湖、鄱阳湖、太湖、鉴湖、洪泽湖。四海指东、南、西、北四海。

例句：

a. 我们都是来自五湖四海，为了一个共同的革命目标，走到一起来了。（毛泽东《为人民服务》）

b. 欧洲中餐馆的食客可谓来自五湖四海，其中尤以华人居多。

【江湖】江湖，词语含义较多，在古时指江河湖海、江西、湖南等，较为熟知的是武侠小说中豪杰侠客所闯荡的社会，也指有人的地方（相濡以沫，不如相忘于江湖——《庄子》），现今大家脱口而出的"人在江湖，身不由己"（语出古龙）。另外有同名的小说、电影、游戏等。

三　对应的泰语词及其义项

ทะเลสาบ［N］湖

四　教学说明

汉语和泰语中"湖"的意义都比较单一，只有一个义项。因此学生只要记住"湖"的汉语读音和"湖"组成的复字词就可以了。重点是学生的识记，另外，需要注意的是"湖"的文化词的掌握，这在实际交流中可以避免外国学生望文生义，导致理解偏误。

bīng
冰　น้ำแข็ง

一　冰字复字词义项归类

① 名 水在0℃或0℃以下凝结成的固体：冰棒、冰雹、冰霜、冰床、冰袋、冰山、冰川、冰灯、冰点、冰雕、冰糕、冰棍儿、冰封、冰激凌（冰淇淋）、冰晶、冰消瓦解、冰雪消融、冰天雪地（形容冰雪铺天盖地，非常寒冷）、冰雪、冰块、冰花、冰品、冰层、冰期、冰山一角、冰释（像冰一样融化，比喻误会、怀疑等完全消除）、冰释前嫌、滑冰、溜冰、结冰、浮冰。

例句：【冰释】过去一些极易激化的纠纷，如今在"邻里情"中冰释了。

② 形 因接触凉的东西而感到寒冷：冰冷、冰凉、冷冰冰、冰爽。

例句：【冷冰冰】这回通了，阿咪接了电话一听是我的声音，便冷冰冰地说："对不起啊，我很忙，不是跟你说过我要赶下午的飞机吗?"

③ 动 把东西和冰或冰水放在一起使凉：冰镇、冰冻。

例句：【冰镇】露水的成因可以从喝冰镇饮料时得到证明。

④ 名 像冰的东西：冰片、冰糖、干冰、冰毒。

⑤ 专有名词：冰茶、冰窖、冰箱、冰鞋、冰刀、冰岛、冰壶、冰球。

二　冰的文化词

【冰山一角】比喻事情已经显露出来的一小部分。

【冰清玉洁】比喻高尚纯洁。

【冰冻三尺，非一日之寒】表面意义是冰冻了三尺，并不是一天的寒冷所能达到的效果。比喻一种情况的形成，是经过长时间的积累、酝酿而成的。

【如履薄冰】像踩在薄冰上一样。比喻随时都会发生危险，行事极为谨慎，存有戒心。

例句：那小孩如履薄冰地走着，唯恐摔倒。

【冰人】像"月老"、"红娘"一样，"冰人"就是媒人的代名词。

《晋书·索纨传》记载，在晋朝的时候，孝廉令狐策有一天梦见自己站在冰上，和冰下人说话，算命先生索纨圆梦解释说，冰上为阳，冰下为阴，主阴阳之事，你在冰上和冰下人说话，这是阳向阴说话，意味着你要代表男方向女方说媒。冰化的时候，这桩婚事就成了。

令狐策说："我老了，不想给人做媒了。"

恰巧这时太守田豹来请令狐策做媒，要他替自己的儿子去向张公征的女儿提亲。令狐策只好去当媒人。第二年春天冰化的时候，太守田豹的儿子与张公征的女儿结婚了。后来人们便因这个典故把"媒人"又称为"冰人"，给人做媒也叫"作冰"。

三 对应的泰语词及其义项

น้ำแข็ง ［N］冰

น้ำแข็ง ［N］冰冻

四 教学说明

泰国地处热带因而水不结冰，教学时可用直观法或举例子让学生直接看到或体会有关词汇的意思。在讲解"冰人"的时候，顺便介绍《晋书》及中国史书的写作体例，向泰国学生介绍学习中国历史要读哪些书。

小　结

本章考察了汉语自然物义场中的 20 个核心词共有 98 个义项，平均每个词 4.9 个义项。自然物义场中的核心词义项遵循由专指到泛指再到抽象的引申规律。自然物义场中的核心词义项比较丰富，多按照具体自然物的形状引申为指称与之相似客观事物的形状。如山的义项①"地面上由土、石形成的高耸的部分"引申为 ②"形状像山的东西"，这就是外形相似的引申，由特指到泛指。

在词性转化方面：月、星、雾、山、石、尘、河、湖等不发生词性转化，日、天、风、雪、雨、沙、海、水、冰等由名词性义项转化为形容词性义项，雪、冰等由名词性义项转化为动词性义项，日、天、夜、地等等由词性义项引申出量名词义项。

差异对比，使事物特征更突出，特点更鲜明。所以我们建议，在泰国学生的汉语教学中，遇到需要文化背景知识来理解的教学内容，将汉语文化背景与学生的母语文化背景做一些对比。强化学生母语文化对汉语学习的"正迁移"作用而防止它的"负迁移"作用。

第七章

汉泰社会物义场对比研究

社会物义场是社会产生以后，人类在认识世界的过程中，产生的不同于自然界的人类社会中独有的事物。不同民族认识社会的角度有同有异，斯瓦迪士200核心词列表主要选取年、烟、火、路、盐等几个核心词，远不能系统地反映社会物义场中核心词的义项分布规律及其构词体系。由于篇幅关系，本书没有选取诸如车、船、床、楼、房等社会产生以后的表示社会物的核心词及其义项，但为了能系统地考察社会物义场，我们也把它们列入了考察对象。

年 nián

一 年字复字词义项归类

①名 时间单位，地球绕太阳旋转一周的时间：年历、年底、年末、年景、年度、年关、年份、年谱、年初、年中、年终、年尾、今年、来年、百年大业、百年大计、百年好合、百年不遇。

②量 用于计算年数：年级、三年五载、在北京住了两年。

③形 每年的：年表、年报、年会、年检、年鉴、年产量、年利、年薪、年假、年刊、年审、年均、年收入。

④名 岁数：年辈、年纪、年龄、年轻、年轻有为、年岁、年迈、年少、年事、年轮、年貌、年资（年龄和资历）、年富力强、年幼无知、

年轻气盛、成年、享年、延年益寿、忘年交。

例句：

a.【年资】杨甲梅教授原来是个短年资学员，他从当实习生开始就得到吴老的悉心指导。

b.【年富力强】青年文艺工作者年富力强，思想敏锐，是我们文艺事业的未来。

c.【年少无知】看他背也驼了，眼也花了，仍日日风雨无阻地守在他的摊位上。当时年少无知，还常为他这样胸无大志而叹息。

d.【年轻气盛】琼与比蒂都是极具才华之人，又年轻气盛，因此一有矛盾，谁也不愿甘拜下风。

e.【享年】1990年2月，他在北京逝世，享年100岁。

f.【年轻有为】现在一批年轻有为的科技人员，已经能够独立承担研制任务。

g.【年迈】示威者中不仅有年迈的退休老人，大、中、小学校的学生，还有不少推着婴儿车的年轻夫妇。

⑤名 人一生中按年龄划分的时期：幼年、童年、少年、青少年、青年、壮年、中年、老年。

⑥名 时期、时代：年华、年号（a. 帝王用的年号名称；b. 公元纪年名称）、年限、年青（处在青少年时期）、年月、年深日久（时间久远）、年代、近年、长年累月（形容经过的时间很长）、年久失修（年代久远，荒废失修）。

例句：【年代】在20世纪50年代初期和中期，林彪由于身体等方面的原因，没有担任什么重要职务。

⑦名 一年种庄稼的收成：年成、年景、丰年、荒年。

⑧名 节气，一年的开始：年节、年夜、年夜饭、年三十、新年、过年、拜年。

例句：

a.【过年】作为外地务工人员，夫妇俩两年来第一次带着异乡出生的儿子回老家过年。

b.【拜年】北京市领导向坚守一线干部职工拜年。

⑨ 形 有关年节的（用品）：年糕、年货、年画、年市、年菜、年饭。

二 年的文化词

【年年有余】在中国的民俗文化中，鲤鱼一直是吉祥物和吉祥语、吉祥图案的内容，它很早就被赋予了更加特殊、更加丰富的文化色彩。中国民间习俗常把鲤鱼视为"财神"，每到新春佳节来临之际，乡间就会有人在黎明时分挑着担子，在盒里盛着小鲤鱼，一边走一边敲着小锣鼓，嘴里喊着："财神爷来了！"于是家家户户赶紧把门打开表示欢迎，并送给来人一个红"封包"，对方就送上一条活鲤鱼。这种习俗在年画里多有体现。因"鲤"与"利"谐音，"鱼"与"余"谐音，所以每年除夕，中国家家户户的餐桌上必然有鱼，但这一餐鱼，沿袭中国千年的传统习惯是不吃或不吃完，因为人们想要在新年图个"年年有余"。

【大年三十】腊月三十夜称"除夕"，也叫"大年三十晚"，中国春节的高潮就是"大年三十"。这是个全家团圆的日子。在外地的亲属千里迢迢赶回家与亲友团聚吃年夜饭，而且年夜饭要慢慢吃，从傍晚入席，有的人家一直要吃到深夜。在除夕夜，一家老小，边吃边乐，谈笑畅叙，通宵守岁，象征着把一切邪瘟病疫照跑驱走，期待着新的一年吉祥如意。在中国古代，守岁有两种含义，年长者守岁为"辞旧岁"，有珍爱光阴的意思；年轻人守岁，是为延长父母寿命。

大年三十的守岁，又叫"熬年"，为什么称作"熬年"呢？在中国世世代代流传着一个有趣的故事：相传，在远古的洪荒时代，有一种凶恶的怪兽，人们叫它"年"。每到大年三十晚上，年兽就要从深山老林里爬出来伤害人畜，毁坏田园，降灾于辛苦了一年的人们。人们为了躲避年兽，腊月三十晚上，天不黑就早早关紧大门，不敢睡觉，坐等天亮，为消磨时光，也为壮胆，他们就喝酒，等明年初一早晨年兽不再出来，才敢出门。人们见面互相拱手作揖，祝贺道喜，庆幸没被年兽吃掉，就这样过了好多年，也没出什么事情，于是人们对年兽放松了警惕。

但有一年三十晚上，年兽突然窜到江南的一个村子里，一村子人几乎被年兽吃光了，只有一家挂红布帘、穿红衣的新婚小两口平安无事。还有几个小孩，在院里点了一堆竹子在玩耍，火光通红，竹子燃烧后"啪啪"地爆响，年兽转到此处，看见火光吓得掉头逃窜。

此后，人们知道年兽怕红、怕光、怕响声，所以每每到年末岁首，家家户户就贴红纸、穿红袍、挂红灯、敲锣打鼓、燃放爆竹，这样年兽就不敢再来了。可是有的地方，村民不知年兽怕红，常常被年兽吃掉。这事后来传到天上的紫微星那儿，他为了拯救人们，决心消灭年兽。有一年，他待年兽出来时，就用火球将它击倒，再用粗铁链将它锁在石柱上。从此，每到过年，人们总要烧香，请紫微星下界来保平安。

【三十年河东，三十年河西】河在中国古代指的是黄河，但由于黄河河床较高，泥沙淤积严重，河道不固定，经常泛滥成灾，所以黄河经常改道。改道后，原来在河东的地方很可能就变到河西面去了。后来，主要指没有一成不变的事物，世事盛衰总会发生变化。

安史之乱爆发后，郭子仪率兵南征北战，为平定叛乱立下了汗马功劳，唐明皇因而把公主许配给郭子仪的儿子，并为他建造了富丽堂皇的河东府。

不久郭有了孙子，他对孙子十分宠爱。郭孙整日游手好闲，在挥霍无度中成长起来。到了 30 岁，老辈人相继去世，就剩郭孙一个，家产被他耗尽，落得沿街乞讨。

一天，郭孙来到河西庄，想起 30 多年前的奶妈，便去寻访，但庄前左右都问遍了，也没人知道。郭孙非常扫兴。天快黑了，这时，迎面走来一个农夫，他上前一打听，原来这位农夫竟然就是奶妈的儿子，他们高兴地一边说，一边走，不一会儿就到了一座大宅院。进入宅院，郭孙放眼望去，只见宅子里粮囤座座，牛马成群。郭孙不解地问："你们家都已经如此富有了，为什么还要自己种地呢？"主人说："家里的财产再多，也有吃空的时候。我母亲在世的时候，率领我们发奋创业才得到了这些家产。勤俭持家，这其中乐趣无穷啊！"郭孙听后非常惭愧。但奶妈的儿子不忘旧情，收留郭孙管账，主人不禁叹息道："真是三十年河东享不尽荣华富贵，三十年河西寄人篱下。"

例句：一个国家或地区经济文化的兴衰，往往是"三十年河东，三十年河西"，要始终保持领先的地位绝非易事。

【忘年之交】指不拘年龄、职业、辈分，彼此推心置腹而结交为无话不谈的挚友。

东汉末年，天下纷争，群雄四起。孔融、祢衡具有文才，孔融年已50岁，而祢衡年未20岁，仍能相交为友。孔融将祢衡推荐给汉献帝，赞美道："祢衡天资过人，他看见好人好事就会受到感动，对坏人坏事就像仇恨自己的敌人那样憎恨他，如果让他成为朝廷中的一名官员，一定可以看到他的正直清廉。"

当时曹操挟制着皇帝，用皇帝的名义发号施令，祢衡因此不肯听命于曹操。曹操怀恨在心，于是把祢衡贬为鼓史，祢衡演出史上有名的"击鼓骂曹"。曹操用借刀杀人之计，把祢衡遣送到刘表处，刘表心胸狭窄，但他也不愿担恶名，就把祢衡打发到江夏太守黄祖那里，最终被黄祖所杀，时仅26岁。

孔融秉性刚直，向曹操进谏，劝阻曹操南征刘备、刘表、孙权，这却违背了曹操的意愿，而朝廷中的御史大夫郗虑向来与孔融有嫌隙，便在这个时候趁机对曹操进谗说："孔融平日里常常轻侮丞相，又与祢衡相交为友，他们俩都相互赞许对方。以前祢衡侮辱了丞相您，这都是孔融指使的啊！"曹操听了很生气，于是下令将孔融和他的两个孩子杀死，孔融这个时候是56岁。

这两个忘年交，其实就是乱世中的盖世英雄。

例句：我们有些人，如果不真正地与孩子结成忘年之交，就无法摆脱工作带来的紧张情绪，只有孩子们才能使我们焕发青春。

三　对应的泰语词及其义项

ปี［N］年：ต้นปี年初、ปลายปี年尾

ปี［N］岁数

ปี［A］每年的：รายปี年刊

四 教学说明

"年"字的第①到第③义项与泰语义项是相似的，在教学时只要注意汉语的后几个义项即可。因为"年"字在中国有其特殊的意义，可以用讲故事的方式结合中国传统文化进行教学。

yān

烟 ควัน

一 烟字复字词义项归类

①名 物质燃烧时产生的混有未完全燃烧的微小颗粒的气体烟尘：烟囱、烟海、烟火、浓烟滚滚、烟灰、烟熏、烟消云散（像烟雾和云气一样消散，比喻事物消失得无影无踪）、烽烟、风烟、冒烟、硝烟、人烟（指住户、居民，因有炊烟的地方就有人居住）、荒无人烟（形容地方偏僻荒凉，见不到人家）、一溜烟（形容跑得很快）、七窍生烟（人的两眼、两耳、两鼻孔、口共七个孔穴，都冒火生烟了，夸大地形容一个人非常焦急、气愤的样子）、炊烟袅袅（古时人们做饭时轻烟徐徐回旋上升，随风而逝的景象）、硝烟弥漫、过眼云烟（从眼前飘过的云烟。原比喻身外之物，不必重视。后比喻很快就消失的事物）、灰飞烟灭（比喻事物消失净尽）。

例句：

a.【烟消云散】谎言终究是谎言，一切黑暗的伎俩终会在阳光下烟消云散。

b.【一溜烟】老师让我们跟他们交朋友，我们主动跟他们说话，他们却一溜烟跑了，还害羞呢！

c.【七窍生烟】我瞪眼看着乱七八糟的办公桌，闷声不响，气得七窍生烟。

d.【过眼云烟】做官只是一时的声名显赫，只是过眼云烟，不能长存于世。修道成佛则能够亘今古而长存、历沧桑而不变。

e.【灰飞烟灭】20年过去，向往已成明日黄花，恐惧也灰飞烟灭，人生坐标上，我的双脚迂回曲折了那么久那么久终于立定了。

②名 像烟的东西：烟云、烟雨、烟雾、烟霞、烟霭、烟花（焰火，一种燃放时能发出各种颜色的火花而供观赏的东西）、烟花女（妓女或艺伎）、烟幕、烟波。

例句：【烟雾】释放到大气中的二氧化硫往往与水汽结合变成硫酸烟雾，有很强的腐蚀性。

③动 由于烟的刺激使眼睛流泪或睁不开：烟了眼睛了。

④名 烟草：烟叶、烤烟、烟丝、烟袋、烟农。

⑤名 纸烟、香烟等的统称：香烟、旱烟、烟瘾、烟鬼、烟灰、烟斗、烟蒂、烟卷、烟民、烟具、烟头、烟盒、禁烟、戒烟、抽烟、吸烟、二手烟。

例句：【烟瘾】小五的烟瘾很大，酒量更大，他抽北京牌香烟，一天可以抽两三包。

⑥名 指鸦片：大烟。

二 烟的文化词

【不食人间烟火】人间烟火是指炊烟，引申为饭，人人都得吃饭，只有神仙不用吃饭，所以不用食人间烟火。这是个道教用语，指神仙或修道者不用吃饭，比喻人有出世之意。

也用来形容女子有惊世脱俗的美，就好像不吃人间饭食的仙子一般。又含有贬义，形容一个人太清高，或者与社会脱节，与人群彻底隔离了，不喜欢沟通与交流。

例句：他们虽然有着宗教般虔诚的感情，却并非不食人间烟火的怪物。

三 对应的泰语词及其义项

ควัน ［N］ 烟

ยาสูบ ［N］ 烟草

四 教学说明

"烟"组成的复字词中有很多是有比喻义的，我们可以用设置语境法，让泰国学生在具体的语境中体会它们的比喻义。

huǒ
火 ไฟ

一　火字复字词义项归类

①名物体燃烧时所发的光和焰：火烫、火场、火头、火警、火情、火苗、火焰、火种、火药、火坑、火势、火山、火炬、火力、火候、火化、火海、火刀、火光、火花、火把、火柴、火灾、火葬、火辣辣、火上浇油（比喻使人更加愤怒或使情况更加严重）、火眼金睛（比喻眼光十分犀利，能够识别真伪）；灯火、点火、防火、放火、着火、烈火、天火、柴火、纵火、圣火、生火、失火、香火、篝火、万家灯火、钻木取火、煽风点火、冰火两重天、水火不容、抱薪救火（比喻方法不对，虽然有心消灭祸害，结果反而使祸害扩大）、火中取栗（比喻冒危险给别人出力，自己却上了大当，一无所得）、刀山火海、赴汤蹈火、灯火通明、灯火阑珊（指灯火稀疏、人烟稀少、比较冷清的地方）、飞蛾扑火（比喻自取灭亡）、隔岸观火（比喻见人有危险不加援助而采取看热闹的态度）、远水救不了近火（比喻缓慢的解决方法不能满足急迫的需要）。

例句：

a. 【火眼金睛】他凭一双猎人的火眼金睛，识别出羊群里有狼冒充。

b. 【火中取栗】斯大林还警告说："我们决不让那些惯于使他人为自己火中取栗的战争贩子把我国拖到冲突中去。"

c. 【圣火】虽然已经远离了竞技场，但刚刚参加完雅典奥运会圣火采集仪式归来的王军霞仍时刻关心着中国田径运动。

d. 【灯火阑珊】那一次在国外漂泊了一个月，归心似箭地回到小街，正是灯火阑珊时，小街上一片寂静。

②名指枪炮弹药：火力、火器、火枪、火药、火箭；开火、军火、走火。

例句：【火力】志愿军把敌人的几个师压入一个狭小区域，集中火力猛打，敌人立即溃不成军，争相逃命。

③ 名 火气：上火、败火、清火、下火。

例句：【上火】天气干燥容易引起上火，药店清热解毒的药品一度走俏。

④ 形 形容颜色：火鸡、火腿、火色、火红。

例句：【火红】溢出地表的岩浆，就像刚刚出炉的钢水，火红而炽热。

⑤ 形 比喻紧急：风风火火、火急、心急火燎、火烧眉毛、火速。

例句：【火烧眉毛】眼看假期进入尾声了，直到火烧眉毛，倒数第三天才开始动工。

⑥ 名 怒气：怒火、冒火、火冒三丈。

例句：

a.【火】也许我们这些外地人对暂住证特敏感吧，我将一肚子火都发泄到售楼小姐身上。

b.【火冒三丈】智伯瑶气得火冒三丈，马上命令韩、魏两家一起发兵攻打赵家。

⑦ 动 比喻发怒：火性、火暴、火头上、发火。

例句：【发火】比赛结束后凯特冲我发火了。"赛季还没完呢，"他说，"你不能停止比赛。"

⑧ 形 兴旺、兴隆：买卖很火、火炽、红火。

例句：【红火】高密泥塑成本小又有极强的欣赏和收藏价值，未来市场会更红火。

⑨ 专有名词：火车、火星、火车头、火电站、火墙、火罐、火锅、火箭、火碱、火钳、火炉。

二 火的文化词

【火把节】火把节是彝族、白族、纳西族、哈尼族等少数民族的传统节日。对于不同的民族，这个节日的具体时间是不一样的，但一般都持续三天三夜。每一天的庆祝方式也是不一样的，第一天：祭火。在这一天，每个人都会高高兴兴地穿上自己心爱的礼服。村村寨寨都会杀牛和羊，用牛肉和羊肉，还有酒来敬神。天黑了以后，邻近村寨的人们会在老人们选定的地点搭建祭台，以传统方式击石取火点燃圣火，在彝族由民间祭司毕摩朗诵经书祭火。然后，家家户户，大人小孩都会从毕摩手里接过用蒿草扎成的火把，游走于村里的各个地方，这种方式效仿阿什嫫以火驱虫的传说。第二天：传火。这一天，家家户户都聚集在祭台圣火下，举行各种各样的活动。年轻的男子要效仿传说中的阿体拉巴，举行赛马、摔跤、唱歌、斗牛、斗羊、斗鸡等活动。姑娘们则效仿传说中的阿诗玛，身着美丽的衣裳，撑起黄油伞，唱起"朵洛荷"、跳起达体舞。第三天：送火。这是火把节的高潮。这天天黑了以后，人人都会手举火把，竞相奔走。最后人们将手中的火把聚在一起，形成一堆堆巨大的篝火，欢乐的人们会聚在篝火四周尽情地歌唱、舞蹈，场面非常壮观。因此这天晚上也被称为"东方狂欢夜"。

例句：火把节是凉山彝族一年一度最隆重的节日。

【火树银花】火树：火红的树，指树上挂满彩灯；银花：银白色的花，指灯光雪亮。形容张灯结彩或大放焰火的灿烂夜景。

例句：国庆节那天天安门广场燃放烟火，火树银花，绚丽灿烂。

【水深火热】比喻人民生活处境异常艰难痛苦。

战国时期，有一次，齐宣王问孟子："有人劝我不要吞并燕国，有人劝我吞并它，我到底应该怎么办呢？"孟子回答说："如果吞并燕国，当地百姓很高兴，那就吞并它。前人周武王的做法就是这样的例子。""如果吞并燕国，当地百姓并不高兴，"孟子又说，"那就不要吞并它，古人周文王就有这样的先例。"孟子举了这两个例子后指出："当初齐军攻入燕国，燕人给齐国的士兵送来饭和水表示欢迎，那是因为燕国百姓想摆脱苦日子；而今如果齐国要吞并燕国，给燕国的人民带来亡国的灾难，使他们陷入水深火热之中，那他们必然会转而盼望别国来解救了！"

例句：只要能把国家从水深火热里救出来，他就是至高无上的英雄。

三 对应的泰语词及其义项

ไฟ［N］火

กระสุน、ดินปืน［N］指枪炮弹药

อาการร้อนใน［N］火气

四 教学说明

　　教师在教授这个词时可采用实物教学法，就是直接给学生展示一张有"火"的图片。对于"火"字组成的复字词的比喻义、"火"的引申义可以用语境法进行教学。

路 ถนน

一 路字复字词义项归类

　　① 名 道路：陆路、水路、路霸、路标、路灯、路费、路段、路规、路过、路基、路检、路劫、路警、路考、路口、路面、路牌、路签、路桥、路人、路上、路途、路向、路障、隘路、半路、马路、公路、铁路、道路、山路、岔路、带路、赶路、过路、拦路、老路、领路、迷路、坡路、让路、上路、生路、引路、正路₁（指正确的路）、走路、熟路、斜路、顺路、沿路、养路、一路、回头路₁（指已经走过一遍的道路）、死路、通路、同路₁（指同一条道路）、冤枉路、问路、轻车熟路（赶着装载很轻的车子走熟悉的路。比喻事情又熟悉又容易）、青云有路。

　　例句：

　　a.【正路₁】有一次，徐霞客游罢嵩山，听人说除了正路外，还有一条险僻小路可以下山。

　　b.【同路₁】他说："哎呀，我也是到北京去的，正好咱们同路。"

　　c.【回头路₁】中国最大的地下溶洞织金洞景区也开通了景区新出口，让游客不必走回头路，同时延长旅游线。

　　d.【轻车熟路】王向东和王洪超这是第二次进京了，算是"轻车熟

路"了，下车便直奔设在永定门一带的中办国办信访局接济站。

②名 路程：八千里路、路程。

③名 地区，方面：外路人、各路英雄。

例句：【外路人】那天晚上，我刚要上店门，来了一个外路人，让给他炒菜打酒喝。

④名 路线：三路车、回头路$_2$（比喻倒退的道路或已经走过的老路）。

例句：

a.【路线】会上，朱德支持毛泽东的正确意见，批判王明"左"倾路线，赞同毛泽东进入最高军事指挥小组。

b.【回头路$_2$】改革中会遇到小的曲折，但绝不会走回头路了，这是中国的需要，人民的需要，大家的共识。

⑤名 条理：纹路、思路、笔路、对路、理路、心路。

例句：【思路】他处事守信用，虽然不会读书写字，但能言善辩，思路清晰，智慧超人，被人们尊称为"阿明"（诚实的人）。

⑥量 种类，等次：来路、陌路、同路$_2$（指目标相同的一类人）、这一路人、哪一路病、头路货、纸有好几路、二三路人。

例句：【同路$_2$】肖特曾经是布莱尔的盟友，至少是同路人，所以肖特的反叛就更具有杀伤力。

⑦量 用于队伍的行列：四路纵队。

例句：【兵分三路】后来不断改变战法，兵分三路攻略中原腹地及辽西地区。

⑧名 方法、途径、门道：路子、门路、路道、财路、出路、后路、活路、绝路、销路、邪路、开路、末路、歧路、正路$_2$（指做人做事的正当途径）、去路、退路、留退路、穷途末路、走投无路、广开贤路、广开言路、必由之路。

例句：

a.【路子】骗是骗，我得赶紧找赚钱的路子，否则总有一天会骗不下去，免不了被管大爷赶出门的厄运。

b.【正路₂】他们将给学生以正确的人生榜样，不仅带领孩子走正路，而且带领他们走拼搏胜利的路。

c.【留退路】他们既要有进路，又要留退路。

二 路的文化词

【路不拾遗】路上没有人把别人丢失的东西捡走。形容社会风气好。

战国时期，商鞅是秦孝公名下的一位重要的大臣，为秦孝公提建议，制定了新法，废除了维护贵族特权的旧法，实行了改革。这就是历史上著名的"商鞅变法"。商鞅坚决主张在法律面前人人平等，不管是什么人，只要对国家有贡献，就应当予以适当的奖励。他废除贵族世袭制度，按军功的大小分封不同的爵位等级。他鼓励耕织，发展农业生产，兴修水利，规定生产多的人可以免除徭役。由于商鞅积极推行变法，秦国的老百姓生产积极性提高了，军队纪律严明，士兵们都愿意去打仗。老百姓的生活逐渐富裕。社会秩序安定，民风也变得淳朴起来，路不拾遗，夜不闭户，意思就是说人们晚上睡觉都不用关门窗，在路上丢了东西也不用担心被别人捡走。秦国一天天强大起来，各诸侯国都开始畏惧它的国力。

例句：据说，在他管辖的地方，社会秩序安定，真做到了"路不拾遗"哩！

【狭路相逢】在很窄的路上相遇，没有地方可让。后多用来指仇人相见，彼此都不肯轻易放过。

从前，在中原的一个小镇上，有两个商人，因为生意上的事结下了梁子，成了仇人。随着时间的推移，他们的生意也越来越不好做，双方都想尽办法为自己招揽生意。好不容易他们听说有一个西域来的商人想在他们那里做一笔大买卖，想找一个合适的合作对象。这个消息传到他们两人的耳朵里，于是二人都想出各种办法争取这个难得的做生意的机会。因为他们都知道对方在抢这桩生意，在不断地树立自己的形象的同时也在不断地诋毁对手的形象。最后，二人终于在最后一次有决定胜负性的店里狭路相逢了。最后，有一方终于没有取得这次机会，生意做不成，他家就破产了。从此，人们就用狭路相逢来指仇人相见，彼此都不肯轻易放过对方。

例句：岳飞与孤家有杀父之仇，今日狭路相逢，要报昔日武场之恨。

【投石问路】原指夜间潜入某处前，先投以石子，看看有无反应，借以探测情况。后用以比喻进行试探。

在民间有一个传说，曾经有一个走江湖的相士，一天，忽然被县官召见。见面的时候县官就对他说："坐在我身边的三人之中，有一位是我的夫人，其余的都是她的婢女。你如果能够指认出哪一位是我的夫人，就可以免你无罪。要不然，你还在本县摆相面摊，我一定会以'妖言惑众'的罪来惩处你。"相士就走到他们面前，把衣饰发型一致、年龄相近而且同样面无表情的三位女子打量一下，就对那位县官说："这么简单的事情，我的徒弟都可以办得到！"于是他的徒弟就听从师父的命令，将三位并排地坐着的女子反反复复地看了半天，还是没法判断出来。他满脸疑惑地对师父说："师父，你没有教过我这个啊？"相士一巴掌拍在徒弟的脑袋上，同时，顺手一指其中一位女子说："这位就是夫人！"这时在场的人全部呆住了，不过还真没错，这人还真会看相。实际上是这样的：相士一巴掌拍在徒弟脑袋上时，师徒二人的模样很好笑。很少见过世面的两个丫鬟没法忍住就掩口而笑了。那位依然端正地坐着的，面无表情的女子当然是见过世面又有教养的夫人啦。

因此后人就用投石问路来比喻进行试探。

例句：那次大会后，杨元庆委婉地向国际奥委会官员投石问路，探询"联姻"奥运会的可能性。

三 对应的泰语词及其义项

ถนน ［N］路

ระยะทาง ［N］路程

ทาง；วิถีทาง ［N］方法、途径、门道

แนวทาง; ลู่ทาง [N] 条理

四　教学说明

"路"的教学可采用卡片、图片教具，直接解释词语意义的方法。比如解释"路"，只要举起画有一条路的图片就一目了然了。直观法直接将实物与目的语的符号系统连接起来，绕过了由母语到目的语的解释翻译过程，因而可以使学生直接掌握词语的意义和用法。同时也可在此基础上指着邻近的可让学生看见的路这个事物，让学生在生活中接触这个事物时对其印象更加深刻。

yán
盐 เกลือ

一　盐字复字词义项归类

名 食盐的通称：盐巴、盐场、盐池、盐分、盐花、盐井、盐霜（含盐分的东西干燥后表面呈现的白色细盐粒）、盐滩、盐枭、盐田、盐土、盐水、盐矿、盐碱地（土壤中含有较多盐分的土地，不利于植物生长）、盐汽水；食盐、精盐、碘盐（加入适量碘的食盐）、井盐、海盐、柴米油盐（泛指人们的日常生活必需品）。

例句：

a.【盐场】新中国成立后，党中央把盐场收归国有，对食盐统一计划调拨，并坚决取缔生产劣质盐。

b.【柴米油盐】江泽民说，老百姓开门七件事：柴、米、油、盐、酱、醋、茶，小小"菜篮子"关系到千家万户，也关系到社会的稳定。

二　盐的文化词

【油盐不进】形容十分固执，听不进别人的劝谏。

例句：他有点失去耐性了，同时对楚虹油盐不进的固执感到恼火。

三　对应的泰语词及其义项

เกลือ [N] 盐

[เค] เกลือสารเคมีซึ่งเป็นส่วนประกอบของสารเคมี [N] 酸式

四 教学说明

虽然"盐"字的义项比较单一，相关的复字词也很少，但盐是人类生活中不可缺少的一种东西，所以它是 200 个核心词之一。教师在教授这个汉字时可以通过语境法来引入。比如说问学生"当我们吃一道菜的时候，觉得它的味道很淡，那有可能是哪一种配料放少啦"，这样启发学生学习"盐"字。

小 结

社会物义场构成要素很多，但由于斯瓦迪士 200 核心词列表是 20 世纪 40—50 年代制定的，表中表社会物件的核心词很少，并且多是工业文明以前就存在的社会物件，工业文明以后的基本没有。由于篇幅关系，本章只是列了与社会物件有关的几个核心词，离系统地全面反映社会物义场构成要素还很远，因此，在对泰国学生授课的时候可以根据实际情况加以补充。希望能有更多的学者撰文来探讨社会物义场。

179

结 论

事物义场中核心词义项引申的一般规律是：越是与人类关系密切的在人类生活中占有重要地位的事物，记录它的词的义项就越丰富，如日、月、天等；也有一些与人类关系很密切、很重要的事物，记录它的词的义项却很简单，如盐、云等只有一个义项。但是这并不表明，盐、云所指称的客观事物并不重要，恰恰相反，非常重要，盐是人们日常生活必需品之一，一日三餐，每餐必有，云也是人们所见的平常事物。因此，我们在对外汉语词汇教学中，既要选择像日、月、天等高频率、义项丰富的词作为外国学生必学的词汇，也要从日常生活必需的角度出发，选一些虽然使用频率不高但人们日常生活中常用的词。

与动作义场、性状义场、关系义场中的核心词相比，事物义场中的核心词蕴涵着丰富的中国传统文化含义。这表现在核心词本身义项的引申中，遵循汉族人民认识世界的独特的心理视角。另外，一些表示事物的核心词本身也被赋予了丰富的文化含义，因此在教学过程中要特别注意事物义场中核心词的文化含义。

第二编
汉泰动作义场对比研究

动作是人类生存与发展所必需的最基本的方式和最重要的能力，在人类生活中占有非常重要的地位，表示动作的词语在斯瓦迪士 200 核心词中占的比重很大，因此，在对外汉语词汇教学中，应该把表动作的词汇的学习放在首要位置。

本编首先把汉语动作义场分为两类：一类是人的动作，一类是物的动作。人的动作又分头部、上肢、下肢、全身动作等，它们分别是：第八章《汉泰人体头部动作义场对比研究》介绍了人类最基本的头部动作，如吃、喝、咬、呼、吸、吹、呕、吐、笑、看、听、闻、说、唱等。第九章《汉泰人体上肢动作义场对比研究》介绍缝、系、扔、推、拉、擦、洗、磨、挤、拿、给、挖、挠等手部动作，这些动作是人在日常生活中所必需的。第十章《汉泰人体下肢动作义场对比研究》是指人体下肢参与的动作，主要有走、跑、跳、踢、踩、坐、站等。第十一章《汉泰全身动作义场对比研究》介绍了人全身都要参与的动作，如躺、睡、住、斗、猎、击、玩、刺、切、分、杀、起、倒、伸、缩、跌、跪、趴、爬、靠、藏、躲、扑、歇等。

第十二章《汉泰抽象动作义场对比研究》主要描写了生、死、来、去、知、算、想、怕等 8 个核心词及其构词体系。

第十三章《汉泰物类动作义场对比研究》指出物类是指除了人以外的动物和自然物，物类的动作除了能借用人体相关动作外，还有它们自身的动作如浮、游、飞、流、腐、冻、肿、落等。

虽然我们选的动作义场的词语在汉语和泰语中都存在，但由于两个国家语言和文化上的差异，这些词语在词的义项和文化义方面又有着很多的不同，这也是不同的语言系统反映不同的社会文化的最好说明。词的文化义可以通过词的概念意义或者诸如风格意义、情感意义、语体意义等附加义表现出来，它反映了使用该语言的国家的历史文化和民情风俗，具有民族文化特色。所以我们应该在对比分析汉泰词语义项的相同和不同之处以外再去着重看一下那些在中国具有着特定文化意义的词语。希望通过本编的阅读和学习，泰国汉语学习者在学会汉语表动作义场的核心词及其义项的构词体系的同时，能了解一些中国的传统文化（主要是四字成语）。

第八章

汉泰人体头部动作义场对比研究

英国动物学家和人类行为学家德里蒙德·莫里斯（Desmond Morris）把头部的动作细分为4大项650类，由此可见，头部动作在人类的动作中占有非常重要的地位。人类颈部以上的各部位是嘴、鼻、耳、眼、发等，这些部位的动作能将惊讶、愤怒、恐惧、悲哀、憎恶、好奇等感情一一表现出来。本章选取吃、喝、咬、呼、吸、吹、呕、吐、笑、看、听、闻、说、唱等几个与头部动作有关的核心词，对它们的义项及其构词体系进行了描写。在此基础上，根据不同核心词义项的特点，做了简要的教学说明。

chī
吃 กิน

一 吃字复字词义项归类

①动 把食物等放到嘴里经过咀嚼咽下去（包括吸、喝）：吃饭、吃奶、吃药、吃斋、吃喝、吃素、吃荤、吃烟。

②动 依靠某种食物来生活：吃老本、靠山吃山、靠水吃水、吃白饭、吃白食、吃干饭、白吃白喝。

③动 吸收（液体）。

例句：道林纸不吃墨。

④动 消灭（多用于军事、棋戏）。

例句：【吃掉】吃掉敌人一个团。

⑤|动|承受，经受：吃得住、吃不消、吃不服、吃不开。

例句：

a.【吃得住】也就是老张教授有年，学务大人经验宏富，不然谁吃得住这样的阵势！

b.【吃不服】生冷的东西我总吃不服。

⑥|动|受，挨：吃亏、吃惊。

例句：

a.【吃亏】把商场视为战场，刀光剑影，拼个你死我活。超出了道德界限，最后吃亏的还是自己。

b.【吃惊】最令人吃惊的是他们发现了800种光感应器的新基因。

⑦|动|耗费：吃力、吃劲儿。

例句：

a.【吃力】有个学生送上一杯开水，他呷了两口，润了润嗓子，接着吃力地讲下去。

b.【吃劲儿】她集中了她的视力，吃劲儿地动着她的眉毛，拼命地回想那已经忘记了的字母。

⑧|介|被（多见于早期白话）。

例句：吃他耻笑。

二 吃的文化词

【吃白食】白吃别人的饭，光吃饭不工作，吃东西不付钱，也指不务正业专靠讹诈为生。

例句：据传当年有一地痞经常到常太太的酒店吃白食，酒后还常说些不三不四的话。

【吃闭门羹】羹：流汁食品。比喻串门时，主人不在家，被拒绝进门或受其他冷遇。

相传唐代，安徽宣城有个叫史凤的妓女长得非常漂亮，多才多艺，琴、棋、书、画样样精通，很多年轻男子，纷纷慕名拜访她，希望与她成为朋友，但是不少人很难见到她。为什么呢？因为她会客时，约定：

她首先要求客人献上一首诗，她看中诗文后，才愿意与客人一见，然后才有可能谈到交朋友。

如果客人不会做诗，或者献上的诗文不被她看中，她就叫家里人在门口以一碗羹相待，婉言谢客。天长日久，来访的客人们见了羹，也就心领神会，便主动告辞了。

以羹待客就是拒绝会见的意思，所以人们便把这羹，称为史凤的"闭门羹"。这个故事流传下来之后，人们便把"闭门羹"作为拒绝的代名词，只取"闭门"之意而无羹招待啦。

例句：哪有正派人让一个不相识的女人进他们家的？我要去了，岂不是要吃闭门羹吗？

【吃官司】指被人控告，受控获罪服刑或受其他裁处。

例句：人命官司，有一个人出来告你害死了人命，吃官司吧，到最后，即使是不偿命，也要倾家荡产，那就算是一败涂地了。

【吃里扒外】同"吃里爬外"。指接受这一方面的好处，却为那一方面卖力。也指将自己方面的情况告诉对方。

例句：可是各种非议纷至沓来，有的说他吃里扒外，有的说他要自立门户。

三　对应的泰语词及其义项

กิน［V］吃

กิน［V］得到、赢（เขาถูกเจ้ามือกินไป）

กิน［V］费、花时间（การผ่าตัดครั้งนี้กินเวลา 3 ชั่วโมง）

กิน［V］贪污（ทุจริต，คอร์รัปชั่น，โกงกิน（นักการเมืองคนนี้กินเงินภาษีประชาชน）

四　教学说明

"吃"的"消灭"、"经受"、"耗费"、"口吃"等义项比较抽象，我们可以通过设置语境法，教会泰国学生掌握这些义项及其构成的复字词。

一 喝字复字词义项归类

①动 把液体饮料或流质食物咽下去：喝水、喝茶、喝粥、喝汤、喝饮料、喝咖啡、喝墨水、喝西北风、喝饮料；吃喝、大吃大喝、胡吃海喝、吃吃喝喝、好吃好喝。

②动 特指喝酒：喝酒、喝醉、喝醉了、喝醉酒、喝大了、喝高了。

二 喝的文化词

【喝墨水】指上学读书。

魏晋南北朝时期的北齐朝廷曾下过命令，在考试时对考试成绩很差的人要罚喝墨水，喝多少，按不好的程度而定。

梁武帝时规定：士人应试时，凡字迹潦草者要罚喝墨水一升，甚至当秀才、孝廉等再会试时，监考官发现有文理不通顺、字迹潦草的，也要叫他到专设的房间里去喝墨水一升。这条荒唐的法规沿袭了几个朝代，后来虽不盛行了，但用喝墨水多少来形容知识的多少，却保留在词汇里。

现在多用来指上学读书，是一种诙谐的说法。与不同的词搭配可以表示人的文化水平高低。如：喝洋墨水的，没喝过什么墨水，墨水喝多了，喝了几年墨水等。

例句：

a. 他虽没有大科学家"走路撞树"，"喝墨水"的痴迷故事，但三星西横就寝，通宵达旦工作却常有。

b. 让人佩服的是，喝墨水不多的范海庭不仅会养殖，还懂经营。

【喝西北风】原作"吸风"。指道家所宣扬的一种境界，即不食人间烟火，只靠呼吸空气生存。现在指无事情可做，导致没有东西吃，挨饿。

有一种说法是在北方空旷地方，20 世纪 60 年代吃不上东西，那时老是刮西北风，风中夹带着一种树籽，当地的人把这些树籽（也可能有别的植物的种子）收集起来，熬粥喝，所以叫喝西北风。

例句：

a. 可是饿着肚子在路上吃黄土，喝西北风，滋味也实在很不好受。

b. 我们没有儿子，几个闺女都嫁了出去，叫我们老两口下乡喝西北风去？

三 对应的泰语词及其义项

ดื่ม ［V］喝

หมายถึง ดื่มเหล้าโดยเฉพาะ ［V］特指喝酒

四 教学说明

"喝"汉语义项①泛指喝各种液汁，义项②专指喝酒。这是因为酒在中国人的生活中占有极其重要的地位，所以"喝酒"这一义项用得特别频繁，以至于中国人一听喝，就想到喝酒。

在教学过程中，要注意重点讲解"喝"字特指"喝酒"这一义项，顺便介绍中国久远而深厚的酒文化。

yǎo
咬 กัด

一 咬字复字词义项归类

①动 上下牙齿用力对着（大多为了夹物体或者使物体的一部分从整体分离）：咬啮、咬噬、咬断、咬紧牙关、咬菜根；撕咬、抓咬。

例句：【咬断】搏斗中，两只狼被咬死，四只狼受伤失去战斗力。老虎的尾巴被狼咬断，后肢和背部也多处受伤。

②动 钳子等夹住齿轮，螺丝等互相卡住：咬合、咬住扣。

例句：【咬合】剪刀与毛料裤子咬合发出的咔咔哧哧的声音，如同一道冰凉的闪电，有一种危险的快乐。

③动 受责难或审讯时牵扯别人：反咬一口、一口咬定、乱咬好人。

例句：【反咬一口】心中不忍，遂搀扶起老头，想不到老头却反咬一口，恩将仇报，诬陷我撞了他，非得带他去治病疗伤不可。

④动正确地念出字音，亦指过分地计较字句的意义：咬字儿、咬文嚼字、咬字眼儿。

例句：【咬文嚼字】查找北京街头错字、别字，是《咬文嚼字》开展的"给城市洗把脸"活动之一。

⑤动追赶进逼；紧跟不放：双方比分咬得很紧、咬紧些别放过。

⑥动专指狗叫：鸡叫狗咬。

二　咬的文化词

【咬耳朵】口语词。指凑近人耳边低声说话，不让别人听见。

例句：他和几个合伙人一咬耳朵，又掏出了 2 万多元。

【咬文嚼字】过分地斟酌字句。多指死抠字眼而不注重精神实质。

例句：是否忠实表达了原文的思想和风格，是否文字优雅，学生们只埋头于咬文嚼字，却忽视了最重要的一点，即采用什么手法表现原作。

三　对应的泰语词及其义项

กัด ［V］咬

กัด ［V］吵架

四　教学说明

"咬"作为表人体头部动作的一个基本的动词，义项比较丰富。义项引申的路径是：特指口部的具体动作—泛指与口部动作类似的具体动作—抽象动作。由口部的具体动作引申为用钳子等夹住齿轮、螺丝等使它们互相卡住的具体动作，再到与之相似的抽象动作义项③、④、⑤。在教学过程中，要运用演示和语境相结合的方法，使学生掌握"咬"的不同义项及其构成的复字词。

hū
呼 เรียก

一　呼字复字词义项归类

①动 生物体把体内的气体排出体外（跟"吸"相对）：呼吸、呼气、呼吸道、呼吸相通、呼噜、呼哨；打呼噜。

例句：

a.【呼气】20 分钟之后，救护车开进了汽车道，直到这时她还在给她的儿子呼气 。

b.【打呼噜】有些人在睡眠中伴有呼吸暂停和打呼噜。

②动 大声喊：呼声、呼口号、呼吁、呼救、呼叫、呼喊、呼号、呼天抢地、呼啸、呼幺喝六、呼之欲出、呼风唤雨、大呼小叫；称呼、传呼、高呼、振臂高呼、欢呼、欢呼雀跃、大声疾呼、惊呼、狂呼、热呼、呜呼、咋呼、招呼。

例句：

a.【呼吁】1988 年 4 月 7 日是第一个"世界无烟日"，世界卫生组织呼吁全世界所有吸烟者在这一天停止或放弃吸烟。

b.【呼啸】8 年前春天的一个清晨，经过火车十多小时的一路呼啸，我终于抵达了心中向往已久的北京。

③动 叫人来：呼唤、直呼其名、一呼百诺、一呼百应、呼之即来、呼朋引类；传呼、寻呼。

例句：

a.【呼朋引类】他呼朋引类，结党营私，俨然一副"太平宰相"的派头。

b.【传呼机】受移动电话普及的影响，澳门去年 11 月底的传呼机用户人数较 2002 年 1 月下降了 50%。

二　呼的文化词

【呼风唤雨】旧指神仙道士的法力。现比喻人具有支配自然的伟大力量。比喻具有非凡的本领。也可形容反动势力猖獗。

例句：

a. 这些农民企业家真有呼风唤雨之神力。

b. 看来你真有呼风唤雨的能耐，倒让我们刮目相看了。

三　对应的泰语词及其义项

เรียก［V］呼

ตะโกน；ร้องเรียกด้วยเสียงที่ดัง［V］大声喊

เรียก；เรียกให้มา［V］叫人来

吸 ดูด

一　吸字复字词义项归类

①动生命体把液体、气体等引入人体，跟呼相对：吸气、吸纳、吸毒、吸吮、吸食、吸烟、吸氧、吸进、吸管、吸血鬼、吸入；呼吸、呼吸机。

例句：

a.【吸气】她吸了吸气，希望桑桑不是个刁钻古怪的、宠坏的小丫头！

b.【吸毒】根据全国人大常委会通过的决定，首次吸毒者将被送往公安部门管理的戒毒所进行 3 个月的强制戒毒。

c.【吸烟】如果说成年人吸烟是"慢性自杀"，那么吸烟对青少年的危害就更大。

②动吸收，吸取：吸尘器、吸墨纸、吸取、吸收、吸热、吸水、吸墨、吸湿。

例句：

a.【吸尘器】"千尘万埃无处藏，清洁家居称我强"——日本三洋公司推销吸尘器的广告。

b.【吸墨纸】两小时之后，我在书桌上铺好一张新的绿色吸墨纸，又放了一盆小小的月季花。

③ 动 吸引：吸附、吸力、吸引、吸引力、吸着。

例句：

a.【吸铁石】可是，这句话像吸铁石一样，一下子把战士们的情绪、眼光和注意力都紧紧地吸住了。

b.【吸盘】章鱼：软体动物，有八条长的腕足，腕足内侧有很多吸盘，有的体内有墨囊。

c.【吸引力】旅游开发区风光旖旎的秀湖岸边动工兴建，成为世界上最具独特性和吸引力的大型休闲娱乐项目之一。

二 吸的文化词

【吸血鬼】比喻榨取劳动人民血汗，过着寄生生活的人。

例句：一次，来了一位王太守。王太守平日贪赃枉法，人称"吸血鬼"。

三 对应的泰语词及其义项

ดูด ［V］吸

ดูด；ซับ ［V］吸收，吸取

ดึงดูด；ดูด（ในลักษณะที่ดึงดูด）［V］吸引

四 教学说明

"吸"的引申规律是由专指人类的呼吸动作到泛指一切和吸有关的动作，再到抽象动作。在教学过程中，应向学生讲明这点。

chuī

吹 เป่า

一 吹字复字词义项归类

① 动 合拢嘴唇用力出气：吹灯、吹气、吹吹打打、吹打、吹胡子瞪眼、吹灰之力、吹火筒、吹灯拔蜡、吹动、吹毛求疵、吹哨、吹糠见

米、吹口哨、吹蜡烛、不费吹灰之力、吹气如兰。

②动吹气演奏：吹奏、吹喇叭、吹唢呐、吹笛子、吹芦笙、吹口琴、吹鼓手、吹竹弹丝。

例句：

a.【吹喇叭】李八碗原有几个祖传吹喇叭的，专事红白喜事的相礼。

b.【吹鼓手】我像是一个旧社会里的吹鼓手，有什么红白喜事，都要拉我去吹吹打打。

③动流动，冲击：吹拂、吹风、吹风机、吹冷风、风吹雨打、风吹云散；风吹、嘴吹。

例句：

a.【吹拂】海鸟在明媚的阳光下自由飞翔，白色的浪花随波起伏，海风温柔地吹拂着岸边的树林。

b.【吹风机】但城里时常停电，他常为不能用吹风机发愁。

c.【风吹雨打】小莲座长到一定程度，受到风吹雨打或别的东西的碰撞，便滚落到地上，有时也会自然脱落。

④动说大话，夸口：吹擂、吹嘘、吹牛、吹牛皮、吹捧、鼓吹、胡吹、瞎吹。

例句：

a.【吹牛】一些补品补剂的广告也有"吹牛"之嫌，不仔细分辨，危及健康就不好了。

b.【吹嘘】"不自量力的主角"，轻诺寡信，说太多、做太少，一味吹嘘、买空卖空是电视上情景喜剧节目最常讽刺的呆板角色形象。

c.【吹捧】冒充消费者吹捧商品牵驴法和"优惠卡"牵驴法在沈城和其他城市仍时常出现。

⑤动破裂，不成功：婚事告吹、计划吹了、告吹。

例句：【告吹】26岁的刘大平因无钱办婚事，盗卖耕牛，被判刑两年，婚事因此告吹。

二　吹的文化词

【吹灯拔蜡】比喻人死亡或垮台。

例句：鬼子也不长了，眼看就要吹灯拔蜡了。

【吹胡子瞪眼】形容发脾气或发怒的样子。

例句：他呀，这一阵，说不上三句话，就吹胡子瞪眼。

【吹毛求疵】求：寻找，查找；疵：缺点，小毛病。吹开皮上的毛，寻找里面的毛病。比喻故意挑剔别人的毛病、缺点，寻找差错。

例句：设备烂了、废了，你怎么不管？现在人家扭亏了，你又说三道四，吹毛求疵。

【吹牛】说大话，夸口。也说"吹牛皮"。方言中亦可指闲聊天。

例句：每天，总有几个或十几个人在这里懒洋洋地坐着吹牛。

三　对应的泰语词及其义项

เป่า［V］吹

พัด；ชัดสาด［V］流动，冲击

พูดคุยโว［V］说大话，夸口

呕 อาเจียน

一　呕字复字词义项归类

动 吐。使东西从嘴里出来：呕血、呕吐、呕心沥血、呕心、作呕。

例句：

a.【呕血】项处不听劝告，继续去踢球，结果腰部发寒，出了很多汗，开始呕血。

b.【呕吐】这名女童在本月 3 日出现发烧、咳嗽、流鼻水、肌肉酸痛与呕吐等类似感冒的症状。

c.【作呕】中午到报馆安排刊登广告，随后进了餐馆，见顾客吃饭的样子令人作呕，便出了饭馆。

二　呕的文化词

【呕心沥血】形容为事业、工作、文艺创作等费尽心思和精力。

"呕心沥血"常用来形容为了工作或是某些事情而穷思苦索，费尽心血。"呕心"来自诗人李贺的故事，"沥血"出自文学家韩愈的诗歌，"呕心沥血"是由这两个词组合而成的。

"呕心"见于《新唐书·李贺传》。中唐时期的李贺是个才华横溢的诗人，他从小就喜欢写诗，一生中写下了不少脍炙人口的作品。李贺写诗注重考察和写实，他不喜欢先立个题目再冥思苦想，而是常常到处游览，见到好的景物，有趣的题材，便立刻动手记下来作为材料，然后才将诗歌素材在家集写成篇。所以，李贺每日早晨起床后，就拉出小毛驴骑上去，让书童带好书囊布袋，出外四处周游，随时看到什么便写成诗句，放入书囊中。李贺的母亲知道儿子勤奋的创作习惯，更了解孩子身体很差，非常心疼儿子。每天李贺一回家，母亲就检查他的书囊。当发现儿子书囊中存放着太多诗句纸片时，便关切地嗔怪："这孩子要把心呕出来才肯罢休啊！"（原文是"是儿要呕出心乃已耳"）

"沥血"是韩愈《归彭城》诗中用语。原诗写道："刳肝以为纸，沥血以书辞。"意思是割下肝来做纸，滴出血液做墨汁，书写诗文。

人们把"呕心"和"沥血"合在一起，正好表达了费尽心思，用尽心血的意思。

例句：为社会主义和人民解放军的现代化建设，呕心沥血，鞠躬尽瘁。

三　对应的泰语词及其义项

อาเจียน〔V〕呕

四　教学说明

"呕"只表示具体的口部动作。

吐 อ้วก

tǔ

一　吐字复字词义项归类

① 动 使东西从嘴里出来：吐气、吐痰、吐血、吐核儿、扬眉吐气、吐心吐胆、吃人不吐骨头、狗嘴里吐不出象牙。

例句：

a. 【扬眉吐气】众人不屑一顾的傻子屯第一次扬眉吐气地风光了一把，全村一下子买回 18 台电视机。

b. 【吐痰】服药三剂后，汗出虽多，但发热头痛已解，时有咳嗽，吐痰，干呕。

c. 【吃人不吐骨头】宽大！宽大！对待这伙子吃人不吐骨头的野兽，就不用想！我看凌刀剐了也都不过分。

② 动 从口儿或缝儿里长出来或者露出来：吐翠、吐穗、吐艳、吐絮、吐蚕丝、吐故纳新；吞吐、吞吐量、吞吞吐吐。

例句：

a. 【吐翠】杨柳吐翠的阳春三月，我们驱车来到伏牛山南麓、豫西南多雨肥沃的南阳盆地。

b. 【吐艳】这是一次不同寻常的会见。古色古香的紫光阁内，鲜花吐艳，暖意融融。

c. 【吐絮】别叹息"春易老，细叶舒眉，轻花吐絮，渐觉阴成幔"，且看桃李枝头，占尽明媚春光！

d. 【吞吐】旅客船运到这里后通过铁路、公路等输送到内地的能力，称为港口的吞吐能力。

③ 动 说出来：谈吐、吐露、吐字、吐实情、吐话、吐口、吐属、吐诉、不吐不快、半吐半露、半吞半吐、出言吐气。

例句：

a. 【谈吐】应该时刻想着维护好自己的形象，尤其是在公众场合，举止谈吐，都不能太随意。

b. 【吐露】特别是发现有四副手铐后，进一步证实司机吐露的是实情：他们确实是心怀鬼胎来抓村民上访代表的。

二 吐的文化词

【吐故纳新】原指人呼吸时，吐出浊气，吸进新鲜空气。现多用来比喻扬弃旧的，吸收新的，不断更新。

例句：

a. 这样，新陈代谢、吐故纳新便水到渠成——连锁店理所当然地成了中小商店改革的首选蓝图。

b. 在形式上不随波逐流，而在内容上吐故纳新，无疑是格鲁奇的高明之处。

三 对应的泰语词及其义项

อ้วก［V］吐

พ่นออกมาจากร่องหรือโผล่ออกมาจากร่องหรือจากซอก；เจริญเติบโต

เจริญเติบโต［V］从口儿或缝儿里长出来或者露出来

พูดออกมา；เผยออกมา［V］说出来

四 教学说明

"吐"的第①个义项专指口部的具体动作，义项②则泛指与义项①相似的各种具体动作，义项③则是抽象动作，是在义项①、②的基础上引申出来的。

笑 หัวเราะ

一 笑字复字词义项归类

①动 显露愉悦的表情，发出欣喜的声音：痴笑、笑容、微笑、眉开眼笑、哈哈大笑、笑哈哈、笑脸、笑眯眯、笑貌、欢声笑语、笑颜常开、笑嘻嘻、笑逐颜开、苦笑、惨笑、皮笑肉不笑、笑脸相迎、笑咧咧、笑

里藏刀、笑颜、笑靥、笑脸、捧腹大笑、笑面虎、笑盈盈、欢笑、暗笑、大笑、笑声、笑纹、笑容满面、笑容可掬、笑窝、笑意、笑吟吟、嬉笑。

②动 讥笑：嘲笑、耻笑、见笑、笑柄、传为笑谈、贻笑大方、讥笑、笑骂。

③动 逗乐，可笑的事：笑话、笑剧、笑料、笑星、笑谈。

④动 喜爱、羡慕：笑纳。

二 笑的文化词

【笑面虎】表面和善，其实和老虎一样凶猛。比喻外貌和善而内心严厉凶狠的人。

【眉开眼笑】眉头舒展，眼含笑意。形容高兴愉快的样子。

出自元·王实甫《西厢记》第二本第二折："彼见昨日惊魂魄，今日眉开眼笑。"

【笑容可掬】掬：双手捧取。形容笑容满面。

三 对应的泰语词及其义项

หัวเราะ［V］笑

看 kàn ดู；มอง

一 看字复字词义项归类

①动 使视线接触人或物：看报纸、看点、看电影、看懂、看得高兴、看官、看见、看客、看了他一眼、看面相、看清楚、看齐、看球赛、看起来、看书、看似、看手相、看头儿、看台、看镜头、看完、看戏、看下去、看相、看笑话、看一遍、看着、反复地看、专心地看、眼看着、耐心地看、仔细地看。

②动 探望、问候：看阿姨、看病人、看爸爸、看父母、看舅舅、

看老师、看妈妈、看奶奶、看朋友、看亲戚、看叔叔、看同学、看同事、看望、看爷爷。

③动 对待：看扁、看不起、看成、看待、看低、看轻、看重、看做、别拿我当外人看、刮目相看、另眼相看。

④动 诊治：看病、看不好、看不了、看得好、看好了、看晚了、看医生、早看。

⑤动 照料：照看、衣帽自看、看孩子、看护、看顾。

⑥动 用在表示动作或变化的词或词组前面，表示预见到某种变化趋势，或者提醒对方注意可能发生或将要发生的某种不好的事情或情况：看跌、看好、看涨、行情看涨。

例句：

a. 别跑，看摔着！

b. 看饭快凉了，快吃吧。

⑦助 用在动词或动词结构后面，表示试一试（前面的动词常常用重叠式）：尝尝看看、穿几天看看、等一等看看、试试看看、想想看看、先做几天看看、用几天看看、做做看看、找找看看。

⑧动 观察并加以判断：看不上、看不惯、看穿、看淡、看法、看风色、看开、看破、看破红尘、看情况、看上、看死、看透、看天气、看问题、看准、看中。

例句：

a. 你看这个计划行不行得通？

b. 我看他是个可靠的人。

⑨动 准备、安排：看茶、看活（服侍、照顾）、看下（准备，收拾）、看斋（准备和尚的饮食）、看坐（安排座位，关照坐下）、看座儿的（戏院里帮观众安排座位的人）。

二　看的文化词

【看风使舵】也作见风转舵。看风向转动舵柄。比喻做事无定见，随机应变。现常用来比喻看他人眼色或看形势办事。

【看破红尘】旧指看透人生，把生死哀乐都不放在心上的消极的生活态度。现也指受挫折后消极回避、无所作为的生活态度。

三　对应的泰语词及其义项

ดู：มอง　[V]　使视线接触人或物

หัวเราะเยาะ　[V]　讥笑

听　ได้ยิน

①动用耳朵接受声音：听报告、听不见、听不出来、听不了、听懂、听得明白、听而不闻、听风是雨、听广播、听骨、听故事、听会、听见、听觉、听进去、听讲、听课、听力、听说、听取、听清楚、听说话、听收音机、听神经、听筒、听头儿、听闻、听新闻、听笑话、听戏、听写、听下去、听音乐、听者、听准、听众、听诊、听诊器、骇人听闻、聆听、耐心地听、认真听、洗耳恭听、用心听、仔细听。

②动听从（劝告）、接受（意见）：听安排、听差、听从、听调动、听分配、听喝、听话、听命、听劝告、听信₁（听到而相信）、听指挥、不听劝、言听计从。

③动任凭；听凭：听从、听其自然、听任、听天由命、听之任之、悉听尊便。

④动治理、判断：听讼、听事、听政、听证、听证会。

⑤动等候；待：听候、听候处理、听后调遣、听候发落、听候分配、听候任命、听候任用、听审、听信₂（指等候消息）。

二　听的文化词

【听风是雨】刚听到一点儿风声，就当要下雨了。形容听到一点风

第八章　汉泰人体头部动作义场对比研究

201

声就竭力附和渲染。

出自清·李宝嘉《官场现形记》第二十五回："他们做都老爷的，听见风就是雨，皇上原许他风闻奏事，说错了又没有不是的。"

【悉听尊便】悉，全、都；尊，尊称，相当于现代汉语中的您。意思是所有事情都完全按照对方的意思去办。

三　对应的泰语词及其义项

ได้ยิน［V］用耳朵接受声音

สังเกตพร้อมกับวินิจฉัย；เห็นว่า；ดูว่า［V］观察并加以判断

รักษา［V］诊治

ดูแล；รักษา［V］照料

wén
闻 ได้ยิน

一　闻字复字词义项归类

①动用鼻子嗅气味：闻出、闻到、闻花、闻见、闻酒、闻了半天、闻香水、闻香味、闻一下。

②动听见：闻风而动、闻风丧胆、闻过则喜、闻鸡起舞、闻听、闻所未闻、闻讯、闻诊、百闻不如一见、久闻大名、耳闻目睹。

③形出名的，有望的：闻达、闻名、闻名遐迩、闻人。

④名听见的事情，消息：传闻、丑闻、见闻、旧闻、奇闻、趣闻、新闻、要闻。

⑤名知识：博闻强志、见闻。

⑥名名声，声望：令闻、秽闻。

二　闻的文化词

【闻鸡起舞】听到鸡叫就起来舞剑。后比喻有志报国的人及时奋起。

出自《晋书·祖逖传》，传说东晋时期的将领祖逖年轻时就很有抱负，每次和好友刘琨谈论时局，总是慷慨激昂，满怀义愤。为了报效国家，他们在半夜一听到鸡鸣，就披衣起床，拔剑练武，刻苦锻炼。

【闻风丧胆】丧胆：吓破胆。听到风声，就吓破了胆，形容极度恐惧。

【闻过则喜】过：过失、错误；则：就。听到别人批评自己的缺点或错误就很高兴。形容虚心接受意见。

【闻风而动】一听到风声，就立刻起来响应。

三 对应的泰语词及其义项

ใช้จมูกดม〔V〕用鼻子嗅气味

ได้ยิน〔V〕听见

ได้ยิน〔N〕消息

shuō
说 พูด

一 说字复字词义项归类

①动用话来表达意思：说谎、演说、说话、解说、说情、说清、说通、说透、说破、说书、说道、说法、说服、说和、说教、说课、说理、说唱、说明、说笑话。

②动介绍：说媒、说婆家、说合（a. 从中介绍；b. 商议；c. 说和）。

③名言论，主张：学说、著书立说、有此一说。

④动责备，批评：数说、挨说了、爸爸说了他几句。

⑤动解释。

例句：这个问题很简单，一说就明白。

⑥动意思上指。

例句：他这话是说谁呢？

二　说的文化词

【打开天窗说亮话】比喻无须规避，公开说明。

古代盖房子的时候，房顶上一般留一个天窗，使阳光照进房屋，以免屋内太黑。后来比喻双方可以实话实说，不必隐瞒自己的观点。

【公说公有理，婆说婆有理】比喻双方争执，各说自己有理。

【异端邪说】通常指正统思想以外的思想。

【说曹操，曹操到】指谈论到某人，某人恰巧来了。

【说东道西】①说这说那，随意谈论各种事情。②饶舌，讲闲话。

例句：

a. 只见几个挺胸叠肚指手画脚的人坐在大门上说东道西的。

b. 生活中总有这么一种人，闲散无事，却又不甘寂寞，便寻着法子说东道西，调三窝四，甚至无中生有，飞短流长。

三　对应的泰语词及其义项

พูด　[V]　告诉

พูด　[V]　说

พูด　[V]　说到：พูดถึง

chàng
唱　ร้องเพลง

一　唱字复字词义项归类

①动口中发出（乐音），依照乐律发声：唱歌、唱腔、唱段、唱功、唱和、歌唱、演唱、合唱、唱京戏、独唱、唱一支歌。

②动高呼，大声叫：唱收、唱票、唱标、鸡唱三遍。

③（唱儿）名歌曲，唱词：唱个唱儿、地方小唱儿。

例句：《穆柯寨》这出戏里，杨宗保的唱儿不多。

二　唱的文化词

【唱独角戏】比喻一个人独自做某件事（通常需要多人做的）。

例句：计划经济时期的文化基本是国家办文化，政府唱独角戏。

【唱对台戏】比喻采取与对方相对的行动，来与对方竞争或反对、搞垮对方。

例句：人们注意到，伊拉克战争后，先前与美国唱对台戏的俄罗斯和法国也表示要"先发制人"。

【唱反调】提出相反的主张，采取相反的行动。

例句：此言在当今盛赞蓝岛的气氛中似乎是在唱反调，记者闻后便亲临蓝岛看个究竟。

【唱高调】发表似乎高明但脱离实际的论调，说得很好听而不实际去做。

例句：反对光唱高调不干实事的作风。

【唱空城计】①比喻用掩饰自己力量空虚的办法，骗过对方。②比喻某单位人员全部或大部不在。

三国时期，魏国派司马懿挂帅进攻蜀国街亭，诸葛亮派马谡驻守失败。司马懿率兵乘胜直逼西城，诸葛亮无兵迎敌，但沉着镇定，大开城门，自己在城楼上弹琴唱曲。司马懿怀疑设有埋伏，引兵退去。等得知西城是空城回去再战，赵云赶回解围，最终大胜司马懿。

例句：假若军队都调走了，而敌人向文城攻打，岂不是得唱空城计？

【唱双簧】双簧，曲艺的一种。由一人在前面表演动作，另一个人藏在后面或说或唱，紧密配合。现在常把两人一唱一和比喻为唱双簧，有讽刺意。

例句：大先生，别唱双簧了，你自己说吧！

三 对应的泰语词及其义项

ร้องเพลง［V］唱

เรียกด้วยเสียงที่ดัง［V］高呼，大声叫

เพลงละคร，เนื้อร้อง［N］歌曲，唱词

小　结

本章描写了 14 个与头部动作有关的核心词及其 64 个义项的构词体系，头部动作平均每个核心词有 4.57 个义项。

表头部动作的核心词的义项几乎全是动词性义项，它们的引申规律是由专指到泛指（也有少部分从泛指到专指），由具体到抽象。表头部动作的核心词，第一个义项（大多是该词的本义）都是表示头部的具体动作，它们的引申义则泛指和具体头部动作相似的具体动作或抽象动作。

在词性转化方面，头部动作动词只有"唱"由动词性义项转化为名词性义项。它们所构成的词也大多是动词。

我们可以通过演示法让学生掌握头部动作核心词的具体义项及其构词体系。需要我们用表演的办法，给学生进行释义。例如："微笑"，老师自己示范或者让学生微笑，马上就能把词义说清楚。再如"看、呕、吐、说、唱……"这些动词，老师可以直接在教室中做出各种动作，学生把动词的词义和动作结合起来，从而掌握词语的用法。用动作演示解释词语，不仅可以引导学生注意词语之间的差异，而且可以活跃课堂气氛，增加词语教学的效果。

头部动作核心词的抽象义项及其构词体系，我们可以运用语境法，通过列举大量例句，让学生在明确头部动作引申义的基础上掌握。

第九章

汉泰人体上肢动作义场对比研究

　　本章主要描写了缝、系、拉、推、转、擦、洗、磨、挤、拿、给、挖、挠、扔等表手部动作的动词在现代汉语中的义项分布规律及其构词体系。这些动词所表示的动作是人在日常生活中所必有的，除了拿、磨、推等几个词可以用于表示动物（主要是灵长类动物）的动作外，绝大部分是人类所独有的，这是因为只有人类才有手，才可以用手做各种灵巧的动作，其他动物没有与手对应的器官，所以多数上肢动作是人所专有的。

féng,fèng

缝　เย็บ

一　缝字复字词义项归类

缝₁féng

动 用针线将原来不在一起或开了口儿的东西连上：缝补、缝刺、缝缝连连、缝得好、缝裤子、缝扣子、缝连、缝了几针、缝破补绽、缝纫、缝纫机、缝伤口、缝袜子、缝鞋子、缝衣服、缝制、缝缀；裁缝。

缝₂fèng

名 缝隙：裂缝、门缝。

二　缝的文化词

【见缝插针】比喻尽可能利用一切可以利用的空间或时间。

三　对应的泰语词及其义项

เย็บ［V］用针线将原来不在一起或开了口儿的东西连上。

四　教学说明

"缝"动词性义项引申为名词性义项，在教学过程中要引导学生注意两者的差别。

 jì, xì
系 ผูกเงื่อน

一　系字复字词义项归类

系₁ jì

①动打结；系上：系鞋带、系纽扣。

②动拴；绑住：系缚、系裹、系颈、系累、系马、系锁、系足、系舟。

系₂ xì

①名系统：系列、系列剧、系列化、系列小说、系列片、系录、系谱、系世、系孙、系数、系统、系统工程、系统论、系望、系族、层系、管系、派系、谱系、世系、水系、太阳系、碳系、星系、银河系、语系、坐标系、直系亲属。

例句：【直系亲属】他是皇家的直系亲属。

②名高等学校中按学科所分的教学行政单位：化学系、生物系、数学系、外语系、物理系、哲学系、中文系。

③名地层系统分类单位的第三级，系以上为界，如中生界分为三叠系、侏罗系和白垩系。跟系相应的地质年代分期叫做纪。

④动联结；联系（多用于抽象的事物）：系联、系络、系亲、系属、成败系于此举、干系、关系、联系、誉所系、维系。

例句：

a.【观瞻所系】大都市是一国的财富集中之地，时髦风尚的观瞻所系。

b. 【维系】这种形式如何维系下去?

⑤|动|牵挂:系怀、系恋、系念、系心、情系祖国。

例句:【情系祖国】"5·12"地震发生后,海外游子情系祖国,纷纷捐款救灾。

二 系的文化词

【燕足系诗】系诗于燕足,靠它传递消息。

唐朝时,任宗到湘中(湖南)经商,很长时间没有回家。妻子看见堂屋前双飞的燕子,就吟诵:"尔海东来,必经湘中……欲凭尔附书,投于我婿。"于是在燕子的腿上系上一首诗,燕子飞到荆州任宗住所,任宗于是收到妻子的赠诗。

三 对应的泰语词及其义项

ผูกเงื่อน [V] 系

เป็นห่วง [V] 牵挂

四 教学说明

"系₁"和"系₂"是同源同音字,我们主要教给泰国学生"系₁","系₂"也同时介绍一下,注意讲明它们之间在语义上的关系。顺便向泰国学生介绍汉语中相关的同音字知识。

lā

拉 จาก

一 拉字复字词义项归类

①|动|用力使朝自己所在的方向或跟着自己移动:拉车、拉得动、拉得快、拉杆、拉钩、拉管、拉过来、拉架、拉锯、拉火线、拉紧、拉进去、拉拉扯扯、拉力、拉力器、拉链、拉门、拉偏架、拉起来、拉纤、拉丝、拉上来、拉手、拉锁、拉套、拉网、拉橡皮、拉一把、拉一

下、拉闸、拉直、趿拉、拖拉机。

例句:

a.【拉套】这匹马是拉套的。

b.【趿拉】他趿拉着拖鞋就去上课了。

②动用车载运:拉菜、拉不动、拉钢材、拉得多、拉货、拉家具、拉来、拉去、拉人、拉完、拉走、快拉。

③动带领转移(多用于队伍):拉到安全的地方、拉队伍、拉练、拉上山。

例句:【拉练】他们将一起前往美国进行季前拉练。

④动牵引乐器的某一部分使乐器发出声音:拉长音、拉错了、拉大提琴、拉得好、拉得不熟练、拉二胡、拉胡琴、拉手风琴、拉小提琴、拉曲子。

⑤动拖长;使延长:拉叉、拉长距离、拉长声音、拉花、拉力赛、拉开距离、拉伸、拉下脸、拉延。

例句:【拉力赛】1997年亚太汽车拉力赛第三轮比赛在马来西亚吉隆坡市拉开帷幕。

⑥动拖欠:拉后腿、拉饥荒、拉亏空、拉账、拉债。

例句:

a.【拉后腿】她要找个职业,但她丈夫拉她的后腿。

b.【拉饥荒】年底不能拉饥荒呀!还有这么多工人等着发工资呢!

⑦动抚养:拉巴、拉扯、拉持、拉家带口。

例句:【拉巴】母亲把我们几个孩子拉巴成人,受了很多的苦。

⑧动帮助。

例句:【拉】有困难拉他一把。

⑨动牵累;拉扯:拉大旗,作虎皮、拉关系、拉交情、拉近乎、拉郎配、拉下马、拉下水。

例句:【拉交情】肯尼想和他的新室友拉交情,但只取得了几分成功。

⑩ 动 组织（队伍、团伙等）：拉帮结伙、拉帮结派、拉拢、拉皮条、拉山头、打一派拉一派。

例句：

a.【拉帮结派】拉帮结派的年轻人只会在这里制造麻烦。

b.【拉拢】这次活动为他拉拢了很多票。

⑪ 动 招揽：拉场子、拉广告、拉近、拉客、拉买卖、拉生意、拉票、拉赞助。

例句：

a.【拉生意】朋友为我的店铺拉了很多生意。

b.【拉赞助】小王为这次活动拉了十万元的赞助。

⑫ 动 闲话：拉搭、拉呱儿、拉话、拉家常、拉舌头、拉闲。

例句：【拉家常】母亲总是喜欢与邻居们拉家常。

⑬ 动 排泄（大便）：拉大便、拉肚子、拉痢疾、拉屎、拉稀。

⑭ 动 摧折：拉齿、拉枯、拉杂、摧枯拉朽。

例句：【摧枯拉朽】我军以摧枯拉朽之势击败了敌人的进攻。

⑮ 动 击，打：拉三拳、拉杀。

二　拉的文化词

【拉郎配】民间俗语，封建时代包办婚姻的一种表现，在儿女婚姻上父母做主，硬让没有感情基础的青年男女结合在一起。现在比喻不顾实际，用行政手段强行使双方联合或合并。

明代皇帝选宫女，给民间带来了极大的痛苦，老百姓把女儿入宫看做是陷入火坑，千方百计逃避采选。一天晚上，一个叫梅魁的官员来到北关城门，看守城门的士兵放炮开门迎接，正在睡梦中的百姓忽然听到炮声，误认为是皇帝又派人采选宫女来了。有一个很有钱的人家，女儿还没有出嫁，但是半夜里又不敢出门选女婿，慌忙之间，想到前几天刚刚雇来的锡工，便选他充当女婿。富翁大喊：快起床，快起床，现在要成亲了。锡工睡梦中茫然无知，等到他张开双眼，堂前便烛火辉煌，东家的女儿已艳妆待嫁。从此"拉郎配"的故事便流传开来。

三 对应的泰语词及其义项

จาก［V］用力使朝自己所在的方向或跟着自己移动

ขน（ด้วยรถ）［V］用车载运

tuī
推 ดัน

一 推字复字词义项归类

①动向外用力使物体或物体的某一部分顺着用力的方向移动：推刨、推车、推倒、推过来 、推进器、推开窗子、推力、推磨、推门、推拿、推起来、推操、推土机、推子、不好推、拼命推、轻轻地推、顺水推舟、用力推。

②动（推磨）磨或（推碾子）碾（粮食）：推到半夜、推得好 、推得快、推豆腐、推谷子、推了半天、推米面、推磨、推荞麦、推细、推玉米、推匀。

例句：【推玉米】中午奶奶去磨房推了两袋玉米。

③动用工具贴着物体的表面向前剪或削：推草机、推草坪、推干净、推光、推光头、推平、推头、推子。

④动使事情开展：推波助澜、推出、推动、推广、推介、推进、推销、推向高潮、推行。

例句：

a.【推波助澜】社会上认为瘦就是美，加上杂志上一些社会名流的图片推波助澜也有可能是导致饮食性疾病的诸多因素之一。

b.【推向高潮】宋祖英的出场，将这次晚会推向高潮。

⑤动根据已知的事实断定其他；从某方面的情况想到其他方面：推本朔源、推测、推阐、推导、推断、推度、推而广之、推己及人、推及、推见、推究、推理、推论、推敲、推求、推算、推事、推问、推

想、推延、类推。

例句：

a. 【推本溯源】什么事他都喜欢推本溯源。

b. 【推而广之】推而广之，这条原则适用于各个方面。

⑥ 动 让给别人；辞让：推辞、推诚相见、推恩、推襟送袍、推聋装哑、推却、推让、推谢、推心置腹、敷衍推宕、解衣推食。

例句：

a. 【推诚相见】工作中他们两人推诚相见，合作得很好。

b. 【敷衍推宕】每次邀请他去我家做客，他总是敷衍推宕，十不赴一。

⑦ 动 推诿；推脱：推不掉、推不开、推不了、推到我头上、推故退席、推拒、推三阻四、推说、推脱、推托、推诿、推卸、推责任、半推半就。

例句：

a. 【推三阻四】遇到困难推三阻四一直都是他的惯例。

b. 【推诿】不要把你的责任推诿给其他人。

⑧ 动 推迟：推半小时、推到明年、推宕、退后、推延、推移、推一个星期。

⑨ 推崇：推服、推许、推重。

例句：【推重】这个理论问世之后，深受人们的推重。

⑩ 动 推选；推举：推补、推戴、推功、推借、推荐、推上来、推士、推一个代表、推擢、公推、万众推戴。

例句：【万众推戴】忽必烈在万众推戴之下，即汗位于开平。

⑪ 动 排除，除：推陈出新、推陈致新。

例句：【推陈出新】这家公司一贯致力于产品的推陈出新，以实现产品质量最优化。

⑫ 动 推翻：推翻暴政、推翻统治、推翻政权。

二 推的文化词

【推心置腹】字面意思：把赤诚的心交给人家。比寓真心待人。

西汉末年，汉光武帝刘秀在鄡（今河北束鹿县东南）这个地方打败了赤眉起义军，刘秀收编了投降的部队，并封他们的领袖渠帅为列侯。但投降的人还是担心刘秀不是出于真心。刘秀知道后，为了安抚他们，仍然让投降的将领掌管他们原来的兵马，刘秀自己则毫不设防地到各处慰问，无丝毫偏见。于是，投降的义军都相信刘秀是真心对待他们，他们经常三三两两地在一起相互安慰说："萧王推己之赤心，置他人之腹中，我们还担心什么？还不为他打天下，出力吗？"后人根据这段历史，将"推己之赤心，置他人之腹中"句概括为"推心置腹"这一成语，以喻真心待人之意。

【推陈出新】汉代韩信为刘邦管理粮仓的时候，把粮仓设为前后两个门，前门运进新粮，后门运出旧粮，这样就保证了有顺序地存新换旧，从而避免粮食因放长久了在蜀中炎热潮湿的环境下腐败变质的可能，使蜀中粮仓不再有因粮食变质而浪费的现象，这就是"推陈出新"的来历。现多指对旧文化进行分析批判，剔除其糟粕，吸取其精华，创造新文化。

三 对应的泰语词及其义项

ดัน［V］向外用力使物体或物体的某一部分顺着用力的方向移动

โม่［V］（推磨）磨或（推碾子）碾（粮食）

zhuǎn
转 เปลี่ยนแปลงทิศทาง

一 转字复字词义项归类

①动 把一方的物品、信件、意见等传到另一方：转包、转播、转达、转递、转发、转交、转借、转让、转述、转手、转送、转托、转移、转物、转饷、转运、转输、转赠、转租。

②<u>动</u>改换方向、位置、形式、情况等：转败为胜、转补、转步、转侧、转变、转变立场、转除、转乘、转船、转车、转产、转道、转道而来、转调、转导、转毂、转干、转换、转海、转行、转化、转货、转换、转基因、转肩、转机、转角头、转脸、转卖、转日回天、转任、转岗、转关系、转会、转嫁、转科、转捩点、转录、转年、转念一想、转生、转世、转弯抹角、转弯、转危为安、转身、转向、转型、转学、转业、转义、转译、转院、转居、转战、转账、转正、转制、好转、向左转、向后转、由阴转晴、掉转、天气转晴、病情好转、倒手转卖。

例句：

a.【转败为胜】最后我们转败为胜赢得了比赛。

b.【转危为安】经医务人员的全力抢救，这名危重病人已经转危为安。

③<u>动</u>回还，转动：转晌、转轨、转侧、周转、转舵、转手、转身、辗转反侧、转帆、婉转。

例句：【辗转反侧】我心里又想起母亲的劳苦，辗转反侧睡不着，很想起来陪陪母亲。

④<u>动</u>丢弃：转尸、转死、转尸沟壑。

⑤<u>动</u>摇动；飘荡：转蓬、转烛、转萍。

⑥<u>动</u>诵（经）；念（咒）：转经。

⑦<u>形</u>曲折，盘曲：峰回路转、千岩万转。

例句：【峰回路转】在迂回的山路行走，峰回路转，一座亭子如同鸟翼展开在山头，令人眼睛一亮。

⑧<u>动</u>表示极短的时间：转眼、转眼间、转瞬间。

例句：【转瞬间】孙悟空一个筋斗云，转瞬间便来到了天宫。

二 转的文化词

【辗转反侧】辗转：翻来覆去；反侧：反复。翻来覆去，睡不着觉。形容心里有所思念或心事重重。

【回心转意】心、意：心思；回、转：掉转。重新考虑，改变原来的想法和态度。

三国时期，蜀主刘备病死，他的大臣雍闿投降吴国，吴国派他担任永昌太守，他走马上任。永昌郡守将吕凯忠于蜀国，不肯放雍闿进城，特地给雍闿回了一封文书，希望他能回心转意，将会有所作为的，再大的官都可以做。

【飞沙转石】飞：使飞扬；转：滚动。沙土飞扬，石块滚动。形容风势狂暴。

三　对应的泰语词及其义项

เปลี่ยนแปลงทิศทาง［V］转动

擦 ขีด
cā

一　擦字复字词义项归类

① 动 摩擦：擦痕、擦火柴、擦伤、摩拳擦掌。

例句：【擦痕】新买的汽车上有一道深深的擦痕。

② 动 用布、手巾等摩擦使干净：擦背、擦鼻子、擦玻璃、擦汗、擦黑板、擦脸、擦亮、擦亮眼睛、擦皮鞋、擦拭、擦完、擦洗、擦眼泪、擦澡、擦桌子、快擦。

③ 动 涂抹：擦油、擦粉、擦红药水、擦脂抹粉、擦香水。

④ 动 贴近；挨着：擦黑儿、擦肩而过、擦边、擦边球、擦音。

例句：

a. 【擦黑儿】天刚擦黑儿，他就来了。

b. 【擦肩而过】多少次我们与上帝的祝福擦肩而过。

⑤ 动 把瓜果等放在礤床儿上来回摩擦，使成细丝儿。

例句：【擦】把萝卜擦成丝儿。

⑥ 动 去，多指田粮等的减免：擦免、擦减。

二 擦的文化词

【摩拳擦掌】形容战斗或劳动之前，人们精神振奋，跃跃欲试的样子。

【擦脂抹粉】擦：涂；脂：胭脂；抹：揩；粉：香粉。涂脂抹粉。

【磨刀擦枪】形容作战前的准备工作。

三 对应的泰语词及其义项

ขีด〔V〕摩擦

ใช้ผ้า〔V〕用布、手巾等摩擦使干净

xǐ
洗 ล้าง

一 洗字复字词义项归类

①〔动〕用水或汽油、煤油等去掉物体上面的脏东西：洗菜、洗肠、洗尘、洗车、洗床单、洗涤、洗掉、洗耳恭听、洗发剂、洗发水、洗剂、洗脚、洗好了、洗脸、洗脸盆、洗脸水、洗面乳、洗面奶、洗泥、洗染店、洗手、洗手间、洗涮、洗漱、洗头、洗胃、洗碗、洗碗机、洗洗涮涮、洗衣板、洗衣服、洗衣粉、洗衣机、洗浴、洗澡、刷洗、干洗、重新洗、好好洗、经常洗、清洗剂、机洗、难洗、清洗、使劲洗、水洗。

②〔动〕洗礼：领洗礼、受洗、受洗礼。

例句：【受洗礼】他受洗礼而入天主教。

③〔动〕洗雪：洗冤。

例句：【洗冤】希望司法部门能够给我们洗冤。

④〔动〕清除；革除；免去；除去：洗革、洗伐、洗钱、洗手奉职、洗脱、洗心、洗心革面。

例句：

a.【洗钱】瑞士的银行因三番五次为前统治者洗钱而蒙羞。

b. 【洗脱】他为了帮家族洗脱罪名，什么话都说得出来。

⑤ 形 像用水洗一样杀光或抢光：洗剥、洗城、洗荡、洗劫、洗劫一空、洗民；血洗。

例句：【洗劫】侵略者洗劫了这座城市。

⑥ 动 照相的显影定影；冲洗：洗不清楚、洗印、冲洗、冲洗胶卷、冲洗照片。

⑦ 动 把磁带上的录音、录像去掉。

例句：【洗】昨天不小心，把磁带上的歌曲给洗了。

⑧ 动 玩牌时把牌掺和整理，以便继续玩：洗牌、洗盘。

⑨ 动 整治；雕琢：洗玩、洗削、洗竹。

⑩ 动 琢磨，提炼：洗补、洗句、洗练、洗盐。

例句：【洗练】在语言上微型小说力求洗练精当。

二 洗的文化词

【洗心革面】清除旧思想，改变旧面貌。比喻彻底悔改。

【洗耳恭听】洗干净耳朵恭恭敬敬地听别人讲话。是请人讲话时的客气话，指专心地听。

上古时候，尧想把帝位让给许由，许由听了连夜逃进箕山隐居。尧以为许由谦虚，更加敬重，便又派人去请他，说："如果不接受帝位，那么希望能出来当个'九州长'。"谁知许由听了这个消息，更加厌恶，认为这话玷污了他的耳朵，立刻跑到山下的颍水边去，用清水洗耳朵。

许由的朋友巢父也隐居在这里，正巧牵着一头小牛来饮水，便问许由在做什么。许由就把情况和他说了一遍，最后说："我听了这样的不干净的话，怎能不赶快洗洗我清白的耳朵呢!"巢父听了，冷笑着说："哼，谁叫你在外面招摇，造成声名，现在惹出麻烦来了，完全是你自找的，还洗什么耳朵! 算了吧，别玷污了我小牛的嘴!"说完，牵着小牛，到水流的上游饮牛去了。

【赤贫如洗】赤贫：穷得一无所有。形容极其贫穷。

三　对应的泰语词及其义项

จ้าง〔V〕用水或汽油、煤油等去掉物体上面的脏东西

จ้างบาป〔N〕洗礼

mó
磨　เสียดสี

一　磨字复字词义项归类

①动摩擦：磨出茧、磨光了、磨耗、磨破、磨破口舌、磨破了、磨平了、摩拳擦掌、磨沙、磨损、磨牙吮血。

②动用磨料磨物体使光滑、锋利或达到其他目的：磨床、磨玻璃、磨刀、磨刀霍霍、磨刀水、磨刀雨、磨刀不误砍柴工、磨工、磨光、磨花、磨镜石、磨快、磨料、磨墨、磨漆画、磨渲、磨拭、磨蚀、磨砂玻璃、磨琢、磨斫、磨治、打磨、铁杵磨成针、琢磨（指雕刻和打磨）。

③动折磨：磨害、磨难、磨问、磨障、磨折、好事多磨。

例句：【磨难】经过了许多考验和磨难之后，我们终于到达了目的地。

④动纠缠；磨烦：磨劲、磨人、软磨硬泡。

例句：

a.【磨人】法赫米这个人既开朗又阴沉，善于交际而又喜欢磨人，说话和蔼而又带刺。

b.【软磨硬泡】在儿子的软磨硬泡之下，他终于答应了儿子的要求。

⑤动消灭：磨耗、磨灭、百世不磨。

例句：

a.【磨灭】他们的苦难遭遇在我脑海中印下了难以磨灭的印象。

b.【百世不磨】他的功绩将会被人们永远铭记，百世不磨。

⑥动消耗时间；拖延：磨蹭、磨缠、磨工夫、磨磨蹭蹭、磨时间、磨驼、磨牙、磨洋工、磨嘴、磨嘴皮子。

例句:

a.【磨磨蹭蹭】他找借口故意在楼梯口上磨磨蹭蹭。

b.【磨嘴皮子】杰姆觉得跟他磨嘴皮子没意思,于是便不再做声了。

⑦|动|磨炼:磨穿铁砚、磨盾、磨合、磨砺、磨炼、磨涅、磨揉迁革。

例句:

a.【磨合】他们在休季阶段唯一的计划就是把整支队伍磨合得更好。

b.【磨炼】困苦的经历把他磨炼成了一个真正的男子汉。

⑧|动|研讨;观摩:磨究、磨切、磨耆、磨耆镌切、磨耆浸灌、切磋琢磨、研磨。

例句:【研磨】这个方案我经过仔细研磨之后,我觉得可行。

⑨|动|转;移:磨转。

⑩|动|挥;摇:磨动、磨旗、磨旗擂鼓。

二 磨的文化词

【磨刀不误砍柴工】比喻事先做好充分准备,就能使工作加快。

【铁杵磨成针】杵:舂米或捶衣用的棒。将铁棒磨成细针。比喻只要有恒心,肯努力,做任何事情都能成功。

相传,诗仙李白小的时候在山中读书,还没学成便想放弃。当他走到山下时,看见一个老妇人在石头上磨一根铁棒,李白很好奇,便上前询问,老妇人说:"我要把它磨成一根绣花针。"李白听后深受启发,便回到山中继续读书学习,最终成为一个伟大的诗人。

三 对应的泰语词及其义项

เสียดสี [V] 摩擦

จับ(ให้คม)[V] 用磨料磨物体使光滑、锋利或达到其他目的

ทรมาน [V] 折磨

挤 เบียดเสียด
jǐ

一 挤字复字词义项归类

①[动] 榨取、用压力使从孔隙中出来：挤不出来、挤出、挤发、挤咕、挤眉弄眼、挤奶、挤牛奶、挤时间、挤洗、挤压、挤牙膏。

②[形] 地方相对小而人或物等相对地多：挤得水泄不通、挤满、挤轧、挤拥、挤做一团、拥挤。

例句：

a.【挤得水泄不通】很多人前来排队买房，把整个售楼大厅挤得水泄不通。

b.【挤作一团】在寒冷的天气里，动物们挤作一团相互取暖。

③[动] 在拥挤的环境中用身体排开人或物：挤不进来、挤进、挤开门、挤了半天、挤入、挤塞、挤一挤、挤住了、别挤了。

④[动] 排斥；排挤：挤对、挤占、时间太挤、排挤。

例句：

a.【挤兑】老婆总是挤对我，嫌我说话不好听。

b.【时间太挤】这周我时间太挤，所以没有时间去机场接你。

c.【排挤】首相被他的对手排挤掉了。

二 挤的文化词

【挤眉弄眼】用眉眼传情与示意。

中国古代四大古典名著之一《红楼梦》中写到：贾宝玉因为认识了秦可卿的弟弟秦钟，就有了上学的念头，他们一起来到私塾，薛蟠也在念书。薛蟠一下子就看上了秦钟，并抛弃原来的男伴香怜。秦钟在薛蟠不在时经常与香怜弄眉挤眼的，两人到后院说话，被薛蟠看见，诬告他们搞同性恋。

三 对应的泰语词及其义项

เบียดเสียด ［V］挤

นา́

拿 ใช้มือหยิบหรือขยับ

一 拿字复字词义项归类

①动用手或用其他方式抓住、搬动（东西）：拿笔、拿出、拿刀动杖、拿钉子、拿回家、拿枪、拿书。

②动用强力取；逮捕，捉：拿办、拿捕、拿获、拿究、拿解、拿送、拿问、拿住、缉拿、擒拿、捉拿归案。

例句：【捉拿归案】嫌疑犯终于在他的一个同伙家里被捉拿归案。

③动掌握：拿手、拿手好戏、拿手戏、拿稳、拿主意、拿准。

例句：

a. 【拿手好戏】做面包是我父亲的拿手好戏。

b. 【拿主意】我已经长大了，可以自己拿主意了。

④动刁难、要挟：拿把、拿捏、拿一手、拿一把、拿人。

例句：【拿人】老李这个人不好相处，好拿人。

⑤动装出、故意做出：拿大、拿架子、拿捏、拿腔、拿腔作势、拿腔拿调、拿乔、拿三撇四、拿身份。

例句：【拿架子】刘经理喜欢拿架子。

⑥动领取得到：拿补贴、拿大头、拿工资、拿奖状、拿奖金、拿钱、拿头奖、拿来主义。

例句：

a. 【拿大头】这些钱，你拿大头，剩下的我们几个人平分。

b. 【拿头奖】这次演讲比赛，我的同学拿了个头奖。

⑦动强烈的作用使物体变坏。

例句：【拿】碱用得太多，把馒头拿黄了。

⑧ 动 攻下，占领。

例句：【拿】一定要把敌人的碉堡拿下来。

⑨ 动 用……手段表现或运用权力：拿钱垫人、拿事、拿权、拿印把儿。

例句：【拿印把儿】张三自三十岁便在外拿印把儿，当委员，做州县，给抚台衙门里充文案，很多事情都干过。

⑩ 动 提起；举起；抬；吊：拿腿就跑。

⑪ 动 引进动作、行为所凭借的工具、材料或方法等，相当于"用"：拿事实说话、拿证据说话。

⑫ 介 引进所处置的对象，相当于"把"。

例句：【拿】别拿他当小孩。

⑬ 介 和"来说"、"来讲"连用，举出要说明的事物或情况。

例句：【拿】拿我们来说，缺勤是极少的。

二　拿的文化词

【拿手好戏】原指演员擅长的剧目。泛指最擅长的本领。

【狗拿耗子】比喻做外行事或多管闲事。

【十拿九稳】比喻很有把握。

三　对应的泰语词及其义项

ใช้มือหยิบหรือขยับ（สิ่งของ）［V］用手或用其他方式抓住、搬动（东西）

gěi
给　ให้

一　给字复字词义项归类

① 动 使对方得到某些东西或某种遭遇：给多了、给脸、给面子、给台阶下、给钱、给少了、给他点颜色看看、给我气受、给以、不给、多给了、会给、少给了、想给、应该给、愿意给。

例句：

a. 【给】杭州给我的印象很好。

b. 【给】我们给敌人一个沉重的打击。

②|动|让；使；叫。

例句：【给】给我看看；别叫风给刮散了。

③|动|用在动词后面，表示交与，付出：送给他、贡献给祖国、交给。

④|动|为。

例句：

a. 【给】他给我们当翻译。

b. 【给】医生给病人看病。

⑤|介|引进动作的对象，跟"向"相同。

例句：【给】小朋友给老师行礼。

⑥|介|表示某种遭遇；被。

例句：

a. 【给】羊给狼吃了。

b. 【给】树给炮弹打断了。

⑦|助|直接用在表示被动、处置等意思的句子的谓语动词前面，以加强语气。

例句：

a. 【给】裤腿都叫露水给湿透了。

b. 【给】弟弟把花瓶给打了。

二　给的文化词
无。

三　对应的泰语词及其义项
ให้ ［V］给

四　教学说明
"给"字的义项较多，除了第一个义项之外，其他义项的用法都有点抽象，教师可以利用例句释义、语境释义等教学方法给学生讲授，让学生在具体的例句和语境中学习这个词的其他义项。

挖 ขุด
^{wā}

一 挖字复字词义项归类

①动 用工具或手从物体的表面向里用力，取出其一部分或其中包藏的东西：挖补、挖鼻屎、挖洞、挖耳朵、挖防空洞、挖方、挖改、挖河、挖窖、挖井、挖掘、挖苦、挖墙脚、挖肉补疮、挖隧道、挖土、挖心、挖腰包。

例句：【挖苦】我们不能挖苦别人。

②动 用指甲抓：挖流血了、挖破了、挖肿了。

③动 探索；深入研究：挖潜力、挖素材。

例句：【挖潜力】这个孩子很有天赋，在艺术方面有很大的潜力可挖。

二 挖的文化词

【挖墙脚】原本是指将墙角挖掉，以至于整体的垮塌。比喻拆台，从根本上损害别人。而现今是指为了自己谋取利益，而在暗地里不择手段地从对方挖取相关的人员、技术。现在有时也指用不正当手段抢走朋友的对象。

【挖空心思】形容费尽心思，想尽一切办法。

三 对应的泰语词及其义项

ขุด [V] 挖

挠 เกาะ
^{náo}

一 挠字复字词义项归类

①动 （用手指）轻轻地抓：挠痒痒、抓耳挠腮。

例句：【抓耳挠腮】开机的日期渐渐临近，但演员还没有就位，导演急得抓耳挠腮。

②动使别人的事情不能顺利进行；阻止：挠动、挠格、挠滑、挠沮、挠抗、挠阻、挠正、阻挠。

例句：【阻挠】村民以污染环境为由，阻挠新工厂的施工。

③形弯曲，比喻屈服：挠辞、挠挫、挠法、挠节、挠情、挠屈、挠曲、挠弱、挠折、挠志、百曲不挠、百折不挠。

④动搅，搅动：挠荡、挠酒、挠搅、挠混。

⑤动恼乱，烦扰：挠扰。

二 挠的文化词

【百折不挠】折：挫折；挠：弯曲。无论受到多少挫折都不退缩，形容意志坚强。

东汉时，有一官员叫桥玄，他品行端正，疾恶如仇。有一回，一伙强盗绑住他 10 岁的儿子，带进他家，要正在病中的桥玄立即拿钱赎取，遭到桥玄的怒斥。不一会儿，官兵就包围了桥家，因怕强盗会杀桥玄的儿子，迟迟不敢动手。这时桥玄愤怒地喊道："我难道能因为儿子的生命而放了这伙坏人吗？"催促官兵们赶快动手。结果，桥玄的儿子被强盗杀死了。人们称赞桥玄"百折不挠"，始终保持节操。

【不屈不挠】屈：屈服；挠：弯曲。比喻在压力面前不屈服，表现得十分顽强。

【心痒难挠】形容高兴得不知如何才好。

三 对应的泰语词及其义项

เกาะ［V］（用手指）轻轻地抓

งอ；อุปมาว่า ยอม；คิโรราบ［A］弯曲，比喻屈服

rēng

扔 โยนทิ้ง

一 扔字复字词义项归类

①动挥动手臂，使拿着的东西离开手：扔垃圾、扔手榴弹、扔

球、扔炸弹、扔砖、扔标枪、不能扔、扔过来、扔过去、扔得远、扔石头。

②[动] 抛弃；丢弃：扔掉、扔了、扔弃、扔在一边、乱扔、扔下孩子、扔下工作、扔破烂儿、扔废品、扔在地上、扔到垃圾箱里。

例句：

a. 【扔下孩子】经济欠发达地区的农村劳动力夫妻扔下孩子，一起外出打工的情况比较多。

b. 【扔下工作】我的同事很想扔下工作，一个人去乡下享受那份日出而作，日落而息的恬静。

二 扔的文化词

无。

三 对应的泰语词及其义项

เหวี่ยง［V］挥动手臂，使拿着的东西离开手

โยนทิ้ง［V］抛弃；丢弃

四 教学说明

"扔"的义项①表具体动作，老师可以用演示法进行教学；扔的义项②表抽象动作，教师可以运用语境法进行教学，让学生在具体的语境中掌握它们的用法。

小   结

与人体其他动作相比，表上肢动作的核心词的义项很丰富：本章考察了14个表上肢动作的核心词共有105个义项，平均每个核心词有7.5个义项。语言中越是常用的动作，义项就越丰富。人的上肢相比其他部位来说是最灵巧的，对人的活动来说也是最重要的，因此它们的义项很丰富。

　　表上肢动作的核心词的义项一般遵循由专指到泛指再到抽象的引申规律。在词性转化方面：有6个动词的义项都是动词性义项，没发生词性转化，3个转化为名词性义项，3个转化为形容词性义项，2个发生实词虚化，产生介词义项。

　　针对上肢动词第一个义项多表具体动作的特点，老师可以用演示法进行教学，直接在教室中做出各种动作，让学生将动词符号与实际的动作联系起来，从而掌握词语的用法。用动作演示解释词语，不仅可以引导学生注意词语之间的差异，而且可以活跃课堂气氛，增加词语教学的效果。

　　针对上肢动词的引申义多表抽象动作的特点，教师可以运用语境法进行教学，让学生在具体的语境中掌握它们的用法。

第十章

汉泰人体下肢动作义场对比研究

与头部动作、上肢动作相比，下肢动作相对简单，因此记录下肢动作的动词的义项也比较简单。人和动物下肢动作的相同点比较多，所以记录人体下肢动作的动词大多可以表示动物的下肢动作。本章主要描写了走、跑、跳、踢、踩、坐、站等几个表示人体下肢动作的核心词及其构词体系。

走 เดิน

zǒu

一　走字复字词义项归类

①动 人或鸟兽的脚交互向前移动：行走、走路、走兽、走道、走访、走钢丝、走廊、走南闯北、走失、走投无路、赶走、拐走、逃走、远走高飞、走动。

例句：

a.【走南闯北】李先生是一个生意人，所以总是走南闯北地赚钱。

b.【走投无路】在我最走投无路的时候是她帮助了我，所以我对她很是感激。

②动 古代指跑：奔走、走马、走狗、走马上任、走马换将、走马观花、马飞兔走。

例句：

a.【不胫而走】李小姐要跳槽的消息不胫而走，上司知道这件事后很是生气。

b.【走马观花】领导派小王去基层实地考察，谁知他却走马观花地看了一通。

③ 动 移动；多指车、船等运行；挪动：走向、钟不走了、这着棋走错了、走读、走江湖、走势、走私、走火入魔。

例句：

a.【走】王明和李浩下棋，李浩因为一步棋走错了，他就全盘输掉了。

b.【走势】这一周股票走势持续低迷，很多股民都很受伤。

④ 动 趋向；呈现某种趋势：走红、走热、走运、走俏、走低、走高、走强。

例句：

a.【走红】尽管她是一个刚出道的演员，却还是迅速地走红了。

b.【走俏】今年夏天粉色很走俏，所以大街上很多女生都穿了粉色的衣服。

⑤ 动 离去；离开：刚走、出走。

例句：

a.【出走】上次和妈妈吵架之后，小刚一赌气居然离家出走了。

b.【抬走】请你把箱子抬走，这里不能乱放东西。

⑥ 动 指人辞世、死亡（婉辞）。

例句：【走】她还这么年轻就走了。

⑦ 动 亲戚朋友之间的往来：走娘家、走亲戚、两个人走得很近。

例句：

a.【走得很近】他们两家是世交，所以平常总是走得很近。

b.【走亲戚】在中国，新年之后大家都要走亲戚、访朋友来增进相互之间的感情。

⑧ 动 经过、通过：走后门、走账、走穴、走过场、走内线。

例句：【走后门】本次考试公平公正，严禁走后门。

⑨ 动 透露；泄漏：走风、说走嘴、不胫而走、走气、走火、走漏、

走电。

例句：

a.【走电】这根电线好像走电了，不要去触碰它。

b.【走漏】希望大家不要走漏了这个消息，要尽量保密。

⑩动 改变原样、失去原形：走样、走调、走味、你把原意讲走了、走形、走偏、走眼、走板、走题、走失原意。

例句：

a.【走调】她唱歌特别爱走调，所以她从来不在公众场合一展歌喉。

b.【走味】你把剩菜倒了吧，我觉得走味了。

二 走的文化词

【走马观花】也说走马看花，都是用来形容粗略不细心地观察事物。

【走过场】古代戏曲中角色出场后不停留，穿过舞台从另一侧下场，叫走过场。形容办事只在形式上过一下，并不脚踏实地地去做事，比喻敷衍了事。

【走后门】比喻用托人情、行贿等不正当的手段来通过内部关系达到某种目的。

宋代徽宗年间，蔡京做宰相时严酷迫害元祐党人。所谓元祐党人是指宋哲宗元祐年间反对变法的旧党，以司马光为首，包括苏轼、苏辙、黄庭坚等人。蔡京拟出了一个120人的庞大名单，称作奸党，宋徽宗亲自书写姓名，刻于石上，竖于端礼门外，史称"元祐党人碑"。凡是元祐党人的子孙，一律不许留在京师，不许参加科考，碑上列的人一律"永不录用"，而且一概不许出现和提到"元祐"的字眼。

洪迈《夷坚志》记载了一则《优伶箴戏》的故事。有一次宋徽宗和蔡京等大臣看戏，一个伶人扮做宰相，坐着宣扬朝政之美。一个僧人请求他签署准许游方的文件，宰相一看僧人的戒牒，是元祐三年颁发的，立刻收缴毁掉，还让僧人还俗。一个道士的度牒也丢了，宰相一问也是元祐年间颁发的度牒，立刻剥掉道士的道服，让他做平头百姓。一个士人是元祐五年获得荐举的，按照对元祐党人的政策，应该免掉荐举，负责管理官员的礼部不予录用，把他赶走了。过了一会儿，宰相家主管私家财库的官员附在宰相的耳边小声说："今天在国库，申请相公您的料钱一千贯，没想到拨下来的全部都是元祐年间所铸的钱，我来向您请示这些钱咱们到底要不要？"宰相低头想了半天，悄悄对官员说："从后门搬进去。"旁边的伶人举起手中所持的棍棒，照着宰相的脊背就打，一边打一边骂道："你做到宰相，原来也只要钱！"

另见酒徒新书《家园》描述：大隋朝承袭汉制，官府衙门都是坐北朝南。如果职位高到可携带家眷上任，官员的妻儿老小通常都安置在衙门后宅。平素公务往来，客人走的全是前门，只有私交甚好的朋友或者自家晚辈才走后门入内。几百年后，贪佞之风大行，"走后门"一词也由此而来。

还有一个说法，"走后门"原为褒义，典故与包公有关。传说包公上任开封府尹后，很久没有百姓来告状。后来，他发现原因是：官府前门守卫森严，并且守门官吏还索要贿赂才让人进门，这就是所谓"衙门朝南开，有理没钱莫进来"。包公处罚了守门官吏，并决定打开后门，让百姓随意出入告状。由此衍生了"方便之门"和"走后门"两个说法，但"走后门"的意义后来发生了重大变更，不再是原来的好事了。

三　对应的泰语词及其义项

เดิน［V］走

เดิน［V］工作

四　教学说明

"走"在汉语和泰语里第一个义项都相同，均表示"人或鸟兽的脚交互向前移动"。然而在基本义项基础上汉语和泰语的引申义却相差很远。教师需要结合词语组合、举例句和文化背景等进行教学。泰国汉语学习者可以去读和"走"有关的小典故来逐个理解和接受它的其他义项。

pǎo
跑 วิ่ง

一 跑字复字词义项归类

①动 两只脚或四条腿迅速前进：长跑、跑表、跑步、跑车₁（指赛车）、跑道、跑旱船、跑龙套、跑马、跑跑颠颠、跑鞋、跑圆场；奔跑、长跑、短跑、飞跑、赶跑、空跑、狂跑、起跑、赛跑、逃跑、小跑。

例句：【跑车】港商在北京给她买了一辆红色法拉利跑车，她成了港商笼中的金丝鸟。

②动 为某种事务而奔走：跑车₂（指列车员随车工作）、跑单帮、跑官、跑码头、跑买卖、跑生意、跑堂儿的、跑腿。

例句：【跑车】国有运输企业则背着沉重的包袱，职工们拼死拼活地跑车，也不及个体收入高。

③动 物体离开了应该在的位置；泄漏：跑电、跑调、跑光、跑偏、跑题、跑外。

二 跑的文化词

【跑了和尚跑不了庙】指纵然一时躲掉，但由于其他无法摆脱的牵累，最后还是无法脱身。比喻做事情不注重后果，只注重眼前利益。

【跑江湖】指旧时以卖艺、算卦、相面、卖药等为职业，来往各地谋求生活。跑江湖在现代实际生活中泛指没有稳定职业、经营场所的人，属贬义。如××是个跑江湖的。内在含义是说此人说话行事缺乏依据，不靠谱，不值得信任和依赖。

三 对应的泰语词及其义项

วิ่ง［V］两只脚或四条腿迅速前进

พื้น]เดิน［V］为某种事务而奔走

หายไป［V］物体离开了应该在的位置；泄漏

四 教学说明

"跑"的汉语义项①表具体动作，老师可以用演示法进行教学；
"跑"的义项②、③表抽象动作，教师可以运用语境法进行教学，让学
生在具体的语境中掌握它们的用法。

tiào
跳 กระโดด

一 跳字复字词义项归类

①动腿上用力，使身体突然离开所在的地方：跳板、跳脚、跳梁、
跳伞、跳高、跳远、跳绳、跳水、跳台、跳舞、跳箱、跳蚤、跳跃、跳
闸、颤跳、连蹦带跳、欢蹦乱跳、活蹦乱跳、起跳、弹跳、跑跑跳跳、
上蹿下跳。

②动越过应该经过的一处而到另一处：跳班、跳级、跳槽、跳行
（a. 阅读或抄写时漏去一行；b. 另起一行书写；c. 改行）、跳马、
跳棋。

③动一起一伏地动：跳动、心跳、眼跳。

二 跳的文化词

【鸡飞狗跳】把鸡吓得飞起来，把狗吓得到处乱跳。形容惊慌得乱
成一团。

【鲤鱼跳龙门】古代传说黄河鲤鱼跳过龙门，就会变化成龙。比喻
中举、升官等飞黄腾达之事。也比喻逆流前进，奋发向上。

传说，很早以前，龙门还未凿开，伊水流到这里被龙门山挡住了，
就在山南积聚了一个大湖。

居住在黄河里的鲤鱼听说龙门风光好，都想去观光。它们从河南孟
津的黄河出发，通过洛河，又顺伊河来到龙门水溅口的地方，但龙门山
上无水路，上不去，它们只好聚在龙门的北山脚下。"我有个主意，咱
们跳过这龙门山怎么样？"一条大红鲤鱼对大家说。"那么高，怎么跳

啊?""跳不好会摔死的!"伙伴们七嘴八舌拿不定主意。大红鲤鱼便自告奋勇地说:"我先跳,试一试。"只见它从半里外就使出全身力量,像离弦的箭,纵身一跃,一下子跳到半天云里,带动着空中的云和雨往前走。一团天火从身后追来,烧掉了它的尾巴。它忍着疼痛,继续朝前飞跃,终于越过龙门山,落到山南的湖水中,一眨眼就变成了一条巨龙。山北的鲤鱼们见此情景,一个个被吓得缩在一块儿,不敢再去冒这个险了。这时,忽见天上降下一条巨龙说:"不要怕,我就是你们的伙伴大红鲤鱼,因为我跳过了龙门,就变成了龙,你们也要勇敢地跳呀!"鲤鱼们听了这话,受到鼓舞,开始一个个挨着跳龙门山。可是除了个别的跳过去化为龙以外,大多数都过不去。凡是跳不过去,从空中摔下来的,额头上就落一个黑疤。直到今天,这个黑疤还长在黄河鲤鱼的额头上呢。

后来,唐朝大诗人李白,专门为这件事写了一首诗:"黄河三尺鲤,本在孟津居。点额不成龙,归来伴凡鱼。"

【跳到黄河洗不清】因为黄河水本来就十分浑浊,所以跳进去是很难将身上的污垢冲洗干净的。比喻无法摆脱嫌疑。

【跳梁小丑】跳梁:腾跃跳动;小丑:对人的卑称。比喻那些品格低下或并无什么真才实学的人,为了达到个人私利或不可告人的目的而极尽捣乱、破坏之能事,但终究没有什么了不得,只不过是真正地暴露了他自己的丑恶嘴脸。

三　对应的泰语词及其义项

กระโดด [V] 跳

เต้น [V] 一起一伏地动

四　教学说明

"跳"的义项①表具体动作,老师可以用演示法进行教学;"跳"的义项②、③表抽象动作,教师可以运用语境法进行教学,让学生在具体的语境中掌握它们的用法。

踢 ^{tī} เตะ

一 踢字复字词义项归类

动 抬起腿用脚撞击：踢打、踢皮球（a. 抬脚触击皮球；b. 比喻互相推诿，来回扯皮的官僚主义作风）、踢蹬、踢踏舞。

二 踢的文化词

【踢天弄井】上天入地无所不能。比喻本领极大，也形容顽皮到极点。

三 对应的泰语词及其义项

เตะ［V］踢

四 教学说明

"踢"只有一个义项表具体动作，老师可以用演示法进行教学。

踩 ^{cǎi} เหยียบย่ำ

一 踩字复字词义项归类

动 脚底接触地面或物体：踩道、踩点、踩水（一种游泳方法，人直立深水中，两腿交替上抬下踩，身体保持不沉，并能前进）。

二 踩的文化词

无。

三 对应的泰语词及其义项

เหยียบย่ำ［V］踩

四　教学说明

"踩"只有一个义项表具体动作，老师可以用演示法进行教学。

zuò
坐　นั่ง

一　坐字复字词义项归类

① 动 把臀部靠在其他物体上休息：稳坐江山、席地而坐、坐以待毙、坐垫、坐骨、坐化、坐禅、坐功、坐骑、坐井观天、坐具、坐观成败、坐享其成、坐冷板凳、坐月子、坐席、正襟危坐、平起平坐、静坐、端坐、打坐、小坐、坐视不管、坐卧不安、坐而论道。

例句：

a.【坐享其成】我们要靠自己的双手去劳动，而不应该去做一个坐享其成的人。

b.【坐冷板凳】他坐了几十年的冷板凳，现在终于有机会一展身手了。

c.【席地而坐】来到公园之后，大家席地而坐唱起了歌。

② 动 搭、乘：坐车、坐船、坐飞机。

例句：【坐飞机】我们决定坐飞机去西藏旅游。

③ 动 坚守，后引申为常驻，不动：坐庄、坐等、坐班、坐镇。

例句：【坐庄】几圈麻将打下来，老妈一直坐庄。

④ 房屋等建筑物的位置背对着某一方向：坐北朝南、坐落。

例句：【坐北朝南】我们家的房子坐北朝南，采光很好。

⑤ 动 把锅、壶等放在燃烧的火上：坐锅。

⑥ 动 枪炮由于反作用而向后移动；建筑物由于基础不稳固而下沉：步枪的坐劲儿不小、房顶往后坐。

⑦ 动 形成（病痛）：自那次车祸之后，就坐下了肩疼的毛病。

⑧ 动 指定罪：连坐、反坐、坐赃、坐牢。

⑨ 动 瓜果等植物结实：坐果、坐瓜。

二 坐字的文化词

【坐井观天 】坐在井底看天。比喻眼光狭小，看到的有限，所以见识少。

三 对应的泰语词及其义项

นั่ง ［V］坐

โดยสาร:นั่ง（ในลักษณะโดยสาร）［V］搭、乘

zhàn
站 ยืน

一 站字复字词义项归类

动 立，两脚着地直起身体落在某一水平面上：站立、站队、站岗、站柜台、站住脚、站稳、站哨。

例句：

a.【站住脚】经过几十年的打拼，这个从北方来的小伙子终于在深圳站住脚。

b.【站岗】今晚轮到小东站岗，所以他早早地就来了岗哨。

二 站字的文化词

【站住脚】①停止行走；②停在某个地方；③在某个地方待下去；④（理由等）成立。

例句：

a. 这个店由于经营很好，在这里站住脚了。

b. 那篇文章的论点是能站住脚的。

三 对应的泰语词及其义项

ยืน ［V］站

ยืน〔A〕长（长寿）：อายุยืน

四 教学说明

"站"字在汉泰语里的第一个义项相同。泰语里"站"字除了第一个义项之外还引申表示"长寿"之意且为形容词性。汉语里面，"站"只有一个义项，并且组成的词也比较少，教师可用母语释义法，让泰国学生通过泰语词"**ยืน**"学习汉语的"站"。

小　结

本章考察了7个表下肢动作的核心词共有28个义项，平均每个词4个义项。表下肢动作的核心词的义项一般也遵循由专指到泛指，再到抽象的引申规律。

在现代汉语中，表下肢动作的义项分布规律很不均衡，例如走的义项有10个，而踢、踩、站只有一个义项，这是因为"走"这个动作时时刻刻都伴随着人类生活，这说明越是和人们生活密切相关的词，它的使用频率就越高，它的义项就越丰富，这是汉语词汇义项发展的一个规律。正是基于这个规律所以才有了汉语常用字表、词表、词频词典的制定，才有了对外汉语词汇教学中的《HSK中国汉语水平考试词汇大纲》。虽然踢、踩、站等表下肢动作的词只有一个义项，可它们仍然是人们生活中必不可少的动作，仍然需要掌握。因此我们在制定汉语词汇教学大纲的时候，除了要考虑到频率标准外，还要考虑到必需标准，不管这个词的使用频率如何，只要是和人们生活密切相关的词，就要收入词汇教学大纲中来，并强调其意义。①

在词性转化方面：7个动词的义项都是动词性义项，这说明大多数表下肢动作的词词性单一，在词义引申的过程中一般不发生词性

---

① 此外，制定对外汉语词汇教学大纲的时候还要考虑到系统的标准，也就是怎样把看似一盘散沙的词汇组织起来，构成词汇体系。

转化。

　　针对下肢动词第一个义项表具体动作的特点，老师可以用演示法进行教学；针对它们的引申义多表抽象动作的特点，教师可以运用语境法进行教学，让学生在具体的语境中掌握它们的用法。

第十一章

汉泰全身动作义场对比研究

　　全身动作是指人全身都要参与的动作。根据斯瓦迪士200核心词列表，我们在本章把表中的躺、睡、住、斗、猎、击、玩、刺、切、分、杀等归为全身动作类核心词，其中刺、杀、猎、玩、切、分等是否为全身动作词还有争议。因此在我们看来本章选取的几个动词是不能够系统地反映全身动作义场义项在现代汉语中的分布规律的。

　　为了能够系统地反映全身动作义场义项在现代汉语中的分布规律，我们又增添了以下表全身动作的词即起、倒、伸、缩、跌、跪、趴、爬、靠、藏、躲、扑、歇等为考察对象，以补充选词的不足。

tǎng

躺　นอน

一　躺字复字词义项归类

　　①动身体、物体横倒在某一水平面上：躺在沙发上、躺椅、躺柜。

　　例句：【躺椅】爷爷年龄大了，爸爸昨天去市场上给他买了个躺椅。

　　②动指物体平放或倒在地：一枝花躺在烂泥里。

　　③动死的委婉表达：先母躺了下来，还是很热闹的。

二　躺字的文化词

　　无。

นอน〔V〕躺

shuì

睡 นอน

一 睡字复字词义项归类

①动睡觉：睡袋、睡裤、睡懒觉、睡梦、睡帽、睡眠、睡眠疗法、睡魔、睡袍、睡铺、睡裙、睡容、睡态、睡相、睡醒、睡眼惺忪、睡眼蒙眬、睡衣、睡意、睡着、酣睡、入睡。

例句：【睡眼惺忪】你看来睡眼惺忪，你最需要的是小睡一下。

②动躺：睡椅、睡鸭炉。

二 睡的文化词

【睡鸭炉】古代的一种香炉，造型如鸭入睡，腹内焚香，烟从口出。

三 对应的泰语词及其义项

นอน〔V〕睡觉

zhù

住 อาศัย

一 住字复字词义项归类

①动居住；住宿：住处、住一夜、住区、住所、住院、住宅、住址、住户、住家、住读、住校、小住、暂住。

例句：

a. 【住院】他好像病得很重，医生要求他必须住院治疗。

b. 【住校】这是一所寄宿制学校，学校的大部分学生都住校。

②动停住；止住：住手、住口、站住、截住。

例句：

a. 【住手】"住手!"老张喊道，"不准体罚孩子!"

b. 【住口】你给我住口，我不想听到你的声音。

③动 做动词的补语。a. 表示牢固或稳当：捉住、把住了方向盘、记住。b. 表示停顿或静止：问住了、愣住了。c. 跟"得"（或"不"）连用，表示力量够得上（或够不上）、胜任：支持不住、禁得住、保不住、搁不住、招架不住、靠不住、按捺不住、吃得住、搁得住、靠得住。

例句：【禁得住】他是一个坚强的人，能够禁得住生活中的任何风风雨雨。

二 住的文化词

【住持】①主持一个佛寺或道观的事务。②主持一个佛寺或道观的僧尼或道士。

相传住持一职为唐代百丈山怀海所创。《敕修百丈清规》卷二《住持章》说佛教传入中国大约 400 年以后，达摩也来了。他四处布道，经过八次才传到唐代百丈山怀海那里，而且只以佛法相互传授。他有时候在山上的岩石上休息，有时候寄居在寺庙，不过却还没有住持这种说法。唐代百丈山怀海认为禅宗已经兴盛了，上到君主和王公贵族，下到普通黎民百姓，都过来求佛问法。所以他认为如果不推崇一个有威望的位子，那么师法就不会严肃和严谨。于是，开始尊奉他的老师为住持，称他自己为长老。

三 对应的泰语词及其义项

อาศัย［V］住宿

อาศัย［V］依靠、依赖 พึ่ง

อาศัย［V］凭、根据 อ้างถึง

ค้าง［V］停止 Syn. หยุด，ชะงัก

ค้าง［V］剩 เหลือ，คงอยู่

ค้าง［V］卡住 ติดอยู่

ค้าง［V］欠钱、欠账เป็นหนี้, ติดหนี้

พัก［ADV］住（暂时）

พัก［V］休息

四 教学说明

"住"在汉语和泰语中表达"住宿"这个义项时是相同的,在词义的引申上又都引申出一个共同义项"停止"。不同之处在于汉语的义项没有泰语的引申义项多,所以在教学时,只要注意学生别把泰语中多余的引申义项负迁移到学习中来即可。

dòu

斗 สู้

一 斗字复字词义项归类

①动对打:械斗、斗殴、战斗、斗争、争斗、决斗、困兽犹斗、斗志昂扬。

例句:【斗殴】学校有明文规定,禁止学生在校园里发生斗殴现象。

②动斗争:斗恶霸。

③动使动物争斗并互比高下:斗鸡、斗蛐蛐儿、斗牛、斗蟋蟀。

例句:【斗蛐蛐儿】爷爷退休之后经常和邻居大爷一起斗蛐蛐儿消磨时间。

④动由比赛争胜负:斗志、斗智、斗嘴、斗不过他、斗力、斗劲、斗口齿、斗气、斗士、斗心眼儿、斗法、明争暗斗。

例句:【斗嘴】小明和小红是一对很要好的朋友,美中不足的是他们俩特别爱斗嘴。

⑤动使之相互拼合、凑在一块儿:这件小袄儿是用各色花布斗起来的。

例句:【斗】我现在经常怀念小时候妈妈亲手用碎花布斗起来做成

的书包。

二 斗的文化词

【坐山观虎斗】比喻对双方的斗争采取旁观的态度，等到双方都受到损伤，再从中捞取好处。

三 对应的泰语词及其义项

สู้ [V] 打仗

สู้ [V] 斗、比（比赛）

ต่อสู้ [V] 抗议 ต่อต้าน

ต่อสู้ [V] 打仗

ต่อสู้ [V] 斗争、比赛、斗、比

四 教学说明

"斗"字在汉语和泰语里的义项是大致相同的，不论是本义还是引申义。从习得方面来看，泰国汉语学习者可以利用学习的正迁移理论来认识它。

猎 เหยื่อ
liè

一 猎字复字词义项归类

①动 捕捉禽兽；打猎：猎捕、狩猎、田猎、围猎、渔猎、猎人、猎户、猎狗、猎枪、猎场、猎手、猎头、猎物、行猎、出猎。

例句：

a. 【打猎】这个老人住在森林里面，他以打猎来维持生计。

b. 【猎物】雄鹰在高空飞翔着，眼睛却无时不在寻找着猎物。

②动 搜寻；物色：猎获、猎取、猎奇。

例句：【猎取】原始社会的人用粗糙的石器来猎取野兽。

二　猎的文化词

【猎奇】寻找，探索新奇事物，多用来满足人们的好奇心理，带有一定的刻意和强迫意识。

三　对应的泰语词及其义项

เหยื่อ［N］（动物、东西）诱饵

เหยื่อ［N］（人）猎物

jī

击 เคาะ

一　击字复字词义项归类

①动 打；敲打：击毙、击打、击鼓、击剑、击节、击破、击球、击赏、击伤、击水、击玉敲金、击掌、击中、冲击、旁敲侧击、迎头痛击。

例句：

a.【旁敲侧击】这不是在旁敲侧击说我不够乖吗？

b.【迎头痛击】全国警方联合出击，给犯罪分子以迎头痛击。

②动 攻打：击败、击毙、击沉、击穿、击毁、击溃、击落、反戈一击、打击、声东击西、射击、袭击、游击。

例句：

a.【反戈一击】徐九经的反戈一击让调查组众人的防线彻底崩溃。

b.【声东击西】敌人中了我军声东击西之计。

③动 碰；接触：击发、目击、冲击、撞击。

二　击的文化词

【声东击西】指造成要攻打东边的声势，实际上却攻打西边。是使对方产生错觉以出奇制胜的一种战术。

东汉时期，班超出使西域，目的是团结西域诸国共同对抗匈奴。为了使西域诸国便于共同对抗匈奴，必须先打通南北通道。地处大漠西缘的莎车国，煽动周边小国，归附匈奴，反对汉朝。班超决定首先平定莎车。莎车国王北向龟兹求援，龟兹王亲率五万人马，援救莎车。班超联合于阗等国，兵力只有二万五千人，敌众我寡，难以力克，必须智取。班超遂定下声东击西之计，迷惑敌人。他派人在军中散布对班超的不满言论，制造打不赢龟兹，要撤退的迹象，并且特别让莎车俘虏听得一清二楚。这天黄昏，班超命于阗大军向东撤退，自己率部向西撤退，表面上显得慌乱，故意让俘虏趁机脱逃。俘虏逃回莎车营中，急忙报告汉军慌忙撤退的消息。龟兹王大喜，误认为班超惧怕自己而慌忙逃窜，想趁此机会，追杀班超。他立刻下令兵分两路，追击逃敌。他亲自率一万精兵向西追杀班超。班超胸有成竹，趁夜幕笼罩大漠，撤退仅十里地，部队即就地隐蔽。龟兹王求胜心切，率领追兵从班超隐蔽处飞驰而过，班超立即集合部队，与事先约定的东路于阗人马，迅速回师杀向莎车。班超的部队如从天而降，莎车猝不及防，迅速瓦解。莎车王惊魂未定，逃走不及，只得请降。龟兹王气势汹汹，追走一夜，未见班超部队踪影，又听得莎车已被平定，人马伤亡惨重的报告，知大势已去，只好收拾残部，悻然返回龟兹。

三 对应的泰语词及其义项

เคาะ［V］打；敲打

โจมตี［V］攻打

ดำ［V］碰；接触

wán
玩 เล่น

一 玩字复字词义项归类

①动玩耍：玩具、玩偶、玩物、玩头、玩意儿、玩赏、玩法、玩家、玩弄、玩闹、不要玩火。

例句：【玩】孩子们在公园里玩得很起劲儿。

②<u>动</u>做某种活动（多指文体活动）：玩足球、玩扑克、玩游戏、玩鸟、玩捉迷藏、玩股票、玩牌、玩投机、玩电脑、玩彩票。

③<u>动</u>使用（不正当的方法、手段等）：玩花招儿。

④<u>动</u>用不严肃的态度来对待，轻视，戏弄：玩弄、玩世不恭、玩忽职守。

⑤<u>动</u>观赏：玩月、游玩、玩赏、玩味、耽玩、玩物丧志。

⑥<u>名</u>供观赏的东西：古玩、珍玩、玩物。

二　玩的文化词

【玩火自焚】比喻干冒险或害人的勾当，最后受害的还是自己。

例句：香港舆论认为，"台独"势力妄图分裂中国，只能是玩火自焚。

【玩物丧志】醉心于玩赏所喜好的东西，从而消磨掉志气。

大约3000年前，周武王消灭商纣王之后，威德广被四海。西方有蛮夷之邦进贡了一头獒犬，高四尺有余，能解晓人意，威猛而善于和人搏斗，与当时中原之犬大不相同。当时任太保的召公奭，担心武王会因喜好此犬而荒废政事，于是写了一篇文章，曰《旅獒》，告诫武王不要"玩人丧德，玩物丧志"。这里说的玩人，就是不尊重他人的人格，随意狎侮与戏弄他人。玩物，就是沉溺于所喜好的事物之中，乃至于不能自拔。召公奭认为，有盛德的君主，是不会狎侮他人的人格的。如果你狎侮了君子，君子就不会为你的事业尽其心志；如果你狎侮了小人，小人就不会为你的事业尽其劳力。喜好玩人的君主，上失君子之心，下失小人之力，他的统治地位也就很难维系了。至于玩物，君主将大量的精力与时间花费在自己所喜好的事物之上，哪里还有心思过问政事？

例句：凡是沉迷于声色犬马的人，没有不玩物丧志的。

【玩世不恭】不把现实社会放在眼里，对什么事都采取不严肃的态度（不恭：不严肃）。

例句：美国总统罗斯福年轻时一身花花公子打扮，玩世不恭。

เล่น〔V〕玩

เล่นเกมส์บางอย่างเพื่อความสนุกสนาน〔V〕做某种活动（多指文体活动）

ยั่วเย้า；ปั่นหัวเล่น〔V〕用不严肃的态度来对待，轻视，戏弄

刺 _{cì} แทง

一 刺字复字词义项归类

①动尖的东西进入或穿过物体：刺臂、刺戳、刺得厉害、刺得深、刺耳、刺骨、刺股焚膏、刺进、刺孔、刺目、刺伤、刺配、刺青、刺人、刺死、刺疼、刺天、刺透、刺心、刺血、刺一下、刺字、刺中。

例句：【刺股焚膏】弟弟刺股焚膏学习了一年，终于考上了大学。

②动刺激：刺激鼻子、刺激性气味、刺闹、刺恼、刺痛、刺眼、刺痒。

③动暗杀：刺客、刺虎、刺死、刺杀、被刺、行刺、遇刺。

例句：【遇刺】总统不幸遇刺身亡。

④动侦探；打听：刺事、刺取、刺探、刺问。

例句：【刺探】美军屡次制造麻烦，刺探我军虚实。

⑤讽刺：刺戒、刺邪、讥刺、陈古刺今、刺上化下、刺心刻骨。

例句：【陈古刺今】陈教授发表了一些陈古刺今的言论。

⑥动尖锐像针的东西（刺儿）：刺柏、刺丛、刺柴、刺刀、刺刀见红、刺儿菜、刺儿头、刺槐、刺参、刺细胞、刺猬、刺针、带刺儿、芒刺、鱼刺、肉中刺、挑毛拣刺。

例句：【挑毛拣刺】我这个人属于老好人类型的，只会说好好好，不会挑毛拣刺。

⑦动指责、揭发：刺打、刺举。

⑧动刺绣：刺凤描鸾、刺绣、刺文裤。

二 刺的文化词

【刺股悬梁】形容学习刻苦。

战国时期，有一个很有名的人叫苏秦。年轻时，由于才疏学浅，不被重用。回家后，家里人对他也很冷淡，瞧不起他。这对他的刺激很大，于是，他下定决心，发奋读书。他常常读书到深夜，感到很疲倦想睡觉时，就用锥子刺自己的大腿。这样，猛然间感到疼痛，让自己清醒起来，再继续坚持读书。经过刻苦学习，苏秦后来得到很多国家的重用。这就是苏秦"刺股"的故事。

东汉时候，有个叫孙敬的人，他年轻时非常喜欢读书，经常自己一人在家里不知疲倦地读书。为了防止自己读书时睡着，就想了一个办法：用绳子的一头系住自己的头发，绳子的另一头牢牢地绑在房梁上。当他读书疲劳想低头睡觉时，头一低，绳子就会牵住头发，这样会把头皮扯痛了，马上就清醒了，然后再继续读书学习。

后来，人们就用刺股悬梁来形容人学习刻苦。

【芒刺在背】芒刺：细刺。像有芒和刺扎在背上一样。形容内心惶恐，坐立不安。

公元前87年汉武帝死后，他年仅8岁的小儿子刘弗陵即位，史称汉昭帝。按照武帝的遗诏，由大司马大将军霍光、御史大夫桑弘羊等辅政，掌握朝廷军政大权。昭帝的寿命不长，21岁就死了。他没有儿子，于是霍光把武帝的孙子刘贺立为皇帝。后来，霍光发现刘贺生活放荡不堪，整天寻欢作乐，经与大臣们商量，把刘贺废掉，另立武帝的曾孙刘询为帝。这就是汉宣帝。不过刘询也非常清楚，霍光的权势很大，自己的生死存废完全决定于他，因此很惧怕霍光。刘询即位后做的一件大事，就是去谒见祖庙。到了那一天，宣帝乘坐一辆装饰华丽的马车，霍光就坐在马车一侧陪侍，皇帝见霍光身材高大，面容严峻，不由自主地非常畏惧，惶恐不安，就像有芒刺在背上那样难受。此后，宣帝见到霍光，总是小心翼翼。公元前68年霍光病死，乘车时再也没有他陪侍，宣帝才感到无拘无束，行动自由了。

【断蛟刺虎】相传晋周处曾射蛟杀虎，为民除害。后以"断蛟刺虎"

谓武艺高强，行为侠义。

　　周处年轻时，凶暴强悍，好与人争斗，被乡亲们认为是一大祸害。义兴的河中有条蛟龙，山上有只白额虎，一起侵害百姓。义兴的百姓称他们是三害，三害当中周处最为厉害。有人劝说周处去杀死猛虎和蛟龙，实际上是希望三个祸害中只剩下一个。周处立即杀死了白额虎，又下河斩杀蛟龙。经过了三天三夜，当地的百姓们都认为周处已经死了，互相庆祝。当周处杀死蛟龙上岸听说乡里人以为自己死了而庆贺时，才知道大家实际上也把自己当做一大祸害。因此，他有了悔改的心意。于是到吴郡去找陆机。当时陆机不在，只见到了陆云，他就把全部情况告诉了陆云，并说自己想要改正错误，提高修养，可又担心自己年岁太大，最终不会有什么成就。陆云说："古人珍视道义，认为'哪怕是早晨明白了圣贤之道，晚上就死去也甘心'，况且你的前途还是有希望的。并且人就怕立不下志向，只要能立志，又何必担忧好名声不能显露呢？"周处听后就改过自新，最终成为一名忠臣。

三　对应的泰语词及其义项

แทง［V］尖的东西进入或穿过物体

ทำให้เกิดความปวดแสบ［V］刺激

ลอบแทง，ลอบสังหาร［V］暗杀

qiē
切 หั่น

一　切字复字词义项归类

①动用刀把物品分成若干部分：切菜、切成块、切成丝 、切除、切断电源、切断退路、切肺、切分、切腹、切糕、切割、切花、切换、切口、切片、切入、切肉、切肉丝、切削、切心、切西瓜。

②动治骨；加工珠宝、骨器的工艺名称：切错、切镂、切玉。

③动切磋，指学习上切磋相正：切磋琢磨、切摩、切磨、切责、切直、切正。

例句：【切磋琢磨】人的学问知识能力成就，就像玉石的加工一样，需要精心地切磋琢磨。

二 切的文化词

【切磋琢磨】中国古代把骨头加工成器物叫"切"，把象牙加工成器物叫"磋"，把玉加工成器物叫"琢"，把石头加工成器物叫"磨"。比喻互相商量研究学习长处，纠正缺点。也比喻人做学问想要有所成就，就必须像切骨磋金琢玉磨石那样经过磨炼。

【一刀切】比喻不顾实际情况，用同一种方式处理情况或性质不同的事物。

三 对应的泰语词及其义项

หั่น［V］用刀把物品分成若干部分

fēn
分 แบ่ง，แยก

一 分字复字词义项归类

①动使整体事物变成几部分或使联在一起的事物离开（跟"合"相对）：分拨、分布、分档、分地、分隔、分割、分而治之、分封、分化、分合、分级、分家、分间、分界、分界线、分解、分开、分科、分类、分裂、分列式、分馏、分离、分路、分门别类、分批、分片、分群、分娩、分明、分期、分散、分送、分身、分身乏术、分设、分水岭、分属、分摊、分体空调、分庭抗礼、分团、分享、分野、分灶、划分、条分缕析。

②动分配：分包、分兵、分餐、分成、分得、分工、分管、分发、分肥、分红、分户、分茅裂土、分配工作、分配任务、分润、分销、分与、分忧、分赃、分账。

例句：【分赃】两个人因为分赃不均发生了争执。

③动辨别：分辨、分辨率、分划、分斤掰两、分清、分清是非、

分说、分析、见分晓、爱憎分明、便可分晓、不分青红皂白、区分。

例句：

a.【分斤掰两】她们两人关系很好，谁说她们什么，她们也不会分斤掰两地计较。

b.【爱憎分明】厂长这个人立场坚定，爱憎分明。

④ 名 分支；部分：分部、分册、分厂、分店、分队、分号、分公司、分会、分行、分局、分机、分力、分流、分校、分支。

⑤ 名 分数（分儿）：得分、分式、分数、分数线、通分、约分。

⑥ 名 表示分数：百分之五、二分之一、三分之一。

⑦ 名 （某些计量单位的）十分之一：分米、分升。

⑧ 量 计量单位的名称：分币、分寸、分毫不差、分厘不减、分厘不留、分厘卡、分秒必争、分文不取、分文不值、分值、分钟、成绩一百分、身无分文、一分米、一分地、一分钟、一分利息。

例句：

a.【分毫不差】太阳每天升起的时间并非分毫不差。

b.【身无分文】人们都不愿意交他这个身无分文的朋友。

⑨ 名 由整体中取出或产生出一部分：分担、分发、分神、分心劳神、分忧。

⑩ 动 散，离：分别、分崩离析、分道扬镳、分赴、分拣、分解、分洪、分居、分裂、分离、分立、分袂、分批、分歧、分散、分手。

⑪ 名 一半，昼夜各分：春分、秋分、正午时分。

二 分的文化词

【分庭抗礼】庭：庭院；抗：对等、相当；抗礼：行平等的礼。分庭抗礼指的是古代宾主相见，分站在庭的两边相对行礼以示平等。比喻平起平坐，彼此对等，可以抗衡。

春秋时期，孔子与弟子在树林中弹琴，一个白发老翁专心倾听，老翁向子路、子贡打听孔子的情况。老翁说孔子偏行仁爱，孔子十分虚心接受，并恭送老翁，孔子说遇到贤人必须真诚礼遇，不能分庭抗礼，否则就失礼了。

【分崩离析】崩：倒塌；析：分开。崩塌解体，四分五裂。形容国家或集团分裂瓦解。

春秋时鲁国的大夫季康子住在费邑（今山东费县），他虽然名位是卿大夫，但权势极大，甚至超出当时国君鲁哀公。季康子为了进一步扩大和巩固自己的统治权力，想攻伐附近的一个叫颛臾的小国，把它并吞过来。

孔子的学生冉有和子路当时都是季康子的谋臣，他俩觉得很难劝谏季康子，于是向孔子求教。孔子却怀疑这是冉有的主意。冉有说："这是季康的主意，我和子路都想制止他。"孔子说："你俩既然辅佐季康，就应该尽力劝阻他。"

冉有又说："不过，如今颛臾的国力越来越强大。现在不攻取，以后可能会成为祸患。"孔子说："这话不对！治理一个国家，不必去担忧土地、人口的多少；而应该多去想想怎样使百姓安居乐业，百姓一安定，国家就会富强。这时再施行仁义礼乐的政教来广泛招抚远方的百姓，让他们能安居乐业。而你们俩辅佐季康，使得远方的百姓离心而不来归附，人民有异心而不和，国家分裂而不能集中。在自己的国家处于分崩离析的情况下，还想去用武力攻伐颛臾，我恐怕季康的麻烦不在颛臾，而在萧墙之内。"

【分道扬镳】道：道路；镳：马嚼子；扬镳：驱马向前，分路而行。比喻志趣不同，各走各的道路。

在南北朝的时候，北魏有一个叫元齐的人，他很有才能，屡建功勋。皇帝非常敬重他，封他为河间公。元齐有一个儿子叫元志，是一个有才华但又很骄傲的年轻人。孝文帝很赏识他，任命他为洛阳令。不久以后，孝文帝采纳了御史中尉李彪的建议，从山西平城（今山西大同市东）搬迁到洛阳建都。这样一来，洛阳令成了"京兆尹"。在洛阳，元志仗着自己的才能，对朝廷中某些学问不高的达官贵族，往往表示轻视。

有一次，元志出外游玩，正巧李彪的马车从对面飞快地驶来。照理，元志官职比李彪小，应该给李彪让路，但他一向看不起李彪，偏不让路。李彪见他这样目中无人，当众责问元志："我是御史中尉，官职比你大多了，你为什么不给我让路？"元志并不买李彪的账，说："我是洛阳的地方官，你在我眼中，不过是一个洛阳的住户，哪里有地方官给住户让路的道理呢？"

他们两个互不相让，争吵了起来。于是他们来到孝文帝那里评理。李彪说，他是"御史中尉"，洛阳的一个地方官怎敢同他对抗，居然不肯让道。元志说，他是国都所在地的长官，住在洛阳的人都编在他主管的户籍里，他怎可同普通的地方官一样向一个御史中尉让道呢？

孝文帝听了他们的争论，觉得他们各有各的道理，不能训斥他们中的任何一个，便笑着说："洛阳是我的京城。我听了，感到你们各有各的道理。我认为你们可以分开走，各走各的，不就行了吗？"

【入木三分】相传王羲之在木板上写字，木工刻时，发现字迹透入木板三分深。形容书法极有笔力。现多比喻分析问题很深刻。

王羲之是晋朝的大书法家。王羲之曾经在池塘边练字，每次写完，就在池塘里洗笔砚。时间一久，整个池塘的水都变黑了。无论休息还是走路，他心里总是想着字的结构，揣摩着字的结构和气势，不停地用手指在衣襟上画着，时间久了，身上的衣服也画破了。王羲之20岁时，太尉郗鉴派人到他们家族中去选女婿。王家的子弟纷纷乔装打扮，希望能中选。只有王羲之，躺在竹榻上一手吃烧饼，一手继续在衣服上画着。郗太尉很欣赏王羲之的镇定，便把女儿嫁给了他。有一次，皇帝要到北郊祭祀，让王羲之把祝词写在一块木板上，再派木匠拿去雕刻。木匠在雕刻时发现王羲之写的字竟然已经深入木头达三分，赞叹道："右军（王羲之）的字，真是入木三分啊！"

三 对应的泰语词及其义项

แบ่ง，แยก（ตรงข้ามกับ '合'）[V] 跟 "合" 相对

แบ่งสรร，แจก [V] 分配

แยก（ในลักษณะวินิจฉัย）；วินิจฉัย［V］辨别

杀 ฆ่า

sha

一　杀字复字词义项归类

① 动 使人或动物失去生命；弄死：杀虫、杀鸡、杀敌、杀生、杀一儆百、杀戮、杀戒、厮杀、杀人、杀场、杀机、杀菌、杀掠、杀人不见血、杀人不眨眼、杀人如麻、杀人越货、杀人盈野、杀伤、杀身成仁、杀身之祸、杀手、杀手锏、枪杀、绞杀、谋杀、屠杀、畏罪自杀、宰杀、杀害、杀机、杀人灭口。

例句：

a.【杀手锏】他总是最后才会使出他的杀手锏。

b.【杀人不眨眼】日本鬼子是杀人不眨眼的魔鬼。

② 动 战斗：杀出重围、杀气腾腾。

例句：【杀出重围】最后，她杀出重围成了本届选美比赛的冠军。

③ 动 削弱；减少；消除：减杀、杀价、杀暑气、风势稍杀、杀时间。

例句：【杀价】我喜欢和姐姐一起逛街，因为她买东西很会杀价。

④ 动 同 "煞"，收束、勒紧、扣紧：杀笔、杀尾、杀青。

例句：【杀青】这部电视剧的拍摄于昨天杀青，估计上映时间会在6月。

⑤ 动 用在动词或形容词后，表示程度深：气杀、恨杀、热杀人、笑杀人。

例句：【热杀人】今天的温度太高了，简直热杀人。

二　杀字的文化词

【杀一儆百】警告，比喻用惩罚一个人来借以警戒许多人。近似"杀鸡儆猴"。

【杀鸡儆猴】意思是用杀鸡的方法来吓唬猴子，比喻惩戒一个以警戒其余。

在驯猴人看来杀死鸡的成本远远低于杀死猴子的成本，与猴子相比鸡要无用得多。相传猴子非常怕血，驯猴的人为了驯服猴子首先当面把鸡杀得鲜血淋漓，让它看了害怕，不再顽强反抗，使之逐步驯化。

【杀人不见血】比喻杀人而不留痕迹，手段阴险毒辣，即使人受了害还一时觉察不出。

【杀身成仁】为了成全正义和道德，甚至不顾惜自己的生命。多指为维护正义或崇高的事业而甘愿牺牲自己的生命。

《论语·卫灵公》："志士仁人，无求生以害仁，有杀身以成仁。"孔子说："有志之士和仁慈之人，决不为了自己活命而做出损害仁义的事情，而是宁可牺牲自己也要恪守仁义的原则。"

【杀手锏】多指取胜的绝招，经常用来比喻在关键的时刻使出的最拿手的本领。

三　对应的泰语词及其义项

ฆ่า［V］杀

ฆ่า［V］删掉

qǐ
起 ลุกขึ้น

一　起字复字词义项归类

①动 由躺而坐或由坐而立等：起床、起立、起居、起夜、早起、早睡晚起、起身₁（指身子由坐、卧状态站立起来）、起早贪黑、拍案而起、腾空而起。

②动 离开原来的位置：起身₂（指动身）、起运、起跑、起飞、起程。

③动 由……开始：起始、起码、起步、起初、起讫、起源、起因、起头。

④动 把嵌进去的东西拔出，取出：起钉子、起锚、起获。

⑤[动]领取：起护照。

⑥[动]由下向上，由小往大里涨：起伏、起劲、起色、声名鹊起、东山再起。

⑦[动]发生，提出：起风、起腻、起敬、起疑、起义、起诉、狂风骤起、欢声四起、狼烟四起、起死回生。

⑧[动]长出：起痱子。

⑨[动]拟写、拟定：起草。

⑩[动]建造，建立：起房子、白手起家。

⑪[动]群，组，批：一起（一块儿）。

⑫[动]量词，指件，宗：一起案件。

⑬用在动词后，表示动作的趋向：想起、掀起、兴起、引起。

⑭用在动词后，与"来"连用，表示动作开始：唱起来。

⑮用在动词后（常与"不"或"得"连用），表示力量够得上或够不上：经得起检验、对不起、了不起、对得起、看得起、瞧不起。

二 起的文化词

【起死回生】使死的人或动物复活。多用来形容医生的医术高明。也比喻成功挽救了看起来已经毁灭和没有希望的事情。

相传春秋战国时期的名医扁鹊医术很是高明，有起死回生的本领。有一次，他来到虢国，听说虢国的太子暴病死亡半日还没有进行掩埋，他就跑到虢国的皇宫里告诉大臣说他能够让太子复活。很多大臣都认为他是在开玩笑，人死怎么能够复生呢？不过他却说，如果你们不相信的话可以看一下现在的太子是不是和我给你描述的症状很像。结果也正如扁鹊所说，于是虢国的国君亲自出来迎接扁鹊请他给太子医治。扁鹊看过太子后说："太子并没有死，他只是因为阴阳两气不和从而出现一种假死现象。"然后扁鹊让人用针灸的方法对太子进行急救，过了一会儿，太子就自己坐立起来，接着扁鹊又给太子开了很多中药辅助调理。没过多久，太子就彻底痊愈了。也正因为这件事，人们都说扁鹊有起死回生的本领。

三 对应的泰语词及其义项

ลุกขึ้น〔V〕由躺而坐；由坐而站

มี（ตุ่มพุพอง, เพื่อน, ผด）ขึ้ 〔V〕皮肤上长出

dǎo, dào

倒 ลุกขึ้น

一 倒字复字词义项归类

倒₁ dǎo

①动（人或竖立的东西）横躺下来：摔倒、卧倒、风把树刮倒了。

②动（事业）失败；垮台：倒闭、倒台。

例句：【倒闭】这家公司成立不久就倒闭了。

倒₂ dào

①动使往后退或者向相反的方向移动：倒退、倒车、倒转。

②动反的；相反的：喝倒彩、倒找钱、倒行逆施、反攻倒算、倒贴。

③动反转或倾斜容器使里面的东西出来：倒水、倒茶、倒垃圾。

二 倒的文化词

【倒插门】即"入赘"，指男女结婚后，男子到女方家里落户的一种结婚习俗。即男方"嫁"到女方家里，吃的，穿的，用的，几乎都是女方家庭所供给的。

男方入住女方家里，说明这个男的地位不行被人看不起。过去，倒插门是一个普通而又略带贬义的词。现在上门女婿很多，也很常见，所生子女如今并不一定要随女方姓氏，可照常姓男方姓，只不过是在女方

家定居。

【倒打一耙】比喻自己做错事不仅拒绝对方的指摘，还反过来指摘
对方。

三　对应的泰语词及其义项

ล้ม, ล้มลงไป［V］由直立变为横卧

(กิจการ) ล้มเหลว; ล้ม, คว่ำ［V］垮台失败

shēn
伸 เหยียดออก

一　伸字复字词义项归类

①动 人或动物的肢体及其某一部分展开：伸直、伸展、延伸、伸
开、伸舌头、伸手、伸缩、伸头、伸腿、伸手不见五指、伸延。

②动 索要、插手：伸雪、伸冤、伸张正义。

二　伸的文化词

【伸手不见五指】由于光线很暗，所以看不见周围的事物（有夸张
的意味在里面）。

三　对应的泰语词及其义项

เหยียดออก［V］（肢体或其他物体）舒展开或向一定方向延展

suō
缩 รัดตัว; หดตัว

一　缩字复字词义项归类

①动 由长变短或由大变小：压缩、收缩、伸缩、缩减、缩编、紧
缩、缩短、热胀冷缩、缩水、缩影。

②动 没伸开或伸开了又收回去；不伸出：乌龟的头老缩在里面。

③动 回收，后退：缩手、缩手缩脚、退缩、畏缩、缩头缩脑。

二　缩的文化词

【缩衣节食】形容因为节俭而省吃省喝省穿。

【缩头缩脑】形容因为胆子小而不敢出头负责任，也形容畏缩不前。

三　对应的泰语词及其义项

รัดตัว;หดตัว［V］收缩

หดเข้า;ไม่ยื่นออก［V］没伸开或伸开了又收回去；不伸出

diē

跌 ล้ม

一　跌字复字词义项归类

①动 摔：跌跤、跌倒、跌宕、跌跌撞撞、跌破、跌足。

②动 低下、落下：跌落、跌水、下跌、大跌眼镜。

③动（物价）下降：跌价。

例句：金价跌了百分之二。

二　跌的文化词

【大跌眼镜】指事情的结果出乎意料，令人感到吃惊。

近年来，"大跌眼镜"非常流行。它的意思很明确，都是用在非常惊奇的场合。可是为什么一惊奇，眼镜就会掉下来呢？

原来，最早的眼镜就是一个凹透镜，用时举到眼前，不太方便。由于这个时候人们还没有意识到上帝创造耳朵就是为了挂眼镜，仅仅想了一些权宜的方法，例如用一支小柄，眼镜举在眼前就比较方便了。但是老练的近视眼们很快就学会皱皱眉头、用眼皮夹着眼镜，这样，就可以腾出手来干别的事情，比如翻书什么的。舞会上，如果用眼皮夹着眼镜，观看漂亮美女的时候，突然发现一桩令人惊奇的事情，眼睛一瞪，眼镜就掉下来了。久而久之，"大跌眼镜"就成为看到惊奇的事情的代名词了。自从人们意识到耳朵与眼镜的关系，眼镜是跌不下来了，但是这个说法还是流传下来了。

ล้ม［V］摔倒

跪 ^{guì} คุกเข่า

动 两膝盖弯曲，使一个或两个膝盖着地：下跪、跪拜、跪下、跪叩、跪毯、跪伏、跪射、罚跪、跪倒、长跪、半跪、跪坐、单跪、跪地求饶、跪求、跪乳、跪安、跪香、互跪。

例句：

a.【跪拜】观音座前，一群群善男信女虔敬地跪拜着，祈祷着。

b.【跪倒】她因筋疲力尽而跪倒。

二 跪字的文化词

【鸦有反哺之义，羊知跪乳之恩】小羊跪着吃奶，小乌鸦能反过来喂养老乌鸦，以报答父母的养育之恩。

相传，小羊对它妈妈说："妈妈，您对我这样疼爱，我怎样才能报答您的养育之恩呢？"羊妈妈说："我什么也不要你报答，只要你有这片孝心，妈妈就心满意足了。"小羊听后，情不自禁地流下眼泪……小羊为了报答母羊的养育之恩，每次吃奶都是跪着的。它知道，是妈妈用奶水把它喂大的，跪着吃奶是感激妈妈的哺乳之恩，这便是"羔羊跪乳"。

据说，乌鸦小时候，都是由它妈妈辛辛苦苦地飞出去找食物，然后回来一口一口地喂给它吃。渐渐地，小乌鸦长大了，乌鸦妈妈也老了，飞不动了，不能再飞出去找食物了。这时，长大的乌鸦没有忘记妈妈的哺育之恩，也学着妈妈的样儿，每天飞出去找食物，再回来喂妈妈，照顾老乌鸦，并且从不感到厌烦，直至老乌鸦自然死亡，这就是"乌鸦反哺"。

据记载，"反哺"是乌鸦的习性。乌鸦的雏鸟长大，必衔食饲其母。《本草纲目》中称乌鸦为慈鸟："此鸟出生，母哺六十日，长者反哺六十日，可谓慈孝矣。"后来人们便将反哺比作子女孝敬父母。

三 对应的泰语词及其义项

คกเข่าลง［V］跪

趴 นอนคว่ำหน้า

一 趴字复字词义项归类

①动 胸腹部向下卧倒：趴倒、趴窝₁（母鸡下蛋或孵小鸡时趴在窝里）、趴窝₂（比喻人因生病、劳累等原因歇在家里，也比喻车、马因为故障、伤病等而不能工作）、趴伏、趴下、趴睡、趴蛋。

例句：【趴窝】这台老爷车又趴窝了。

②动 身体向前靠在物体上；伏：趴在桌子上。

例句：他趴在桌子上睡着了。

二 趴字的文化词

无。

三 对应的泰语词及其义项

นอนคว่ำหน้า［V］俯卧

ก้มเข้าไปใกล้［V］上身前倾倚靠在物体上

四 教学说明

动词"趴"是各个民族都通用的一个动作，没有特别的文化含义，教师可以通过图片等方式给学生以直观的形象，加深对该词的理解和记忆。

pá
爬 ไต่

一 爬字复字词义项归类

①动 昆虫、爬行动物等行动或人用手和脚一起着地向前移动：爬

行、爬虫（爬行动物的旧称）、爬泳、爬行动物、东滚西爬、连滚带爬。

例句：【连滚带爬】敌人被打得连滚带爬了。

②[动]攀登；抓着东西向上去：爬高、爬升、爬山、往上爬（带有讽刺性）、爬山虎、爬格子、爬竿、爬坡、爬梯、爬墙、攀爬、爬楼。

③[动]搔：爬痒、爬搔（"搔"读轻声）、隔靴爬痒、爬耳搔腮。

例句：【爬耳搔腮】还有一个小目的，是在对于以我去年的免官为"痛快"者，给他一个不舒服，使他恨得爬耳搔腮，忍不住露出本相。

④[动]整治：爬栉（整治清理）、爬剔（剔除，挑剔）、爬罗剔抉、爬梳剔抉。

⑤[动]疏导；发掘：爬罗（发掘搜罗）、爬棺材黄鼠狼（盗墓贼）、爬犁、吃里爬外。

⑥[动]由倒卧而坐起或站起（多指起床）：他病得已经爬不起来了；在哪里跌倒，就在哪里爬起来。

二 爬字的文化词

【吃里爬外】接受这一方面的好处，却为那一方面卖力。也指将自己方面的情况告诉对方。

例句：这种吃里爬外的事，我劝你不要做。

【隔靴爬痒】比喻说话作文不中肯，不贴切，没有抓住要点。或做事没有抓住关键。

例句：惠光觉得江菊霞和唐仲笙唱的都是高调，对私营中小商业的情况并不了然，讲的净是些隔靴爬痒的话。

三 对应的泰语词及其义项

ปีน［V］抓着东西往上攀登

(แมลงหรือสัตว์บางชนิด)ไต่［V］人胸腹向下，手脚并用向前移动；昆虫，爬行动物等向前移动

四　教学说明

"爬"也是人类或者某些动物常用的一个动作，小孩在学走路之前都是以"爬"的方式来前进的，动物中也有类似蜥蜴、蜈蚣等爬行动物。教师可以通过图片结合意义来加深外国学生的理解。

kào

靠 โดย

一　靠字复字词义项归类

①动（人）坐着或站着时让身体一部分重量由别人或物体支持着：倚靠、靠在壁上、靠枕、靠垫、靠背、靠山、靠手、靠墙。

例句：【倚靠】他平静地倚靠在护栏上，脸上荡起一丝微笑，一动不动，目不转睛地望着前方。

②动依赖，仗恃：依靠、靠群众、靠自己、靠劳动生活、投靠、六亲无靠、求亲靠友、冰山难靠、无依无靠、靠天吃饭。

例句：【依靠】我们这次取得胜利是依靠全班同学的努力。

③动信托，信得过：放心可靠、靠得住、她办事挺牢靠、可靠。

例句：

a. 【靠得住】理性的东西之所以靠得住，正是由于它来源于感性，否则理性的东西就成了无源之水，无本之木。

b. 【可靠】把事情交给他做很可靠。

④动（物体）凭借别的东西的支持立着或竖着：扁担靠在墙上。

⑤动接近、挨近：靠拢、靠近、靠岸、靠边、靠谱儿、靠准。

例句：

a. 【靠近】小丽抿着嘴，弓着腰，蹑手蹑脚地，一步一步慢慢地靠近它。靠近了，靠近了，又见她悄悄地将右手伸向蝴蝶，张开的两个手指一合，夹住了粉蝶的翅膀。

b. 【靠谱儿】小马负责准备服装，谁知这家伙真不靠谱儿，弄的服装一点感觉都没有，还狡辩说什么"不闪，亮的也行啊"。

二　靠字的文化词

【靠山吃山，靠水吃水】比喻自己所在的地方有什么条件，就依靠什么条件生活。

【冰山难靠】比喻不能长久的权势，难于依靠。

李隆基特别宠爱杨玉环，封她为贵妃。这下杨家便鸡犬升天了，她的堂兄杨国忠也官运亨通做了宰相，还兼领四十余个使官，大权在握，朝廷选任官吏都在他家里私下决定。当时，陕西有一个进士，叫张彖(tuan)，没有机会做官。他的朋友们都劝他去拜见杨国忠，那样立刻就能升官发财。可是他始终不去，反倒对劝他的朋友说："你们都把杨国忠看得像泰山一样稳固，可是我以为他不过是一座冰山罢了。将来天下有了动乱，他就会垮掉，好比冰山遇到太阳化掉一样，到那时候你们就失掉靠山了。"不久，安禄山起兵叛乱，攻下京城长安，杨国忠随同唐玄宗逃往四川，在马嵬驿，被士兵杀死。杨贵妃也被缢死，杨家这座靠山果然倒塌了。

三　对应的泰语词及其义项

ชิด［V］凭借别的人或物体支持身体；凭借别的东西支持而立住

ใกล้［V］挨近

藏　หลบซ่อน
cáng

一　藏字复字词义项归类

①动 隐藏；躲起来不让发现：躲藏、藏龙卧虎、隐藏、储藏、包藏、暗藏、藏污纳垢、藏猫儿、藏匿、藏身、藏头露尾、藏踪、东躲西藏、剖腹藏珠、绵里藏针、笑里藏刀、暗藏杀机。

例句：

a.【躲藏】我们遇到困难时不可以躲藏，要去勇敢地面对它。你越躲藏，它来势就越凶猛。

b. 【隐藏】这所小房子隐藏在深山里。

c. 【藏污纳垢】这个地方曾经是一个藏污纳垢的黑窝。

②动收存；储藏：藏书、收藏、珍藏、蕴藏、冷藏、藏品、藏器待时、春生夏长，秋收冬藏、金屋藏娇、鸟尽弓藏、飞鸟尽，良弓藏。

例句：

a. 【珍藏】李先生珍藏的字画有 2000 幅之多。

b. 【蕴藏】祖国的大地下面蕴藏着丰富的矿产资源。

③动怀，藏在心中：包藏祸心、闭口藏话。

④动怕人知道或发现而竭力掩藏：藏躲、藏拙、藏锋、藏富、藏巧于拙。

二 藏字的文化词

【藏龙卧虎】指隐藏着未被发现的人才，也指隐藏不露的人才。

例句：这所大学藏龙卧虎，人才济济。

【金屋藏娇】指以华丽的房屋让所爱的妻妾居住。也指娶妾。

志怪小说《汉武故事》记载：有一天：馆陶长公主抱着小刘彘（汉武帝刘彻）问："彘儿长大了要讨媳妇吗?"小刘彘说："要啊。"长公主于是指着左右侍女百余人问刘彻想要哪个，小刘彘都说不要。最后长公主指着自己的女儿陈阿娇问："那阿娇好不好呢?"小刘彘就笑着回答说："好啊！如果能娶阿娇做妻子，我就造一个金屋子给她住。"长公主非常高兴，于是数次请求景帝，终于定下了这门亲事。

【兵藏武库，马入华山】兵器藏进武库，军马放入华山。指天下太平。

【藏诸名山，传之其人】把著作藏在名山，传给后来志趣相投的人。

【剖腹藏珠】剖开肚子把珍珠藏进去。比喻为物伤身，惜物伤生，轻重颠倒。

有一天，唐太宗和侍臣们闲谈时，讲了这么一则故事：西域有个商人，偶然得到一颗珍珠，乃是见所未见的无价之宝。他非常喜爱，生怕被人盗去，搁在哪儿都不放心。后来，他剖开自己的肚子，把珍珠藏在里面。这样倒是相当安全了，可是他的命也就没了。这个故事称为"剖腹藏珠"或"剖身藏珠"。唐太宗说："这个故事是我听来的，你们说真会有这样的人吗?"侍臣们说："恐怕有。"唐太宗说："人们都知道，这个商人爱珠而不爱身的愚蠢行为是多么可笑，但是有些官员因贪赃受贿而丧命，有的皇帝因追求无限的享受而亡国，难道不是和他一样的愚蠢可笑吗?"当时谏议大夫魏征接着说："由于利欲熏心，贪得无厌，而连自己的身体性命都忘了的人，确是有的。"

三　对应的泰语词及其义项

หลบซ่อน［V］躲起来不让人看见

เก็บสะสม［V］储存

四　教学说明

"藏"是一个动词，教师可以在课堂演示给同学看，比如把甲同学的书藏在乙同学的书包里，告诉大家这个把书放在书包里的动作叫做"藏"。

duǒ
躲 หลบ

一　躲字复字词义项归类

动 躲避，躲藏：躲雨、躲车、躲债、躲懒、躲让、躲账、躲灾、躲难、躲风、躲开、躲清闲、躲猫猫、躲躲闪闪、明枪易躲，暗箭难防。

例句:

a.【躲避】他知道什么时候应该躲避。

b.【躲藏】过日本兵的时候，我躲藏在对门大山的岩壳里。

c.【躲开】躲开，没你的事。

二　躲的文化词

【明枪易躲，暗箭难防】明处来的枪虽然容易躲开，但暗中射来的箭却难以提防。比喻公开的攻击比较容易对付，但暗地里的中伤却难以躲闪。用于形容种种公开的和隐蔽的攻击。

春秋时期，郑国的郑庄公得到鲁国和齐国的支持，计划讨伐许国（许国是一个小国，在今河南许昌市。郑国在许国的北边）。一年夏天，郑庄公在宫前检阅部队，发派兵车。一位老将军颍（yǐng）考叔和一位青年将军公孙子都，为了争夺兵车吵了起来。颍考叔是一员勇将，他不服老，拉起兵车转身就跑。公孙子都向来瞧不起人，当然也不肯相让，拔起剑飞奔追去。等他追上大路，颍考叔早已不见人影了。公孙子都因此怀恨在心。到了秋天，郑庄公正式下令攻打许国。郑军逼近许国都城，攻城的时候，颍考叔奋勇当先，杀敌无数，爬上了城头。公孙子都眼看颍考叔就要立下大功，心里更加忌妒起来，便抽出箭来对准颍考叔就是一箭，只见这位勇敢的老将军一个跟斗摔了下来。最后郑军终于把城攻破。许国的国君许庄公逃亡到了卫国。许国的土地并入了郑国的版图。

例句：现在市场上竞争激烈，真是明枪易躲，暗箭难防啊。

【躲得和尚躲不得寺】寺：寺庙。指躲避一时，但终究不能根本逃避。

【躲过初一，躲不过十五】指能躲避一时，但终不能永远逃避。

三　对应的泰语词及其义项

หลบ［V］避开，避让

pū
扑 ตี

一　扑字复字词义项归类

①动用力向前冲，使全身突然伏在物体上：扑跌、扑向、扑来、和风扑面、香气扑鼻。

②动扑打；拍打：扑蝇、扑打、扑粉、扑救、扑灭、扑闪、扑朔迷离。

③ 动 把全部心力用到（工作、事业等上面）：他一心扑在教育事业上。

④ 动 伏：扑在桌上看地图。

二　扑的文化词

【扑朔迷离】扑朔：跳跃的样子；迷离：不明的样子。原指难辨雌雄的兔子，比喻辨不清是男还是女。形容事情错综复杂，不容易看清真相。

例句：侦探小说中扑朔迷离的情节让我一头雾水，完全忘记了如何思考。

三　对应的泰语词及其义项

กระโจนเข้าใส่ ［V］身体猛烈地向前冲，伏在物体上

ตี ［V］拍打，拍

xiē

歇 พัก

一　歇字复字词义项归类

① 动 休息：歇乏、歇伏、歇肩、歇脚、歇凉、歇晌、歇闲、歇夏、歇腿、歇心。

② 动 停止：歇工、歇业、歇班、歇顶、歇手、歇气、消歇、停歇、衰歇、歇后语、雨歇风停。

③ 动 睡：歇息、安歇。

④ 名 很短的一段时间：间歇、间歇热。

二　歇的文化词

【歇后语】是中国广大人民在生活实践中创造的一种特殊语言形式，是俗语的一种。歇后语短小、风趣、形象。它由前后两部分组成：前一

部分起"引子"作用，像谜语，后一部分起"后衬"的作用，像谜底。在一定的语言环境中，通常先说出前半截，"歇"去后半截，就可以领会和猜想出它的本意，所以就称为歇后语。歇后语可以分成两种类型：一种是逻辑推理式的，说明部分是从前面比喻部分推理的结果。

例如：哑巴吃黄连——有苦说不出；水仙不开花——装蒜。

还有一种是谐音的歇后语，它在前面一种类型的基础上加入了谐音的要素。

例如：外甥打灯笼——照旧（舅）；孔夫子搬家——净是输（书）。

三　对应的泰语词及其义项

พัก［V］休息

หยุด［V］停止

小　结

本章考察了 24 个表全身动作的核心词共有 107 个义项，平均每个词4.45 个义项。表全身动作的核心词的义项一般遵循由专指到泛指，再到抽象的引申规律。

在词性转化方面：有 20 个动词的义项都是动词性义项，4 个转化为名词性义项，2 个转化为量词性义项。这说明大多数表全身动作的动词词性单一，在词义引申的过程中没有发生词性转化，并且有的只有表具体动作的动词性义项，有的引申出来表示抽象动作的动词性义项。

全身动词的第一个义项一般表具体动作，教师可以用演示法进行教学，引申义表具体动作的也用此法；它们的引申义表抽象动作或虚词的，教师可以运用语境法进行教学，让学生在具体的语境中掌握它们的用法。

第十二章

汉泰抽象动作义场对比研究

　　人类动作的发展顺序是从上到下、由粗到精、由具体到抽象的。从上到下意思是人类能感知的动作最先是头部动作，其次是上肢动作，再次是下肢动作和全身动作；由粗到精意思是人类首先认识的是由核心词记录的动作，再次是在核心词基础上发展而来的动作；由具体到抽象意思是人类最先掌握的是具体动作，此后才是抽象动作。

　　抽象思维是人类思维的高级阶段，抽象动作是人类有了抽象思维后才有的动作，与其他表动作的动词相比，抽象动词出现得最晚。本章主要描写了生、死、来、去、知、算、想、怕等 8 个核心词及其构词体系。

生　ออกลูก
<small>shēng</small>

一　生字复字词义项归类

　　①动 生育；出生：生辰、生父、生就、生来、生日、生身；超生、笔下超生、出生、催生、诞生、胎生、卵生、孪生、接生、降生、亲生、投生、托生、天生、头生、晚生、下生、先生、优生、转生。

　　②动 生长：生齿、生发、生根、生芽、萌生、增生。

　　③动 生存；活（跟"死"相对）：生存竞争、生俘、生还、生离死别、生擒、生杀予夺、生死、生死存亡、生死与共；安生、残生、寄生、死而复生、起死回生、轻生、求生、杀生、伤生、逃生、偷生、九

死一生、永生、野生。

④ 名 生计：生活、生活费、生趣；谋生、营生、民生、国计民生、监生、黄花后生、人生、养生、武生、小生、新生、学生、大学生、留学生、小学生、中学生、高才生、走读生、研究生、门生、儒生、书生、图文为生、写生、医生、侍应生、招生。

⑤ 名 生命：生灵涂炭、丧生、舍生取义、生命、生物学、生命工程、生物技术；放生、苍生、长生、畜生、来生、男生、女生、救生、民不聊生、舍死忘生、虎口余生、再生、众生、芸芸众生。

⑥ 名 生平：生前、一生一世、今生今世、平生、前生、终生。

⑦ 形 具有生命力的；活的：生物、生龙活虎、生猛、生态、生态工程、生态标志、生态建筑、生态科学、生态旅游、生态学、生态系统。

⑧ 动 产生；发生：生变、生病、生成、生财、生财有道、生根、生花之笔、生产、生效、惹是生非；次生、丛生、百病丛生、荆棘丛生、油然而生、应运而生、发生、谈笑风生、绝处逢生、绝路逢生、自力更生、横生、险象环生、情急智生、滋生。

⑨ 动 使柴、煤等燃烧：生火、生炉子。

二　生的文化词

【初生牛犊不怕虎】比喻青年人思想上很少顾虑，敢作敢为。也比喻缺少经验，不知危险，做事鲁莽。

东汉末年，刘备从曹操手中夺取了汉中，并在此称王，下令关羽北取襄阳，进兵樊城。关羽部将廖化、关平率军攻打襄阳，曹操部将曹仁领兵抵抗，结果大败，退守樊城。曹操派大将于禁为征南将军，以勇将庞德为先锋，领兵前往樊城救援。

庞德率领先锋部队来到樊城，让兵士们抬着一口棺材，走在队伍的前面，表示誓与关羽决一死战。庞德耀武扬威，指名要关羽与他决战。关羽出战，两人大战百余回合，不分胜负，两军各自鸣金收兵。关羽回到营寨，对关平说："庞德的刀法非常娴熟，真不愧为曹营勇将啊。"关平说："俗话说：'刚生下来的小牛犊连老虎都不害怕。'对他不能轻视啊！"这里成语初生牛犊不怕虎意思是说勇将庞德刚刚出道，锐不可当，千万不能轻敌。

关羽觉得靠武力一时难以战胜庞德，于是想出一条计谋。当时正值秋雨连绵，汉水猛涨，魏军营寨却扎在低洼之处，关羽掘开汉水大堤，水淹于禁七军，俘虏了于禁、庞德。于禁投降，而庞德却立而不跪，不肯屈服。关羽劝他投降，庞德反而破口大骂。于是，关羽下令杀了庞德。

这就是初生牛犊不怕虎这个成语的由来，其实在故事中我们可以看到，这句话早就存在了，要不然关平不能说"俗云"，但是在这之前是谁说的已经无从考证，关平是第一个有史料可查的说这话的人，于是这里就被认为是这个成语的出处了。

【人生如朝露】早晨的露水，比喻存在的时间短。比喻人生短促。

【蓬生麻中，不扶自直】蓬昔日长在大麻田里，不用扶持，自然挺直。比喻生活在好的环境里，得到健康成长。

【白面书生】指缺乏阅历经验的读书人。也指面孔白净的读书人。

《宋书·沈庆之传》："陛下今欲伐国，而与白面书生辈谋之；事何由济！"话说南北朝的时候，有一个人叫做沈庆之。沈庆之从小就非常会打仗，被封为"建武将军"，专门负责防守边疆。有一天，皇帝想要向北边扩张领土，沈庆之知道了，就极力阻止皇帝："大王，这件事万万不可，您还记得以前几位将军向北边扩张领土失败的事吧！大王……"沈庆之不停地劝皇帝，皇帝觉得很烦，就对沈庆之说："我不想听了，我叫别人来跟你说！"皇帝就找了左右两个文官来和沈庆之争辩，沈庆之无奈地对皇帝说："大王，治理国家就像治理家一样，要讨论耕田的事就要找每天去耕田的工人，要问织布的事就要找织布的婢女。现在大王要去攻打其他的国家，却去找两个从来没打过仗的'白面书生'来商量，这场仗怎么会成功呢？"皇帝不耐烦地说："你不要再说了，我决定的事是不会再改变了！"皇帝没有采纳沈庆之的意见，最后当然打了个大败仗回来。后来，大家就用沈庆之说的

"白面书生"来形容年轻没有经验的读书人,只知道书本上的知识,不晓得实际应付事情的方法。

【苍生涂炭】涂:泥淖。形容老百姓像陷入泥坑、掉进水坑那样痛苦。

【步步生莲花】形容女子步态轻盈。

魏晋南北朝时期南齐明帝萧鸾死后,他的第二个儿子萧宝卷继承了皇位,当时 16 岁。萧宝卷荒淫无度,弄得全国百姓苍生涂炭。他非常宠爱妃子潘玉儿。为了展示美人的风姿,他命令工匠用黄金凿成莲花的形状,一朵一朵地贴在地板上,再让他心爱的潘玉儿袅袅婷婷地行走其上。因为潘玉儿裹了小脚,所以走在黄金做成的莲花路上,非常轻盈,皇帝不禁赞叹道:"这真是步步生莲花呀!"

皇帝的暴虐行径早就引起朝野不满,人心尽失,最后被萧衍打败并杀死。

三　对应的泰语词及其义项

ออกลูก [V] 出生

งอก;เกิด [V] 生长

มีชีวิต;ยังเป็นอยู่ [A] 具有生命力的;活的

四　教学说明

"生"字的义项较多,在教学过程中可以向学生展示这个词各个义项的引申依据,以便加深学生对各个义项的记忆。

死 ตาย

sǐ

一　死字复字词义项归类

①动生物失去生命(跟"生、活"相对):死亡、死不瞑目、死而复生、死而后已、死而无悔、死而无憾、死缓、死里逃生、死难、死囚、死灭、生老病死、死灰复燃、死牢、假死、僵死、决一死战、该死、客死、醉生梦死、溺死、贪生怕死、含冤屈死、出生入死、生死、

誓死、虽死犹荣、送死、死亡率、万死不辞、罪该万死、舍生忘死、寻死、凶死、佯死、诈死、致死、作死。

例句：

a. 【死而无憾】为了国家和民族的事业，他死而无憾。

b. 【死不瞑目】她是一个被冤枉的死囚，在冤屈被洗清之前，她死不瞑目。

②副不顾生命；拼死：死战、死守、死命催促、死命挣扎。

例句：【死守】这是一群勇敢的士兵，他们死守着自己的阵地决不投降。

③副至死，表示坚决：死不认输、死不放手、死顽固、死气沉沉、贼心不死、死皮赖脸、死气白赖。

例句：【死气沉沉】今天的气氛死气沉沉，让人倍感压抑。

④形表示达到极点：笑死人、高兴死了、死沉、死寂、死劲儿、死咸。

例句：【死沉】这个箱子死沉死沉的，我一个人搬不动。

⑤形不可调和的：死敌、死对头。

例句：【死对头】他们两个人是死对头，一见面就要分个高下。

⑥形固定；死板；不活动：死脑筋、死心眼、死规矩、死水、死板、死契、死板、死背、死党、死记硬背、死键、死机。

例句：【死脑筋】你就是个死脑筋，遇到事情怎么不知道开动脑筋去思考一下呢？

⑦形不能通过：死胡同、死路、堵死、死角、死局、死结。

例句：【死胡同】这是一个死胡同，恐怕我们得绕道而行了。

二 死的文化词

【死不瞑目】人虽然死了却还不闭上眼睛，往往代表心里还有牵挂。也用来形容不达目的，誓不甘休。

公元 189 年，凉州军阀董卓率兵入洛阳，废汉少帝立献帝，并纵火焚烧洛阳周围数百里，激起了人民的愤怒和反抗。孙坚是东汉末年人，为郡县吏，后因军功被提拔为长沙太守。孙坚与袁术联合起来讨伐董卓，并大骂董卓逆天意，行事残暴无道，誓与他不共戴天，表示如不灭董卓三族，把他头砍下来悬示全国，死也不能闭眼睛（"今不夷汝三族，悬示四海，则吾死不瞑目"）。

【死不足惜】足：值得；惜：吝惜或可惜。死并不值得可惜，多用来形容坏人或小人物的死。

三　对应的泰语词及其义项

ตาย［V］死

ตาย［V］停（手表停了 นาฬิกาตาย）

ตาย［A］固定的（指人）：ของตาย

ตาย［V］（手、脚）没感觉（残疾）：มือตาย ตีนตาย

四　教学说明

"死"在汉语和泰语中第一个义项相同，词义引申方面也都引申出"停止"这个共同义项，但是难点在于"死"字在汉语里引申义较多较广。所以泰国汉语学习者要多多注意其他义项的学习尤其是义项③、④、⑤、⑦。教师可根据"死"的本义结合具体的语境去举生动形象的例句来加深学生对引申义的了解和掌握。

lái
来　มา

一　来字复字词义项归类

①动由别地到说话者所在地（与"往"、"去"相对）：来回、来往、过来、归来、来宾、来信、来访、突如其来、上来、纷至沓来、否极泰来、下不来、卷土重来、出来、从来、到来、说得来、倦游归来、来去匆匆、远道而来、滚滚而来、慕名而来、蜂拥而来、源源而来、接踵而来、来者不拒、来之不易。

例句：

a. 【来回】在班级和宿舍之间，我每天都要走上几个来回。

b. 【来信】姐姐从国外来信了，她说下个月回国。

②[动]从过去到现在：从来、向来、近来、素来、别来无恙、三年来、自古以来、长期以来、有生以来、有史以来、鉴往知来、古往今来、与生俱来、继往开来。

例句：

a. 【别来无恙】王平，好久不见，别来无恙。

b. 【向来】他向来是个不善言辞的人，所以不用对他的一语不发感到奇怪。

③[动]做某种动作：来场决斗、胡来、来盘跳棋、来，你歇歇，让她来、不要来这套。

例句：【不要来这套】不要来哭闹这套，有事情我们好好说。

④[动]趋向动词，多用在动词后。往往跟"得"或"不"连用：上得来、谈得来、这件事我做不来。

例句：【谈得来】我和她一见如故，很是谈得来。

⑤[动]用在别的动词前面，表示要做某事：一起来动脑筋、你来监督、我来想办法。

例句：关于这件事，你别着急，我来想办法。

⑥[动]用在动词结构（或介词结构）与动词（或动词结构）之间，表示前者是方法、方向或态度，后者是目的：用一件外套来做被子、你想用什么方法来赶我走。

例句：请你给我一个合理的解释来让我满意。

⑦[形]现在之后，未来时间的：将来、来日方长、来年。

例句：【来日方长】来日方长，我们有足够的时间去研究。

⑧[动]表示发生；来到：毕业来了、问题来了、暴风雨来了、农忙来了。

例句：【农忙来了】农忙来了，农民伯伯们忙得不可开交。

⑨ 助 用在"一、二、三"等数词后面，列举理由：我选这个论文题目，一来是我感兴趣，二来是它比较有科学价值。

⑩ 助 用在数词或数量词后面表示概数：三十来岁，五十来天。

例句：【二十来天】我去香港只有二十来天，一切都发生了变化。

二 来字的文化词

【来龙去脉】原指山形地势像龙一样盘旋连贯着。本是迷信的人讲风水的话，现在多用来比喻事情的前因后果或人、物的来历。

三 对应的泰语词及其义项

มา［V］来

มีปัญหา；เรื่องราวเป็นอาทิ) เกิดขึ้น［V］表示发生

四 教学说明

汉语当中，"来"字除了第一个义项之外又引申出较多的义项，这些义项有的和时间有关系，有的和具体语境也有关系。所以，最好用语境法进行授课，通过设置大量例子，让学生在具体的语境中掌握"来"的各个义项及其构词规律。

去 จากไป
qù

一 去字复字词义项归类

① 动 从所在地到别的地方（跟"来"相对）：去处、去取、去路。

② 动 离开：去就、去留、去任、去世、去职、去国。

③ 动 失去；失掉：去掉、去官、去甲（丢掉盔甲）。

④ 动 除去；除掉：去除、去火、去暑、去垢、去污粉。

⑤ 形 过去的（时间，多指过去的一年）：去年、去秋（去年秋天）、去日、去岁、去冬今春。

⑥ 助 用在另一动词前表示要做某事；用在动词或动词结构后面表示去做某件事；用在动词结构（或介词结构）与动词（或动词结构）之间，表示前者是后者的方法、方向或态度，后者是前者的目的；用在"大、多、远"等形容词后，表示"非常……"、"……极了"的意思（后面加"了"）。

例句：

a. 自己去想办法。

b. 他听报告去了。

c. 提了一桶水去浇花。

d. 这座楼可大了去了！

⑦ 趋向动词用在动词后，表示人或事物随动作离开原来的地方：拿去、捎去。

⑧ 趋向动词用在动词后，表示动作的继续等：上去、进去。

⑨ 动 距离：两地相去四十里；去今五十年。

⑩ 动 婉辞，指人死：他四十岁不到就先去了。

二 去的文化词

【无可奈何花落去】形容留恋春景而又无法挽留的心情。后来泛指怀念已经消逝了的事物的惆怅心情。

宋·晏殊《浣溪沙》："无可奈何花落去，似曾相识燕归来。"对春花的凋落感到没有办法。

【眉来眼去】最初是用来比喻观赏景色，无贬义。现在形容用眉眼传情，多指不正当地勾搭。

宋·辛弃疾《满江红·赣州席上呈太守陈季陵侍郎》："落日苍茫，风才定，片帆无力。还记得，眉来眼去，水光山色。"

三 对应的泰语词及其义项

จากไป [V] 离开

กำจัด:ขจัด [V] 除去；除掉

อดีต:แต่ก่อน(ใช้กับเวลา,ส่วนมากจะใช้กับปีที่แล้วหรือปีที่ ผ่านไป)

［A］过去的（时间，多指过去的一年）

四　教学说明

可以用语境法进行教学。在教学过程中，可以结合"去"的两句名言，讲讲宋词中的婉约派和豪放派，进而介绍唐诗、元曲等文学常识。

zhī
知 ทราบ

一　知字复字词义项归类

①动 晓得，明了：知道、知法犯法、知根知底、知己知彼、知命、知难而进、知难而退、知其一，不知其二、知其然不知其所以然、知情、知情达理、知情权、知情人、知趣、知无不言、知悉、知晓、知足常乐、良知、路遥知马力、明知、明知故犯、熟知、温故知新。

例句：

a.【知情达理】我嫂子是一个知情达理的女人。

b.【知趣】阿来很知趣，打了个招呼就离开了。

c.【知晓】张会计并不知晓这件事的内情。

②动 使知道：知会、知照、告知、通知。

例句：【知会】要是有什么事需要我帮忙的，你知会一声。

③名 学识，学问：知青、知书达理、知识、知识产权、知识产业、知识分子、知识界、知识经济、知识面、求知、实践出真知、无知、愚昧无知、真知灼见。

例句：

a.【知识产权】我国的一些产品在知识产权上碰壁并为此付出了沉重的代价。

b.【知识界】王老师的这篇论文在知识界引起了强烈反响。

c.【愚昧无知】轻视学问的人会永远愚昧无知。

④名 旧指主管：知县、知府、知州、知事。

⑤ 名 彼此了解、交好的人：知交、知近、知心、知心话、知友、知音、相知、故知。

例句：

a. 【知心话】每次见到她，我总是有很多知心话想跟她说。

b. 【故知】我父亲与老王是故知，他们认识30多年了。

⑥ 动 识别；区别：知人论世、知人善任、知人善用、知人之明。

例句：【知人善任】当老板的，应该知人善任，这样公司才能不断前进。

⑦ 动 赏识、重用：知遇之恩、知遇之感。

例句：【知遇之恩】我们必将努力工作报答领导的知遇之恩。

⑧ 动 感到，感觉，察觉：知觉、知冷知热、知疼着热。

例句：【知冷知热】我老婆是一个知冷知热善解人意的女人。

二 知的文化词

【路遥知马力】路途遥远才能知道马的力气大小，日子长了才能看出人心的好坏。

【知其然不知其所以然】然：这样。只知道是这样，却不知道为什么是这样。形容只了解表面现象，不了解事物的本质或事情的根底。

【知己知彼】原意是如果对敌我双方的情况都能了解透彻，打起仗来就可以立于不败之地。泛指对双方情况都很了解，根本就不用担心会失败。

【温故知新】温：温习；故：旧的知识；新：新的体验、体会。温习学过的知识，从而获得新的理解和体会。也指吸取历史经验，更好地认识现在。

三 对应的泰语词及其义项

ทราบ［V］晓得，明了

ทำให้รู้; ทำให้ทราบ［V］使知道

ความรู้［N］学识，学问

suàn
算 คำนวณ

一 算字复字词义项归类

①动计算数目：算计₁（计算数目）、笔算、心算、算术、算钱、算题、算盘、算做、算学、算出、算式、算上、算法、估算、算账、珠算、预算、能写会算、核算。

②动计算进去。

例句：

a. 明天球赛算我一个。

b.【不算】这一次不算。

③动计划、谋划：算计₂（a. 考虑、打算；b. 暗中谋划损害别人）、打算、盘算、失算、暗算、细算。

例句：

a.【算计₂】先别急，让我再算计算计。

b.【算计₂】不好，我们中了对方的算计。

④动推测、预计：算计₃（估计）、推算、我算着他明天准来。

例句：【算计₃】我算计他现在该动身了。

⑤副总算，表示终于达到目的。

例句：

a. 这件事总算是办完了。

b. 最后算把这个问题弄懂了。

⑥动算数，承认有效。

例句：

a.【算数】说话要算数的。

b. 这事他说了才算。

⑦动表示作罢、完结（后面跟"了"）。

例句：你不愿意，那就算了。

⑧ 动 当做、称得上。

例句：

a. 这本书算我送的。

b. 小明算得上是好学生。

⑨ 动 表示比较起来最突出。

例句：我们班里，就算他年纪最小了。

二 算的文化词

【算卦】根据卦相推算吉凶等（迷信）。

例句：迷信的人用算卦来解决疑难。

【算命】凭人的生辰八字，用阴阳五行推算人的命运，断定人的吉凶祸福（迷信）。

例句：爱情、婚姻的不幸，常常使一般人想去改姓或算命。

【算盘】古代中国使用的一种计算用具，一木框中嵌有细杆，杆上串有算盘珠，算盘珠可沿细杆上下拨动，通过用手拨动算盘珠来完成算术运算。

三 对应的泰语词及其义项

คำนวณ［V］算

นับ,คิด,คำนวณ［V］计算数目

นับรวม,นับเข้าไป (ใน) ,คำนวณเข้าไป (ใน)［V］计算进去

แผนการ,วางแผน［N］计划、谋划

xiǎng
想 ใคร่ครวญ

一 想字复字词义项归类

① 动 开动脑筋、思索：想办法、想不开、想不出来、想不起来、

想不全面、想不通、想错、想出来、想到、想得周到、想得通、想对策、想法、想方设法、想开、想起来、想清楚、想入非非、想三想四、想头儿、想问题、想心事、想象、想象力、想一想、从头想、反复想、没想到、冥思苦想、耐心想、认真想、思想、左思右想。

②动 打算、希望：想参加、想吃、想当教师、想买、想换、想去、想头、想望、不想、幻想、狂想、妄想。

例句：

a.【幻想】我幻想着有一天能与你相见。

b.【妄想】想把我们打败，他们简直是妄想。

③动 怀念、惦记：想得睡不着、想得要命、想家、想坏了、想妈妈、想念、想朋友、想亲人、想死了、日夜想、天天想、一直想、总想、朝思暮想。

例句：【朝思暮想】弟弟终于见到了他朝思暮想的明星。

④动 推测、认为：想不到、想必、想当然、想得到、想见、想来、猜想、料想。

例句：

a.【想当然】我们不能只是想当然地考虑问题。

b.【料想】发生这样的事故，是谁也料想不到的。

二　想的文化词

【朝思暮想】朝：早晨；暮：晚上。从早到晚思念不已。形容非常想念或经常想着某一件事。

【想入非非】佛教原指非一般的思维所能达到的境界。后用"想入非非"指意念进入玄妙虚幻的境界。也形容脱离实际，幻想不能实现的事。

三　对应的泰语词及其义项

ใคร่ครวญ［V］开动脑筋、思索

เข้าใจว่า；ถือว่า；คิดว่า ［V］ 推测、认为

คิดจะ；ปรารถนา；อยากจะ ［V］ 打算、希望

คิดถึง；คะนึงคิด；เฝ้าคะนึง ［V］ 怀念、惦记

pà
怕 หวาดกลัว

一 怕字复字词义项归类

①[动]畏惧：怕挨批评、怕爸爸、怕虫子、怕得病、怕得不得了、怕狗、怕极了、怕困难、怕老虎、怕老婆、怕冷、怕猫、怕热、怕惹麻烦、怕人、怕生、怕死、怕死鬼、怕事、怕羞、不怕、不怕苦、不怕累、害怕、后怕、惧怕、可怕、欺软怕硬。

例句：

a. 【怕死鬼】你真是个怕死鬼，被人家欺负了，连个屁都不敢放。

b. 【欺软怕硬】我们单位总有几个人喜欢欺软怕硬，专门欺负老实人。

②[动]禁受不住：怕潮、怕光、怕辐射、怕腐蚀、怕晒、怕摔、怕水、怕压。

③[动]担心：生怕、就怕。

例句：【生怕】他生怕你不知道，要我告诉你一声。

④[副]表示估计，有时还含有忧虑、担心的意思：怕是、恐怕、恐怕是、哪怕、哪怕是、只怕、只怕是。

例句：

a. 【恐怕】这个瓜恐怕有十几斤吧。

b. 【只怕】如果不采取果断措施，只怕要出大问题。

二 怕的文化词

【前怕狼后怕虎】比喻胆小怕事，顾虑太多。

【欺软怕硬】欺负软弱的，害怕强硬的。

春秋时期，宋襄公很想学齐桓公那样成为诸侯霸王，先是扶植公子昭回国即位成齐孝公，然后召集曹等小国在宋国开会，杀掉公子子则，请出楚成王召集其他诸侯在宋国开衣裳之会。在会上楚成王凭着自己的武力当上霸主，欺软怕硬的宋襄公自认倒霉。

三 对应的泰语词及其义项

หวาดกลัว ［V］ 畏惧

กลัวว่า ; เกรงว่า a) มีความหมายแสดงว่าระแวง ［V］ 担心

แสดงการประมาณ ; อาจจะ ; บางทีอาจจะ ［V］ 表示估计

小　结

与其他动作相比，表抽象动作的核心词的义项最为丰富，本章考察了8个表抽象动作的核心词共有61个义项，平均每个词7.62个义项。抽象动词的义项不表示具体动作。

8个表抽象动作的核心词都发生了词性转化：有5个抽象动词的义项发生了虚化，成为副词性义项或助词性义项，2个转化为名词性义项，1个转化为形容词性义项。这说明抽象动词容易发生实词虚化。

抽象动作义场中的核心词的义项都比较丰富，多数词的义项的词性可以相互转化。因此，在教学中，可以先设置具体的语境，然后引导学生分析归纳核心词的不同义项组成的复字词的特点。通过组合搭配，让学生在具体的语境中准确理解词义，同时掌握抽象动词各义项的搭配规则。

第十三章

汉泰物类动作义场对比研究

本章的物类是指除了人以外的动物和自然物。客观世界中的各种物类的动作除了可以借助人类相关的动作表示外，还有自己的特殊动作。在众多的物类动作词中，我们参考斯瓦迪士 200 核心词，选取以下几个核心词。

首先，水是生命之源，任何生物的存在都不能离开水。水自身可以流动，物体在水中可以游动、可以漂浮水面、抑或随水波流动，因此我们挑选出"游、浮、流"3 个与水有关的动作核心词。其次，在天空中生存的鸟类，也是一个十分普遍的生物群体，所以本章选取"飞"作为此类动物动作的代表。第三，大自然本身也有自己的运行规律，本章选取冻、肿、落等几个核心词，作为反映大自然自然变化动作的动词。

fú
浮 ลอย

一 浮字复字词义项归类

①动 停留在液体表面（跟"沉"相对）：浮萍、漂浮、浮力、浮桥、浮尘、浮标、浮泛、浮沉、浮水、浮游、浮云。

②形 表面上的：浮土、浮雕、浮皮、浮面、浮浅、浮肿。

例句：

a. 【浮面】他浮面上装出像没事的样子。

b. 【浮肿】她不到40岁的模样，身体已经发胖，脸上仿佛有些浮肿。

c. 【浮浅】他对事物的认识很浮浅。

③ 形 可移动的：浮财、浮荡、浮吊、浮动。

例句：

a. 【浮荡】小船在湖中浮荡。

b. 【浮动】疏影横斜水清浅，暗香浮动月黄昏。

c. 【浮财】王大眼否认劫浮财，为了避免清兵前来搜捕，三合会又转移到另一个小竹林里。

④ 形 暂时的：浮记、浮支、浮光掠影。

例句：【浮光掠影】学问从实地上用功，议论自然确有根据；若浮光掠影，中无成见，自然随波逐流，无所适从。

⑤ 形 不沉静、不沉着：轻浮、浮躁。

例句：【浮躁】在当今中国市场经济的大背景下，很少人能按捺住自己一颗悸动的心，守住自己可贵的孤独与寂寞，而变得越发盲目、浮躁和一定程度上的急功近利。

⑥ 形 空虚，不切实际：浮夸、浮华、浮礼儿、浮生。

例句：

a. 【浮夸】我总觉得这个年青人有那么一股潜藏的劲，坦率而不浮夸。

b. 【浮华】在现实的洪流中找到了他自己，蜕去了自我的浮华，出落得更坚强沉毅了。

⑦ 动 超过、多余：人浮于事。

⑧ 动 呈现，涌现：浮现、浮出、浮想、浮想联翩。

例句：

a. 【浮现】我看着满天红霞，想象着遍地的奇光异彩，未来的城市也在眼前浮现出来。

b. 【浮想】独对孤灯，浮想起一幕幕的往事。

二　浮的文化词

【浮光掠影】浮光：水面上的反光；掠影：一闪而过的影子。比喻观察不细致或印象很不深刻，像水上的反光和一闪而过的影子，一晃就过去了。

例句：这个剧种的汇报演出，我曾看过，但浮光掠影，印象不深。

【人浮于事】原指人的才德高过所得俸禄的等级。现指工作中人员过多或人多事少。

"人浮于事"原为"人浮于食"。因古代以粮食的石数计算俸禄，所以称之为"食"。古人认为俸禄和职位超过了自己的能力和奉献，那就是类似于贪污；自己的能力和贡献超过了俸禄和职位，就可称得上廉洁。因此，古时候的"君子"宁肯让自己能力超过俸禄即人浮于食，也不愿俸禄超过自己的贡献和能力。后来，"人浮于食"变成了"人浮于事"，含义也有了一些改变。现在泛指：人员配置过多，或者岗位职责不明晰，工作效率低下的病态组织机构。

例句：这次机构改革的目的就是要解决人浮于事的问题，提高办事效率。

【浮想联翩】浮想：漂浮变幻的想象；联翩：鸟飞的样子，比喻连续不断。漂浮不定的想象像鸟飞一样。指思绪连续不断地涌现出来。

例句：看那天边的云朵，形状各异，令人浮想联翩。

三　对应的泰语词及其义项

ลอย［V］浮

มากกว่า:เหนือว่า,เกิน［V］不沉静、不沉着

ว่างเปล่า:ไม่ตรงกับความเป็นจริง［V］空虚，不切实际

游 ว่าย
yóu

一　游字复字词义项归类

①动 人或动物在水里游动：游泳、游程、游船、游水、游动、游艇。

②动 各处自由地行走，闲逛：游览、游荡、游玩、游园、游人、游遍、游伴、周游、游历、游逛、游兴、游记、游山玩水、游刃有余、

游手好闲。

例句：

a.【游览】夏天是旅游季节，很多外国人来中国游览名胜古迹。

b.【周游】他愿意摆脱一切俗事，到深远的山中去读书，或是坐着大船，在海中周游世界一遭。

c.【游刃有余】她已经完全掌握了这里的规则，应对进退，游刃有余。

d.【游荡】他快三十岁了，仍不愿工作，整天游荡。

③ 形 不固定的、经常移动的：游牧、游民、游击、游资、游行、游学、游弋、游离、游子。

例句：

a.【游牧】游牧是终年随水草转移进行游动放牧的一种粗放的草原畜牧业经营方式。

b.【游学】游学绝不是享受，而是一种感受，是人生的体验。

c.【游弋】在这片被称为死海的海水里，人竟能自由游弋。

④ 名 江河的一段：上游、中游、下游。

二 游的文化词

【游刃有余】刃：刀口；刀锋；游刃：运转刀刃；余：余地。比喻经验丰富，做事熟练，解决问题毫不费力。

例句：你是高级技工，干这活是游刃有余。

【游山玩水】山、水：指风景。游览和观赏山水风景。

例句：乘着大船，我们一路上游山玩水，好不开心。

【游手好闲】游手：闲着手不干事；好闲：喜欢安逸。指人整天四处游玩，没有事情可做。

例句：小伙子张庭辉中学毕业后，游手好闲，还在外边惹事，群众既惹不起，又看不起。

三 对应的泰语词及其义项

ว่าย ［V］游

fēi

飞 บิน

一 飞字复字词义项归类

①动 鸟类或虫类等用翅膀在空中往来活动：飞鸟、飞翔、飞蝗、纷飞、飞跃、飞天、飞蛾、飞蛾扑火、飞鸿、飞禽、飞舞、飞旋、飞跃。

例句：

a. 【飞翔】小鸟在空中自由飞翔。

b. 【纷飞】世界要是没有光，也就没有杨花飞絮的春天，也就没有百花争艳的夏天，也就没有金果满园的秋天，也就没有大雪纷飞的冬天。

c. 【飞蛾扑火】这家伙畏罪潜逃，今天自己送上门来，岂不是飞蛾扑火?!

d. 【飞禽】我们要保护飞禽走兽。

②动 利用动力机械在空中行动：飞机、飞艇、飞行、飞向天空、起飞、飞船、飞碟。

例句：

a. 【飞机】飞机不仅广泛应用于民用运输和科学研究，还是现代军事里的重要武器，所以又分为民用飞机和军用飞机。

b. 【飞行】竹篙向水里用力一点，船开动了。一只、两只、三只……一条龙似的向前飞行着。

③动 在空中飘浮游动：飞雪、飞云、飞沙走石、飞车、飞车走壁、飞檐走壁。

例句：

a. 【飞檐走壁】飞檐走壁，指练武的人身体轻捷，能在房檐和墙壁上行走如飞。

b. 【飞沙走石】沙漠里的天气是变化无常的，刚才是风和日丽，现在就变得天昏地暗，飞沙走石。

④ 形 形容极快：飞镖、飞快、飞奔、飞跑、飞涨、飞速、飞驰、飞黄腾达、飞毛腿、飞逝、飞跃、飞针走线、飞舟。

例句：

a.【飞奔】满天是灰白的云头，快马似的飞奔，飞奔！

b.【飞逝】我为什么记叙这些事情呢？那是因为，往事历历，然而将近三十年的时间已经飞逝了。

c.【飞黄腾达】靠吹牛拍马屁而飞黄腾达的人，最终会失败的。

⑤ 形 意外的，凭空而来的：飞来横祸、飞灾、飞祸、飞短流长。

例句：

a.【飞灾】家门不幸受飞灾，母子分抛实可哀。

b.【飞短流长】我最讨厌某些人闲时飞短流长，搬弄是非，一派家庭妇女的习气。

二　飞的文化词

【飞蛾扑火】蛾：像蝴蝶似的昆虫。飞蛾扑到火上，比喻自取灭亡。

【流言飞语】指毫无根据的话。多指背后散布的诽谤性或挑拨离间的话。

例句：你不要以长安的流言飞语害人。

三　对应的泰语词及其义项

บิน［V］飞

ปรือ,รวดเร็ว［A］形容极快

liú
流　ไหล

一　流字复字词义项归类

① 动 液体的移动：流血、流汗、流动、流水、流淌、流泪、流泻、流水不腐、汗流浃背、流体、流溢。

② 动 像水那样流动不定：流程、流转、流通、流播、流布、流变、

流寇、流浪、流窜、流离、流散、流失、流逝、流沙、流露、流萤、流传、流荡、流毒、流芳、流光、流光溢彩、流利、流量、流落、流民、流年、流水线、流水账、流向、流星、流星雨、流行、流质。

例句：

a.【流利】钢笔尖在纸上流利地滑动着。

b.【流行】传染病流行时常有护士奇缺的情况。

③名指江河的流水：河流、江流、溪流、激流、奔流、流域。

例句：

a.【河流】沿途再汇入涧流和溪流，就形成河流奔腾出天山。

b.【溪流】在园林中小河两岸砌石嶙峋，在两岸土石之间，栽植一些耐水湿的蔓木和花草，构成极其自然野趣的溪流。

c.【流域】这条大河流域的两岸土地肥美，本来是我们祖国富饶的粮仓。

④名像水流的东西：气流、暖流、电流、寒流、逆流。

例句：

a.【暖流】我越想越是感到心里充实，越想越是觉得一股暖流流遍我的全身。

b.【寒流】看这冷的样子，恐怕是寒流快来了。

c.【逆流】在江河游泳，有逆流，可以锻炼意志和勇气。

⑤名品类，等级：流辈、流别、流派、女流、三教九流、不入流。

例句：

a.【流派】原来那全是画。原版的画，复制的画，各种各样流派的画。

b.【流】不过学校的工作进展太慢，学生们埋头书案，光做着学者流的美梦。

c.【三教九流】在中国，博通经典、兼晓天文地理、三教九流之学的文人每朝每代都数以百计。

⑥动向坏的方面转变：流弊、流气、流氓、流产、流于形式、流于表面、放任自流。

例句：

a.【流产】这个计划彻底流产。

b.【放任自流】如果我们的国家不用法律去约束每个公民的行为，只是放任自流，那么国家会发展成什么样子呢？

c.【流气】他歪戴着帽子，耸着肩膀，满脸流气。

d.【流弊】大江书店之线订法，流弊甚多，我想只好仍用将线订在纸边之法。

⑦动 旧时的刑罚，把犯人送到荒远的地方去：流放、流配、流刑、流亡、流徙。

例句：

a.【流放】他成了被所有的人都遗弃了的人，流放到这个偏僻的农场来劳教。

b.【流亡】那学院里的教授和讲师也到本地初中里来兼点课，多少也能使他们流亡在异地的生活改善一些。

二 流的文化词

【流连忘返】流连：留恋，舍不得离开；返：回，归。指沉迷于游乐而忘归。后常形容对美好景致或事物的留恋。

例句：精致、秀丽的苏州园林使游客们流连忘返，乐不思归。

【随波逐流】随：跟着；逐：追赶，追随。随着波浪起伏，跟着流水漂荡。比喻没有坚定的立场，缺乏判断是非的能力，只是随着别人走。

例句：对于社会上那些不好的风气，我们的报纸不能听之任之，更不能随波逐流，而要善加引导，加强正面的教育。

三 对应的泰语词及其义项

ไหล［V］流

เคลื่อนไหวไปเรื่อยๆ［V］像水那样流动不定

四　教学说明

汉语中"流"字所具有的"品级"、"向坏的方向转变"、"对犯人的刑罚"等义项，泰语中都没有与之对应的义项。因此，⑤、⑥、⑦三个义项是讲解重点。

fǔ
腐 เน่า

一　腐字复字词义项归类

①动腐烂；变坏：腐败、陈腐、防腐、迂腐、腐恶、腐朽、流水不腐、腐臭、腐化、腐旧、腐烂、腐儒、腐生、腐蚀、腐熟、腐殖质。

②名豆腐：腐竹、腐乳、臭豆腐、冻豆腐、老豆腐。

二　腐的文化词

【流水不腐，户枢不蠹】流动的水不会发臭，转动的门轴不会腐烂。比喻经常运动的东西不易受到外物的侵蚀。

例句："流水不腐，户枢不蠹，这句古语用于人才资源的配置非常合适。"

【化腐成奇】变坏为好，变死板为灵巧或变无用为有用。

例句：观此真可谓化腐成奇，岂止雕虫小技而已耶！

三　对应的泰语词及其义项

เน่า [A] 腐

四　教学说明

"腐"的第一个义项泰汉对应明显，但腐第二个义项"豆腐"，这一义项不容易理解，我们可以向学生说明，豆腐的腐并不是变坏的意思，只是取物体变坏后的形状来命名，指可以吃的一种大豆制成品。

dòng

冻 แข็งตัวเป็นน้ำแข็ง

一　冻字复字词义项归类

①动（液体或含水分的东西）遇冷凝结：冷冻、冻死、冻结（指液体遇冷凝结，使物体受冻凝结）、冻害、不冻港。

例句：【冻结】美国应该解除银行冻结的 10 亿美元利比亚资产。

②动感到寒冷或受到寒冷：防冻、冻伤、冻疮。

例句：【冻】外面很冷，真冻得慌。

③动机体的组织由于温度过低而受损伤：冻害、我的脚冻了。

④名汤汁凝成的胶体：鱼冻、鸡冻、猪冻、肉冻。

二　冻的文化词

【朱门酒肉臭，路有冻死骨】这是唐代伟大的现实主义诗人杜甫诗中的名句，意思是：富贵人家酒肉多得吃不完而腐臭，穷人却在街头因冻饿而死。形容贫富悬殊的社会现象。

三　对应的泰语词及其义项

แข็งตัวเป็นน้ำแข็ง〔V〕冻

น้ำแกงเกาะตัวเป็นวุ้น〔N〕汤汁凝成的胶体

หนาวจนเย็นเยือก〔V〕机体的组织由于温度过低而受损伤

四　教学说明

中国土地广袤，从北到南横跨数万里路，在中国北方的冬天，到处天寒地冻，身处热带的多数泰国人是不能亲身体验"冻"的含义的，所以我们在教学的过程中要多讲一些关于"冻"的知识。

肿　บวม

一　肿字复字词义项归类

动 皮肤、黏膜或肌肉等组织由于局部循环发生障碍、发炎、化脓、内出血等原因而突起：肿块、肿瘤（机体的某一部分组织细胞长期不正常增生所形成的新生物。对机体有危害性，可分为良性肿瘤和恶性肿瘤。也叫瘤子）、肿胀、肿痛、浮肿、红肿、脓肿、臃肿（a. 过度肥胖，转动不灵；b. 比喻机构庞大，调度不灵）。

例句：

a.【臃肿】体内脂肪过多，会使身体臃肿，甚至引起疾病。

b.【臃肿】而其中，尤为突出，尤为紧迫的，还是机构的臃肿，人满为患。

二　肿的文化词

【打肿脸充胖子】比喻没有什么能耐或没有什么钱财却硬装作有能耐或有钱财的样子。

例句：

a. 这一年，该厂领导自己捞了不算，还打肿脸充胖子，兑付给南通市生产资料公司 28 万元集资款的利息。

b. 不过，老兄，你也不要在我老张面前打肿脸充胖子，硬不要朋友帮助。

三　对应的泰语词及其义项

ผล ［V］肿

四　教学说明

虽然"肿"在汉语有一个义项，但它是人类生活中经常遇到的生理性病变，是人类生活中不可缺少的一个词。我们可以通过体验法让学生结合自己的经验说说人体某个部位发生肿胀前后的变化，理解肿及其构成的复字词的含义。

落 เมล็ด

一 落字复字词义项归类

①|动|物体因失去支持而下来：落红、落花时节、落泪、落雷、落帽、落木、落日、落山、落水、落水狗、落体、落土、落下、落絮、落汤鸡、落叶、落英、落英缤纷、落座、沉鱼落雁、降落、脱落、叶落归根、陨落。

②|动|下降：落潮、落地罩、落地窗、落槽、落差、太阳落山、日落千丈。

③|动|使下降：落发、落井下石、落幕。

④|动|衰败；稀少衰败飘零：落薄、落膘、落花流水、落寞、落泊、落拓、零落、流落、沦落、没落、破落、疏落、衰落、稀稀落落。

例句：

a.【零落】秋天，草木都零落了。

b.【沦落】二十五年来，我一直说汤姆终会沦落街头。

c.【没落】那所大学过去一百年来逐渐没落了。

d.【稀稀落落】百老汇大街上稀稀落落地还有些行人。

⑤|动|遗留在后面：落榜、落标、落第、落后、落脚货、落卷、落聘、落伍、落选、名落孙山。

例句：

a.【落榜】1994 年，邢先生的儿子高考落榜，他很担心儿子的未来。

b.【落伍】也许我是个落伍的人了，我欣赏不了一出场面互不连贯的戏。

⑥|动|停留，留下，停止：落户、落脚、落市、落夜、落音、不落痕迹。

例句：

a. 【落脚】总算来到一处落脚休息的地方，我把车停靠了下来。

b. 【不落痕迹】在印第安纳发生了一起不落痕迹的保险箱盗窃案。

⑦名停留的地方：下落、着落。

例句：【着落】遗失的孩子还没有着落。

⑧名聚居的地方：部落、村落、聚落、院落。

⑨动归属，得到某种结果：落败、落保、落不得、落草为寇、落槌、落得、落个清闲、落局、落空、落来、落难、落实、落网、落着、尘埃落定。

例句：

a. 【落败】但在1834年的选举时，他落败了。

b. 【落槌】上海崇源中国古代工艺美术拍卖落槌。

c. 【落难】今天我要帮助落难的朋友。

d. 【落网】他们都一一落网，并被判处死刑或有期徒刑。

⑩动用笔写：落笔、落款、落墨、落账。

⑪动古代宫室建成时举行的祭礼，现泛指建筑物完工：落成。

例句：【落成】一幢三十层的大楼已经落成。

⑫动脱离；脱身：落荒而逃。

例句：【落荒而逃】在他落荒而逃的时候只隐约记得经过前门的那条小路。

⑬动除去；特指免去职务等：落台、落马。

例句：【落马】大陆媒体报道了刘的落马，但没有提供进一步细节。

二　落的文化词

【名落孙山】名字落在榜末孙山的后面。指考试或选拔没有被录取。

宋代吴人孙山去省城参加科举，乡人托付其儿子一同前往。乡人的儿子未中，孙山的名字虽然被列在榜文的倒数第一，但仍然是榜上有名。不久，孙山先回到家里，同乡便来问他儿子有没有考取。孙山既不好意思直说，又不便隐瞒，于是，就随口念出两句不成诗的诗句来："解名尽处是孙山，贤郎更在孙山外。"

【不见棺材不落泪】比喻不到彻底失败的时候不肯罢休。

古代有个非常滑稽的秀才叫安鸿渐，很害怕老婆。他岳父死了，两人一起去吊丧，在路上他们就开始大哭。他老婆为人特别严厉，看见丈夫只哭不掉眼泪，觉得很奇怪，就问他为什么会这样。安鸿渐回答说用帕子擦了，他妻子特别嘱咐他说看见棺材后一定要掉泪。

三　对应的泰语词及其义项

เมล็ด ［V］下降，降落

ประเภท ชนิด หมวดหมู่ พันธุ์ ; ราก ［A］遗留在后面的

小　结

本章考察了 8 个表物类动词的核心词共有 44 个义项，平均每个词 5.5 个义项。物类动词核心词的义项一般也遵循由专指到泛指再到抽象的引申规律。第一个义项专指某个或某类物类的动作，在此基础上再进行引申泛指相似的动作，再进一步引申为抽象的相似的动作。

在词性转化方面：有 1 个动词的义项没发生词性转化，4 个转化为名词性义项，5 个转化为形容词性义项（其中"落"既可以转化为词性义项又可以转化为形容词性义项），这说明大多数表物类动作的动词都可以发生词性转化。

物类动作的第一个义项一般是表示物类自身行为变化的，它们的引申义可以表示与人类有关的动作的行为变化。我们在教学过程可以采用演示法教会学生掌握物类动词的第一个义项，它们的引申义可以用语境法，通过做大量的练习掌握。

结　论

在动作义场中，表人动作的动词远远多于表物类动作的动词。与事物义场相比，动作义场的核心词的文化含义要少得多，并且多是四字成语。

动作义场中的核心动词词义的发展一般遵循由具体到抽象的引申规律。有的只有表不同具体动作的动词性义项，有的由表具体动作的动词性义项引申出表示抽象动作的动词性义项；在词性转化方面，有的转化为形容词性义项，有的转化为名词性义项，有的根据自身的特点发生了实词虚化，从而产生了副词、介词等虚词义项。

在教学的时候我们可以通过演示法让学生掌握表具体动作的核心词及其义项的构词体系。抽象的动词性义项可以采用语境法，多举例句，让学生归纳抽象动词的义项。

第三编
汉泰性状义场对比研究

客观事物及其动作都有各自的属性，语言与世界同构，因此对应于客观世界，语言世界中的表示事物的名词和表示事物动作的动词也有其自身的属性，在语言学中用形容词表示。形容词是表示事物及其动作性状的，在不同民族的语言中，描述性状的词既有共性也有个性。描述性状的形容词在生活交际中具有重要作用，它们是人们区分众多事物不同外形特征及其不同动作的符号，失去了它们就会造成生活中的不便。

本编分四章叙述汉语表性状的形容词：第十四章描写了颜色义场的核心词构词体系；第十五章描写了表人物本身属性义场、生活环境属性、数量属性、性质属性核心词的构词体系；第十六章从事物本体属性、事物外表属性两个方面描写了表事物属性义场核心词的构词体系；第十七章描写了表动作属性义场核心词的构词体系。在此基础上，对相关核心词构成的词语所蕴涵的中国传统文化进行了介绍，并做了简要的教学说明。

第十四章

汉泰颜色义场对比研究

几乎每种语言都有为数不等的颜色词，其中白、黑、红、绿、黄是最基本的核心词，它们可以组合起来表达各种各样的颜色。泰国学习者想要学习汉语的有关表达颜色的词，就要首先掌握好这几个最基本的词，然后在此基础上学习汉语相关的颜色词。

bái
白 ขาว

一 白字复字词义项归类

①形像霜或雪的颜色：白皑皑、白发、白雪、白粉、白骨、白花花、白灰、白旗、白刃、白首、白头、白兔、白糖、白铁、白铜、白皙、白衣、白塔、白马、白鹭、白眼珠、白胖；雪白、乳白。

②形光亮；明亮：白班、白晃晃、白天、白日、白昼；青天白日、东方发白。

③形纯洁：白璧无瑕、一生清白。

④形清楚；明白，弄明白：白痴、不白之冤、真相大白。

例句：

a.【真相大白】随着植物学家的深入研究，这一奥秘是一定可以真相大白的。

b.【不白之冤】海军参谋长张学思将军蒙受不白之冤，含恨九泉！

c.【白痴】作为一个白痴，大林还远没有白到一无所知。

⑤ 形 没有加上什么东西的：白卷、白开水、白饭$_1$（指白米饭）、白酒、白肉、白汤、白田；空白、一穷二白。

例句：

a.【白卷】经考试，俄语课几乎交白卷。

b.【白饭$_1$】他生活极其节俭，经常吃的是白饭就榨菜，工作一忙，开水泡馒头和方便面是常有的事。

⑥ 副 没有效果；徒然、无代价；无报偿：白跑一趟、白费力气、白白、白搭、白饭$_2$（与"吃"连用，谓光吃饭不干事）、白费、白吃、白给、白看戏、白食、白手。

例句：

a.【白饭$_2$】与其让孩子吃白饭$_2$，不如让他一起讨饭。

b.【白手】凭借父辈传下来的木匠手艺白手起家，在22年间创造出亿万财富。

⑦ 形 象征反动：白匪、白军、白区、白色恐怖。

例句：

a.【白匪】红四方面军主力突围西行以后，随之而来的是白匪的烧杀抢掠。

b.【白军】他参加了红军，并在同白军的战斗中表现得非常英勇。

⑧ 名 指丧事：红白事、白事。

例句：【红白事】那年月戏班专有管事老板，为人解难，办红白事，病丧困难事等。

⑨ 动 用白眼珠看人，表示轻视或不满：白了他一眼。

⑩ 专有名词：白菜、白茶、白炽灯、白癜风、白鲢、白蔹、白磷、白蛉、白鹭、白露、白茅、白木耳、白内障、白皮书、白鳍豚、白人、白薯、白鳝、白杨、白蚁、白衣天使、白熊。

二　白的文化词

【白脸】脸谱①的一种。白粉涂面以示不以真面目示人之意，一般为奸诈之人。

例句：【白脸】京剧舞台上的曹操基本上是以《三国演义》中的那个白脸奸雄为蓝本的。

【白案】炊事分工上指做主食（如煮饭、烙饼、蒸馒头等）的工作（区别于"红案"）。

【白丁】指封建社会里没有功名的平民。

例句：谈笑有鸿儒，往来无白丁。

【白干儿】白酒，因无色、含水分少而得名。

【白酒】用高粱、玉米、甘薯等粮食或某些果品发酵、蒸馏制成的酒，没有颜色，酒精含量较高。也叫烧酒、白干儿。

【白骨精】中国古代神话小说《西游记》中一个阴险狡诈、善于伪装变化的女妖精。

《西游记》中唐僧师徒到西天取经，经过一座大山时遇到了白骨精，她先后变成漂亮的少女、慈祥的老妇人和年迈的老翁迷惑唐僧，想要吃唐僧肉长生不老。而三次都被孙悟空识破，最后被打回原形。后常用来比喻善于伪装的极为阴险毒辣的女人。

【白驹过隙】形容时间过得飞快，像小白马在细小的缝隙前一闪而过。

【白话】指唐宋以来非常接近口语的一种书面语，如白话小说、白话诗、白话文。

【白日梦】白日做梦。比喻不切实际的、不可能实现的幻想。

【白描】中国画技法的一种，指单用墨色线条勾描形象而不施彩色的画法。白描也是文学表现手法之一，主要用朴素简练的文字描摹形

---

① 脸谱是中国传统戏曲中用各种颜色在演员面部所勾画成的特殊图案。脸谱分为各种脸色，所谓脸色是指脸膛主色而言，有红、紫、白、黄、黑、蓝、绿、粉红、灰、淡青、金、银等色，脸谱上的面纹常衬以他色，有渲染烘托主色的作用，各色种红、黑、黄常用油料调和，效果倍增。

象，不重辞藻修饰与渲染烘托。

例句：【白描】新闻中的描写，大多采取白描手法，抓住事物的重要特征，用简练的文字，勾勒出事物的鲜明形象。

三 对应的泰语词及其义项

ขาว［A］白

เข้าใจ；ทำความเข้าใจ［A］清楚

ว่างเปล่า［A］没有加上什么东西的

四 教学说明

"白"在汉语和泰语中第一个义项相同，都表颜色。在此基础上都引申出清白、纯洁之意，不同点是汉语的义项多，要注意汉语义项⑤至⑨的学习。

hēi
黑 ดำ

一 黑字复字词义项归类

①形 像煤或墨的颜色（跟"白"相对）：黑白$_1$（指黑色和白色）、黑白片、黑白片儿、黑板、黑板报、黑茶、黑豆、黑乎乎、黑人$_1$（指黑种人）、黑色食品、黑色素、黑糖、黑土、黑猩猩、黑熊、黑眼珠、黑油油、黑鱼、黑枣、黑体、黑豹、黑板擦、黑鬼、黑眸、黑色；暗黑、暗黑色、黯黑、白纸黑字、苍苍黑黑、苍黑、灯下黑、褐黑、红底黑字、红黑、黄黑、灰黑、灰黑色、昏黑、昏天黑地、浑黑、酱黑色、焦黑、枯黑、麻黑、幽黑、油黑、炭黑、乌黑、天昏地黑、熏黑、紫黑、紫黑色、棕黑色。

例句：

a.【黑暗$_1$】银白的月光依然执著地从窗户中透进来，照着坐在黑暗中的我，让我在伤感的同时也给了我一些银灰色的希望。

b.【黑人$_1$】长久以来，黑人男子总是在对白人女子的强奸控告中占下风，这是种族歧视的表现。

②形 黑暗：黑暗₁（指没有光）、黑沉沉、黑洞、黑洞洞、黑更半夜、黑咕隆咚、黑茫茫、黑蒙蒙、黑压压、黑夜、黑幽幽、黑丛丛、黑牢、黑瘦、黑隐隐、黑影、黑天、昏黑。

例句：【昏黑】凌晨4时过后，海上仍然一片昏黑。

③名 （黑儿）夜晚：黑夜、摸黑儿、起早贪黑、黑间（方言）、黑下（方言）、天黑、落黑、月黑风高、月黑星稀。

④形 秘密的，不公开的；非法的，反动的：黑暗₂（指腐败、混乱、反动）、黑市、黑话、黑户、黑帮、黑车、黑道、黑地、黑店、黑锅、黑货、黑金、黑客、黑马、黑单、黑幕、黑钱、黑枪、黑人₂（没有户籍的人）、黑色收入、黑哨、黑社会、黑手、黑手党、黑帖、黑窝、黑信、黑厂、黑工、黑票、黑工厂、黑团伙、黑账、颠倒黑白。

例句：

a.【黑暗₂】鲁迅称发生惨案的这一天为"民国以来最黑暗的一天"。

b.【黑人₂】他是父母违反计划生育偷生的黑人。

⑤形 坏、狠毒：黑心肠、黑恶、黑心、黑典型、黑干部、黑家伙、黑苗子、黑爪牙、黑心眼、黑心鬼、心黑、心黑手毒、心黑手辣、这种人心太黑。

例句：

a.【黑恶】中国公安机关依法严厉打击黑恶势力犯罪，杀人、抢劫、强奸、绑架等严重暴力犯罪。

b.【心黑】做生意要正道，不能心黑，这叫薄利多销，是长久的经营之道。

⑥形 脏、不光彩：黑饼、黑丑、黑臭、黑点、黑旧、黑馒头、黑面包、黑腻、黑水。

例句：

a.【黑臭】流经广州市区的珠江航道污染问题一直困扰着广州，黑臭的江水严重影响了环境卫生和市民生活。

b.【黑水】许多地方天上冒黑烟，河里流黑水，田地变黑土。

⑦ 动 变黑：天黑下来了。

⑧ 动 利用网络知识对别人或网站的进攻（往往指成功情况）：那个网站被人黑了；小张电脑被我黑了。

⑨黑字可以组成大量专有名词，包括以黑为颜色命名的词、翻译的外来词等，例如黑龙江、黑海、慕尼黑、黑热病、黑格尔、黑死病、黑旗军。

二　黑的文化词

【黑脸】在戏剧中，表示忠耿正直、铁面无私，或粗率莽撞的人物。如包拯、张飞、夏侯渊等。

例句：唱"黑脸"，就要一唱到底。

三　对应的泰语词及其义项

สีดำ［A］黑色

ดำ［A］小气

มืด, มืดมน［A］黑暗

ลับ：ไม่ เปิดเผย (ส่วนมากจะหมายถึงการกระทำผิดกฎหมาย)

［A］秘密的，不公开的，非法的，反动的

红　แดง

一　红字复字词义项归类

① 形 像鲜血的颜色：红灯、红枣、红豆、红旗、红纸、红木、红糖、红色、红叶、红尘、红烧、红润、红绳、红袖、红领巾、红领章、红澄澄、红彤彤、红丹丹、红艳艳、红口白牙；鲜红、粉红、桃红、满脸通红。

② 形 象征顺利或受人宠信：红榜、红光满面、红人（a. 指受宠信

或重用的人；b. 指走红的人）、红颜、红火、红运、红角（jué）儿（受观众欢迎的演员）、红得发紫、大红大紫、走红。

例句：

a. 他唱戏唱红了。

b.【红运】然而为什么二十多年来专走红运的他会忽然有此打击？他怎么也想不明白。

c.【走红】这些产品，先是在国内市场上走红，后来又打进新加坡、马来西亚、阿联酋、沙特阿拉伯、韩国等。

③动 变红：眼红（a. 看见别人有名有利或有好的东西时非常羡慕、忌妒，自己也想得到；b. 激怒的样子）、脸红。

例句：她的脸红了。

④名 喜庆：红媒（媒人）、红蛋、红白喜事（结婚和丧事合称）。

例句：

a.【红媒】据近 50 年统计，共有 5000 多对青年男女由它做"红媒"，结成了夫妻。

b.【红蛋】生了小孩做父母的要请别人吃红蛋，过生日的人要吃面条的！

⑤形 象征革命：红军、红歌、红色根据地、红色政权。

⑥名 指营业的纯利润：红利、分红。

二 红的文化词

【红脸】京剧中表示忠勇耿直，有血性的勇烈人物，如《三国演义》中的关羽、姜维等。后来人们就用红脸代表好人，用白脸代表坏人。在日常生活中用"一个唱红脸，一个唱白脸"比喻在解决矛盾的过程中，一个人充当友善、令人喜爱的角色，另一个充当严厉、令人讨厌的角色，两者软硬兼施，或以双簧的形式来达到说服人的目的。

【红尘】指繁华的都市，在佛教中指的是人世间的意思。

【红包】红包有两种含义：①在中国的传统里，春节时长辈会给小孩用红纸包着的钱，叫做压岁钱。在古代，压岁钱大多数是用红绳串着赐给孩子的。后来，逐渐演变为用红纸包裹。②现在泛指包着钱的红纸包，作为婚典喜庆时的礼金。同时也指奖金或是贿赂别人的钱。

例句：

a. 在中国，春节的时候人们会做很多好吃的，还给孩子发红包。

b. 教育乱收费、医生收"红包"，发生在身边的腐败现象让百姓不满。

【红案、红案儿】炊事分工上指做荤菜的工作（区别于"白案"）。

例句：酒店后边呢，白案的赶紧洗米，红案的赶紧择菜切肉。

【红白喜事】原指婚丧大事，红指喜事，白指丧事。现在也用来比喻办理庆祝、纪念等。

例句：我国民间有"红白喜事"之说法。红喜事指娶媳妇、生儿子，白喜事指老者离开人世。

【红娘】原来是文学作品中的人物。红娘是《西厢记》中崔莺莺的侍女，她促成了莺莺和张生这对恋人的结合。后来民间把红娘作为帮助别人结成美满姻缘的热心人的代称。现也常比喻为各方牵线搭桥、促成事情的人或组织。

例句：事实上，适应当今男女对更新相亲方式的需要，现代红娘也在"与时俱进"。

三 对应的泰语词及其义项

สีแดง［N］红色

แดง［N］红色

แดง［V］公开（เรื่องแดงขึ้นมา）

四 教学说明

"红"字在泰语和汉语中只有第一个表颜色义项相同，其余不同，因此汉语中"红"字的其他义项都是教学重点。

绿 สีเขียว

一 绿字复字词义项归类

①形像草和树叶茂盛时的颜色，由蓝和黄混合而成：绿菜花、绿茶、绿灯₁（安装在交叉路口，指示可以通行的绿色信号灯）、绿卡₁（一种给外国公民的永久居住许可证，多是一张绿色的卡片）、绿地、绿豆、绿化、绿帽子、绿茸茸、绿生生、绿茵、绿荫、绿莹莹、绿油油、绿洲、绿苍苍、绿草、绿沉沉、绿葱葱、绿丛丛、绿豆芽、绿光、绿乎乎、绿化带、绿化费、绿化林、绿化率、绿化区、绿脸、绿茫茫、绿苗苗、绿蓬蓬、绿森森、绿闪闪、绿树、绿水、绿丝丝、绿苔、绿汪汪、绿兮兮、绿压压、绿漾漾、绿意盎然、绿幽幽；碧绿、菠菜绿、惨绿、苍绿、草绿、常绿、穿红戴绿、葱绿、翠绿、翠绿绿、翠绿色、大红大绿、淡绿、淡绿色、豆绿、豆绿色、粉绿色、橄榄绿、国防绿、海绿色、黑绿绿、黑绿色、黄绿色、灰绿、灰绿色、娇绿、金绿、金绿色、墨绿、墨绿色、嫩绿、浓绿、暖绿色、青绿、青绿色、青山绿水、润绿、沙绿、深绿、深暗绿色、生命绿、生态绿、水绿色、铜绿、邮电绿、油绿、紫绿色、棕绿色。

②形无公害、无污染：绿色食品（指符合环保要求，无公害、无污染的食品）、绿色壁垒、绿色标志、绿肥、绿肺、绿色股票、绿色银行等。

例句：【绿色食品】在生产中大大地降低了农药的使用剂量，可生产无污染、无公害的绿色食品。

③形节约能源，减少损耗：绿色 GDP、绿色奥运、绿色能源、绿电、绿色照明、绿色汽车。

例句：【绿色汽车】传统的汽车在向节能、无污染、高技术、高档次绿色汽车发展。

④形便捷地、快速地：绿色通道、绿灯₂（比喻办事得到特殊照顾可以畅通无阻）、绿卡₂（指某些单位发给某些人允许他们做某事的凭证）、绿点。

例句：

a. 【绿灯$_2$】银行信贷等方面对外企一视同仁，让其享受到与内资企业相同的绿灯待遇。

b. 【绿卡$_2$】在大中城市实行"绿卡"制，即对在大中城市实际上已居住五年以上，拥有房屋产权和稳定的工作的人发放"绿卡"。

c. 【绿洲】多指沙漠中有水、草的地方，多用于比喻：营造出一片生机盎然的军营文化绿洲；心灵的绿洲；部队官兵说，广东是精神文明的绿洲。

⑤ 名 指绿色植物（多单用），主要和下列词语搭配：植绿、护绿、爱绿、添绿、播绿。

例句：

a. 【护绿】青年志愿者到海口市万绿园，开展志愿护绿活动。

b. 【播绿】在刘九令老人的影响和带领下，许多人陆续来到这千年古滩上垦荒播绿，如今的万亩荒滩上已是一片翠绿，一片果香。

⑥ 名 泛指颜色。主要出现在下列词语中：红男绿女、花花绿绿、灯红酒绿、红红绿绿、穿红戴绿。

⑦ 动 变绿：春天来了，树叶绿了。

⑧ 专有名词：绿内障、绿盘、绿松石、绿视率、绿头鸭、绿柱石、绿宝石、绿草如茵、绿党、绿矾、绿猴、绿化办、绿金、绿卡族、绿孔雀、绿（lù）林豪杰、绿（lù）林好汉、绿（lù）林居士、绿（lù）林英雄、绿（lù）林军、绿毛龟、绿皮书、绿区、绿丝面、绿条、绿线、绿茵场、绿（lù）营、绿（lù）营兵、海绿藻。

二　绿的文化词

【绿帽子】从事低等行业的标志，后演变为专门用来指妻子有不贞行为的男人。元代和明代，乐人、妓女必须着绿服、青服、绿头巾以标志所从事的贱业。《元典章》规定：娼妓之家长和亲属男子裹青头巾。由此，"青头巾"就与娼妓之男性亲属有了联系。由于青、绿二色比较接近，又同属贱色，人们习惯于说"绿头巾"。由于绿色与娼妓有关，后来，"绿头巾"专用来指妻子有不贞行为的男人，并演变成了"绿帽子"。

三　对应的泰语词及其义项

สีเขียว［N］绿色

เขียว［N］生菜的味道（เหม็นเขียว）

เขียว［N］绿色

四　教学说明

在汉语和泰语中"绿"的第一个义项相同，引申义不同，在教学过程中应引导学生注意汉语中"绿"的引申义是由事物的功能义引申出来的。

huáng
黄　สีเหลือง

一　黄字复字词义项归类

①形 像金子或向日葵花的颜色：黄灯、黄色、黄澄澄、黄昏、黄鹤、黄海、黄灿灿、黄菜、黄豆、黄花、黄花鱼（黄鱼）、黄金、黄鹂、黄莺、黄皮书、黄色₁（指黄颜色）、黄土、黄沙、黄羊、黄页、黄叶、黄蝶、黄袍、黄玉、黄狗、黄牙、黄油；昏黄、暗黄。

②名 特指中国黄河：黄灾、治黄、黄泛区。

③名 指"黄帝"（即"轩辕氏"，传说中原始社会部落联盟首领）：黄老（黄帝和老子）、炎黄子孙。

④动 事情失败或计划不能实现：事情黄了。

⑤形 象征腐化堕落，特指色情：扫黄、黄毒、黄片、黄色₂（形容书刊、音像、图片等有色情内容）、信口雌黄。

二　黄的文化词

【黄脸】在戏剧中，武将骁勇善战、残暴，如典韦、宇文成都等。

【黄道吉日】迷信的人认为适于办重要事情的好日子。

古代用星象来推算吉凶，认为青龙、明堂、金匮、天德、玉堂、司命等六辰都是吉神。六辰值日之时，做什么事都适合，不避凶忌，称为"黄道吉日"。泛指适宜办事的吉利日子。

传说在唐代宣宗年间，有个叫吉日的书生，在学堂念书时认识了一个姓陈的小姐，两人感情一直很好。到了 20 岁的时候，吉日托媒人到陈家替他求亲，陈家的人看到吉日聪明又老实，就高兴地答应了。吉日听说后非常高兴，告诉了自己的好朋友黄道，同时也告诉了他结婚的日子。黄道听了立刻说："不好！那天刚好是皇帝派人挑美女的日子，你还是带上陈小姐到外边逃几天吧！"吉日不听黄道的劝说，决定还是那一天办喜事。到了那天，新娘刚出家门，还没来得及上轿子，皇帝派出的官兵正好经过，看见新娘美若天仙，硬是把新娘子抢走，把过来阻止的吉日打昏在地上。黄道在一旁气愤不已，他冲上去想救回新娘，官兵一见有人竟敢反抗，纷纷围上来，黄道拼命和官兵搏斗，最终把新娘救回来了，自己却因流血过多而死。大家万分悲痛，为黄道举行了隆重的葬礼。过了几年，吉日考中状元当了官。一天，宣宗皇帝又要派官兵到民间选美女入宫，吉日知道后，在金銮殿上反对这样的方式，宣宗十分生气，立刻下令叫武士把吉日推到午门斩首。人们为了纪念吉日不畏强权保护百姓的功绩，就把他埋在黄道墓旁。从那以后，百姓要办喜事，都会在黄道和吉日的墓前举行。后来，由于不方便，结婚的人们就不再到黄道、吉日的墓前举行婚礼了，他们将结婚的日子择为黄道吉日，表示对黄道和吉日的纪念。这就是黄道吉日的由来。

【黄历】相传黄历是由远古时期的黄帝创制的，所以称作黄历。黄历是中国农村世代相传的一种记时令的册子，包含阴历、阳历（阳历本来是没有的）、气候、播种时令，以及占卜凶吉（年岁好坏与日子吉祥与否），里面写得非常详细。

因为黄历的内容指导农民耕种的时间，所以又被称作农民历。黄历主要内容为二十四节气的日期表、每天的吉凶宜忌、生肖运程等。

黄历古时候由钦天监计算颁订，因此也称皇历。同时也是古代帝王遵循的行为规范的一本书籍，这里面不但包括了天文气象、时令季节，而且还包含了人们在日常生活中要遵守的一些禁忌，由于它是皇帝家族才可以使用的，所以就叫"皇历"，辛亥革命以后推翻了帝制，人们才把"皇历"改写成"黄历"了。

【黄粱梦】是中国古代著名典故，在唐朝沈既济的《枕中记》中有记载。一个叫做卢生的人在梦中享尽人世的荣华富贵，等他醒来的时候，却发现房子主人蒸的黄粱还没有熟，所以称黄粱梦。后来比喻荣华富贵像梦一样，短促虚幻，就算是再美好的事物，也会转眼成空。现在多用于比喻虚幻不实的事和梦寐以求的欲望落空。

【黄梅戏】旧称黄梅调或采茶戏，与京剧、越剧、评剧、豫剧并称中国五大剧种。它发源于湖北、安徽、江西三省交界处的黄梅多云山，与鄂东和赣东北的采茶戏同出一源，其最初形式是湖北黄梅一带的采茶歌。黄梅戏用安庆语言念唱，唱腔淳朴流畅，以明快抒情见长，具有丰富的表现力；黄梅戏的表演质朴细致，以真实活泼著称。黄梅戏来自于民间，雅俗共赏、怡情悦性，它以浓郁的生活气息和清新的乡土风味感染观众。

【黄酒】黄酒是我国的特产，属于酿造酒，是世界上最古老的酒类之一，源于中国，与啤酒、葡萄酒并称世界三大古酒。约在 3000 年前，商周时代，中国人独创酒曲复式发酵法，开始大量酿制黄酒。黄酒产地较广，品种很多，著名的有浙江加饭酒（花雕酒等），绍兴状元红，吴江的吴宫老酒，上海老酒，福建老酒，江西九江封缸酒，广东珍珠红酒和山东即墨老酒等。黄酒以大米、黍米为原料，一般酒精含量为 14%—20%，属于低度酿造酒。黄酒含有丰富的营养，含有 21 种氨基酸，其中包括数种未知氨基酸，而人体自身不能合成必须依靠食物摄取的 8 种必需氨基酸黄酒都具备，故被誉为"液体蛋糕"。

三 对应的泰语词及其义项

สีเหลือง［A］黄

พูด] เหลว；เหลวเป๋ว［V］事情失败或计划不能实现

四 教学说明

"黄"的③、④、⑤个义项及其复字词要靠语境法，通过大量例句，让泰国学生掌握。

小 结

本章考察了颜色义场中的 5 个核心词共有 35 个义项，平均每个词 7 个义项。颜色义场中核心词的义项都比较丰富，它们的引申规律是由表某种具体事物的颜色引申为表某种抽象事物的属性。例如，"黑"由义项①"像煤或墨的颜色（跟'白'相对）"引申为义项②"黑暗"就是事物属性相似的引申。

白、黑、红、绿、黄等 5 个表颜色的核心词都发生了词性转化。有的由形容词性义项转化为表具体事物的名词性义项："黑"由义项②"黑暗"转化为义项③"夜晚"，是因为夜晚的特征之一就是黑暗；有的由形容词性义项转化为表抽象事物的名词性义项，红的义项①"像鲜血的颜色"转化为义项④"喜庆"等。

颜色词的形容词性义项可以转化为表具体动作和抽象动作的动词性义项，例如"黑"在"天黑了"中是表具体事物变化的，在"他的脸黑下来了"中是表抽象事物变化的。

颜色词"白"的抽象动词义项还发生了虚化，成为副词性义项。

根据颜色词在现代汉语中的分布规律，我们在教学中，可以运用直观法，通过做卡片等形式向学生讲解颜色词的具体义项；通过语境法，引导学生分析大量例句，归纳核心词的抽象义项及其组成的复字词的特点。通过组合搭配，让学生在具体的语境中准确理解词义，同时掌握抽象词语各义项的搭配规则。

第十五章

汉泰表人物属性义场对比研究

因为人和事物之间有些共同的属性，所以本章从人和事物本身属性、生活环境属性、数量属性、性质属性等四个方面描写了人物共同的属性。在斯瓦迪士 200 核心词列表中，表人物本身属性的有肥、瘦、轻、重等 4 个核心词；表示人物生活环境属性的有干、湿、温、冷、热等；表人物数量属性的有大、小、多、少等；表人物性质属性的有新、旧、好、坏、脏等。

第一节　人物本身属性义场

féi
肥　สีแดง

一　肥字复字词义项归类

① 形 含脂肪多（跟"瘦"相对，除"肥胖、减肥"外，一般不用于人）：肥肠、肥肉、肥硕、肥瘦儿、肥马轻裘、肥鱼大肉、肥大、肥墩墩、肥肥大大、肥肥胖胖、肥肥实实、肥肥壮壮、肥滚滚、肥乎乎、肥胖、肥头大耳、脑满肠肥、肥肉、肥瘦。

② 形 肥沃：肥厚、肥美、肥沃、肥水不流外人田、肥硕。

③ 动 使肥沃：肥田。

④ 名 肥料：绿肥、化肥、肥分、施肥、春肥、畜肥、钾肥、磷肥。

⑤ 形 收入多，油水多：肥差、活儿肥、肥缺。

⑥ 动 指由不正当的收入而富裕：肥私、损人肥己、食言而肥、自肥。

例句：【肥】坑了集体，肥了自己。

⑦ 名 利益、好处：抄肥（捞外快）、分肥。

⑧ 形 （衣服等）又宽又大（跟"瘦"相对）：肥大。

例句：【肥】棉袄的袖子太肥了。

二　肥的文化词

【脑满肠肥】形容不劳而食的人吃得饱饱的，养得胖胖的。

南北朝时期，北齐武成帝高湛的三儿子琅琊王高俨企图夺取帝位，后主高纬便调兵捉拿，将军替高俨开脱说："琅琊王年少，肠肥脑满，轻为举措，长大自不复然，愿宽其罪。"后主当场释放了高俨，但是不久就派人暗杀了他。

【绿肥红瘦】绿叶茂盛，花渐凋谢。指暮春时节。也形容春残的景象。

例句：

a. 花却又是美丽的战士，风雨中尽管渐渐绿肥红瘦，终究不曾低头。

b. 当龙溪镇花卉园莺飞草长，绿肥红瘦之际，劲松花园住宅小区全面竣工。

三　对应的泰语词及其义项

ผอม ［A］肥

(ที่ดิน)อุดมสมบูรณ์；มีปุ๋ยมาก ［A］肥沃

ใส่ปุ๋ย ［V］使肥沃

shòu

瘦 ผอม

一　瘦字复字词义项归类

① 形 脂肪少；肉少（跟"胖、肥"相对）：瘦弱、瘦小、瘦削、瘦

长、瘦瘪、消瘦、清瘦、瘦骨嶙峋（形容人或动物瘦得露出骨头）。

例句：【瘦骨嶙峋】老人瘦骨嶙峋，面色蜡黄，孤零零地躺在竹席床上不断地呻吟。

②[形]（衣服鞋袜等）窄小（跟"肥"相对）：裤子做得太瘦了。

③[形]（地力）薄；不肥沃：瘦田、瘦瘠。

二　瘦的文化词

【郊寒岛瘦】郊、岛：指唐代诗人孟郊和贾岛。他们的诗歌风格，多以清切凄苦为主，故以此指他们的诗歌和风格。后来形容与贾孟相类似诗文的风格与语意。

【环肥燕瘦】环：唐玄宗贵妃杨玉环，天生丽质，倾城倾国，以胖为美。杨玉环与西施、王昭君、貂蝉并称为中国古代四大美女。用成语"沉鱼落雁，闭月羞花"形容四人。

燕：汉成帝皇后赵飞燕，体态轻盈，善歌善舞，深受皇帝宠爱。

"环肥燕瘦"形容女子体态不同，各有好看的地方。比喻艺术作品风格不同，而各有所长。

三　对应的泰语词及其义项

ผอม［A］瘦

แคบ:คับ［A］（衣服鞋袜等）窄小（跟肥相对）

qīng

轻 เบา

一　轻字复字词义项归类

①[形]重量小；比重小（跟"重"相对）：轻飘、轻飘飘、轻巧、轻重、轻型、轻便、轻柔、轻于鸿毛、轻金属。

②[形]负载小；装备简单：轻车简从、轻车熟路、轻轨铁路、轻机枪、轻装、轻骑、轻锐（轻装的精锐部队）、轻松、轻盈。

③[形]数量少；程度浅：年轻。

④ 形 轻松：轻而易举、轻健、轻捷、轻取、轻音乐、轻悠悠、轻易。

⑤ 形 不庄重，不严肃：轻薄、轻浮、轻忽、轻生、轻率、轻佻。

⑥ 形 轻率：轻信、轻举妄动、轻狂、轻信。

⑦ 形 用力小：轻放、轻歌曼舞、轻声、轻闲、轻手轻脚。

⑧ 形 不重要：轻淡、轻描淡写。

⑨ 动 轻视：轻视、轻蔑、轻敌、轻贱、轻口薄舌、轻慢、轻侮。

二 轻的文化词

【轻于鸿毛】鸿毛：大雁的毛。比大雁的毛还轻。比喻毫无价值。

西汉·司马迁《报任安书》："人固有一死，或重于泰山，或轻于鸿毛，用之所趣异也。"意思是说：人本来就会死的，有的人的死非常有意义，比泰山还重；有的人的死毫无价值，比大雁的毛还轻。

【礼轻人意重，千里送鹅毛】礼物虽然很轻，但情意却很深厚。

唐朝一地方官为表达对皇帝的敬意，派使臣给皇帝进贡一只天鹅。使臣跋山涉水，经过沔阳湖时给天鹅洗澡，天鹅逃跑了，只剩下一根鹅毛，只好写诗："上复唐天子，可饶缅伯高（使臣）。礼轻人意重，千里送鹅毛。"皇帝没有怪罪反而奖赏了他。

三 对应的泰语词及其义项

เบา ［A］ 轻

จำนวนน้อย;ระดับตื้น ［A］ 数量少；程度浅

zhòng

重 หนัก

一 重字复字词义项归类

① 形 分量大、比重大（跟"轻"相对）：重负（沉重的负担）、重担（沉重的担子，比喻繁重的责任）、重型（机器和武器等在重量、体

积或威力上特别大的）；如释重负（形容责任已尽，身心轻快）；笨重（大而重、不灵便）、沉重₁（指分量大）。

例句：

a. 【重】他的话说得太重了。

b. 【重】张老师工作很重，不仅要给我们上课，还要担任校长的秘书。

c. 【沉重₁】那时的女演员都戴着沉重的头饰和面具，还穿着高跟鞋。

②名 重量、分量：轻重、举重（作为比赛或练习的举杠铃运动）、自重₁（指本身的重量）。

例句：

a. 【重】这袋苹果有几斤重？

b. 【自重₁】人们把自重不超过 150 千克的飞机，都称作超轻型飞机。

③形 程度深：重办、重创、重读、重音、重伤、重责₁（严厉斥责或责罚）、重犯、重活、重彩、重挫、重话、重灾区；积重难返；沉重₂（指程度深）、严重、病重、情深义重、罪孽深重。

例句：

a. 【重责₁】在中国古代的军营里，如果一个人犯了错误，是要受到重责的。

b. 【沉重₂】他们心情沉重，眼睛红肿，许多人都难以抑制心中的悲痛，失声哭泣。

④形 数量多：重金、重价（很高的价钱）、重奖（巨额奖金或贵重的奖品）、重利（很高的利息）、重赏₁（用大量的钱或物奖赏）、重赏₂（数额大或很贵重的奖励）、重资（数额巨大的资金）。

例句：

a. 【重赏₁】游船经营主们不惜重赏船厂加快造船进度。

b. 【重赏₂】他不仅为 6 名暴徒安排工作或是送校读书，而且还发给他们一笔重赏。

⑤ 形 主要，重要：重兵、重心、重地、重镇、重任、重点、重大、重责₂（指重大的责任）、重托；避重就轻、轻重缓急；贵重、并重、偏重、无足轻重。

例句：

a.【重地】大连、沈阳、长春、哈尔滨等城市是东北重地。

b.【重责₂】看到眼前的危急情况，身负重责的他思考着对策。

⑥ 动 认为重要而认真对待：重视、重用；尊重、器重、敬重、庄重、注重、看重、着重、为人所重。

⑦ 动 不轻率：自重₂（谨言慎行，尊重自己的人格）、慎重、持重、稳重。

例句：【自重₂】一个人要得到别人的尊重，首先必须要自尊、自爱、自重。

二 重的文化词

【重男轻女】重视男子，却看轻女性。是中国封建社会一种认为男女不平等的观念，重视男人的权利，而妇女受到轻视，权利也受到很多限制。

【蝉翼为重，千钧为轻】将蝉的翅膀看成是重的，却将三万斤的重量看成是轻的。比喻是非颠倒，混淆真假。

【老成持重】老成：老练成熟；持重：稳重，不轻浮。指一个人阅历多、有丰富的经验，办事沉着稳重，不轻率地采取行动。

宋朝时期，皇帝派种师中打仗，对抗金国的军队。金国的军队故意分散兵力，宋朝有人上报皇帝，认为这个时候是最好的机会打胜仗，老成持重的种师中却认为这是敌人的阴谋，但是不敢违背皇帝的命令，只好出兵打仗，结果中了敌人的埋伏，全军覆没。

例句：她装出一副老成持重的样儿，其实是小女孩子谨谨慎慎地学做大人。

【德高望重】德：品德；高：高尚；望：声望；重：程度大。道德高尚，名望很大。

例句：李佩教授是一位和蔼可亲的长者、德高望重的宗师。

【重头戏】指在唱、念、做、打各个方面见功夫的剧目。现在多用来比喻工作或活动中最重要、最艰巨的环节。

例句：

a. 作为广东的地方戏曲，粤剧、粤曲是羊城春节演出的重头戏。

b. 摔跤项目向来是伊拉克运动员在国际比赛中夺牌的"重头戏"。

【重于泰山】于：比；泰山：中国名山，五岳之首。比泰山还要重，形容意义重大。

中国古代有一个伟大的史学家司马迁，他在表白为了完成自己的理想而决心忍辱活着的文章《报任安书》中写了死有重于泰山或轻于鸿毛的道理：人固然都有一死，但有的人死得比泰山还重，有的人却比鸿毛还轻，这是因为他们生存所依靠的东西不同。同时，也表明了他自己看待生死的态度。

【任重道远】任：负担；重：重大，重要；道：路途。肩上的担子很重，路程很远。表示责任和使命重大，要经历长期的奋斗。

例句：控烟工作任重道远。

【重身子】指怀孕或指怀孕的妇女。

【重孝】最重的孝服，在中国古代孝服分不同种类，父母去世后子女所穿的孝服是重孝。

三　对应的泰语词及其义项

หนัก［A］沉，重，猛，狠，严重，激烈

ระดับหนักหรือลึกซึ้ง［A］程度深

第二节　表人物生活环境属性义场

gān
干　แห้ง

一　干字复字词义项归类

①形没有水分或水分很少（跟"湿"相对）：干燥、干柴、干草、

油漆未干、干瘪、干巴、干巴巴、晾干。

②形 不用水的：干洗、干馏法。

③名 加工制成的干的食品（干儿）：葡萄干儿、饼干儿、干菜、干贝、豆腐干儿、萝卜干儿、苹果干儿、香蕉干儿、菠萝干儿。

④形 空虚；空无所有：外强中干。

例句：钱都花干了，还不省着点花。

⑤形 只具形式的：干笑、干哭、干号。

⑥形 属性词。指拜认的（亲属关系）：干妈、干爸、干爹、干娘、干哥、干姐、干弟、干妹、干儿子、干女儿。

⑦副 徒然；白白地：干着急、干瞪眼、干打雷。

⑧形 形容说话太直太粗（不委婉）。

例句：【干】你说话别那么干。

⑨动 当面说气话或抱怨的话使人难堪。

例句：【干】我又干了他一顿。

⑩动 慢待；置之不理。

例句：【干】主人走了，把咱们干起来了。

二　干的文化词

无。

三　对应的泰语词及其义项

แห้ง［A］干

ไม่ต้องใช้น้ำ［A］不用水的

shī
湿 เปียก ชื้น

一　湿字复字词义项归类

①形 沾了水的或显出含水分多的（跟"干"相对）：湿地、湿度、

潮湿、湿润、很湿、淋湿、湿漉漉、湿季、湿淋淋。

②动变湿：沾湿、濡湿。

例句：

a.【湿】他们为了保证工期，冒着 -20℃的严寒开挖道坑，衣服湿后结了冰，烤化了继续干。

b.【湿】刘淑兰追忆起中国养父母的恩情，从头哭到尾，手里的一条小毛巾全湿了。

二 湿的文化词

【湿】中医的一个术语。即平常说的水湿，又叫邪，它有外湿和内湿的区分。外湿本指自然界多雨或潮湿的气候或环境状态，多发生在夏秋之交，属六气之一。但这种气候或环境状态会使正气虚弱或体质湿盛的人发生疾病，对这些人来说，外湿便成为致病的因素，属六淫之一。内湿则指因各种原因引起的脾脏生理功能失常、体内水湿停聚所形成的病理状态。外湿与内湿虽有不同，但两者在病症表现上有共同的特点，且在发病过程中常相互影响。外湿致病，易伤及脾脏，使湿浊内生，而脾失健运，水湿停聚，又易招致外湿侵袭。

三 对应的泰语词及其义项

เปรียก ชื้น ［A］湿

四 教学说明

"湿"的汉泰关系对应明显，泰国学生学习起来不会有什么难度。可以通过"湿"字的教学，向学生介绍中国传统文化中的中医知识，如六气、六淫。

wēn

温 อุ่น

一 温字复字词义项归类

①形不冷不热：温水、温泉、温润、温室、温暖、温饱、冬温夏

凉、温床、温汤。

②名温度、降温、体温、体温计、高温、低温、气温、水温、北温带、南温带、温差、温度计、保温、常温、恒温。

③动稍微加热：把水温一下、温酒。

④形性情平和：温和、温情、温顺、温厚、温良、温煦、温文尔雅、温情脉脉、温柔敦厚、温存、温柔、温润、温暾、温婉、温驯。

⑤动温习：温故知新、温课、温书、温习、重温旧梦。

二 温的文化词

【温良恭俭让】原意为温和、善良、恭敬、节俭、忍让这五种美德。这原是儒家提倡待人接物的准则。现也形容态度温和而缺乏斗争性。

春秋时期，子禹问孔子的学生子贡，为什么孔子每到一个国家都能听到该国的政事。子贡回答说，因为他老人家温和、善良、恭敬、俭朴、谦让，他用这样的态度去对待别人，别人自然会把政事告诉他，这是他与众不同的品德，也是与别人听到政事方式不同的原因。

例句：

a. 这种既有讽刺的挖苦，又有尖酸的嘲笑的文体，用到我们向以温良恭俭让著称的文明古国，行得通吗？

b. 另一个极端是我已经拿出我的东西来了，却温良恭俭让，不争不抢，这也不行。

【温情脉脉】形容饱含温和的感情，很想表露出来的样子。

宋朝时期，湖北转运副使辛弃疾调任湖南转运副使时，接任的王正之备酒为他送行，他无限感慨地作词《摸鱼儿》："长门事，准拟佳期又误，蛾眉曾有人妒。千金纵买相如赋，脉脉此情难诉？君莫舞。君不见，玉环飞燕皆尘土。"

例句：

a. 据《曲靖日报》报道，这四款温情脉脉、体贴入微的美钻吸引了很多年轻时尚的情侣。

b. 然而，三年来，杨光亲切可人的形象和她的温情脉脉的栏目已走进了千家万户。

三　对应的泰语词及其义项

อุ่น［A］温

อุ่น; อบอุ่น; ไม่ร้อนไม่หนาว［A］不冷不热

อุณหภูมิ［A］温度

อุ่น (ให้ร้อนบ้างเล็กน้อย)［V］稍微加热

lěng
冷　หนาว

一　冷字复字词义项归类

①形温度低；感觉温度低（跟"热"相对）：冷水、冷天、冷饮、冷风、冷气、冷丝丝、冷冻、冷汗、阴冷、制冷、寒冷、乍冷乍热、冰清水冷、残羹冷炙、干冷、清冷（指凉爽而略带寒意）、生冷、冷藏。

②动使冷（多指食物）：冷却。

例句：【冷】太烫了，冷一下再吃。

③形不热情；不温和：冷冰冰、冷傲、冷眼、冷淡、冷漠、冷遇、冷语冰人、冷言冷语、横眉冷目、冷若冰霜、冷血动物、冷眼旁观、冷嘲热讽、冷暖自知、横眉冷对千夫指、冷板凳、冷峻、冷酷、冷冷静静、冷厉、冷落（指使受到冷淡的待遇）、冷漠、冷笑。

④形寂静、不热闹：冷寂、冷静、冷落（指不热闹）、冷清、清冷（指冷清）、冷场。

⑤形生僻；少见的：冷僻、冷字。

⑥形乘人不备的；暗中的；突然的：冷不丁、冷箭、冷枪、冷不防。

⑦形不受欢迎的，没人过问的：冷货、冷门、冷遇。

⑧ 形 比喻灰心或失望：心灰意冷。

例句：【冷】看到他眼里的目光，我的心冷了半截。

二 冷的文化词

【坐冷板凳】比喻因不受重视而担任清闲的职务。也比喻长期等候工作或长久地等待接见。

例句：对一个职业球员来说，最痛苦的莫过于坐冷板凳；对一个几乎场场首发的球员来说，离开赛场更是不堪忍受。

【冷宫】戏曲、旧小说中指君主安置失宠的后妃、皇子的地方，现在比喻存放不用的东西的地方。

在中国古代选到宫中的女子，一旦失宠，便在宫中禁室里等死，非常悲惨。但是一般为了皇室的体面，后妃犯罪赐死的概率不大，就需要地方安置她们，所以就有了冷宫。故宫的"冷宫"在哪里？并无定所，但历来有两种说法，一说即是乾清宫、长春宫；一说"冷宫"无固定地址，关禁后妃、皇子的地方，便俗称"冷宫"。

例句：

a. 要是遇到涂写不清的邮政编码，机器不能辨认，就只好打入"冷宫"，另作处理了。

b. 新的市场经济体制下后劲不足，竞争乏力，已被打入不贷款企业的"冷宫"。

三 对应的泰语词及其义项

หนาว ［A］冷

พื้น] ทำให้เย็น (ส่วนมากจะหมายถึงอาหาร) ［V］使冷

เมินเฉย；ไม่อบอุ่น；เย็นชา ［A］不热情；不温和

热 รู้สึกว่าอุณหภูมิสูง

一 热字复字词义项归类

① 形 温度高；感觉温度高（跟"冷"相对）：热带、热带风暴、热

带气旋、热带鱼、热带雨林、热度、热对流、热风、热敷、热辐射、热狗、热锅、热烘烘、热乎乎、热乎、热加工、热辣辣、热浪、热泪、热泪盈眶、热力、热流、热能、热膨胀、热气、热气球、热水、热水袋、热身、热水器、热腾腾、热污染、热血、热学、热血动物、热血沸腾、热饮、热源、热胀冷缩、热天、滚热。

例句：

a.【热泪盈眶】她激动得热泪盈眶。

b.【热腾腾】他请我们吃了一顿热腾腾的美餐。

②[动]使温度升高：热炒、热炒热卖、热处理、热岛效应、热电厂。

③[名]疾病引起的高体温：发热。

④[形]情意炽烈、深厚：热爱、热诚、热忱、热火朝天、热劲儿、热恋、热烈、热切、热情、热心、热心肠、热衷、炽热、古道热肠、亲热。

例句：

a.【热火朝天】学生们在做大扫除时，干得热火朝天。

b.【热心肠】她是一位热心肠的，慷慨的老太太。

⑤[形]非常羡慕；很想得到：热念、眼热。

⑥[形]吸引人的；为人瞩目的：热点、热货、热卖、热门、热线、热线电话、热销。

⑦[名]指某一时期内社会普遍感兴趣的现象：热火、火热、气功热、游戏热、足球热。

⑧[形]（景象）繁华；兴盛：热潮、热闹。

二　热的文化词

【热锅上的蚂蚁】形容陷入了难以摆脱的困境或比喻慌慌张张企图逃出险境的人，内心十分烦躁、焦急，急得走来走去，坐立不安的样子。

【古道热肠】古道：上古的风俗习惯，形容厚道；热肠：热心肠。指待人真诚、热情。形容热心好义。

三 对应的泰语词及其义项

รู้สึกว่าอุณหภูมิสูง ［A］温度高；感觉温度高（跟"冷"相对）

อุ่นให้ร้อน ［V］使温度升高

四 教学说明

"热"字的义项较多，但都是从本义"温度高"引申出来的，在教学过程中可以向学生展示这个词义引申的过程，以便加深学生对各个义项的记忆。

第三节 表人物数量属性义场

大 ใหญ่
<small>dà</small>

一 大字复字词义项归类

①形 在体积、面积、数量、力量、强度等方面超过一般或超过所比较的对象（跟"小"相对）：大白菜、大巴、博大、粗大、胆大、广大、放大、高大、大暴雨、肥肥大大、高高大大、宽宽大大、大胆、大考、大材小用（大的材料用在小处。多指人事安排上不恰当，屈才）、大摇大摆、大吹大擂、大处落墨、声音大、年纪大、力量大、高大。

②名 大小的程度：半大。

例句：

a. 那间房子有这间两个大。

b. 你的孩子现在多大了？

③副 程度深：大红、大红大紫、大富大贵、浩大、宏大、光明正大、重大、自大、远大、偌大、巨大、莫大、庞大、强大、大快人心、大有作为、恍然大悟、大惊失色、大吃一惊。

④用于"不"后，表示程度浅或次数少：不大出门、不大爱玩、不大开心、不大喜欢、不大相同、不大舒服、不大爱说话、还不大会走路。

⑤形 排行第一的：老大、大哥、大少爷、大小姐、大姐、大姨妈、大舅、大舅妈、大姨夫、大姐夫、大嫂。

⑥敬辞，称与对方有关的事物：大作、尊姓大名、大札、大礼、大恩、大恩大德。

⑦形 用在时令或节日前，表示强调：大白天、大清早、大秋、大暑、大寒、大热天。

例句：大礼拜天的，还不休息休息。

二 大的文化词

【大旱望云霓】好像大旱的时候盼望雨水一样，比喻渴望解除困境。

夏朝末年，夏王桀暴虐无道，荒淫无度，税收繁重，老百姓的生活苦不堪言。大臣关龙逢因为劝谏也被夏桀杀了，夏桀说："我拥有老百姓就像天上有太阳一样。什么时候太阳灭亡了，我才会灭亡。"而这时黄河下游的商汤部落由于任用贤才、重视生产，迅速崛起。商汤经过十一次出征，占领了葛、韦、顾、昆吾等地，最后一举推翻了夏朝。当商汤的部队东征时，西方的部落有意见，他们说："为什么不先来救我们呢？"当商汤的部队向南进军时，北方的部落又抱怨说："为什么不先打到我们这儿来呢？"人们急切盼望得救，就像久旱盼望下雨一样。

例句：足足等了一个钟头的光景，而我们如大旱望云霓一样，所等候的兵车始终没有开来。

【大义灭亲】为了维护正义，对违反国家人民利益的亲人不徇私情，使受国法制裁。

春秋时期，卫国的州吁杀死哥哥卫桓公，自立为国君。州吁驱使百姓去打仗，激起人民不满。他担心自己的王位不稳定，就与心腹大臣石厚商量办法。石厚就去问他的父亲石碏，怎样巩固州吁的统治地位。石碏对儿子说："诸侯即位，只要得到周天子的许可，他的地位就能巩固。"石厚说:"州吁是杀死哥哥谋位的,要是周天子不许可,怎么办?"石碏说:"陈桓公很受周天子的信任,陈卫又是友好邻邦。"石厚没等父亲把话说完,抢着说:"你是说去请陈桓公帮忙?"石碏连连点头。州吁和石厚备了许多礼物,却被陈桓公扣留了。原来,这是石碏的安排。卫国派人去陈国,把州吁处死。卫国的大臣们认为石厚是石碏的儿子,应该从宽。石碏却派自己的家臣到陈国去,把石厚杀了。史官认为石碏杀了儿子是"大义灭亲"。

例句:

a. 一些在逃人员的亲属见到"追逃"通告以后,大义灭亲,规劝亲人投案自首。

b. 要是当初我知道这事,我也会鼓励你的丈夫大义灭亲的。

三 对应的泰语词及其义项

ใก่ [A] 大

ขนาด、ความใหญ่เล็ก [N] 大小的程度

ระดับเข้ม、แก่、ลึกซึ้ง、รุนแรง、เต็มที่、มาก;ใหญ่:สีแดงเข้ม| [A] 程度深

xiǎo
小 เล็ก

一 小字复字词义项归类

①形 指面积、体积、容量、数量、强度、力量不及一般或不及所比较的对象(与"大"相对):小雨、矮小、瘦小、渺小、缩小、弱小、微小、纤小、短小精悍、小巧玲珑(形容器物小而灵巧、精致)、小手小脚、小气、小便宜、小算盘、小天地、蝇头小利、以大欺小。

②形 范围窄,程度浅,性质不重要,稍微:小事、小节、事无大小、小题大做、小打小闹、求大同,存小异、因小失大、不拘小节、大惊小怪、小菜一碟、小惩大诚。

例句：

a.【小试牛刀】目前他们仅是"小试牛刀"，大规模的针对性营销活动正在加紧筹备中。

b. 其原因，从上到下，没有采取强有力的措施，结果自然是雷声大，雨点小，难见实效。

③副 时间短：小坐、小住、小别；小眠；小留、小产。

例句：【小别】不过，小别之后回到家乡打球的姚明还真有点紧张。

④形 年纪幼小：小孩、幼小、没大没小、老大不小、妻儿老小、两小无猜、小大人儿、人小鬼大、小兄弟、小不点、小鸟依人、小时候。

例句：【人小鬼大】女人又轻轻叹了口气，道："不错，那孩子的确是人小鬼大。"

⑤谦辞，称自己或与自己有关的人或物：小弟、小可、小人、小辈。

例句：【小人】如果私下跟太子来往，对秦王三心二意，我就成了个贪利忘义的小人。

⑥名 妾：小房、小老婆、做小。

例句：【做小】她出身不好，如今也只能嫁给马少爷做小了。

⑦用在姓、排行等之前，表示爱称：小冤家（年轻情人之间的昵称）、小宝贝。

例句：【小冤家】千万别作声，要让小冤家听见还以为我多盼望下雨呢。

⑧专有名词：千金小姐（古时把富贵人家的未婚女孩称为"千金小姐"，现在含义已扩展至所有未婚女子）。

例句：【千金小姐】有情人终成眷属，七叔和华竹王家的千金小姐结成夫妻，那才是花好月圆，皆大欢喜。

二 小的文化词

【胆小如鼠】形容胆子小得像老鼠那样。形容人胆小怕事。

【羊肠小道】曲折、狭窄而危险的路径，含贬义。

【小心眼】指狭隘的胸襟、短浅的眼光、多疑的心理状态以及在细琐事上的小主意等等。

【麻雀虽小，五脏俱全】比喻事物体积或规模虽小，具备的内容却很齐全。

【小肚鸡肠】比喻气量小，总计较小事，不顾大局。

【跳梁小丑】指起不了什么作用的坏人闹事作乱。

【小试牛刀】小试：稍微用一下，初显身手。比喻有大本领的人，先在小事情上略展才能。也比喻有能力的人刚开始工作就表现出才华。

【开小灶】原指集体伙食中另外安排高标准的伙食。也比喻提供超出一般的待遇或条件。

例句：要求教师对这些学生多辅导、多"开小灶"，并且形成制度，定期开会研究。

【小丑】戏剧或其他文娱表演中的丑角，指滑稽演员或喜剧演员；特指杂技表演中扮得稀奇古怪的丑角。

【小旦】戏曲中旦角的一种，扮演青年女子。

【小生】传统戏曲角色行当之一，指扮演青少年男子，按照饰演人物的不同，一般分为：娃娃生、穷生、扇子生、纱帽生、翎子生等等。

【小白脸儿】指外表漂亮的男青少年。常带有爱打扮、风流浪荡等含义。

例句：她要自由，随便地跟个小白脸儿跑了。

【小道消息】传闻，道听途说。不是通过正规途径听来的消息。

例句：伴随着信任危机，各种小道消息、谣言、传说随着绵绵不绝的春雨在台湾的街头巷尾扩散。

【小抄儿】考试作弊夹带的纸条。

例句：考试带小抄儿，被发现了是要受惩罚的。

【小九九】珠算的乘法口诀，如一一得一，一二得二，二五一十等。也叫九九歌。比喻为自己的打算。犹言小算盘。亦用以泛喻谋算。

例句：不要用等价交换的原则去算计企业，而要为企业算计，不能只打自己的"小九九"，要打国家的"大九九"。

【小辫子】比喻把柄。

例句：共和与民主两党互相扭打，互揪小辫子，无所不用其极。

【小媳妇】①泛指年轻的已婚女子。②比喻听支使或受气的人。

古时候，有个叫小玉的女子，嫁给了她自己非常喜欢的男子阿才，成了阿才家的小媳妇。她以为跟自己喜欢的人在一起就能过上幸福的生活。然而，事实却不是那样。在阿才家的日子里，她发现婆婆总是有意无意地为难她，这让她觉得很委屈。虽然阿才很疼她，可是婆婆的态度终究无法让她的生活很完美。由于她很爱丈夫，于是就努力地讨好婆婆，希望婆婆开心，接纳自己。可是婆婆总对她不满意，不断地叫小媳妇做这做那，让她受气难过。但是她对丈夫的爱使她不得不忍下来，就这样过着她的婚姻生活。

后来，她的邻居知道了这些情况，就把"小媳妇"这个词当成了一个听支使或受气的人的代名词。

例句：计划经济时代，政府部门是绝对权威，企业是"小媳妇"，一切由"婆婆"说了算。

【大眼瞪小眼】大眼看着小眼，比喻没有解决的办法。

例句：我们就这么大眼瞪小眼地互相看着，谁都想说什么，可谁也没说。

【小葱拌豆腐】歇后语，即"一清二白"之意。

【以小人之心，度君子之腹】用卑劣的心意去猜测品行高尚的人。

相传在明朝的时候，有个小偷的本领非常高，偷东西从来没有被人抓住过。一天，他听见人们议论说，有个叫王翱的人刚正不阿，即使有人赠给他厚礼，也不据为己有，还常常拿出钱来资助穷人，至于不义之财，更是一概不接受。小偷心想："难道真有不爱钱的人吗？"于是决定试探一下王翱。第二天一早，他把一包银子放在王翱家门口，不一会儿，王翱出来了，他看见这包银子想，肯定是别人丢的，过会儿一定有人来找的。于是便迈步出门散步去了，小偷见王翱不拿银子，便跑过去捡了起来，王翱回头一看，心想那人一定是失主，转身又走了。小偷赶上前去，对王翱说："久闻大名，今日一见，名不虚传。"王翱被他说得丈二和尚摸不着头脑，不解地问这是怎么回事，小偷便一五一十地说了。王翱听完后笑着说："真是以小人之心，度君子之腹啊！"小偷听后，自己深感惭愧，终于痛改前非，成了一个堂堂正正的人。

例句：灵珊恼怒地说："你总是从坏的地方去想，你不觉得你在以小人之心，度君子之腹吗？"

【先小人，后君子】先做小人，后做君子。指先把计较利益得失的话说在前头，然后再讲情谊。

例句："先小人，后君子"，才保证合作成功，我们不能不这样做。

【大事化小，小事化无】化：变。经过妥善处理，将大事化成小事，小事变成没事，息事宁人。

例句：不论怎样和稀泥，多少得能说会道，见机而作，把大事化小，小事化无；既不多给官面上惹麻烦，又让大家都过得去。

【大王（阎王）好见，小鬼难当】指头目见面好说话，喽啰们难缠。指走狗借着主人势力敲诈勒索。

例句：俗语云，"大王好见，小鬼难当"，我不很怕那大教祖，我怕见小头目。

【小姐】①宋元时对地位低下女子的称呼（也有专称呼妓女的）。后转为对未婚女子的敬称（通常用来指大户人家的小姐、大小姐等）。②母家的人对已出嫁的女子的称呼。③近现代泛指未婚女士，敬称。④当今这个词还有指利用青春及肉体从事色情行业的女性，不分年龄、婚否的意思。

【小学而大遗】小：指不知句读；大：指不解疑难问题；而：转折连词，可是；遗：弃。小的方面则要学习，大的方面却放弃。

【大人不计小人过】敬称对方为大人，谦称自己为小人，希望对方不要与自己计较自己的过错，是一种主动认错的态度。

例句：胡适对他批评中最尖刻的语言，而回应仍极其温和，似乎重在表现"大人不计小人过"的长者风度。

三　对应的泰语词及其义项

เล็ก［A］小，幼，细

四　教学说明

特别值得注意的是"小"字在汉语中构成了大量的成语、谚语，隐含着丰富的中国文化，这应作为教学重点。

duō

多　มาก

一　多字复字词义项归类

①形数量大（跟"少、寡"相对）：多半、多月、多边、多年、多才多艺、多灾多难、好事多磨、多多益善、博学多才、多一事不如少一事、许多、好多、众多、诸多、众少成多、繁多、过多。

②动超出原有或应有的数目；比原来的数目有所增加（跟"少"相对）：多住两天。

例句：

a. 这句话多了一个字。

b.【多给】你多给了我十块钱。

③形过分的，不必要的：多疑、多此一举、多心。

④数（用在数量词后）表示有零头：两年多、三斤多、五十多岁、两丈多高。

⑤形表示相差的程度大：好看得多、多谢、能干得多、开心得多、简单得多、你比她漂亮得多。

二　多的文化词

【贵人多忘事】高贵者往往善忘。原指高官态度傲慢，不念旧交，后用于讽刺人健忘。

唐朝时王泠然虽然中了进士，但没有被授予官职。他日夜思索如何进身于官场，想起自己曾与御史大夫高昌宇有交往，只是当官后把他给忘了，于是提笔给高昌宇写信，信中用威胁的口吻说：如果因做官成贵人而把朋友忘记，将来朋友做官也会以牙还牙的。

例句：

a. 那男人笑道："李探花真是贵人多忘事，连老朋友都不认得了么？"

b. 七爷又道："真是贵人多忘事，是我成全了你和二爷的好事，是你们的媒人，忘了？"

三 对应的泰语词及其义项

มาก［A］多

(ใช้หลังคำศัพท์บอกจำนวน)กว่า［NUM］（用在数量词后）表示有零头

มากทีเดียว［A］表示相差的程度大

shǎo
少 น้อย

一 少字复字词义项归类

①形数量少（跟"多"相对）：少量、少数、少许、少见、少见多怪、多许少与、很少、多少、缺少、稀少、积少成多、以少胜多、人烟稀少、僧多粥少、或多或少、凶多吉少、减少、可多可少、最少、至少、少不得。

②动不够原有或应有的数目；缺少（跟"多"相对）：短少。

例句：

a. 账算错了，你少给了我十块钱。

b. 全体同学都来了，一个没少。

③动丢；遗失。

例句：

a.【少】屋里少了东西。

b.【少】好好检查下，你少了东西没有？

④动亏欠：短少、少礼。

例句：【少】少人家的钱都还清了。

⑤ 副 暂时；稍微：少候、少待、少安毋躁、少刻、少顷、少时。

二 少的文化词

【少见多怪】见闻少的人遇到不常见的事物就觉得奇怪。后常用来嘲笑见识浅陋的人。

唐朝著名的散文家柳宗元被贬到湖南永州当司马，他在永州期间收到韦中立的拜师信，非常感动。他立即回信《答韦中立论师道书》表达一个观点：少见多怪是常有的事情，就像蜀犬吠日就是一个典型的例子。

例句：

a. 段莉娜说："是我刁滑还是你农民意识，心胸狭隘，少见多怪？"

b. 本来就是这个样子嘛，有什么可问，城里人就是少见多怪！

三 对应的泰语词及其义项

จำนวนน้อย［A］数量少（跟"多"相对）

ขาด ไม่พอ［V］丢；遗失

第四节 表人物性质属性义场

xīn
新 ใหม่

一 新字复字词义项归类

① 形 刚出现的或刚经历到的（跟"旧、老"相对）：新面貌、新品种、新口味、新潮、新款、新气象、新大陆、新闻、新式、新鲜、新事物、新奇、除旧布新、除旧换新、破旧立新、弃旧图新、厌旧喜新、记忆犹新、新仇旧恨、新春、新纪元、新交、新近、新居、新词、新诗、新文学、新兴、新星、新型、新秀、新学、新址。

② 形 性质上改变得更好的（跟"旧"相对）：新房子、新世界、半

新半旧、推陈出新、常新、创新、革故鼎新、翻新、革新、更新、除旧更新、求新、时新、新锐、新生。

③ 动 使变成新的：改过自新、耳目一新、焕然一新、创新、悔过自新、刷新、万象更新、温故知新、满目一新、修葺一新、日新月异。

④ 形 没有用过的（跟"旧"相对）：新衣服、新文具、新电脑、新水杯、新书、新笔、新钱、新玩具、全新、崭新。

⑤ 名 指新的人或事物：新人、新任、新生、新作、新产品、尝新、纳新、迎新、新手、新书、新岁。

⑥ 形 结婚的或结婚不久：新娘、新郎、新婚、新媳妇、白头而新、白首如新、新房、新妇、新禧。

⑦ 副 新近；刚：新来的、新买的、新推出的。

二 新的文化词

【新官上任三把火】比喻新上任的官总要先做几件有影响的事，以显示自己的才能和胆识。

古代，新官上任，必做之事很多：要拜庙上香，地方的孔庙、关帝庙、城隍庙必拜，以显示自己尊儒崇道，连地方神都十分恭敬；要清点粮库等库房；要巡查监狱，要视察城防；要对簿点卯，即对照簿册记载的官员侍从等花册——查对；要传考生，就是将本地的学生集中，做一次自己亲自出题的考试，了解他们的学习情况；要拜访乡绅，当然依次是本县的皇亲国戚、与自己同级的卸任官员直至豪门大户了；最后，则是新官贴出告示，说明自己从何月何日开始接受诉讼。做这一系列事情时，新官必然会选择出某两三件事情，别出心裁干一番，当做政绩，就是烧出"三把火"了。常见的如庙宇残破要拨款大修，城防不坚固要为防盗修城墙建苑垒，学生素质不高要请外地师等等。

例句：他新官上任三把火，第二天就开各村村长会，会上大谈了一番孙中山的三民主义。

【日新月异】指发展或进步迅速，不断出现新事物、新气象。

例句：经济全球化和世界科学技术日新月异的发展也使知识产权保护面临新的挑战。

【标新立异】提出新奇的主张，表示与众不同。

例句：

a. 清代初期画坛出现了一位敢于标新立异、独辟蹊径的大画家八大山人。

b. 在这样一次标新立异的国际经贸活动中，您又有什么新点子呢?

三　对应的泰语词及其义项

ใหม่［A］新

ลักษณะเปลี่ยนแปลงไปกว่าเดิม, ก้าวหน้ากว่า［A］性质上改变得更好的（跟"旧"相对）

ไม่เคยใช้［A］没有用过的（跟"旧"相对）

jiù

旧 เก่า

一　旧字复字词义项归类

①形 过去的；过时的（跟"新"相对）：旧案、旧时代、旧经验、旧调重弹、旧病复发、陈旧、复旧、怀旧、守旧、叙旧、依旧、照旧、因循守旧、喜新厌旧、辞旧迎新、旧瓶装新酒、除旧、废旧、古旧、仍旧、新旧、旧仇宿怨、旧恨新仇、旧居、旧历、旧例、旧时、旧闻、旧嫌尽释、旧学、旧制。

②形 因经过长时间或经过使用而变色或变形的（跟"新"相对）：旧本子、旧衣服、旧被子、半新不旧、半新半旧、旧货、旧书、旧物。

③形 曾经有过的；以前的：旧省会、旧居、旧地、旧都、旧梦、旧物、旧地重游、重温旧业、话旧、怀旧、旧调重弹、旧观、旧国、旧迹、旧侣、旧情、旧日、旧诗、旧事重提。

④名 老交情、老朋友：旧好、旧交、旧友、一见如旧、故旧、念

旧、叙旧、旧故。

二 旧的文化词

【一见如旧】初次见面就情投意合，如同老朋友一样。

鲁襄公二十八年（公元前 545 年），吴国君主馀祭为与各国通好，派出公子札到各国访问。公子札访问到郑国时，见到了郑国大臣子产。他们虽是初次见面，却"如旧相识"一样亲密。久谈之后，公子札十分佩服子产的执政能力，倾慕子产的风骨。公子札献给子产白绢大带，以示尊崇。子产回赠给公子札麻布衣服，以示亲好。几天后，公子札到卫国，临走的时候，公子札对子产说："郑国国君平常非常奢侈，祸难将会降临。贵国政权一定会落到您的手中。您执掌国政，要用礼仪谨慎行事。如果不这样，郑国将会灭亡。"子产对公子札的提醒十分感激。后人把子产与公子札的这次交往概括为典故"一见如旧"。

例句：

a. 在昨天的茶座会上，我和王先生一见如旧，有相见恨晚之意。

b. 他们昨晚一见如旧，谈得甚是投机。

三 对应的泰语词及其义项

เก่า ［A］过去的；过时的（跟"新"相对）

เพื่อนเก่า ［A］曾经有过的；以前的

hǎo
好 ดี

一 好字复字词义项归类

①形优点多的；使人满意的（跟"坏"相对）：好汉、好话、好人、好东西、好事情；良好、买好、卖好、蛮好、美好、好天、好匠、好戏、好手、好事、好坏、安好、连声叫好、叫好、称好、刚好、还好、见好、讨好、通好、问好、累世通好、修好、相好、行好、学好、友好、言归于好、要好。

②副用在动词前，表示使人满意的性质在哪方面：好感、好玩、好看、好听、好吃、好笑、好说、好使、好受。

③形友爱；和睦：友好、好朋友、他跟我好；和好、交好。

④形（身体）健康；（疾病）痊愈。

例句：

a. 您好哇！

b. 他的病好了。

c. 身子比去年好多了！

⑤形用于套语：好睡、您好走。

⑥形用在动词后头，表示完成或达到完善的程度：太好、绝好、至好、最好、恰好、完好、幸好。

例句：

a. 外边太冷，穿好了衣服再出去吧。

b. 坐好吧，要开会了。

⑦形表示赞许、同意或结束等语气。

例句：

a. 好，就这么办。

b. 好了，不要再说了。

⑧形反话，表示不满意。

例句：好，这一下可麻烦了。

⑨形容易（限于动词前）。

例句：

a. 那个歌儿好唱。

b. 这个问题很好回答。

⑩形便于。

例句：

a. 地整平了好种庄稼。

b. 告诉我他在哪儿，我好找他去。

⑪形应该，可以。

例句：

a. 我好进来吗？

b. 时间不早了，你好走了。

⑫副用在数量词、时间词前面，表示多或久：好几个、好一会儿、好大半天。

⑬副用在形容词、动词前，表示程度深，并带感叹语气：好多、好冷、好美、好热、好久、好爽、好靓、好找、好香、好漂亮、好面熟、好大的工程。

例句：原来你躲在这儿，害得我好找！

⑭副用在形容词前面问数量或程度，用法跟"多"相同：

例句：哈尔滨离北京好远？

⑮形合宜；妥当：正好、只好。

例句：初次见面，不知该跟他说些什么好。

二 好的文化词

无。

三 对应的泰语词及其义项

ดี［A］优点多的；使人满意的（跟"坏"相对）

ใช้หน้าคำกริยา， แสดงถึงลักษณะที่ทำให้คนอื่นเกิดความพึงพอใจว่าอยู่ด้านไหนหรืออยู่ทางไหน［A］用在动词前，表示使人满意的性质在哪方面

huài
坏 ร้าย

一 坏字复字词义项归类

①形缺点多的，使人不满意的（跟"好"相对）：坏处、工作做得

不坏。

②形品质恶劣的；起破坏作用的：坏人、坏事、坏东西、坏蛋、好坏、坏人心术；败坏、不好不坏、毁坏、使坏、损坏。

③动变成不健全、无用、有害：玩具摔坏了、机器坏了、坏鸡蛋、食物坏了、坏死、水果坏了。

例句：吃了不干净的食物容易坏肚子。

④形表示身体或精神受到某种影响而达到极不舒服的程度，有时只表示程度深：气急败坏、气坏了、忙坏了、乐坏了、饿坏了、累坏了、想坏了、渴坏了。

⑤名坏主意：坏水、使坏、一肚子坏。

二 坏的文化词

【自坏长城】比喻自己削弱自己的力量或自己破坏自己的事业。

例句：你这种做法是自坏长城，出了问题可别找我们。

三 对应的泰语词及其义项

เลว［A］缺点多的，使人不满意的（跟"好"相对）

เสีย：พัง［V］变成不健全、无用、有害

四 教学说明

可以用举例法进行"坏"的义项及用法的教学。同时以好、坏为例向学生说明形容词词性转化为动词词性生成兼类词，是语言发展的规律之一，汉语作为孤立语，没有词性变化，因此汉语词的兼类没有形式上的变化。

zāng
脏 สกปรก

一 脏字复字词义项归类

①形有尘土、汗渍、污垢等：脏土、脏兮兮、脏活、脏乱。

②[形]不干净：脏病、脏字、肮肮脏脏、脏衣服。

二　脏的文化词

【脏污狼藉】指贪污受贿，行为不检，声名败坏。

三　对应的泰语词及其义项

สกปรก ［A］脏

四　教学说明

"脏"的义项②意义比较抽象，可以运用搭配法，结合"脏"字搭配的词语进行讲解，让学生理解"脏"的引申义及其构词体系。

小　　结

本章考察了18个表人物属性的核心词，共有118个义项，平均每个词6.56个义项。人物属性义场中核心词的义项比较丰富，肥和瘦的引申规律是由表人的属性引申为表具体事物的属性，其他16个核心词的引申规律是由表某种具体事物的属性引申为表人的某种抽象的品性。

在词性转化方面：人物属性义场中的18个核心词都可以由形容词性义项转化为动词性义项，其中干、大、少、新、好等还可以进一步发生实词虚化，生成副词性义项；肥、重、干、温、大、旧、坏等由形容词性义项转化为名词性义项。

表人物属性的词的词义很抽象，它们既可以用来修饰人，又可以修饰事物。在教学中我们可以根据上述特点，采用设置语境的方法，通过汉语中对应的泰语词来教学单个的核心词。在掌握的比较多了以后，再用归纳法归纳出汉语中这些词在义项的设置、词语的搭配方面的平衡对称的特点。

第十六章

汉泰表事物属性义场对比研究

本章从事物自身所具有的形状本身的属性、事物外表所表现的形状的属性两个方面描写了记录事物属性的核心词在现代汉语中的义项分布规律及其构词体系，其中长、短、宽、窄、厚、薄等核心词是表事物自身形状的，直、圆、尖、钝、滑等核心词是表事物外表形状的。

第一节　表事物本体属性义场

cháng长　ยาว

一　长字复字词义项归类

① 形 两点之间距离大（跟"短"相对）：

1）指空间：长卷、长程、长队、长龙（比喻人们排的长队）、长篇、长河、长跑、长途、长征、长衫、长款、长空（辽阔的天空）、长发、长袜、长裤、长行（远行）、长话。

例句：

a. 【长行】我们都是长行的旅客。

b. 【气贯长虹】体育健儿取得的骄人战绩和气贯长虹的英雄气概，向世人昭示一个伟大的民族正在崛起、正在振兴。

2）指时间：长别、长辞、长久、长眠、长生、长寿、长夜、长青、长远、长假、长期、长年、长叹、长叹息、长此以往、长年累月、长治久安、长生不老；从长计议；万古长青；漫长、好景不长、源远流长、来日方长、地久天长。

例句：

a.【万古长青】在双方的共同努力下，中泰友谊必将与日俱增，万古长青。

b.【源远流长】书法艺术的历史在我国源远流长。

②名 两端的距离、长度：长短。

例句【全长】：南京长江大桥气势雄伟，铁路桥全长 6772 米。

③名 优点、长处：特长、见长、专长；取长补短、说长道短、扬长避短；各有所长、一技之长、博采众长。

例句：【见长】冯真教授以油画见长，更以发扬民间剪纸艺术著称。

④动 （对某事）做得特别好：长于、长项（擅长的项目）；擅长。

例句：

a.【长于】黄梅戏长于抒情，生活气息浓厚。

b.【长于】徐达勤奋好学，长于谋略，善于治军。

二 长的文化词

【长舌妇】指喜欢在背后说别人的是非和闲话的人，不单指女人，也可以指男人。

长舌妇这个词来源于中国的寓言故事：从前，有一个女人的舌头很长，被称为长舌妇。有一天，她的儿子想吃树上的红枣，因为树很高他够不着，长舌妇看到儿子急得快哭了，一心急就伸出了自己长长的舌头，把树上的一颗枣子摘了下来。儿子看到她的长舌头，害怕地问："妈妈，你是蛇吗？"

长舌妇还喜欢伸出自己的舌头搅浑别人家的水，时间一长，大家都不喜欢她，远离了她。因此长舌妇感到生活很无聊，没有水可以搅了，舌头也闲得难受。后来她掺和到昆虫的世界里，用舌头打乱昆虫的生活，从此他们那儿的昆虫没有了秩序，经常出来扰乱人们的生活，长舌妇才获得了一些满足感。慢慢地，长舌妇这个词语就演变成了指喜欢在背后说别人是非和闲话、令人反感的人。

例句：不久前刚搬来的一位巡警的妻子是个爱搬弄是非的长舌妇。

【长命锁】指中国古代小孩子戴的用来祈求吉祥和长命的颈锁。现在的长命锁更多表达的是长辈对晚辈的祝福。

长命锁是中国古代挂在小孩脖子上的一种装饰品。大多数长命锁用金银宝玉做成，形状像锁，上面刻有"长命富贵"、"长命百岁"等吉祥文字或者刻上寿桃、莲花和金鱼等吉祥图案。在古代，大人经常在小孩刚出生一百天或一周岁的庆祝仪式中给他们戴上长命锁，戴上长命锁之后一般要到成年才能取下来。按照古代的说法，只要戴上了长命锁，就能够避祸驱邪、平安长命。

【长江后浪推前浪】长江的江水不停流动，后面的浪潮必定不断推动前面的浪潮向前，代替前面的浪潮。比喻世界上的事物都是不断前进的。经常用来指新人、新事物代替旧人、旧事物。

例句：他们深知长江后浪推前浪，过去的成绩只代表昨天，今天的辉煌也不会永远闪耀。

【三长两短】意外的灾难、有生命危险的事故，用来特指人的死亡。

在中国古代，造棺材用的是三块长木板和两块短木板，刚好做成装尸体的长方体匣子，"三长两短"刚好是指没有盖上盖子的棺材。经过演变逐渐变成指代意外的灾难、事故，最后用来特指人的死亡。

例句：儿子慌了神，老爸年岁大，有个三长两短可怎么办？

【细水长流】用来比喻对财物做精细的安排、节省的使用，使财物不会经常缺用。也用来比喻长期一点一滴持续做某一件事。

古代《教经》教育人说："你们应当经常勤奋用功，精益求精，就像那细小的水流持续不断最终也能滴穿石头。"后来用细水长流来比喻对财物精细的安排，为长远做打算。

例句：

a. 美育，应始于人之初，是细水长流之举。

b. 要想"小金库"之金如细水长流、源源不断，这的确需要动一番脑筋。

【长袖善舞】穿着长袖子的衣服，有利于起舞。原意是有所依靠，事情就容易取得成功。后来用于形容有钱、有手段、有伎俩的人善于经营，会走门路。

在战国时期，魏国有一个叫范雎的人。他到秦国做丞相，秦王看到他很有才能，很喜欢他并且重用了他。后来范雎接连被牵涉到好几个案件，他知道自己不再像以前那样受到秦王的宠爱，于是说话做事变得更加小心谨慎，开始想既能安全辞退官位同时又能保住性命的方法。有一天，燕国派了蔡泽到秦国拜会范雎，蔡泽也是一个很有才能的人，特别擅长辩论，他以前就对别人说他可以取代范雎的地位做秦国丞相。见到范雎后，他劝范雎尽早隐退，告诉他做官的人应当在得意的时候避免灾祸及时隐退，才能够保存自己的贤明和性命。范雎听了他的话，正好符合自己的想法，就顺势将他引荐给了秦昭王，之后立刻急流勇退。范雎和蔡泽都很有口才，是善于辩论的说客，他们都因此取得秦王的信任和重用。因此司马迁感叹道："衣袖长的人善于跳舞，有钱的人会做买卖。"

"长袖善舞"就用来表示办事情有一定的依靠就容易取得成功，随着时间的演变，用来形容有钱、有手段、有伎俩的人善于经营，会走门路。

例句：表嫂长袖善舞年年都是先进工作者，每次涨工资都少不了表嫂。

【长驱直入】驱：快跑；长驱：不停地策马快跑；直入：一直往前，径直进入。迅速不停地向很远的目的地前进。形容打仗时进军迅速猛烈，不可阻挡。

中国古代的三国时期，曹操为了夺取军事重镇荆州和刘备打仗。曹仁带的曹军被围困，处境很困难。这时曹操派出大将徐晃带军队去解救，徐晃很有谋略，他没有直接营救被困的曹军，而是想了一个计策。徐晃带领一些军队来到刘军驻扎的偃城郊外，装作挖坑截断他们的退路，刘军果然中了计，很快撤离出去，徐晃很轻易地得到了这座城。接着，徐晃和曹操派来的援兵又装作攻打刘军驻扎的一座城，实际攻打的却是另一座，很快打败了刘军。徐晃率领军队，一直冲进了刘军对曹仁的包围圈中，刘军打不过他们纷纷逃跑了。曹操听到徐晃打了胜仗，立即写了信送给他，信里面写着："我指挥士兵打仗三十多年，在我知道的古代善于打仗的人当中，没有一个人能像你那样长距离不停顿地策马快跑，一直往前，冲入敌人的包围圈中（取得胜利）。"

例句：

a. 1940 年 5 月 26 日，希特勒的军队长驱直入法国。

b. 啤酒以势不可挡之势长驱直入，出现在大大小小宾馆、饭店，走进千家万户。

【扬长而去】扬长：大模大样。大模大样地离去。

这个词语来自中国古代的一本有名的小说《红楼梦》，作者是清代的大文学家曹雪芹。书里面写道士给贾瑞一面镜子，说："千万不能照正面，只能照反面！三天后我来把镜子拿走，你的病就好了。"说完后，扬长而去。

【鞭长莫及】鞭：马鞭子；莫：不；及：够得上。马鞭虽长，但是不应该打到马肚子上。后比喻力量达不到，也比喻相隔距离太远，力量达不到。

例句：小齐是外地留京工作的大学生，父母在外地，鞭长莫及，照顾不上他们的孩子。

【飞短流长】飞、流：散布；短、长：指是非、善恶。指散播谣言，中伤他人。

从前，有一个叫范十一娘的女子长得很美，父母特别宠爱她。有很多男子向她求婚，她都看不上。有一次，她在庙会上遇见了一个漂亮的女子封三娘，两人聊得非常开心，都很喜欢对方，到了分别的时候十分不舍，她们就约定到范家去玩。范十一娘回家以后等了很多天，还是没有见到封三娘，因此生了病。父母听说这件事情之后，赶紧派人到周围的村子去找封三娘，但是没有人知道封三娘这个人。这一天，范十一娘在家里的院子散步，忽然看见一个女子爬到墙上偷看她家的院子，而她正是封三娘。范十一娘告诉封三娘自己生病的原因，封三娘难过得哭了起来，她说出一直没来找范十一娘的原因："我只能偷偷地来这里，不能让喜欢说别人闲话的人知道，飞短流长，让人受不了。"到最后，范十一娘才知道原来封三娘不是人，而是一只狐狸精。

例句：他又施展开他所惯用的飞短流长的手段，进行了一系列阴谋活动。

三　对应的泰语词及其义项

ยาว₁［A］长

ยาว₂［A］久

ระดับที่ยาว, ความยาว［N］两端的距离、长度

ความถนัด, ความชำนาญ［N］优点、长处

四　教学说明

"长"在泰语中有两个义项和汉语"长"的义项相同，都表示空间的距离长和时间久。不同的是汉语中"长"字义项多，因此要注意汉语中不同义项以及带有"长"字的中国文化词的教学。

duǎn

短 สั้น

一　短字复字词义项归类

①动 长度小，与"长（cháng）"相对：缩短。

1）指空间：短波、短程、短途、短命、短讯、短跑、短篇、短评、短视、短语、短装、短小、简短、长短、纸短情长、问长问短、五短身材、七长八短（长短不一的）、一长二短、三长两短（出乎意料的灾难、变故，多指人的死亡）。

例句：

a.【纸短情长】"爱你，等你"只四个字，纸短情长。

b.【三长两短】如果和他们谈判成功，那就是国家的幸运；即使我有什么三长两短，还有你们在嘛！

2）指时间：短期、短暂、短促、短工、短浅、天短、长话短说。

例句：【春宵苦短】遗憾的是我只看了半小时。春宵苦短，人寿几何！

②动缺少，欠：短少、短缺、心长力短、谢短、续短、气短、缺吃短穿、缺三短四、缺斤短两、短气、短线、人穷志短（人处在贫困艰难之时，容易缺乏进取的志气）、才短气粗（缺少才干，气质粗鲁）、目短于自见（眼睛的短处在于自己看不见自己。比喻人难有自知之明）。

例句：

a.【心长力短】今天仲翁来招呼我们，实在我们心长力短，对不起极了！

b.【缺斤短两】严厉惩处制售假冒伪劣和缺斤短两等违法行为，从而规范市场行为，保证公平交易。

③名缺点：短处、护短、揭短、阴短、暗短、示短、盖短、是非长短、心长攻短、取长补短、扬长避短、较短量长、轻重之短、争长论短、说长道短（评论他人的好坏是非）。

例句：

a.【扬长避短】我们中国人和亚洲人只要扬长避短，相信自己，是可以获得成功的。

b.【说长道短】他温煦待人，彬彬有礼，人前人后，不见他说长道短过，为人宽厚，聪慧持重，是一个少见的实在人。

二　短的文化词

【心长发短】头发稀少，心计很多。形容年老而智谋高。

【日有长短，月有死生】死生：指月亮有缺有圆。同样的一天有时长有时短，同一个月亮有时缺有时圆。指随自然界的不断变化，情况也有所变化。

【寸长尺短】比喻人各有长处和短处。亦指微才薄技。

【家长里短】指家庭日常生活琐事。

【十指有长短】形容十指作用灵巧。亦比喻同出的子女各不相同。

【短兵相接】短兵：刀剑等短兵器；接：交战。意思是车轴相撞，刀剑相碰。指作战时近距离厮杀。后来也比喻双方面对面进行尖锐的斗争。

例句：在这无声无息的世界里，同样有正义与邪恶、真善美与假恶丑的短兵相接、斗智斗勇。

【儿女情长，英雄气短】指男女之间恋情绵绵不断，而慷慨奋发的气概却消沉不足。

西楚时期的霸王项羽，身高八尺，力能扛鼎，气压万夫，他被人们称为中国历史上最强武将。他24岁起兵，27岁就已经雄霸天下，可以说是一个大英雄。虽然霸王打仗非常厉害，但没有谋略，经常被刘邦算计，最后在垓下被刘邦打败，自杀身亡。

在项羽心目中分别有一人一物占据着非常重要的位置：这个人，就是他的宠妾虞姬，而这个物，就是他的战马乌骓。在临死的时候，项羽唱道："力拔山兮气盖世，时不利兮骓不逝；骓不逝兮可奈何，虞兮虞兮奈若何。"在战局不利、眼见大势已去的情况下，项羽并不是想着怎么样才能重整旗鼓，准备着作最后一次拼搏，而是在后帐与他的宠妾饮酒歌舞，心灰意懒到了一种无可救药的境地。虞姬看到这样的情景，"汉兵已略地，四方楚歌声；大王意气尽，贱妾何聊生"，就自杀了。霸王打了败仗，又失去了心爱的美人，觉得自己"无颜见江东父老"，也拔剑自杀，而他的对手刘邦就成功地得到了他想要的位置。

楚霸王英雄末路，虞姬自刎殉情，成了中国古典爱情中的一段传奇，被世人广为传颂。英雄在最失意的时候，往往会在女人那里寻找慰藉，说明了英雄内心有脆弱的一面。

例句：一个男子一味儿女情长，英雄气短，像贾宝玉型的人物，是不会有什么成就的！

三 对应的泰语词及其义项

สั้น [A] 短，简短，短促

สั้น [N] 短见

kuān
宽 กว้าง

一 宽字复字词义项归类

①形 横的距离大；范围广（跟"窄"相对）：宽敞、宽旷、宽广.

（面积大，范围大）、宽泛、宽阔、宽口、宽绰$_1$（宽阔，不狭窄）、宽大$_1$（面积或容积大）、宽洪$_1$（嗓音宽而洪亮）、宽厚$_1$（宽而厚）、宽厚$_2$（嗓音浑厚）、宽舒$_1$（宽敞舒展）、宽松$_1$（空间不拥挤）、宽松$_2$（衣服肥大）、宽余（宽阔舒畅）、宽展$_1$（地方宽阔）；拓宽。

例句：

a.【宽广$_1$】平原地貌宽广低平，起伏很小，海拔多在 200 米以下。

b.【宽绰$_1$】车间宽绰，明亮，洁净。

c.【宽大$_1$】他环视着这间宽大的起居室。

d.【宽洪$_1$】远处传来了他宽洪的歌声。

e.【宽厚$_1$】爸爸的手掌宽厚有力。

f.【宽厚$_2$】听着这熟悉、宽厚的男声，虽然更沙哑，但依旧平静自信。

g.【宽舒$_1$】学校校舍并不宽舒，书室只供高年级学生享用。

h.【宽松$_1$】列车开动以后，拥挤的车厢宽松了一些。

i.【宽松$_2$】他身穿宽松的 T 恤。

j.【宽展$_1$】汽车飞驰在平直宽展的公路上。

②名 宽度、广度：宽窄。

例句：美国的密西西比河三角洲，东西宽 300 千米。

③动 放宽、使松缓：宽解（使烦恼解除）、宽心、宽慰、宽舒$_2$（心情舒畅）、宽限、宽赊、宽缓、宽免、宽勉、宽绰$_2$（心胸开阔）、宽展$_2$（心里舒畅）。

例句：

a.【宽】听到他已经没有危险了，我的心就宽了。

b.【宽免】香港特区政府先后与四个国家签订了双重课税宽免协定。

c.【宽舒$_2$】听了他的话，她心里一阵宽舒。

d.【宽绰$_2$】听到这个消息，我心里感到宽绰多了。

④动 脱下、解开：宽衣（敬辞，用于请人脱衣）。

⑤形 宽大、不严厉、不苛求：宽纵、宽恕、宽贷、宽广$_2$（心胸开

阔，见识广博）、宽容、宽让、宽厚₃（待人宽容厚道）、宽肃、宽和、宽待、宽谅、宽大₂（对人宽容厚道）、宽大₃（对犯错误或犯罪的人从宽处理）、宽宏、宽洪₂（同宽宏，指度量大）、宽畅、宽松₃（宽畅，松快）、宽大为怀、宽宏大量；从宽处理、外宽内明、外宽内和（表面宽厚随和，内里心机很深）。

例句：

a.【宽贷】燕大治校，向来严格，对违反纪律的学生从不宽贷。

b.【宽和】他对士兵十分宽和，不用烦琐的军规来束缚他们。

c.【宽广₂】他们有着善良、慷慨、心胸宽广的优秀品质。

d.【宽厚₃】老师总教育我们要宽厚待人。

e.【宽大₂】用宽大来战胜敌人，用容忍来化敌为友。

f.【宽大₃】她主动投案自首，争取宽大处理。

g.【宽松₃】学校为学生创造了宽松的学习环境。

h.【从宽处理】他们与普通刑事罪犯一样，只要认罪服法，可以得到从宽处理。

⑥形 富裕：宽裕、宽松₄（宽裕）、宽绰₂（富余）、宽余、宽展₃（宽裕）。

例句：

a.【宽松₄】他现在月收入500美元，生活宽松多了。

b.【宽绰₂】他们家日子过得不宽绰。

c.【宽展₃】他们的日子过得很宽展。

二 宽的文化词

【事宽则圆】宽：宽缓。遇到事情只要从容地对待，就能够圆满解决。

【心宽体胖】原指人心胸开阔，外貌就安详。后用来指人心情愉快，无所牵挂，因而人也发胖。

例句：白莲心宽体胖，心情愉快，又没人刺激她，所以才会发福。

【宽以待人】宽：宽容；待：对待。以宽容大度的态度对待别人。"严于律己，宽以待人"是中国古人的一种思想主张，指对自己要求严格，待别人则很宽厚。

例句：他识大体，顾大局，严于律己，宽以待人，为人正直。

【拔了萝卜地皮宽】比喻为了行事方便而把有阻碍的事物除去。也比喻为了扩展地盘而排挤别人。

三　对应的泰语词及其义项

กว้าง ［A］宽，宽阔，宽敞，宽广

กว้าง ［A］宽广，宽阔

กว้าง ［A］广泛

กว้าง ［A］豁达，宽宏大量

zhǎi

窄 สอบ

一　窄字复字词义项归类

①形（横的）距离小（与"宽"相对）：宽窄、狭窄、短窄、路窄、窄小、窄轨、险窄、天宽地窄（形容天下难有容身的地方）。

例句：【窄小】车流和人流明显增多，当地原本窄小的街道更加拥挤，失去了往日的宁静。

②形心胸不开朗，（气量）小：心窄、心胸狭窄。

例句：【心胸狭窄】张跃东的狗不争气，屡战屡败，这使心胸狭窄的主人对王培生怀恨在心，由此埋下了仇恨的种子。

③形（生活）不富裕：迫窄、急窄。

例句：【窄用】我们已经制订了一个宽备窄用的计划。

二　窄的文化词

【冤家路窄】指仇人或不愿相见的人偏偏容易相逢，无可回避。

古时候，有这样两个人，他们从小就常常吵架，两个人谁也不喜欢谁，也不想看见对方。有一天，他们村里要举行一场比武大赛，两人都参加了比赛。在知道对方也要参加比赛之后，他们两人都希望在那天不要看到对方。那天按照比赛规则，要抽签决定比赛对手，而他们两个却刚好在抽签的时候，成了比赛对手。因此，这两个互相不喜欢看到的人又成了竞争对手，在场上他们很不高兴地看到对方，都说这真是冤家路窄。

例句：今天又碰到一块儿，说句迷信话——这就叫"冤家路窄！是对头分不开！"

三 对应的泰语词及其义项

สอบ［A］窄，狭小

(จิตใจ)คับแคบ；ไม่ใจปล้ำ［A］（心胸）不开朗，（气量）小

hòu
厚 หนา

一 厚字复字词义项归类

①形扁平物上下两面之间的距离大（跟"薄"相对）：厚重₁（又厚又重）、厚实₁（厚）、厚实₂（宽厚结实）、厚脸皮、厚墩墩。

例句：

a.【厚重₁】天空铺排着灰白厚重的云层，低低地压着田野、村庄和河流。

b.【厚实₁】这块布很厚实。

c.【厚实₂】当她感到疲惫时，多想倚靠一下丈夫那厚实的臂膀。

d.【厚墩墩】天气很冷，乘客穿着厚墩墩的衣服在车上挤在一起。

②名厚度：厚薄₁（厚度）。

例句：

a. 凯旋门高达49.54米，宽44.82米，厚22.21米。

b.【厚薄₁】各个锣的大小相同而厚薄不同，所以发出的声音不同。

③形不刻薄、待人宽容：厚道、厚言、厚重₂（敦厚持重）；醇厚₁（淳朴谦逊）、淳厚、憨厚、浑厚₁（朴实）、贤厚、宽厚、谦厚、忠厚、敦厚（脾气和性情憨厚诚朴）。

例句：

a.【厚重₂】通过这件事，他重新认识了北京人的诚实厚重，古道热肠。

b.【醇厚₁】他这个人醇厚贤良，从不多嘴多舌。

c.【浑厚₁】他把这土地上的浑厚质朴和轻柔恬淡情绪传达给读者。

④ 形 （感情）深：厚爱、厚意、厚谊（深厚的情谊）；深情厚谊；亲厚、情深义厚（情感恩义极为深厚）。

例句：

a.【厚爱】演唱歌艺出色，并非张学友深受歌迷厚爱的唯一理由。

b.【亲厚】她们姐妹俩很亲厚。

⑤ 形 （利润）大；（礼物价值）大：厚利、厚礼；甘言厚礼。

例句：【厚礼】亲朋好友的孩子出世，人们时兴赠送厚礼精品了。

⑥ 形 （味道）浓：厚酒肥肉（丰盛的美食）；浓厚₁（色彩、意识、气氛重）、醇厚₂（气味或味道质地纯，浓度高）。

例句：

a. 茅台酒味很厚。

b.【浓厚₁】这幅画具有浓厚的生活气息。

c.【醇厚₂】这种啤酒往往浓度较高，口味醇厚。

⑦ 形 （程度）重：厚谢、厚答、厚望、厚实₃（学问等深厚扎实）；浓厚₂（兴趣大）、浑厚₂（声音低沉有力）。

例句：

a.【厚实₃】他有厚实的知识文化功底。

b.【浓厚₂】泰戈尔从小就对文学产生了浓厚的兴趣。

c.【浑厚₂】女高音清脆、嘹亮，男低音浑厚、浓重。

⑧ 形 （数量）多：厚重₃（丰厚）；高官厚禄；丰厚。

例句：【厚重₃】这是日新月异的中国风情带给巴黎人的厚重礼物。

⑨ 形 （家产）富有、殷实：厚实₄（丰富、富裕）；殷厚、席丰履厚。

例句：【厚实₄】某镇老沈，家底还算厚实。

⑩ 形 优待、推崇、重视：厚待、厚遇、厚薄₂（指重视与轻视，优待与慢待，亲近与疏远）、厚此薄彼、厚古薄今、厚今薄古。

例句：

a.【厚待】生活节奏加快后，文化手段多种多样，人们不再厚待小说了。

b.【厚此薄彼】竞争是公平的，无贵贱高低之分，无厚此薄彼之别。

c.【厚薄₂】那位老人家对三个儿子一样钟爱，不分厚薄。

二　厚的文化词

【厚葬】葬：掩埋死去的人，泛指处理死者遗体的方式。用隆重的仪式安葬死去的人，指耗费大量钱财办理丧事。

春秋时期，齐国人很讲究豪奢的葬礼，他们把织好的布都用来做寿衣，砍下的木头都用来做棺材。齐国的国君齐桓公看到这样的情况感到很担忧，就问管仲，说："布都做寿衣用光了我们就会没有衣服穿，木材都用尽了就没有可以用来做打仗防御的材料，人们停止不了豪华葬礼的风气，你认为要怎么禁止厚葬呢？"管仲回答："人的行为，不是为了名，就是为了利。"于是，齐桓公听取管仲的意见在全国下了命令：以后谁的棺材做得太高档，就羞辱棺材里的尸体，处罚那些办理丧事的人。没过多久，齐国葬礼的豪奢风气慢慢地停息了。

【天高地厚】开始用来形容天地的广大，后用来形容恩德很深厚。也比喻关系的重大，事情的艰巨严重。

传说远古时期的天地在开辟以前，宇宙只是混沌的一团气，盘古用斧头把这团气劈开，轻而清的气上升变成了天，重而浊的气下沉变成了地，逐渐形成山川河流等。经过了 18000 年，天仍然在增高，地仍然在加厚。但究竟天有多高、地有多厚谁也不知道，只能用天高地厚来形容。

后来古代的一位思想家荀子在文章里面用"不登上高山，就不知天多么高；不面临深涧，就不知道地多么厚"来说明学问的博大，教育人学习是没有止境的。

经过慢慢地演变，现在人们用"不知天高地厚"来形容一个人骄狂无知。

例句：

a. 部队待我真叫天高地厚，我得写个感谢信，没有部队我活不到现在。

b. 原来老曲并不是那种小人得志、不知天高地厚的家伙。

【厚德载物】指道德高尚的人能承担重大的任务。现在多用来指以崇高的道德、博大的学识培育学生成才。

《周易》是中国的一本古书，里面说："天行健，君子以自强不息；地势坤，君子以厚德载物。"意思是说：君子应当像天一样运行不停息，就算是遭受困难挫折也不屈服；如果你是一名君子，那么你待人接物的度量要像大地一样宽容，没有不能接纳和承载的东西。清华大学用"自强不息，厚德载物"作为校训激励学生。

【躬自厚而薄责于人】多责备自己，而少责备别人。

孔子说，一个人应该严格要求自己，有过失要主动承担责任，多责备自己，对别人多一些宽容谅解，那么就能够避免别人的怨恨了。

【厚颜无耻】指人脸皮之厚，不知羞耻。

例句：这种厚颜无耻的赤裸裸的目光常常使她浑身起鸡皮疙瘩，难受极了。

【厚积薄发】厚积：指大量、充分地积蓄；薄发：指少量、慢慢地放出。大量充分地积蓄，慢慢地放出。用来形容只有充分的准备才能办好事情。

"博观而约取，厚积而薄发"是中国古代大文学家苏东坡关于读书写作的名言，他认为读书应该看大量的书，了解更多的事物，取其精华，为写作做充分的积累，才能写出好文章。后来人们常用厚积薄发来表示经过长时间有准备的积累，才能大有作为，发挥自己的才能。

例句：如果每个人每天都能积累一点，逐渐地厚积薄发，就能说很棒的英语了。

【厚往薄来】在交往中，送丰厚的礼物给对方，接受对方微薄的礼物。

【无可厚非】无可：不可以；厚：重，过分；非：非议，否定。虽然有不足，然而是可以原谅的，不可以过分指责。

新朝时期，王莽推行一些改革国家的措施，引起了诸侯的不满。他为了派兵打仗，强行征收人民的捐税，都大夫冯英上书劝他不要劳民伤财。王莽很生气地罢免了他的官位，过后又觉得冯英无可厚非，于是再把冯英封为长沙连率。

例句：宴会餐饮讲求美食，追求精细，是无可厚非的，但应破旧立新。

【得天独厚】天：天然，自然；独：独具；厚：优厚。独具优越的天然条件。指所处环境具有的条件非常好。也指人的天赋或者机遇特别好。

例句：

a. 西藏拥有得天独厚的自然资源和人文景观。

b. 面对周围这帮初高中毕业生们，她有一种得天独厚的优越感。

三　对应的泰语词及其义项

หนา ［A］厚，浓厚

หนา ［A］扁平物上下两面之间的距离大（跟"薄"相对）

ความหนา ［N］厚度

báo，bó
薄　บาง

一　薄字复字词义项归类

薄₁ báo

① 形 厚度小的：薄片、薄饼、薄膜、薄脆。

② 形 感情冷淡，不热情：薄待。

③ 形 味道淡：薄酒、薄食。

④ 形 土地不肥沃：薄田。

薄₂ bó

① 形 轻微、少：广种薄收、薄地、薄利、薄雾、薄妆、薄刑、薄相、

薄俗、薄装、薄技、薄酒、薄礼、薄面（谦称）、薄责（用低标准来要求。轻微的责备或责罚）、薄业（微薄的产业。多为谦辞）、薄行（品行不端，轻薄无行）、薄徒（浅薄无知或浮薄轻佻的人）福轻命薄。

②形 不强壮、不结实：薄弱、单薄。

例句：【薄弱】在极大的压力下，岩浆便会从薄弱的地方冲破地壳，喷涌而出，造成火山爆发。

③形 不厚道、不庄重：薄待、薄言、刻薄、轻薄。

例句：【轻薄】善良的同事们没有因为她的丈夫而鄙视她轻薄她，相反地把这一切看成她和她家庭的不幸与劫难，给她同情与宽慰。

④形 看不起、轻视、慢待：菲薄、鄙薄、厚今薄古、薄情、薄幸、妄自菲薄（不知自重，轻视自身价值）。

例句：【妄自菲薄】谦虚的人既不自高自大，也不妄自菲薄，总是满怀信心地努力进取。

⑤动 迫近、靠近：薄夜、日薄西山。

二 薄的文化词

【红颜薄命】红颜：美女的容颜；薄命：命运不好。古代的时候用来指女子容貌美丽但遭遇不好（多指早死、寡居或丈夫不好）。

从前，有一个叫步非烟的女子，她生性娴雅、温柔多情。虽然只是小家碧玉，却才情横溢，喜好文墨、工于音律，尤其是能弹一手绝妙的琵琶。不幸的是她嫁给了一个武夫。虽然这个军人对她宠爱有加，但是不解风情，粗俗愚蠢，使步非烟常常充满了失望和郁闷。于是步非烟总是偷偷一人对窗落泪。这时候隔壁住着的书生赵象正在努力备考。他吟诗作对的声音犹如天籁，使步非烟充满了新鲜和好奇。一个清晨，赵象看到那位美艳的少妇，也就喜欢上了步非烟。两人一见钟情，最后武夫知道了二人背着他相互爱慕的事，他设计抓住了正在翻墙的赵象，拿着从赵象身上撕下的衣角，冲进卧室，向装扮整齐的步非烟大吼道："下贱女人，看你做的好事！"步非烟一见衣衫就明白被丈夫知道了，她显得十分平静，只是淡淡地说："生既相爱，死亦何恨。"武夫见妻子不但不否认，还说出这样的话来，就用皮鞭狠狠地抽打步非烟，但步非烟没有求饶，很快步非烟就被打死了。

后来人们也常用红颜薄命来形容那些美丽有才的女子遭遇不好的事。

例句：她还想到了什么？是命运的捉弄还是红颜薄命，好事、坏事的风头全让周洁占了。

【积财千万，不如薄技在身】积蓄财产，不如学点技术。

有两兄弟生活在一个很有钱的家庭。但是他们两个人有着很不一样的地方。弟弟觉得家里有钱，整天就只知道玩，从来不看书，学知识，而总是把父亲给的钱收好，以为这样他就可以有很多钱。而哥哥不一样，他不仅把父亲给的钱收好，还很努力地看书，这样就能学到知识，然后就可以自己挣更多的钱。不久之后，他们家发生了意外，他们就再也不是有钱人了，父亲没有多余的钱给他们了。渐渐地，弟弟从父亲那里得到的钱不够花了，可是他又没有知识，就只能做那些不好干而又钱少的事。而哥哥利用之前所学的知识找了一份很好的工作，还可以挣到比弟弟多很多的钱。从这件事人们就明白一个道理，即使有再多的钱，还是比不上有一定的知识和技能。

例句：不管社会如何发展，积财千万，不如薄技在身！

三　对应的泰语词及其义项

บาง ［A］薄，稀薄

บาง ［A］少，稀疏

第二节　表事物外表属性义场

zhí
直 ตรง

一　直字复字词义项归类

①形成直线的（跟"曲"相对）：笔直、直线、直尺、曲直、平

直、拉直。

②|形|跟地面垂直的（跟"横"相对）：直升机、直立、垂直、垂直线、垂直面。

③|形|从上到下的，从前到后的（跟"横"相对）：直肠、直行的文字。

例句：屋子直里有两丈，横里有四丈。

④|动|挺直；使笔直：直起腰来。

⑤|形|公正的；正义的：理直气壮、正直、耿直、刚直、刚直不阿、词正理直。

⑥|形|直爽；直截：直率、直性子、直肠子、直心眼儿、直呼其名、心直口快。

例句：【嘴直】他嘴直，藏不住话。

⑦|名|汉字的笔画，即"竖"。

⑧|副|一直；径直；直接：直达、直到、直拨、直播、直待、长驱直入、直哭了一天、直朝村口走去。

⑨|副|一个劲儿地；不断地：直笑、直哭、直打哆嗦。

⑩|副|简直。

例句：痛得直像针扎一样难受。

二 直的文化词

【直肠子】比喻说话直来直去的人，直心眼儿、说话不会有隐瞒、有什么说什么的人。

例句：

a. 老杨是个直肠子，心里存不住话。

b. 我这人直肠子，有什么说什么，不会说好听的。我真是瞧不惯你，你太不像话了！

三 对应的泰语词及其义项

รง：ตรงเป็นแนว［A］成直线的（跟"曲"相对）

ตรงดิ่ง：ตั้งตรง：ทำให้ตรง［V］挺直；使笔直

เที่ยงธรรม：ยุติธรรม：สัจจะ［A］公正的；正义的

yuán
圆 กลม

一 圆字复字词义项归类

①形 形状像圆圈或球的：圆形、圆圈、圆桌、滚圆、滴溜圆、圆鼓鼓、圆滚滚、圆实。

②名 圆周所围成的平面。

③形 圆满；周全：圆滑、圆浑、圆寂、圆满、圆全、圆融、圆润、圆熟、圆通。

例句：

a.【圆】这话说得不圆。

b. 这人做事很圆，各方面都能照顾到。

④动 使周全；使圆满：圆场、圆谎、圆成、自圆其说、圆梦。

⑤量 我国的本位货币单位，一圆等于十角或一百分。也作元。

二 圆的文化词

【不以规矩，不成方圆】规：圆规；矩：曲尺。比喻做事要遵循一定的法则。

【骨肉团圆】指亲人离而复聚。

【花好月圆】花儿正盛开，月亮正圆满。比喻美好圆满。多用于祝贺人新婚。

【破镜重圆】比喻夫妻失散或离婚后重新团聚。

【外方内圆】谓外表正直，内心圆滑。

【蛾眉倒蹙，凤眼圆睁】蛾眉：细长的眉毛；蹙：皱；凤眼：长而大的双眼皮眼睛。形容美女发怒的面容。

三 对应的泰语词及其义项

กลม［A］圆

กลม［A］形状像圆圈或球的

ทำให้จบลงด้วยดี : ทำให้ลงเอยกันด้วยดี : ทำให้จับผิดไม่ได้ ［V］使周全；使圆满

尖 แหลม

一 尖字复字词义项归类

①形 末端细小；尖锐：尖下巴、尖锐$_1$（物体有锋芒，容易刺破其他物体的；锋利）、尖刀、尖顶、尖嘴猴腮、尖利、尖溜溜、风口浪尖。

例句：

a. 要把铅笔削尖了。

b.【尖锐$_1$】他把锥子磨得非常尖锐。

②形 声音高而细：尖声尖气、尖厉、尖嗓子、尖锐$_2$（声音高而刺耳）。

例句：【尖锐$_2$】一大早，就听到尖锐的哨声，吵得让人睡意全无。

③形（耳、目、鼻子）灵敏：眼尖、耳朵尖、鼻子尖、尖锐$_3$（认识客观事物灵敏而深刻；敏锐）。

例句：

a. 他鼻子尖得很，有一点异味都闻得出来。

b.【尖锐$_3$】他看问题很尖锐。

④动 使嗓音高而细。

例句：她尖着嗓子喊道："开饭了！"

⑤名（尖儿）物体锐利的末端或细小的头儿：鼻尖儿、脚尖儿、

帽尖儿、针尖儿、刀尖儿、塔尖儿、笔尖儿、指甲尖儿。

⑥ 名 （尖儿）出类拔萃的人或物品：尖儿货、拔尖儿、尖子。

例句：【尖儿】姐妹仨里面就数她是个尖儿。

⑦ 形 吝啬；抠门儿。

例句：这人可尖了，一点儿亏也不吃。

⑧ 形 尖刻：尖刻、尖酸；尖嘴薄舌、嘴尖。

例句：【嘴尖】他嘴尖，毫不留情面。

二　尖的文化词

【钻牛角尖】比喻费力研究不值得研究或无法解决的问题。也指思想方法狭窄。

老鼠钻到牛角尖里去了。它跑不出来，却还拼命往里钻。牛角对它说："朋友，请退出去，你越往里钻，路越狭了。"老鼠生气地说："哼！我是百折不回的英雄，只有前进，决不后退的！""可是你的路走错了啊！""谢谢你，"老鼠还是坚持自己的意见，"我一生从来就是钻洞过日子的，怎么会错呢?"不久，这位"英雄"便活活闷死在牛角尖里了。

例句：

a. 凡事都要留有余地，别死钻牛角尖。

b. 山里人脾气憨厚耿直这不假，但是山里人同时也爱钻牛角尖、认死理。

三　对应的泰语词及其义项

แหลม ［A］尖

เสียงสูง ［A］声音高而细

(หู,ตา) ไว ［A］（耳、目、鼻子）灵敏

dùn

钝 ทื่อ

一　钝字复字词义项归类

① 形 不锋利（跟"快、利、锐"相对）：钝器、成败利钝（成功

与失败，顺利与挫折。谓事情的结果好坏）。

例句：

a. 刀钝了，要磨一磨。

b.【成败利钝】他知道自己唯一所能采取的态度，便是不问成败利钝，尽力帮胡雪岩去克服困难。

②形 笨拙；不灵活：迟钝、鲁钝。

二 钝的文化词

无。

三 对应的泰语词及其义项

ที่ [A] 钝

ทื่อ [A] 笨拙

ทู่ [A] 不锋利（跟"快、利、锐"相对）

滑 ลื่น
huá

一 滑字复字词义项归类

①形 光滑；滑溜：光滑、平滑、润滑、打滑。

例句：

a. 这条小路上的石子又圆又滑，走起来小心些！

b. 这条长满青苔的路很滑。

②动 滑动；滑行：滑冰、滑雪、滑了一跤。

③形 油滑；狡诈：耍滑、刁滑、圆滑、油滑、滑头滑脑。

例句：你小心些，这个人滑得很。

④动 跟"过去"连用，表示用搪塞或瞒哄的方法混过去。

例句：这次查得很严，想滑是滑不过去的。

二 滑的文化词

【滑天下之大稽】强调事情非常滑稽可笑（带讽刺意味）。

【油腔滑调】腔、调：说话的语气与声调。形容说话轻浮油滑，不诚恳，不严肃。

三 对应的泰语词及其义项

ลื่น ［A］滑

เกลี้ยงเกลา：เป็นมัน ［A］光滑；滑溜

ลื่น (ที่ใช้เป็นกริยา) ［V］滑动；滑行

กลม：กลับกลอก：ปลิ้นปล้อน ［A］油滑；狡诈

小 结

本章考察了 11 个表事物属性的核心词，共有 64 个义项，平均每个词 5.82 个义项。事物属性义场中核心词的义项的引申规律是由表某种具体事物的属性引申为表人的某种抽象的品性。

在词性转化方面：长、短、宽、厚、直、圆、尖等由形容词性义项转化为名词性义项；长、短、宽、厚、直、圆、尖、滑等由形容词性义项转化为动词性义项，直进一步发生实词虚化生成副词性义项。

表事物本体属性和外表属性的核心词词义发展一般遵循从具体到抽象、从空间到时间、从表物到表人的引申规律。表具体、表空间、表物的核心词义项及其构词体系的教学可以运用直观法，用做卡片、实物、图片教具的方式演示给学生看；那些表抽象、表时间、表人的核心词的引申义项及其构词体系的教学，可以把设置语境法和母语释义法结合起来，通过多举例，让泰国学生掌握它们的意思。

第十七章

汉泰表动作属性义场对比研究

事物有自身的属性，动作也有自身的属性，本章描写了快、慢、松、紧、强、弱、满等几个表动作属性的核心词的义项及其构词体系。

kuài
快

一　快字复字词义项归类

①形 速度高，做事、走路等费的时间短（与"慢"相对）：快报、快餐、快步流星、快车、快车道、快递、快件、快货、快步、快速、快捷、快镜头、快马加鞭、快慢、快门、快艇、快信、快讯（指迅速采访、刊出或播发的消息）。

②形 锐利，锋利（与"钝"相对）：快刀。

例句：王麻子刀剪真快。

③形 高兴，舒服：快乐、痛快、愉快、快感、快事、快慰、畅快、快活、快意。

④形 爽利，直截了当：爽快、心直口快、快人快语、快谈（痛快锋利的言谈）。

⑤形 灵敏：眼明手快、快人快语。

例句：他脑子真快。

⑥副 赶紧，从速：赶快。

⑦ 副 将，就要、接近：天快亮了。

二 快的文化词

【快板】又叫"数来宝"，也叫"顺口溜"、"流口辙"、"练子嘴"，是从宋代贫民演唱的"莲花落"演变发展成的。

起初是乞丐沿街乞讨时演唱的一种歌曲。他们把明太祖朱元璋奉为祖师爷。据传，朱元璋是元末明初安徽濠州钟离县人，在家中排第四。他从小聪明过人，当他会说话的时候，叫爹，爹亡，叫娘，娘死，最后剩下他一人，跟他王干娘生活，长大后，在皇觉寺出家，长老给他起名元龙和尚。长老对他很好，但是其他和尚对他不好，长老圆寂后，和尚们把朱元璋赶出庙门，于是他王干娘将他送到马家庄给马员外放牛。放牛的地方是乱石山，但非常不幸，牛病死很多，于是马员外也不要他了。这时，王干娘又得病死了，朱元璋只得靠要饭生活。因他命大，呼谁为爷谁就病，呼谁为娘谁亦生病，所以钟离县人民都不准他在门前呼爷唤娘。毫无办法的朱元璋到放牛的乱石山里放声大哭，自己十几岁了，命运如此不幸，到谁家要饭谁家的人染病。不准在门前喊叫，如何乞讨？哭着哭着，他忽然看见地上有两块牛骨，情急之下想出用敲打牛骨的办法，挨户要饭。于是便天天敲打着牛骨沿门行乞。钟离县人民皆恐其呼叫爷娘，每闻门前有牛骨声至，都将剩的食物拿至门前，送给朱元璋。直到今天沿街要饭的乞丐，都不向人呼爹唤娘，就是那时遗传下来的，牛骨也就成了最早的快板。

【快书】快书和快板属于中国曲艺中韵诵类即似说似唱的一类表演形式。但快书与快板又有区别，是同一大类中的两个小类。快书或者在快板基础上发展起来的快板书，一般都故事性强，并塑造典型人物形象的中、长篇节目，曲词的韵辙通常是每个回目一韵到底；而快板一般只表演说理或抒情性较强的短篇节目，且曲词的押韵方法比较自由，称为"花辙"，即可在一段曲词中自由转韵。

三 对应的泰语词及其义项

รวดเร็ว ［A］速度高，做事、走路等费的时间短（与"慢"相对）

รีบ［adv］赶紧，从速

四　教学说明

"快"字义项较为复杂，但引申脉络较为清晰，在教学时要注意循序渐进，并特别注意其副词的用法。

màn
慢　ช้า

一　慢字复字词义项归类

①形速度低，做事、走路等费的时间长（与"快"相对）：慢车、慢车道、慢词、慢件、慢腾腾、慢慢吞吞、慢慢悠悠、慢吞吞、慢条斯理、缓慢、迟慢、慢性、慢悠悠。

②形态度冷淡，不殷勤，不礼貌：慢待、轻慢、傲慢、怠慢。

二　慢的文化词

无。

三　对应的泰语词及其义项

ช้า［A］速度低，做事、走路等费的时间长（与"快"相对）

四　教学说明

在"慢"的教学过程中，注意运用反义词词义对比法，"慢"、"快"对比着学，这样学生自然会意"慢"的用法。另外，注意汉语义项②"态度冷淡，不殷勤，不礼貌"，这是学生掌握的难点，也是教学的重点。

sōng
松　หย่อน

一　松字复字词义项归类

①形松散（跟"紧"相对）：松弛、松动₁、松缓₁（指宽松）、松紧、松软、松松垮垮、松散₁、松懈、松心。

例句：

    a.【松动】上次六方会谈后，有关方面的立场出现哪些松动₁？

    b.【松缓】日程安排得很松缓₁。

    ②动 使松；解开、放开：松动₂、松劲、松绑、松缓₂、松口、松嘴、松气、松快、松口、松手、松散₂。

例句：

    a.【松动₂】德国政府松动军火销售政策，受到企业界的欢迎。

    b.【松缓₂】松缓神经。

    ③形 经济宽裕：手头松。

    ④形 不坚实：点心松脆适口。

    ⑤动 解开；放开：松绑。

例句：手一松，气球就飞了。

    ⑥名 用鱼、虾、瘦肉等做成的蓉状或碎末状的食品：肉松。

二　松的文化词

无。

三　对应的泰语词及其义项

หย่อน ［A］松散（跟"紧"相对）

四 教学说明

    "松"与"紧"的教学，可以用直观演示法，比如一根粗皮筋，让它保持自然状态，然后说"松"，再拉紧它，并说"紧"，学生自然会意。在此基础上，再注意引申义的讲解。

jǐn

紧

ตัวเทหะวัตถุปรับสภาพหลังจากที่รับแรงดึงจากหลายๆด้านหรือได้รับแรงกด

一 紧字复字词义项归类

①形密切合拢（与"松"相对）：紧巴巴₁（指物体表面绷得很紧）、紧绷绷₁（捆或扎得很紧）、拧紧、捆紧、紧身。

例句：【紧巴巴₁】衣裳帽子都很讲究，可是又瘦又小紧巴巴地贴在身上，看着怪难过的。

②形靠得极近：紧邻、紧逼、紧闭、紧跟、紧追不舍、紧抓、紧握、紧贴。

③动使紧：紧身、紧缩、紧弦、紧索、紧绳。

例句：把琴弦紧紧。

④形事情密切接连着，时间急促没有空隙：紧凑、紧锣密鼓、紧密、加紧、抓紧。

⑤形形势严重，关系重要：紧绷绷₂（形容心情很紧张或表情不自然）、紧急、紧促、紧迫、紧要、紧张。

⑥形不宽裕：紧俏、紧缺、紧巴巴₂（指经济不宽裕，拮据）。

例句：【紧巴巴₂】改革开放以前，靠"死工资"月月都过得紧巴巴的，根本谈不上有积蓄。

二 紧的文化词

【紧箍咒】小说《西游记》中唐僧用来制服孙悟空的咒语，能使孙悟空头上的金箍紧缩，头痛欲裂。后用来比喻束缚人的东西。

三 对应的泰语词及其义项

ตัวเทหะวัตถุปรับสภาพหลังจากที่รับแรงดึงจากหลายๆด้านหรือได้รับแรงกด

[A] 密切合拢（与"松"相对）

四 教学说明

学生在学习了"松"后，用反义词词义对比法，在掌握基本义的基础上，再进行引申义的教学。

qiáng
强 มีกำลังมาก

一 强字复字词义项归类

①形 力量大（跟"弱"相对）：强国₁（国力强大的国家）、富强、身强体壮、强壮、强健、强人、强力、强大、强劲、刚强、列强、强弩之末、年富力强、强盛、强暴、强敌、强悍、强风、强盗。

②形 感情或意志所要求达到的程度高；坚强：要强、强手、强烈、强酸、强横。

③动 使用强力；强迫：强制、强渡、强占、强干、强加、强攻、强辩、强梁、强刺激、强夺、强使、强迫、强逼、勉强、强人所难、强词夺理、强令、强奸、强取、强取豪夺、强行。

④动 使强大或强壮：强国₂（使国家强大）、强权、富国强兵、富强、强身、强身之道。

⑤形 优越；好（多用于比较）。

例句：今年的庄稼比去年更强。

⑥形 用在分数或小数后面，表示略多于此数（跟"弱"相对）。

例句：实际产量超过原定计划12%强。

⑦动 着重，增加分量：强化、增强。

二 强的文化词

【强将手下无弱兵】英勇的将领手下没有软弱无能的士兵。比喻好的领导能带出一支好的队伍。

【强中更有强中手】比喻技艺无止境，不能自满自大。

【强龙不压地头蛇】比喻实力强大者也难对付当地的势力。

【牛不喝水强按头】比喻用强迫手段使就范。

三 对应的泰语词及其义项

มีกำลังมาก ［A］力量大（跟"弱"相对）

四 教学说明

用直观释义法，给学生出示一张一张强壮的运动员的图片，然后说"强"，并做出相关动作释义，在此基础上，再进行引申义的教学，就容易多了。

ruò
弱 อ่อนแอ

一 弱字复字词义项归类

①形 气力小，势力差（跟"强"相对）：弱小、脆弱、弱不禁风、体弱、瘦弱、软弱、衰弱、力弱。

②形 年幼：老弱、弱冠。

③形 差，不如：弱点、弱化、弱碱、弱旅、弱能、弱酸、弱项、弱肉强食、弱势、弱视。

④形 用在分数或小数后面，表示略少于此数（跟"强"相对）：三分之二弱。

二 弱的文化词

【弱冠】泛指男子二十岁左右的年纪。

在中国古代，不论男女都要蓄留长发，等他们长到一定的年龄，要为他们举行一次"成人礼"的仪式。男子到了二十岁的时候，就要在宗庙中行加冠的礼数。行冠礼，就是把头发盘成发髻，谓之"结发"，然后再戴上帽子。谓之成人。因此，二十岁也称"弱冠之年"。在中国古代还有"二十弱冠，三十而立，四十不惑，五十而知天命，六十花甲，七十古来稀，八十耄耋"的说法。

三　对应的泰语词及其义项

อ่อนแอ［A］气力小，势力差（跟"强"相对）

四　教学说明

利用反义词词义对比法，将"弱"的义项的教学与"强"对应着来，这样学生举一反三，有利于提高其学习的主动性。

măn

满　เต็ม

一　满字复字词义项归类

①形全部充实、达到容量的极点：满当当、满额、满座、满负荷、饱满、丰满、充满、美满、爆满、客满、圆圆满满、塞满、满满登登。

②动使满。

例句：满上这一杯吧！

③动达到一定期限：满月、满孝、不满一年、届满、满师。

④形全、整个：满门、满口、满眼、满目、满面、满堂、满心、满腔、满腹狐疑、满世界、满嘴、满打满算、满口答应、满身油泥、满面红光、满面春风、满目疮痍、满堂彩、满山遍野、满纸空言、满分、满腹经纶、满腹牢骚、满腹疑团、满腹珠玑、满怀、满脸春色、满面风尘、满面羞惭、满目荒凉、满目凄凉、满腔热忱、满腔热情、满腔热血、满堂红、满心欢喜、满园春色、满月。

⑤副完全：满不在乎、满有资格、满城风雨。

⑥动满足：心满意足、满足、满意、不满、美满。

⑦形骄傲：骄傲自满、满招损。

二　满的文化词

【满城风雨】城里到处刮风下雨。原形容重阳节前的雨景。后比喻某一事件传播很广，到处议论纷纷。

宋代黄州有位诗人潘大临，勤奋好学，家境贫寒，曾写过不少好诗。有一年秋天，他的好友来信问他："最近有新诗吗？"潘大临回信说："秋天的景物，件件都可以写出好的诗句来。昨天我正靠在床铺上闭目养神，听着窗外吹打树林的风雨声，我起身在墙上写道：'满城风雨近重阳。'这时，催交租税的人突然闯了进来，使我的诗兴一扫而光，无法再继续写下去了。现在我只有这一句寄给你。"

例句：

a. 5 岁男孩的父母怎么也没想到事情经媒体报道后，已经闹得满城风雨。他们为了使孩子的学习不受影响，正在考虑将他转到其他班级。

b. 这个消息，很快在干部和群众中传开了，闹得满城风雨，沸沸扬扬。

【满盘皆输】下棋时走错一步，整盘棋就输掉。比喻因受某一局部的影响而使全局归于失败。

例句：

a. 他担心三姑供出他，那他真算是一失足成千古恨，一着不慎满盘皆输。

b. 一着走错，满盘皆输，弄得上不上下不下，进不得退不得，卡在这儿，真叫尴尬。

三　对应的泰语词及其义项

เต็ม ［A］ 满

四　教学说明

"满"的教学可以采用直观释义法，将一个装满水的杯子放在讲桌上，并告诉同学们"满"，然后倒掉一部分，再说"不满"。再把倒掉的那部分倒进去，这就是义项②"使满"了。然后，再逐步进入引申义的教学。义项⑤至⑦，是泰国学生学习的重难点。

小 结

本章考察了 7 个表动作属性的核心词，共有 39 个义项，平均每个词 5.57 个义项。表动作属性核心词的义项的引申规律是由表某种具体事物的动作属性引申为类似的具体事物或类似的抽象动作的属性，有的可以进而引申为表人的抽象动作属性，例如："快"的义项① "速度高，做事、走路等费的时间短（与'慢'相对）"可引申为义项② "锐利，锋利（与'钝'相对）"表示刀具等非常锋利；又可以引申为义项③ "高兴，舒服"和义项④ "爽利，直截了当"来表示人的某种品性。

在词性转化方面：松由形容词性义项转化为名词性义项，松、紧、强、满等由形容词性义项转化为动词性义项，快、满等进一步发生实词虚化生成副词性义项。

表动作属性核心词词义发展一般遵循从具体到抽象、从空间到时间、从表物到表人的引申规律。表具体、表空间、表物的核心词义项的教学可以运用直观法，用做卡片、实物、图片教具的方式演示给学生看；那些表抽象、表时间、表人的核心词的引申义项，可以把设置语境法和母语释义法结合起来，通过多举例，让泰国学生掌握汉语的意思。

结 论

性状义场中的核心词一般两两相对，它们义项的引申也有对应之处，所以我们可用同义词—反义词词义对比法进行教学。该方法主要适用于形容词的教学，如：好—坏，大—小，多—少。同义词包括等义词和近义词，但等义词也有细微的差别，例如："妈妈—母亲"，应对比解释二者使用的不同语体。近义词比较是指将学过的词义相近的词与新词进行比较、分析，解释其共性与个性，特别是到了中高级阶段，词汇量增加，此方法能够使学习者更深刻地理解每一个词。对近义词进行比较的方面有：（1）基本义；（2）感情意义；（3）语体意义。反义词对比是用已学的反义词的否定形式来解释词义，但限于两个意义上完全排斥的词。例如："好：不坏"，"旧：不新"，"闲：不忙"等，这样解释简单清楚，容易让学生接受。

第四编
汉泰关系义场对比研究

客观世界中的不同的事物之间存在一定关系，不同动作之间存在一定的关系，事物和动作之间也存在关系，事物、动作和它们本身的属性之间存在关系，因此，客观世界是一个网，事物、动作、性状是这个网上的节点，这些不同的节点就靠关系来联系。对应于客观世界的关系，语言世界中也存在关系词，本章主要从四个方面论述：第十八章《汉泰代词义场对比研究》介绍了汉语我、我们、你、你们、他、他们、这、这里、那、那里、谁、什么、哪、何时、如何、其他等具有普遍意义的代词及其用法。第十九章描写了一、二、三、四、五、六、七、八、九、十等10个数字的义项及其构词体系，并介绍了汉语的数字文化。第二十章介绍了汉泰常用的表方位的词远、近、左、右、里、外等，并描写了它们各个义项的构词体系。第二十一章《汉泰其他关系词义场对比研究》描写了不、在、和、因等虚词的用法。

第十八章

汉泰代词义场对比研究

代词具有代替、指示的作用，代词的使用能够使言语交际变得简洁、经济，是语言经济性的体现。在斯瓦迪士的 200 核心词列表中，代词的数量占总量的近十分之一，《HSK 词汇大纲》中代词亦扮演着不可或缺的角色。可见，代词义场作为人类言语交际系统中的一个子系统，在交际中具有十分重要的作用。

传统语法按作用将代词划分成三大类：人称代词、疑问代词和指示代词。人称代词用来指称人或事物，可以分为第一人称代词、第二人称代词和第三人称代词。第一人称"我、我们"指说话人一方，第二人称"你、你们"指听话人一方，第三人称"他、他们"指对话双方以外的第三方，还可以指称事物。指示代词用来指代人和事物。"这"为近指，"那"为远指。"这、那"等有指示和代替作用。指示作用如"这孩子、那支笔"，代替作用如"这是我朋友、那里连水都很缺乏"。疑问代词的主要用途是表示有疑而问（询问）或无疑而问（反问、设问）。疑问代词除了表疑问外，还有任指和虚指两种引申用法。

美国著名语言学家姆斯基曾提出过一个著名的公式：UG ∝ →PG。UG 代表普遍语言知识，∝ 代表后天经验，PG 代表完整的具体语言知识。整个公式的意思是说：普遍语言知识在后天经验的触发下变成完整的具体语言知识。汉泰代词义场的语义对应关系明显，所以我们可以充分利用人类认知结构中的普遍语法部分，帮助泰国学生在代词义场的学习过程中充分利用语言的正迁移，以帮助他们尽快地掌握汉语代词的用法。

$$\overset{\text{wǒ}}{\text{我}} \ \text{ฉัน}$$

一　代词我的用法

①代称自己：我行我素（无视别人的议论与看法，还是按照自己平时的一套做法去做）、我思故我在、我请客、我家、我国、我队、我方、我校、我厂、我军、我局、我班、我盈彼竭（我们的士气正旺盛，他们的勇气已丧失）、我见犹怜（我见了她尚且觉得可爱。形容女子容貌美丽动人）。

例句：

a.【我行我素】这件事，外头已当做新闻，他夫妇二人还是毫无察觉，依旧我行我素。

b.【我盈彼竭】球赛进行到最后几秒钟的时候，我队抓紧我盈彼竭的战机攻进一球。

c.【我见犹怜】光看那张脸，既有东方女性我见犹怜的楚楚风韵，又有西方人的清晰轮廓。

d.【我醉欲眠】一杯一杯复一杯，两人对酌山花开。我醉欲眠卿且去，明朝有意抱琴来。

②代自己：自我、忘我精神、我见、忘我工作。

二　对应的泰语词及其义项

ฉัน

三　教学说明

注意：（1）"我"有时也用来指称"我们"：我校、我军、敌我矛盾、我国、我队。

（2）"我、你"对举，表示泛指：我辈、我盈彼竭。

wǒ men
我们 พวกเรา

一　代词我们的用法

代 人称代词，称包括自己在内的若干人。

例句：

a. 今天下午我们一起去玩吧？

b. 我们家在人民公园附近。

二　对应的泰语词及其义项

พวกเรา

nǐ
你 เธอ

一　代词你的用法

① 代 称对方（一个人）：你死我活（形容斗争非常激烈）、你争我夺（指相互争夺）、你追我赶（相互轮流走过身边或向前面越过。比喻在前进的道路上竞赛，含褒义）、你好、你们、你的笔、欢迎你。

注意：有时也用来指称"你们"：你校、你局、你公司、你方。

例句：

a.【你死我活】在平和热闹的氛围里，年轻人愿意和他你死我活地战个输赢，也学会了和他脸红脖子粗地争论问题。

b.【你争我夺】人生苦短，何必你争我夺，斤斤计较。其实，与人方便，也正是与己方便。

c.【你追我赶】高尔夫球场、大学城、宽马路、大广场……你建这个我就建那个，你追我赶，相互攀比，全然不拿人民的血汗、社会的财富当回事。

② 代 泛指任何人（有时实际上指我）。

例句：

a. 他的才学叫你不得不佩服。

b. 这孩子要我给他买手风琴，一天到晚老缠着你没个完。

二　对应的泰语词及其义项

เธอ

三　教学说明

注意："你"跟"我"或"他"配合时，表示"这个……"和"那个……"的意思：你死我活；三个人你看看我，我看看你，谁也没说话；你一条，他一条，一共提出了五六十条建议；你一言，我一语，谈得很热闹。

nǐ men
你们 พวกเธอ

一　代词你们的用法

代 人称代词，称不止一个人的对方或对方在内的若干人。

例句：

a. 你们歇一会儿，让我们接着干。

b. 你们几个谁年龄最大?

二　对应的泰语词及其义项

พวกเธอ

tā
他 เขา

一　代词他的用法

① 代 人称代词，称自己和对方以外的某个人：他荐、他们。

例句：

a. 他是谁?

b. 他叫什么字?

② 代 人称代词，虚指（用在动词和数量词之间）：睡他一觉、

说他几句、盖他三间瓦房、打他几拳、吃他一顿、打他个措手不及。

③⟦代⟧指示代词，指别一方面或其他地方：早已他去、留作他用。

④⟦代⟧指示代词，另外的，其他的：他人、他乡遇故知（在远离家乡的地方碰到了老朋友。指使人高兴的事）、他日、他年、他律（由自身以外的力量强制约束）、他山之石，可以攻玉（攻：琢磨。别的山上的石头，能够用来琢磨玉器。原比喻别国的贤才可为本国效力。后比喻能帮助自己改正缺点的人或意见）。

例句：

a.【他乡遇故知】老残，我多时不见你的诗了，今日总算"他乡遇故知"，您也该做首诗，我们拜读拜读。

b.【他山之石，可以攻玉】他人之法，使得北京城也有了一元拍卖市场，并日渐红火，真可谓"他山之石，可以攻玉"。

二 对应的泰语词及其义项
เขา

三 教学说明

注意："五四"以前"他"兼称男性、女性以及一切事物。现代书面语里，"他"一般只用来称男性。但是在性别不明或没有区分的必要时，"他"只是泛指，不分男性和女性。例如：

从笔迹上看不出他是男的还是女的；一个人要是离开了集体，他就将一事无成。

tā men
他们 พวกเขา

一 代词他们的用法

⟦代⟧人称代词，称自己和对方以外的若干人。

例句：

a. 他们今天准备去爬长城。

b. 在放学的路上，他们唧唧喳喳，好不热闹。

二　对应的泰语词及其义项

พวกเขา

三　教学说明

由于"五四"以前"他"兼称男性、女性以及一切事物，所以"他们"作为人称代词时并不单指男性代词的复数形式，而是称自己和对方以外的若干人，可以有男有女。但如果被指称对象都是女性时，用"她们"。

这 zhè นี่

一　代词这的用法

①代 指示比较近的人或事物：这个（a. 目前的、附近的或心中想到的或刚才提到的人、物或想法。b. 已经或正在谈及、暗示或举例说明的人或事物。c. 用在动词、形容词之前，表示夸张）、这次、这一回、这边、这方、这会、这天、这地、这里、这事、这时、这本、这颗、这刻、这人、这山望着那山高（爬上这一座山，觉得那一座山更高。比喻对自己目前的工作或环境不满意，总觉得别的工作或别的环境好）。

例句：

a.【这个₁】坐在我旁边的这个人是出价最高的人。

b.【这个₂】这个就是他努力的成果。

c.【这个₃】大家这个乐啊！

d.【这山望着那山高】你不安心工作，总是这山望着那山高，怎么能够得到上司的赏识呢？

1）后面跟量词或数词加量词，或直接跟词：这本杂志、这几匹马、这孩子、这地方、这时候。

2）单用。

例句：

a. 【这】这叫什么？

b. 【这】这是我们厂的新产品。

②代跟"那"对举，表示众多事物，不确指某人或某事物：怕这怕那、这也想买，那也想买、这般（如此，这样）、这么（指示代词，指示性质、状态、方式、程度等）、这么着（指示代词，指示动作或情况）。

例句：

a. 【这也想买，那也想买】来到工艺品店后，小丽看着这么多精致的小礼品，这也想买，那也想买。

b. 【这般】她是这般仔细的一个人。

c. 【这么】这么好的庄稼，今年一定能有个好收成！

d. 【这么着】瞄准的姿势要这么着，才能打得准。

③代这时候。

例句：

a. 不用催了，我这就走。

b. 经过这场大病，他这才知道运动的好处。

c. 别急，他这就来了。

二 对应的泰语词及其义项

นี่

zhè lǐ
这里 ที่นี่

一 代词这里的用法

代指示代词，指示比较近的处所。

例句：

a. 这里没有姓陈的，你走错了吧？

b. 我们这里一年种两季稻子。

ที่นี่

nà
那　นั่น

一　代词那的用法

①代指示比较远的人或事物：那个（a. 那一个；b. 那东西，那事情；c. 用在动词、形容词之前，表示夸张；d. 代替不便直说的话，含有婉转或诙谐的意味）、那人、那时、那里、那会、那地、那家、那件、那书、那块、那款、那晚、那位、那日、那条、那趟、那批、那篇、那片、那种、那张、那些、那边、那天、那个学校。

例句：

a.【那个₁】那个院子里花草很多。

b.【那个₂】那个是画画儿用的，你要那个做什么？

c.【那个₃】他干得那个欢哪，就甭提了！

d.【那个₄】你刚才的脾气也太那个了（不好）。

②代跟"这"对举，表示众多事物，不确指某人或某事物：说这说那。

例句：看看这，看看那，真有说不出的高兴。

二　对应的泰语词及其义项

นั่น

nà ll
那里　ที่นั่น

一　代词那里的用法

代指示代词，指示比较远的处所。

例句：

a. 那里出产香蕉和荔枝。

b. 我刚从那里回来。

c. 他们那里气候怎么样？

二　对应的泰语词及其义项

ที่นั่น

谁　ใคร

一　代词谁的用法

①代 问人。

例句：

a. 你找谁？

b. 今天谁值班？

注意："谁"可以指一个人或几个人，方言中有用"谁们"表示复数的。

②代 用在反问句里，表示没有一个人。

例句：

a. 在这里谁不说他好。

b. 谁也想不出办法来。

③代 虚指，表示不知道的人或无须说出姓名和说不出姓名的人。

例句：

a. 我的书不知道被谁拿走了。

b. 今天没有谁来过。

④代 任指，表示任何人。

1）用在"也"或"都"前面，表示所说的范围之内没有例外。

例句：

a. 这件事谁也不知道。

b. 大家比着干，谁都不肯落后。

2）主语和宾语都用"谁"，指不同的人，表示彼此一样。

例句：他们俩谁也说不服谁。

3）两个"谁"字前后照应，指相同的人。

例句：大家看谁合适，就选谁当代表。

二　对应的泰语词及其义项

ใคร

三　教学说明

"谁"的虚指、任指用法相对来说复杂一些，这就要求我们根据学生的汉语水平，循序渐进地进行教学。

shén me
什么 อะไร

一　代词什么的用法

①代 表示疑问。

1）单问，问事物。

例句：

a. 这是什么？

b. 你找什么？

c. 她说什么？

d. 什么叫现代诗？

2）用在名词前面，问人或事物。

例句：

a. 什么人？

b. 什么事儿？

c. 什么颜色？

d. 什么地方？

②代 虚指，表示不确定的事物。

例句：

a. 他们仿佛在谈论什么。

b. 我饿了，想吃点什么。

③ 代 任指。

1）用在"也"或"都"前面，表示要说的范围之内没有例外。

例句：

a. 他什么也不怕。

b. 只要认真学，什么都能学会。

2）两个"什么"前后照应，表示由前者决定后者。

例句：

a. 你不用顾忌，想什么说什么。

b. 你什么时候去，我也什么时候去。

④ 代 表示惊讶或不满。

例句：

a. 什么！九点了，车还没有开！

b. 这是什么鞋！一只大一只小的！

⑤ 代 表示责难。

例句：

a. 你笑什么？（不应该笑）

b. 你说呀！装什么哑巴？（不必装哑巴）

⑥ 代 表示不同意对方说的话。

例句：什么晒一天？晒三天也晒不干。

⑦ 代 用在几个并列成分前面，表示列举不尽。

例句：什么送个信儿啊，跑个腿儿啊，他都干得了。

二 什么的文化词

【到什么山上唱什么歌】比喻说话办事要以具体情况为依据。也比喻按照实际情况变化而做出相应的变化。

例句：

a. 也许是"到什么山上唱什么歌"，我主张房地产开发应当成为内陆开放的先导，尤其是通过中外合作。

b. 不过，她总在暗笑金枝虽然是歌星，却不懂得"到什么山上唱什么歌"的道理，你是演员，千人瞅万人瞧，你穿得再花哨，也是应该的。

c. "算啦，到什么山上唱什么歌！眼下还是开辟地区，教育群众，攒足劲地打夜袭队！"

三 对应的泰语词及其义项

อะไร

四 教学说明

"什么"这一词的义项较多，与泰语比较显得略微复杂，所以应作为代词义场讲解的重点。可以按照学生汉语水平的不同，循序渐进地进行教学。

哪 ไหน

一 代词哪的用法

①代 后面跟量词或数词加量词，表示要求在几个人或事物中确定其中的一部分。

例句：

a. 我们这里有两位张师傅，您要见的是哪位？

b. 这些诗里头哪两首是你写的？

②代 单用，跟"什么"相同，常和"什么"交互着用。

例句：什么叫吃亏，哪叫上算，全都谈不到。

③代 虚指，表示不能确定的某一个。

例句：哪天你有空你来我家坐坐。

④代 任指，表示任何一个（常跟"都、也"等呼应）。

例句：

a. 你哪天来都可以。

b. 你就把这儿当做你的家，想住哪儿都行。

⑤ 代 表示反问。

例句：没有革命前辈的流血牺牲，哪有今天的幸福生活？

二 哪的文化词

【哪里】谦辞，用来婉转地推辞对自己的褒奖。

例句：

a. "你这篇文章写得真好！" "哪里，哪里！"

b. "你的英语说得真流利！" "哪里，哪里！"

三 对应的泰语词及其义项

ไหน

四 教学说明

注意："哪"后面跟量词或数词加量词的时候，在口语里常常说 něi 或 nǎi，单用的 "哪" 在口语里只说 nǎ。如 "哪个、哪会儿、哪门子、哪些、哪样" 在口语里都常常说 něi 或 nǎi。

hé shí
何时　เมื่อไหร่

一 代词何时的用法

代 疑问代词。什么时候（多用在书面书中）。

二 对应的泰语词及其义项

เมื่อไหร่

三 教学说明

"何时" 多用在书面语中，在口语中表达相同的意思时，一般说 "什么时候"。

^{rú hé}
如何 เมื่อไหร่

一 代词如何的用法

代 疑问代词，怎么，怎么样。

例句：

a. 你近况如何？

b. 此事如何办理？

c. 不要老说别人如何不好，应多从自己这一方面找不足。

d. 这件事该如何处置就如何处置。

二 对应的泰语词及其义项

อย่างไร

三 教学说明

"如何"的汉泰义项对应关系明显，所以教学相对较为容易。

^{qí tā}
其他 อย่างไร

一 代词其他的用法

代 指示代词，别的。

例句：

a. 在统一战线中，周恩来强调要遵循共同的革命纲领，联合其他革命势力，积极从事国民革命工作。

b. 现在反正家里就剩我们四个人。四个人有一个在外地，其他都在北京，城里边两个。就这么个情况。

二 对应的泰语词及其义项

อย่างอื่น

小　结

代词没有构词能力，汉语与泰语相应的代词义项对应明显。我们可以运用母语释义法让学生掌握汉语的代词。可以适当地运用泰语中对应的代词进行解释，使学生明确泰语的代词和汉语相应的代词的用法有一致之处。

第十九章

汉泰数字义场对比研究

　　数范畴是人类认知结构中的重要范畴，通过数字表达。数字，作为人类认识世界的工具，与人类生活有着密切的关系。在语言中，以数字概念为基础形成了数词，是人类语言中最普遍的一类词，它和其他词语一样，在运用中形成了自身特有的构词体系。

　　汉语、泰语最基本的数词都是从"一"至"十"，并且由这些基本的数字按照相同的规则构成庞大的复合数字系统，教授起来并不是十分复杂，但是不同民族在使用数字时因风俗习惯、社会心理、文化传承等不同，就造成了数字词本身蕴涵着浓厚的文化积淀，带有某种深刻的含义，具有浓厚的民族文化色彩。所以泰国学生学习汉语的数字词的同时，也要特别注意学习中国传统文化中的数字文化。

一 ๑/หนึ่ง
<small>yī</small>

一　一字复字词义项归类

　　①⟨数⟩最小的正整数：一波三折、一把手、一字千金、单打一、第一、一半、一饱眼福、一臂之力、一边、一步登天、一草一木、一差二错、一长一短、一唱百和、一唱三叹、一成不变、一尘不染、一筹莫展、一触即溃、一锤定音、一锤子买卖、一蹴而就、一代、一刀两断、一点儿、一度、一发千钧、一帆风顺、一鼓作气、一呼百应、一挥而就、一技之长、一家之言、一箭双雕、一蹶不振、一刻千金、一口气、一鳞半爪、一落千丈、一马平川、一脉相承、一毛不拔、一日千里、一

扫而光、一手遮天、一丝不苟、一丝不挂、一望无际、一叶蔽目、一叶知秋、一语双关。

例句:【一波三折】1 月份美元走势一波三折。

②数表示同一:一同、一通、一统、一码、整齐划一、心口如一、表里如一、始终如一、一丘之貉、一如既往。

例句:【一码】这不是一码事。

③数表示另一。

④数表示专一:一心一意。

例句:【一心一意】我开始排除一切干扰,一心一意地开始了我的学生生活。

⑤副表示整个、全:一把抓、一败涂地、一辈子、一冬、一生、一路平安、一屋子人、一身的汗、一起、一齐、一网打尽、一准、一本正经、一笔勾销、一笔抹杀、一并、一反常态、一改故辙、一干二净、一个劲儿、一股脑儿、一了百了、一律、一清二白、一清二楚、一塌糊涂、一条龙、一往情深、一无所有、一五一十。

例句:【一网打尽】贩毒分子被一网打尽。

⑥数表示动作是一次,或表示动作是短暂的,或表示动作是试试的。

a. 用在重叠的动词(多为单音)中间:歇一歇、笑一笑、闻一闻、算一算、试一试。

b. 用在动词之后,动量词之前:笑一声、看一眼、商量一下。

⑦数用在动词或动量词前面,表示先做某个动作(下文说明动作结果):一跳跳了过去、一脚踢开。

⑧副与"就"配合,表示两个动作紧接着发生:一请就来、一说就懂。

⑨副一旦、一经:一失足成千古恨、一旦。

例句:【一失足成千古恨】此时此刻,他终于品尝到了一失足成千古恨的滋味。

⑩ 助 用在某些词前加强语气：一何速也。

例句：【一至于此】为害之甚，一至于此！

⑪ 数 初次：一见如故、一见钟情。

例句：【一见如故】周总理与吴先生一见如故，谈得很愉快。

二 一的文化词

【一鼻孔出气】比喻持有同样的态度和主张（含贬义）。

例句：虽说有华董，也是和外国人一鼻孔出气。

【一败涂地】形容败得不可收拾。

秦朝末期，各地起兵抗秦朝暴政，农民领袖陈胜在大泽乡也发动了起义。这时，沛县县令见局势不稳，心里害怕。萧何、曹参提议把逃亡在外的刘邦召回来。县令听了他们的建议，派人去请刘邦，但是当刘邦来到城下时，县令又害怕刘邦回来对自己不利。所以，他下令关闭城门，准备除掉萧何、曹参。萧何、曹参逃出了城外，刘邦命人保护他们。刘邦写了一封信射进城里，号召百姓起义。城里百姓纷纷响应，杀死了县令，开城门迎接刘邦进城，并请他担任县令。刘邦说："现在天下大乱，如果当县令的人推举不当，一旦失败，就要肝脑涂在地上。请你们另外推举更合适的人吧。"虽然刘邦多次推辞，最后还是当了县令，被尊称为"沛公"。

例句：公投连第一道门槛都没有跨过便一败涂地。

【一字长蛇阵】排列成一长条的阵势。形容排列成一长条的人或物。

一字长蛇阵本是古代一种用兵之阵。长蛇阵运转，犹如巨蟒出击，攻击凌厉！两翼骑兵（古代机动能力强的兵种）的机动能力最为重要，所以要破除长蛇阵，最好的方法就是限制两翼机动能力，以使其首尾不能相顾。

例句：每天清晨，人们都能看见一大堆人马在供油站的门外，摆开"一字长蛇阵"。

【黄粱一梦】黄粱指小米，黄粱一梦即指梦醒来的时候小米还没有煮熟。比喻荣华富贵如梦一场，短促而虚幻。

　　唐朝时期，一位叫吕翁的道士去邯郸，碰巧遇到一个姓卢的书生。卢生非常渴望得到荣华富贵，吕翁劝他，他听不进去。于是吕翁便让卢生在他的枕头上睡觉，让他在梦中得到荣华富贵。卢生在梦里经历了大起大落，最后在荣华富贵中度过余年。卢生醒来后，发现店主人蒸的黄米饭还没有熟。

　　例句：十年浩劫绝不是黄粱一梦。

三　对应的泰语词及其义项

๑/หนึ่ง［NUM］一（数字）

二 ๒/สอง
èr

一　二字复字词义项归类

①数 一加一后所得的数目：数一数二、一分为二、独一无二。

②数 两样：不二价、不二法门、心无二用、誓死不二、划一不二、说一不二、二心。

　　例句：【不二价】他一人包揽了许多生意，而且是在他所开出的不二价条件之下成交。

③形 常用于形容一个人分不清场合，掂不来轻重，说话不过大脑，做事不想后果：二尻、二锤子、二百五、二流子。

　　例句：【二尻】那个人是个二尻！

二　二的文化词

【二百五】二百五是"二杆子、半吊子、无所不能、无所不知"几词各取词头"二、半、无"谐音而成，是一句骂人很重的话。指傻头傻脑，不很懂事而又倔犟莽撞的人。

　　中国人常把傻瓜或说话不正经、办事不认真、处事随便、好出洋相的人叫做"二百五"。据考证，大致有以下几个可能的来源。

1. 源于战国故事

战国时期，有个叫苏秦的人，是个纵横家。他说服齐、楚、燕、赵、魏、韩六国结成联盟，对付秦国，从而被封为丞相，史称"六国封相"。

正当苏秦为齐国效力的时候，被刺客当胸刺了一剑，当晚，不治身亡。齐王知道后非常生气，立即下令捉拿凶手。可到哪里去抓呢？齐王想出了一个妙计。他下令把苏秦的头割下来，还命人用鞭子抽他的尸体。然后把血淋淋的人头挂在城门口，张贴出皇榜，上面写着："苏秦是个大内奸，死有余辜。齐王一直想杀了他，却没想到什么好的办法。今幸有义士为民除害，大快人心。齐王下旨重赏，奖励黄金千两，请义士来领赏。"此榜一出，有四人前来领赏，而且他们都说，苏秦是自己杀的。士兵把他们"请"到齐王面前。齐王见到他们，恨得咬牙切齿。可他还是问："这一千两黄金，你们四个人怎么个分法？"这四个人不知道是计，还高兴地回答说："这好办，每人二百五。"

齐王一听他们还高兴地想着赏金，大怒："把这四个二百五推出去斩了！"这四个人就成了替死鬼了。而真正的刺客，据说是秦国派来的杀手，早就逃回秦国去了。从此民间常用二百五来形容傻瓜、笨蛋和被财色所迷惑的人。

2. 源于民间传说

从前有一个秀才，为了考取功名埋头苦读，可是苦读了一生都不曾中举，连儿子都没有。到了晚年，老秀才终于放弃了，反而喜得贵子，添得双丁。秀才回想一生的成败，不由得感慨万千，便给两个儿子起名为：一个叫做成事，一个叫做败事。从此秀才在家教育两个儿子，日子过得很舒心。一天，秀才嘱咐妻子说："我要去集市上逛逛，你在家督促两个儿子写字，大儿子写三百个，小儿子写二百个。"秀才赶集回来之后询问两个儿子功课怎么样，妻子回答说："写是写了，不过成事不足，败事有余，两个都是二百五！"

3. 源于晚清民初

"二百五"就是二百五十文大钱，就是"半吊子"。（但是实际上一吊钱是一千文，半吊子就是五百文了。）从以上分析来看，猜测"二百五"一词很可能产生于晚清民初。

清·吴趼人《二十年目睹之怪现状》第八十三回："原来他是一个江南不第秀才，捐了个二百五的同知，在外面瞎混。"

4. 源于推牌九

牌九是一种赌具，其中有"二板"（四个点）和"幺五"（六个点）两张牌，这两张牌配在一起就是十个点，在推牌九这一赌博活动中，被称为"毙十"。它在牌九里是最小的点，谁都比它大，它什么牌也"吃"不了，所以后来人们就用"二板五"（二板和幺五的简称）这个词来戏称什么事也做不好，也管不了的人。时间长了，就把"二板五"叫成了"二百五"。

5. 源于街机游戏

来自于 20 世纪 90 年代的一个叫"街头霸王"（street fighter）的街机游戏。是一个格斗游戏，当一方以满血打败另一方时，系统会出示一个英文 PERFECT，由于系统发音不标准，读音非常像"二百五"，于是就以此调侃获胜之人。直到今天，在格斗类街机游戏上，PERFECT 仍被称为"二百五"，从 90 年代玩街机的朋友都知道。当然这里的"二百五"只是调侃。

6. 其他说法

据某中学语文课本记载，古代人用银子按两分，五百两是一个整数单位，用纸包好，当时包五百两称为"一封"，而二百五十两就是"半封"。因为跟"半疯"谐音，所以后来人们也把疯疯癫癫的人叫做"二百五"。

从前有一个傻瓜，家里日渐贫穷。有一天他去卖传家宝，宝物上写"卖尽二百五十八两"，结果他卖的时候有人和他讨价还价，硬是只给二百五十两，他想二百五就二百五吧，于是卖得金子二百五十两，很多人笑话他少要了八两金子，是个笨蛋。从那以后人们就把做事糊涂的人称为二百五。

例句：别看他哭，他心里在笑，笑广大群众是二百五，好哄。

【二地主】指向地主租入大量土地，自己不劳动，转租于他人，收取地租，生活状况超过普通中农的人，是地主阶级的一部分。称为"二地主"。

【二房东】租来房屋并转租牟利的房主。

例句：在客堂里，看见二房东家的少妇正坐在窗前做什么针线。

【二人转】东北特色二人转主要来源于东北大秧歌和河北的莲花落。用东北人的俏皮话说：二人转是"秧歌打底，莲花落镶边"。莲花落亦称"落子"，是北方的一种民间说唱艺术，边说边唱，且歌且舞。表现形式为：一男一女，服饰鲜艳，手拿扇子、手绢，边走边唱边舞，表现一段故事，唱腔高亢粗犷，唱词诙谐风趣。二人转属走唱类曲艺，流行于辽宁、吉林、黑龙江三省和内蒙古东部三盟一市（现呼伦贝尔市、兴安盟、通辽市和赤峰市）。

二人转根植于民间文化，表演台词具有浓厚的乡村特色，俗、色、酸是其最大特点，由演员赵本山净化为绿色版本之后始得以上台面。由赵本山先生在 2000 年提出，并以《刘老根大舞台》为基地发扬光大。有人对此表示赞赏，也有人认为其失去了田间地头二人转的乡土味道。

例句：现在当地政府和文化部门非常重视这一工作，希望"二人转"转得更加健康、欢快和热闹。

三 对应的泰语词及其义项

๒/สอง ［NUM］数词，二

三 ๓/สาม
san

一 三字复字词义项归类

①|数| 二加一后所得的数目：三班倒、三北、三废、三伏、三国、三角、三角板、三角尺、三角函数、三合板、三合院、三合房、三合土、三花脸、三级跳远、三岔路口、三长两短、三春柳、三代、半夜三更、不三不四、垂涎三尺、颠三倒四、丢三落四、低三下四、三皇五帝、三令五申、三年五载、三山五岳、三五成群、三姑六婆、火冒三丈、三心二意、三角恋爱、三角铁、三角形、三角债、三角洲、三脚架、三九、三军、三联单、三轮车、三三两两、三生有幸、三天打鱼，

两天晒网、三天两头儿、三头对案、三头六臂、三围、三维动画、三维空间、三位一体、三下五除二、三星、三叶虫、三言两语、三灾八难、三只手、三足鼎立。

例句:【三六九等】今天的文人圈儿已绝非是昨天的文人圈了,也分三六九等了,贫富之间的差别好像也日趋悬殊。

②形表示多数或多次:三思、三缄其口、冰冻三尺、三番五次、三亲六故。

例句:【三生有幸】我三生有幸,找了你这么个好老婆,来世变牛变马报答你!

二 三的文化词

【二桃杀三士】士:武士。将两个桃子赐给三个壮士,三壮士因相争而死。比喻借刀杀人。

春秋时期,齐国有公孙接、田开疆、古冶子三位勇士。他们人人武艺高强,勇气盖世,为国家立下了战功,俨然是齐国武将里的明星。这三人意气相投,结为兄弟,彼此互壮声势。由于认为自己武艺高,功劳大,他们非常骄傲,不把别的官员放在眼里,甚至对晏子也不尊敬。晏子很担心,这些莽夫如果势力越来越大不是好事,他们不讲什么礼仪伦理,将来变成祸患就不好了。晏子把心里的想法告诉齐景公,齐景公虽然觉得除去三位勇士很可惜,可是晏子的话也有道理,而且晏子那时很有权威了,齐景公就说:"您老就看着办吧!"

晏子准备好后,由齐景公召来三位猛将,说要赏赐他们。三人听说国君有赏,高高兴兴地赶来。到了殿前,看见案上有一个华丽的金盘,盘子里是两个娇艳欲滴的桃子,一阵芬芳扑鼻而来。三位勇士顿时流下了口水。晏子对他们说:"三位都是国家栋梁。这宫廷后院新种了一棵优良桃树,国君要请你们品尝这一次新结的桃子。可是现在熟的只有两个,就请将军们按自己的功劳来分这两个桃子吧。"

三位将士中,公孙接是一个急性子,抢着说:"我曾经在密林中捕杀过野猪,也曾经在山中搏杀过猛虎,密林的树木和山间的风声都记着我的勇猛,我还得不到一个桃子吗?"说完,他上前取了一个桃子。田开疆也不甘示弱，说："真正的勇士，能够击溃来犯的强敌。我曾经两次领兵作战，在战火中打败敌人，捍卫国家的尊严，保护齐国的人民，这样子还不配拥有一个桃子吗？"他上前拿了第二个桃子。古冶子因为客气了一下，不料一眨眼桃子就被拿完了，很生气，"你们杀过虎，杀过人，够勇猛了。可是要知道我当年守护国君渡黄河，途中河里突然冒出一只大鳖，一口咬住国君的马车，拖入河水中，别人能吓蒙了，只有我为了让国君安全，跳入水中，与鳖怪缠斗。为了追杀它，我游出很远，最终杀了它。我浮出水面时，一手握着割下来的鳖头，一手拉着国君的坐骑，船上的人都吓呆了，没人以为我会活着回来。像我这样，是勇敢不如你们，还是功劳不如你们呢？可是桃子却没了！"说着，便拔出自己的宝剑，剑锋闪着凛凛的寒光。前两人听后，很惭愧，"论勇猛，古冶子在水中搏杀半日，我们赶不上。论功劳，古冶子护卫国君的安全，我们也不如。可是我们却把桃子先抢下来，让真正的功臣一无所有，这暴露了我们的贪婪，无耻。"两个自视甚高的人，非常看重自己的荣誉，此时自觉做了无耻的事，于是立刻拔剑自刎。两股鲜血，瞬间染红了齐国的宫殿。古冶子看到地上的两具尸体，痛悔："我们本是朋友，可是一会儿的工夫，他们死了，我还活着，这就是不仁；我用话语来吹捧自己，羞辱朋友，这是无义；知道自己做了错事，感到悔恨，却又不敢去死，这是无勇。我这样一个三无的人，还有什么脸面存活在世上？"于是他也自刎而死。

区区两个桃子，顷刻间让三位猛将都倒在血泊之中，齐景公也有些伤怀。他下令将他们葬在一起。

例句：你这招真是二桃杀三士啊！

【三从四德】封建礼教束缚、压迫妇女的道德标准之一。"三从"一词最早见于周、汉儒家经典《仪礼·丧服·子夏传》，在讨论出嫁妇女为夫、为父服丧年限（为夫三年，为父一年）时，说"妇人有'三从'之义，无'专用'之道，故未嫁从父，既嫁从夫，夫死从子"。引申为作为女儿、妻妇和母亲的妇女应对男性服从。但妇女屈从由来已久，"女"字在商代甲骨文中就是屈身下跪的形象；《周易》中有主张妇女顺从专一、恒久事夫的卦辞，后来要求妇女殉夫守节，限制寡妇改嫁等。

"四德"一词见于《周礼·天官·内宰》，内宰是教导后宫妇女的官职，负责逐级教导后宫妇女"阴礼"、"妇职"。其中较高职位的"九嫔""掌妇学之法，以教九御妇德、妇言、妇容、妇功"。本来是宫廷妇女教育门类，后来与"三从"连称，成为对妇女道德、行为、能力和修养的标准，即"三从四德"。

所谓的"三从"，是指：未嫁从父，既嫁从夫，夫死从子。意思是说：女孩子在未出嫁之前要听从家长的教诲，不要胡乱地反驳长辈的训导，因为长辈们的社会见识丰富，有根本性的指导意义。出嫁之后要礼从夫君，与丈夫一同持家执业、孝敬长辈、教育幼小。如果夫君不幸先己而去，就要坚持好自己的本分，想办法扶养小孩长大成人，并尊重自己子女的生活理念。这里的"从"并不是表面上的"跟从"之意，而是有工作性质的"从事"之本质。（《仪礼·丧服·子夏传》）

所谓的"四德"是指：德、容、言、功，就是说做女子的，第一要紧是品德，能正身立本；然后是"容"，即相貌，指出人要端庄稳重持礼，不要轻浮随便；"言"，指与人交谈要会随意附义，能理解别人所言，并知道自己该言与不该言的语句；"功"，即治家之道，治家之道包括相夫教子、尊老爱幼、勤俭节约等生活方面的细节。（《周礼·天官·九嫔》）。

例句：李云鹤不甘心让家务事和什么"三从四德"之类把自己毁了。

【三纲五常】封建礼教的道德准则。三纲："君为臣纲，父为子纲，夫为妻纲"，要求为臣、为子、为妻的必须绝对服从于君、父、夫，同时也要求君、父、夫为臣、子、妻做出表率。它反映了封建社会中君臣、父子、夫妇之间的一种特殊的道德关系。五常："仁、义、礼、智、信"，是用以调整、规范君臣、父子、兄弟、夫妇、朋友等人伦关系的行为准则。

例句：上辈子人也许是对"三纲五常"印象太深的缘故，总觉得做长辈的要像个长辈的样子。

【三寸不烂之舌】比喻能说会辩的口才。

公元前 257 年，秦军包围了赵国都城邯郸。赵王派平原君去楚国请求援兵，同时缔结联合抗秦的盟约。平原君决定带 20 个文武双全的勇士同去，但挑来挑去，还差一个人。后来，有一个叫毛遂的门客自己推荐自己。经过一番考问，平原君勉强同意带他一起去。貌不惊人、语不出众的毛遂，其实是一个能言善辩的人。到楚国后，他与同行的 19 个人谈论起天下大事，头头是道，大家对他的学问和辩才都佩服不已。

平原君与楚平王会谈那天，两人从早晨一直谈到中午，还没有谈出结果。19 个门客十分焦急，毛遂便自告奋勇上殿去看看情况。毛遂按着剑走上了台阶。楚王瞧不起他，要他退下去，他却紧握剑柄，大步走到楚王面前说："大王敢当着我主人的面对我如此无礼，不过是倚仗楚军人多势众罢了。但现在您跟我距离不到十步，大王的性命掌握在我的手里，楚军再多也没有用！"接着，毛遂义正词严地从历史到现实分析了楚、秦两国的关系，说明赵国派使臣来缔约联合抗秦，也是为了救助楚国，而不只是为了赵国自己。

楚王觉得毛遂说得有道理，于是与平原君一起举行了缔约仪式。就这样，联合抗秦的大事圆满完成。

平原君带一行人回到赵国后，和人谈起毛遂这次的功劳，感慨道："我今后再也不敢谈论识别人才的事了。我识别过的人才，多达上千人，少说也有几百人。自以为天下真有本事的人都逃不过我的眼睛，但偏偏没有识别出毛遂的才干。毛遂对楚王的那一席话，胜过了百万雄师！"从此，毛遂受到了平原君的重用，被奉为上宾。

例句：我想凭我这个文科大学生的"三寸不烂之舌"说服"爱摆阔"的三姨父，让他改掉"乱花钱"的习惯。

【三个臭皮匠，赛过诸葛亮】比喻人多智广。"赛过"亦说成"顶个"或"合成一个"。

《三国演义》中，诸葛亮应周瑜造十万支箭用于破曹之需，出了"草船借箭"之计。但不知道，当日诸葛亮算准时机，便命随从部下三人，在二十艘小船两边插上草把子，再以布掩盖。随从完成后，回报军师，并提出这样的布置可能会让曹军看出破绽。三人心有一计，但没有说，明日安排好让军师看。只见每艘小船的船头都立着两三个稻草人，套上皮衣、皮帽，看起来就像真人一样。后来曹军果然中计。真可谓，智者千虑必有一失。一人难敌三人之智。

"皮匠"实际是"裨将"的谐音,"裨将"在古代是指"副将"。这句俗语原意是指三个副将的智慧合起来能顶一个诸葛亮。后来,在流传过程中,人们竟把"裨将"说成了"皮匠"。

例句:"三个臭皮匠,赛过诸葛亮",此话不假,我们真的赢了。

【三顾茅庐】顾:拜访;茅庐:草屋。比喻诚心诚意,一再邀请。

汉末,黄巾事起,天下大乱,曹操坐据朝廷,孙权拥兵东吴,汉宗室豫州牧刘备听徐庶和司马徽说诸葛亮很有学识,又有才能,就和关羽、张飞带着礼物到隆中卧龙岗去请诸葛亮辅佐他。恰巧诸葛亮这天出去了,刘备只得失望而归。不久,刘备又和关羽、张飞冒着大风雪去请。不料诸葛亮又出外闲游去了。张飞本不愿意再来,见诸葛亮不在家,就催着要回去。刘备只得留下一封信,表达自己对诸葛亮的敬佩和请他出来帮助自己挽救国家危险局面的意思。过了一些时候,刘备吃了三天素,准备再去请诸葛亮。关羽说诸葛亮也许是徒有一个虚名,未必有真才实学,不愿意去了。张飞却主张由他一个人去叫,如他不来,就用绳子把他捆来。刘备把张飞责备了一顿,又和他俩第三次访诸葛亮。到时,诸葛亮正在睡觉。刘备不敢惊扰他,一直站到诸葛亮醒来,才彼此坐下谈话。

诸葛亮见刘备有志替国家做事,而且诚恳地请他帮助,就出来全力帮助刘备建立蜀汉皇朝。

三顾茅庐这一成语就出自诸葛亮《出师表》:"先帝不以臣卑鄙,猥自枉屈,三顾臣于草庐之中。"

例句:创业之初,他们"三顾茅庐",从上海请来了老师傅,并带出了一批技术骨干和管理人才。

【此地无银三百两】比喻由于做事愚蠢,想隐瞒的事情反而被彻底暴露。

从前有个人叫张三,喜欢自作聪明。他攒了三百两银子,心里很开心,但是他怕这么多钱被别人偷走,不知道存放在哪里才安全。他捧着银子,冥思苦想了半天,最后终于想出来一个自认为最好的办法。张三趁天黑,在自家房后,挖了一个坑,悄悄地把银子埋在里面。埋好后,他还是担心，害怕别人怀疑这里埋了银子。他回屋，在一张白纸上写上"此地无银三百两"七个大字。然后，出去贴在坑边的墙上。他感到这样是很安全了，便回屋睡觉了。张三一整天心神不定的样子，早已经被邻居王二注意到了，晚上又听到屋外有挖坑的声音，感到十分奇怪。就在张三回屋睡觉时，王二去了屋后，借月光，看到墙角上贴着纸条，写着"此地无银三百两"七个大字。王二一切都明白了。他轻手轻脚地把银子挖出来后，再把坑填好。王二回到自己的家里，见到眼前白花花的银子开心极了，又害怕起来。他一想，如果明天张三发现银子丢了，怀疑是自己怎么办？于是，他也灵机一动，拿起笔，在纸上写道"隔壁王二不曾偷"七个大字，也贴在坑边的墙角上。

例句：这真是"此地无银三百两"，不打自招。

【退避三舍】舍：古代行军三十里为一舍。用来比喻对人让步，不与相争。

春秋时期，晋国内乱，晋献公的儿子重耳逃到楚国。楚成王收留并款待他。重耳承诺如果晋楚发生战争晋军退避三舍。后来重耳在秦穆公的帮助下重回晋国执政。晋国支持宋国与楚国发生矛盾，两军在城濮相遇，重耳退避三舍，诱敌深入而获胜。

例句：许多大数学家唯恐陷进去而采取退避三舍的态度。

【孟母三迁】表示人应该要接近好的人、事、物，才能学习到好的习惯。

孟子小的时候，父亲很早就死了，母亲没有改嫁。一开始，他们住在墓地旁边。孟子就和邻居的小孩一起学着大人跪拜、号哭的样子，玩起办理丧事的游戏。孟子的母亲看到了，觉得不应该在这里住下去了，就带着孟子搬到市集，靠近杀猪宰羊的地方住。到了市集，孟子又和邻居的小孩，学起商人做生意和屠宰猪羊的事。孟子的母亲知道了，皱皱眉头："这个地方也不适合我的孩子居住！"于是，他们又搬家了。这一次，他们搬到了学校附近。每月夏历初一这个时候，官员到文庙，行礼跪拜，互相礼貌相待，孟子见了之后都学习记住。孟子的母亲很满意地点着头说："这才是我儿子应该住的地方呀！"于是居住在了这个地方。

例句：纵观中华民族五千年文明历史，自古就有孟母三迁、陶母训子、岳母刺字的美好传颂。

【三寸金莲】跟我国古代妇女裹足的陋习有关。裹足始于隋，在宋朝流传很广，当时的人们普遍将小脚当成是美的标准，而妇女们则将裹足当成一种美德，不惜忍受剧痛裹起小脚。人们把裹过的脚称为"莲"，而不同大小的脚是不同等级的"莲"，大于四寸的为铁莲，四寸的为银莲，而三寸则为金莲。三寸金莲是当时人们认为妇女最美的小脚。

例句：每当我看到包办而蒙昧的婚姻，就想到祖母的三寸金莲。

三　对应的泰语词及其义项

ຓ/สาม［NUM］三（数字）

四　๔/สี่ (sì)

一　四字复字词义项归类

数 三加一后所得的数目：四边、四季、四肢、四方、四体、四君子、四壁、四边形、四不像、四处、四大皆空、四德、四方步、四谛、四分五裂、四伏、四顾、四海、四合院儿、四溅、四脚朝天、四库全书、四邻、四面八方、四平八稳、四散、四舍五入、四书、四通八达、四望、四维、四仙桌、四部、四合房、四呼、四化、四季豆、四脚蛇、四联单、四六体、四面、四拇指、四旁、四野、四言诗、四起、四声、四散、四时、四则、四至、四座、不三不四、丢三落四、低三下四、狼烟四起。

例句：【狼烟四起】菲律宾6年一度的大选开战，国内"狼烟四起"。

二　四的文化词

【四面楚歌】比喻被团团包围，处于孤立无援的境地。

项羽和刘邦原来约定以鸿沟（在今河南荥县境贾鲁河）东西边作为界线，互不侵犯。后来刘邦听从张良和陈平的建议，觉得应该趁项羽衰弱的时候消灭他，就又和韩信、彭越、刘贾会合兵力追击正在向东开往彭城（今江苏徐州）的项羽部队。布置了几层兵力，把项羽紧逼在垓下（在今安徽灵璧县东南）。这时，项羽手下的兵士已经很少，粮食又没有了。夜里听见四面围住他的军队都唱起楚地的民歌，不禁吃惊地说："刘邦已经得到楚地了吗？为什么他的部队里面楚人这么多呢？"说着，心里已丧失了斗志，便从床上爬起来，在营帐里面喝酒，并和他最宠爱的妃子虞姬一同唱歌。唱完，直掉眼泪，在旁的人也非常难过，都觉得抬不起头来。一会儿，项羽骑上马，带了仅剩的八百骑兵，从南突围逃走。边逃边打，到乌江畔自刎而死。

例句：值得一提的是，"四面楚歌"的"114"已意识到自己的公众形象正在受损并有所动作。

【四时八节】指春、夏、秋、冬四季和立春、立夏、立秋、立冬、春分、秋分、夏至、冬至八个节气。泛指一年中的各个节气。

例句：苏州的四季茶食品种繁多，并随着四时八节的顺序翻新花色。

【家徒四壁】徒：只；壁：墙壁。用于形容家境贫穷得什么也没有。

汉朝的司马相如是当时一个有名的才子，不过他的家境很贫穷。有一天，大财主卓王孙邀请他到家里吃饭，顺便让司马相如表演他的琴艺。卓王孙的女儿那时候刚死了丈夫，叫文君，对音乐很感兴趣。司马相如在宴会上弹琴时，知道文君也在场，就用音乐表达了他的爱意。宴会结束后，司马相如贿赂卓文君身边的人，希望他们能够帮忙传达他的情意。结果，当天晚上，卓文君就离家出走到司马相如住的地方，两个人一起回到成都。回到司马相如的家，屋子里除了四面墙壁外，没有任何东西。他们生活得十分艰难，靠着朋友的帮助，才在卓王孙家的附近开了一家酒店。不久，邻居们都晓得，卓王孙的女儿竟然在街上卖酒！卓王孙为了面子，只好送给卓文君一百名仆人和一百两黄金，让他们购置田产，房屋。

例句：许多劳模家中，由于收入偏低，可以说是家徒四壁。

【狼烟四起】狼烟：古代边防报警时烧狼粪腾起的烟。四处都是报警的烟火，指边疆不平静。形容到处都有战争或国内不安的现象。

三 对应的泰语词及其义项

๔/สี่ [NUM] 四（数字）

五 wǔ ๕/ห้า

一 五字复字词义项归类

数 四加一后所得的数目：五大三粗、五花肉、五谷、五脏、五环旗、三番五次、三皇五帝、三令五申、三年五载、三山五岳、三五成群、五光十色、五彩、五帝、五短身材、五官、五角大楼、五金、四分五裂、五花大绑、五花八门、五湖四海、五行八作、五服、五分制、五方杂处、五方、五毒、五代、五黄六月、五荤、五经、五劳七伤、五雷轰顶、五里雾、五粮液、五岭、五伦、五马分尸、五内、五体投地、五味、五线谱、五香、五星红旗、五颜六色、五音、五岳、五洲、五子棋、五指。

例句：【五体投地】他对儒家经典佩服得五体投地。

二 五的文化词

【五冬六夏】冬夏不分，比喻不论季节。

例句：只要出门，他便戴上帽子，五冬六夏都将帽檐压得低低的。

【五更】①中国古代把夜晚分成五个时段，用鼓打更报时，所以叫做五更、五鼓，或称五夜。一更即 19—21 点，二更即 21—23 点，三更即 23—1 点，四更即 1—3 点，五更即 3—5 点。②指第五更。

例句：农民起五更，爬半夜，争着种菜。

【五十步笑百步】比喻自己跟别人有同样的缺点或错误，只是程度轻一些，却嘲笑别人。

战国时候，一天，孟子和梁惠王谈话，打了个比方，有两个兵士从前线败下来，一个向后退了五十步，另一个后退了一百步。退了五十步的嘲笑退了一百步的兵士，说他不中用。其实两个人都是在退却，只是跑得远近不同罢了（《孟子·梁惠王上》）。

例句：他和瑞丰原来差不多，他看不起瑞丰也不过是以五十步笑百步罢了。

【五刑】我国古代的主要刑罚，在商、周时代指墨、劓、刖、宫、大辟（即墨刑——在额头上刻字涂墨，劓刑——割鼻子，刖刑——砍脚，宫刑——毁坏生殖器，大辟——死刑），隋以后指笞、杖、徒、流、死。是一种野蛮的、不人道的、故意损伤受刑人肌体的刑罚。

【五行】指金、木、水、火、土五种物质。五行是中国古代的一种物质观。多用于哲学、中医学和占卜方面。大自然由这五种要素构成，随着这五个要素的盛衰，而使得大自然产生变化，不但影响到人的命运，同时也使宇宙万物循环不已。五行学说认为宇宙万物，都由木、火、土、金、水五种基本物质的运行（运动）和变化所构成。它强调整体概念，描绘了事物的结构关系和运动形式。如果说阴阳是一种古代的对立统一学说，则五行可以说是一种原始的普通系统论。中国古代思想家企图用这五种物质来说明世界万物的起源。中医用五行来说明生理病理上的种种现象。迷信的人用五行相生相克来推算人的命运。

例句：后来道教把阴阳五行说与八卦拿了过去，构成自己的基本教义。

【三令五申】比喻反复多次向人告诫的意思。

春秋时候，有一位著名军事学家叫孙武，他携带自己写的《孙子兵法》去见吴王阖闾。吴王看过之后说："你的十三篇兵法，我都看过了，是不是拿我的军队试试？"孙武说可以。吴王再问："用妇女来试验可以吗？"孙武也说可以。于是吴王召集一百八十名宫中美女，请孙武训练。

孙武将她们分为两队，用吴王宠爱的两个宫姬为队长，并叫她们每个人都拿着长戟。队伍站好后，孙武便发问："你们知道怎样向前向后和向左向右转吗？"众女兵说："知道。"孙武再说："向前就看我心胸、向左就看我左手、向右就看我右手、向后就看我背后。"众女兵说："明白了。"于是孙武使命搬出铁钺（古时杀人用的刑具），三番五次向她们申戒。说完便击鼓发出向右转的号令。怎知众女兵不但没有依令行动，反而哈哈大笑。

孙武见状说："解释不明，交代不清，应该是将官们的过错。"于是又将刚才一番话详尽地再向她们解释一次。第二次击鼓发出向左转的号令。众女兵仍然只是大笑。

孙武便说:"解释不明,交代不清,是将官的过错。既然交代清楚而不听令,就是队长和士兵的过错了。"说完命左右随从把两个队长推出去斩首。吴王见孙武要斩他的爱姬,急忙派人向孙武讲情,可是孙武说:"我既受命为将军,将在军中,君命有所不受!"遂命左右将两个女队长斩了,再命两位排头的为队长。自此以后,众女兵无论是向前向后,向左向右,甚至跪下起立等复杂的动作都认真操练,再不敢儿戏了。

例句:中央早就三令五申不准再增加农民负担。

三　对应的泰语词及其义项

๕/ห้า [NUM] 五(数字)

六 ๖/หก

一　六字复字词义项归类

数 五加一后所得的数目:六部、六朝、六畜、六腑、六合、六甲、六亲、六路、六神、六弦琴、六欲、六指儿、呼幺喝六、六畜不安、六亲不认、六神无主、骈四俪六、七情六欲、三姑六婆、三十六计,走为上计、三头六臂、五颜六色、三六九等、三亲六故。

例句:【六亲不认】陈灿光因毒瘾发作,六亲不认,威胁家人。

二　六的文化词

【六书】①指汉字的造字方法,即象形、指事、会意、形声、转注、假借。象形、指事、会意、形声指的是文字形体结构,转注、假借指的是文字的使用方式。象形者,画成其物,随体诘诎,日月是也;指事者,视而可识,察而见意,上下是也;会意者,比类合谊,以见指㧑,武信是也;形声者,以事为,取譬相成,江河是也;转注者,建类一首，同意相受，考老是也；假借者，本无其字，依声托事，令长是也。

"六书"的这个概念始见于《周礼·地官·保氏》："保氏掌谏王恶而养国子以道，乃教之六艺……五曰六书。"东汉郑玄注引郑众说："六书，象形、会意、转注、处事①、假借、谐声②也。"班固《汉书·艺文志》把六书定为象形、象事、象意、象声、转注、假借。许慎《说文解字叙》把六书定为：指事、象形、形声、会意、转注、假借。一般都认为，六书中象形、指事、会意、形声属于造字之法，即汉字结构的条例，转注、假借则属于用字之法。

六书大约反映了战国末到汉代人们对汉字的结构和使用情况的认识。它基本上是建立在小篆的基础上的，是一个不够完善周密的条例。但是，它对于大多数的汉字，特别是对古文字，还是能够予以说明。"六书说"是我国文字学史上的一个重大创见。

②指"六经"。即《诗》、《书》、《礼》、《乐》、《易》、《春秋》。

例句：汉人早就讲六书，如班固、郑众等。

【六艺】①儒家所谓的礼（礼仪）、乐（音乐）、射（射箭）、御（驾车）、书（识字）、数（计算）等六种才艺。②古代称《诗》、《书》、《礼》、《乐》、《易》和《春秋》六种经书。也泛指各种经书。③王莽时的六种字体。即古文（战国时通行于六国的文字）、奇字、篆书、左书、缪篆、鸟虫书。

例句：孔子认为人们从六艺中可以得到一种非功利的快乐。

【六气】最早由秦国医和提出的"六气病源"学说。是指风、寒、暑、湿、燥、火六种正常的自然界气候。六气的变化称之为六化。这种正常的气候变化，是万物生长的条件，对于人体是无害的。由于机体在生命活动过程中，通过自身的调节机制产生了一定的适应能力，从而使人体的生理活动与六气的变化相适应。所以，正常的六气一般不易于使人发病。

【六淫】是风邪、寒邪、暑邪、湿邪、燥邪、火邪六种外感病邪的

---

① 处事，即"指事"。
② 谐声，即"形声"。

统称。阴阳相移，寒暑更作，气候变化都有一定的规律和限度。如果气候变化异常，六气发生太过或不及，或非其时而有其气，以及气候变化过于急骤、超过了一定的限度，使机体不能与之相适应的时候，就会导致疾病的发生。于是，六气由对人体无害而转化为对人体有害，成为致病的因素。

三 对应的泰语词及其义项

๖/หก ［NUM］六（数字）

qī

七 ๗/เจ็ด

一 七字复字词义项归类

①数 六加一后所得的数目：七彩、七巧板、七窍、七情、七弦琴、七项全能、七窍生烟、横七竖八、乱七八糟、七步之才、七零八落、七拼八凑、七情六欲、七上八下、七手八脚、七窍冒火、七窍玲珑、七尺之躯、七老八十、七十二行、七扭八歪、七长八短、七颠八倒、七折八扣、七嘴八舌、杂七杂八。

例句：【七窍生烟】他被这人那厚颜无耻的语气激得七窍生烟。

②名 死后每隔七天祭奠一次，直到第四十九天为止，共分七个"七"：七七。

二 七的文化词

【七七】人死后每隔七天祭奠一次，直到第四十九天为止，称为"做七"。"七七"为最后一个"七"，称"断七"。其中"五七"最热闹，一般请来道士做"五七"道场。亲朋好友都到齐，办"五七"饭。一百日到来做百日祭祀，后每隔一周年祭祀一次"周年"，三年为止。每十年做阴寿祭祀，到百岁为满。

按照古代的丧俗，灵柩最少要停三天以上。据说是希望死者还能复生。三天还不能复活，希望就彻底破灭了。实际上停柩的时间长，是由于当时丧礼繁缛复杂，尤其是天子诸侯，需要浩大的陵墓和大量随葬品，需要耗费大量的人力和时间。另外，父母死后应该合葬。父死不知母墓，母死不知父墓，都要把死者暂时殡起来，等找到父墓或母墓时再进行合葬。这样灵柩停放的时间就很难说了。

近代以后，灵柩一般都在"终七"以后入葬。人们认为，人死后七天才知道自己已经死了，所以要举行"做七"，每逢七天一祭，"七七"四十九天才结束。这主要是受佛教和道教的影响。

【七夕】农历七月初七的晚上。神话传说，天上的牛郎织女每年在这天晚上相会。

例句：台湾民众欢度七夕情人节。

【七步之才】形容人有才气、文思敏捷。

曹操死后长子曹丕继位。曹丕唯恐几个弟弟与他争位，便先下手为强，夺了二弟曹彰的兵权，又逼四弟曹熊上了吊。此时就剩下老三曹植。曹丕命曹植在大殿之上走七步，然后以"兄弟"为题即兴吟诗一首，但诗中不能出现"兄弟"二字，成则罢了，不成便要痛下杀手。曹植不假思索，立刻脱口而出："煮豆燃豆萁，豆在釜中泣。本是同根生，相煎何太急！"这便是赫赫有名的"七步成诗"。曹丕听了以后潸然泪下，没下得了手，只是把曹植贬为安乡侯。

例句：乔冠华展示七步之才。

三　对应的泰语词及其义项

๗/เจ็ด［NUM］七（数字）

八　<ruby>八<rt>bā</rt></ruby>　๘/แปด

一　八字复字词义项归类

数 七加一后所得的数目：八宝粥、八辈子、八成、八路、八路军、八面光、八斗才、八方、八竿子打不着、八哥、八角枫、八角茴香、八节、八拜之交、八斗之才、才高八斗、八方呼应、半斤八两、四面八方、四通八达、七零八落、七上八下、五花八门、四时八节、横七竖八、乱七八糟、七手八脚、七嘴八舌、七拼八凑、杂七杂八、七折八扣、八面玲珑、四平八稳、七老八十、七长八短、八九不离十、八面威风、八音盒、八字、八字步、八字没一撇、八月节、八字帖儿。

例句：【八字没一撇】由于最初人们纷纷以办开发区为荣，八字没一撇，就报了上去，大做宣传，有关开发区占地面积的信号，被扩大了。

二　八的文化词

【八卦】我国古代的一套有象征意义的符号。用"—"代表阳，用"– –"代表阴，用三个这样的符号组成八种形式，叫做八卦。每一卦形代表一定的事物。☰为乾，代表天；☷为坤，代表地；☵为坎，代表水；☲为离，代表火；☳为震，代表雷；☶为艮，代表山；☴为巽，代表风；☱为兑，代表沼泽。八卦互相搭配又得六十四卦，用来象征各种自然现象和人事现象。在《易经》里有详细的论述。八卦相传是伏羲所造，后来用于占卜。

例句：莱布尼兹却说，他是从研究中国的八卦中得到启发，才产生了二进制思想的。

【八仙过海】比喻各自有一套办法，或各自施展本领，互相竞赛。

八仙指的是神话中的八位神仙，即汉钟离、张果老、吕洞宾、李铁拐、韩湘子、曹国舅、蓝采和、何仙姑。谚语"八仙过海，各显神通（或'各显其能'）"。

例句：谁将被淘汰，谁将幸存下来，只能是"八仙过海，各显其能"了。

【八拜之交】"八拜之交"原表示世代有交情的两家弟子谒见对方长辈时的礼节，旧时也称异姓结拜的兄弟姐妹。后来八拜之交指：管鲍之交、知音之交、刎颈之交、舍命之交、胶漆之交、鸡黍之交、忘年之交、生死之交。

【管鲍之交】春秋时，齐人管仲和鲍叔牙相知最深。后常比喻交情深厚的朋友。

春秋时期的齐国有一对很要好的朋友，一个叫管仲，另外一个叫鲍叔牙。管仲年轻的时候，家里很穷，又要奉养母亲，鲍叔牙知道了，就找管仲一起投资做生意。管仲没钱，因此本钱几乎都是鲍叔牙拿出的，可是，当赚了钱以后，管仲却拿的比鲍叔牙还多，鲍叔牙的仆人看了就说："这个管仲真奇怪，本钱拿的比我们主人少，分钱的时候却拿的比我们主人还多！"鲍叔牙却对仆人说："不可以这么说！管仲家里穷又要奉养母亲，多拿一点没有关系的。"有一次，管仲和鲍叔牙一起去打仗，每次进攻的时候，管仲都躲在最后面，大家就骂管仲说："管仲是一个贪生怕死的人！"鲍叔牙马上替管仲说话："你们误会管仲了，他不是怕死，他得留着他的命去照顾老母亲呀！"管仲听到之后说："生我的是父母，了解我的人可是鲍叔牙呀！"后来，齐国的国王死掉了，大王子诸当上了国王，诸每天吃喝玩乐不做事，鲍叔牙预感齐国一定会发生内乱，就带着小王子小白逃到莒国，管仲则带着小王子纠逃到鲁国。不久之后，大王子诸被人杀死，齐国真的发生了内乱，管仲想杀掉小白，让纠能顺利当上国王，可惜管仲在暗算小白的时候，把箭射偏了，小白没死，后来，鲍叔牙和小白比管仲和纠还早回到齐国，小白就当上了齐国的国王。小白当上国王以后，决定封鲍叔牙为宰相，鲍叔牙却对小白说："管仲各方面都比我强，应该请他来当宰相才对呀！"小白一听："管仲要杀我，他是我的仇人，你居然叫我请他来当宰相！"鲍叔牙却说："这不能怪他，他是为了帮他的主人纠才这么做的呀！"小白听了鲍叔牙的话，请管仲回来当宰相，而管仲也真的帮小白把齐国治理得非常好。后来，大家在称赞朋友之间有很好的友谊时，就会说他们是"管鲍之交"。

【知音之交】比喻知己或知音，也比喻音乐优美。

春秋时，楚国有个叫俞伯牙的人，精通音律，琴艺高超，但无人能听懂他的音乐，他感到十分的孤独和寂寞。一夜，伯牙弹琴，樵夫道："雄伟而庄重，好像高耸入云的泰山一样！"当他弹奏表现奔腾澎湃的波涛时，樵夫又说："宽广浩荡，好像看见滚滚的流水，无边的大海一般！"伯牙激动地说："知音。"这个樵夫就是钟子期，后来子期早亡，俞伯牙知道后，在钟子期的坟前抚平生最后一支曲子，然后尽断琴弦，终生不再鼓琴。

【刎颈之交】刎颈：割脖子；交：交情，友谊。比喻可以同生死、共患难的朋友。

战国时，秦王提出与赵王在渑池相会，想逼迫赵王屈服。蔺相如和廉颇力劝赵王出席，并设巧计，廉颇以勇猛善战给秦王以兵力上的压力，蔺相如凭三寸不烂之舌和对赵王的一片忠心使赵王免受屈辱，并安全回到赵国。赵王为了表彰蔺相如，就封他为上卿，比廉颇的官位还高。这下廉颇可不服气了，就决心要好好羞辱他一番。蔺相如听到这个消息，便处处回避与廉颇见面。廉颇很得意，到处宣扬这件事。蔺相如的门客们听说了，问蔺相如为何怕廉颇，蔺相如道："你们说是秦王厉害还是廉颇将军厉害？我连秦王都不怕，又怎么怕廉颇呢？秦国现在不敢来侵犯，只是慑于我和廉将军一文一武保护着赵国，作为赵王的左膀右臂，我又怎能因私人的小小恩怨而不顾国家的江山社稷呢？"廉颇听说后，非常惭愧，便袒胸露背背着荆条向蔺相如请罪。从此，他们便成了同生死、共患难的好朋友，齐心为国效力。

【舍命之交】战国时有左伯桃与羊角哀两人相识，结伴去楚国求见楚庄王。途中遇到了大雪天气，而当时他们穿的衣服都很单薄，带的粮食也不够吃，左伯桃为了成全朋友，把衣服和粮食全部交给了羊角哀，自己则躲进空树中自杀了。后世于是将友谊深厚的知心朋友叫做"羊左"。

【胶漆之交】陈重与同郡雷义结为知交，两人一起研读《鲁诗》、《颜氏春秋》等经书，都是饱学之士。太守张云闻陈重之名，举荐他为孝廉，陈重要把功名让给雷义，先后十余次向太守申请，张云不批准。第二年，雷义也被选拔为孝廉，两人才一起到郡府就职。陈重与雷义同时官拜尚书郎，雷义因为代人受罪，被免职。陈重也以身体有病为由辞职一同还乡。雷义回乡又被举荐为秀才，雷义要把这一功名让给陈重，刺史不批准。雷义就假装发狂而不去应命就职。因此遍乡里传颂他们两人的事迹，说道：胶和漆自认为融为一体，坚不可摧，还不如陈重与雷义，荣辱与共，生死相依。

【鸡黍之交】范式和张劭是朋友，两人同时在太学学习。后来范式要回到乡里，他对张劭说："二年后我还回来，将经过你家拜见你父母，见见小孩。"于是两人约定日期。后来约定的日期就要到了，张劭把事情详细地告诉了母亲，请母亲准备酒菜等待范式。张劭的母亲说："分别了两年，虽然约定了日期，但是远隔千里，你怎么就确信无疑呢？"张劭说："范式是个守信的人，肯定不会违约。"母亲听后就去准备酒菜。到了约定日期，范式果然到了。拜见了张劭的母亲，范张二人对饮，尽欢之后才告别离去。后来张劭得了病，同郡人郅君章、殷子征日夜探视他。张劭临终时，叹息说："遗憾的是没有见到我的生死之交。"殷子征说："我和郅君章，都尽心和你交友，如果我们称不上是你的生死之交，谁还能算得上？"张劭说："你们两人，是我的生之交；山阳的范巨卿，是我的死之交。"张劭不久就病死了。范式忽然梦见了张劭，醒后，穿着丧友的丧服，去赶张劭埋葬的那天，骑着马赶去。还没有到达那边已经发丧了。到了坟穴，将要落下棺材，但是灵柩不肯进去。张劭的母亲抚摸着棺材说："张劭啊，难道你还有愿望？"没一会儿，就看见白车白马，号哭而来。张劭的母亲看到说："这一定是范巨卿。"范式到了之后，吊唁说："走了元伯，死生异路，从此永别。"范式亲自拉着牵引灵柩的大绳，灵柩于是才前进了。范式于是住在坟墓旁边，为他种植了坟树，然后才离开。

【忘年之交】年岁差别大、行辈不同而交情深厚的朋友。

【生死之交】比喻可以一起同生死共命运的朋友；也指可共生死的情谊。

西汉末年刘焉出榜招募义兵，刘备、张飞、关羽一起投军，他们志同道合，在桃园中结拜为兄弟，史称"桃园三结义"。他们一起焚香发誓，誓言中有一千古名句："不求同年同月同日生，只求同年同月同日死。"

【八股文】现在多用来比喻空洞死板的演讲等。

八股文是明朝考试制度所规定的一种特殊文体。八股文专讲形式、没有内容，文章的每个段落死守在固定的格式里面，连字数都有一定的限制，人们只是按照题目的字义敷衍成文。其体源于宋元的经义，而成于明成化以后，至清光绪末年才废除。文章就四书取题。开始先揭示题旨，为"破题"。接着承上文而加以阐发，叫"承题"。然后开始议论，称"起讲"。再后为"入手"，为起讲后的入手之处。以下再分"起股"、"中股"、"后股"和"束股"四个段落,而每个段落中,都有两股排比对偶的文字,合共八股,故称八股文。其所论内容,都要根据朱熹《四书集注》等书"代圣人立说",不许作者自由发挥。它是封建统治者束缚人民思想,维护封建统治的工具。

例句:明清两朝的统治者都规定,科举考试中必须用八股文体做文章。

三 对应的泰语词及其义项

๘/แปด [NUM] 八(数字)

jiǔ
九 ๘/แปด

一 九字复字词义项归类

①数 八加一后所得:九阴锣、九宫格儿、三教九流、三跪九叩、九九归一、行百里者半九十、一言九鼎、八九不离十、三六九等。

例句:【三跪九叩】张曜一口应承,马上穿起朝服,让妻子坐在孔子牌位前,对她行三跪九叩之礼。

②名 从冬至起每九天是一个"九",从一"九"数起,二"九"、三"九",一直数到九"九"为止:数九;冬练三九,夏练三伏;九尽寒尽。

例句:【冬练三九,夏练三伏】从梅兰芳、周信芳等大师数起,哪一个不是靠冬练三九,夏练三伏才练就一身绝艺的?

③数 表示多次或多数:九重霄、九霄、九天、九泉、三弯九转、九死一生、十拿九稳、十室九空、九霄云外。

例句:【十拿九稳】面对十拿九稳的立功扬名机遇,他坚决地摇摇头说——不行!

二 九的文化词

【九鼎】①古代传说夏禹铸了九个鼎,象征九州,成为夏、商、周三代传国的宝物。据传是大禹在建立夏朝以后,用天下九牧所贡之金铸成九鼎，象征九州。商代时，对表示王室贵族身份的鼎，曾有严格的规定：士用一鼎或三鼎，大夫用五鼎，而皇储皇室天子才能用九鼎，祭祀天地祖先时行九鼎大礼。因此，"鼎"很自然地成为国家拥有政权的象征，进而成为传国宝器。据说，秦灭周后第二年即把周王室的九鼎西迁咸阳。但到秦始皇灭六国，统一天下时，九鼎已不知下落。有人说九鼎沉没在泗水彭城，秦始皇出巡泗水彭城地方，曾派人潜水打捞，结果徒劳无功。②比喻分量极重：一言九鼎。

例句：男子汉说话，一言九鼎。

【九州】是中国的别称之一。古代中国人将全国划分为九个区域，即所谓的"九州"。根据《尚书·禹贡》的记载，九州分别是：冀州、兖州、青州、徐州、扬州、荆州、梁州、雍州和豫州。

例句：民政部将要成立中华慈善总会，让爱心飞向祖国大地，把温暖洒向九州的方方面面。

【九牛二虎之力】比喻很大的力气。形容做事很费力。

一天，吕祖正在蒲团闭目静坐，忽然觉得心中翻腾，屈指一算，沉香要来华山救他的母亲，心想这是一桩义事，我要助他一臂之力。沉香便在吕祖门下学艺。他每天起早贪黑精心学练，十八般武艺，样样精通。一天，吕祖外出，嘱咐沉香在家好好练习。沉香闭了庙门舞枪弄棒，用心练习，饭时，不见师傅回来，他又练了起来。一直练到太阳偏西，肚子实在饿得不行了，才去厨房做饭。他进了厨房，发现笼里有用面做的九头牛和两只虎，觉得有些奇怪，但饥饿难忍，顾不得许多，就吃完九牛、二虎，顿时觉得力大无比。来到院中拿起平时用的武器，轻飘飘地得心应手。

例句：开发区人费尽九牛二虎之力，拿到了 3.7 亿元专项低息贷款。

【九牛一毛】九：表示多数。九头牛身上的一根毛。比喻极大数量中极微小的数量，微不足道。

汉武帝（刘彻）得知李陵带着军队深入了匈奴的国境，士气旺盛，心里非常高兴。这时，许多大臣都相继祝贺皇帝英明，善于使用人才。后来李陵战败，投降匈奴，武帝非常生气，原来祝贺的大臣也就反过来责骂李陵无用和无信、不忠。当时司马迁站在旁边，一声不响，武帝便问他对此事有何意见，司马迁爽快地说："李陵只有五千步兵，但被匈奴八万骑兵围住，连打了十几天的仗，杀伤了敌人一万多，真正属于一位了不起的将军。最后是因为粮食用尽箭用完了，归路却又被截断归路，才被迫停止战斗，李陵不是真投降，而是在假装投降，保存实力，然后找机会报国。他的功劳大于他的投降罪。"武帝听他为李陵辩护，又讽刺自己的近亲李广利从正面进攻匈奴的劳而无功，所以一气之下将司马迁打入狱中。第二年，又误传李陵为匈奴练兵，武帝在没把事情弄清楚之前，就把李陵的母亲和妻子杀了。这时有的官员为了迎合皇帝，诬陷司马迁有诬陷皇帝的罪，于是汉武帝竟下令把司马迁施予最残酷、最耻辱的宫刑。司马迁受到了如此摧残，痛苦之余，一心想自杀，但转念一想，像他这样地位低微的人死去，在许多大富大贵的人的眼中，不过像"九牛亡一毛"，不仅得不到同情，而且更会惹人耻笑。于是他决心忍受耻辱，顽强地活下去，坚持完成了千古名著《史记》。

古人所谓有大勇的人会有大智，司马迁就是这样的人。他知道在他所处的年代里，死一个像他那样没地位、没名望的人，还不如死一只狗有价值，因此他勇敢地活下去，终于完成了那部空前伟大的历史巨著《史记》。司马迁把他这种思想转变的情况告诉了他的好友任少卿，后来的人便是根据他信中所说的"九牛亡一毛"一句话，引申成"九牛一毛"这句成语。

例句：他领取到的工资要去买房几乎是九牛一毛，若不买房又颇为可观。

三 对应的泰语词及其义项

๙/เก้า［NUM］九（数字）

$$shí$$
$$十 \quad ๑๐/สิบ$$

一 十字复字词义项归类

① 数 九加一后所得的数目：十方、十戒、十进制、十字街头、五

光十色、十拿九稳、一目十行、一五一十、一曝十寒、一百八十度、五十步笑百步、七老八十、八九不离十、十冬腊月、十二指肠、十番乐、十年九不遇、十万八千里、十指连心、十字架、十字路口。

例句：【八九不离十】当场测试，准确性居然也八九不离十。

②形表示达到顶点：十足、十分、十成、十二分、十全十美、十万火急、十恶不赦。

例句：【十足】人们展示天津文化的特色和内涵，让老百姓和游人一起过一个民俗味十足的春节。

二　十的文化词

【十年树木，百年树人】培植树木需要十年，培育人才需要百年（语本《管子·权修》："十年之计，莫如树木；终身之计，莫如树人"）。比喻培养人才是长久之计，也形容培养人才很不容易。

例句：他指出，十年树木，百年树人，提高劳动者素质和提高经济素质都要靠科技教育。

【十目所视，十手所指】原指一个人的一举一动，大家都看得见，指得出（见于《礼记·大学》）。后指做了坏事逃不过众人的耳目。

例句："十目所视，十手所指"，大家都学习了，了解了，就不容许干部乱干了。

【十年寒窗】科举时代，知识分子为考取功名，终年埋头窗下读书。形容闭门苦读时间之长。亦作"十年窗下"、"十载寒窗"。

例句：尽管十年，几十年寒窗苦读，年纪一大把，没有洋学位就休想当教授，除非你是大人。

【十羊九牧】九个人放牧十只羊。比喻官员太多，政令不一，使别人不知所从。

在南北朝期间，北周有个人叫杨尚希，他在周明帝、武帝、宣帝时期都担任重要职务。后来隋文帝夺得北周朝的政权，大肆地改革弊政，革除了前朝鲜卑族的国家管理制度，一切制度恢复汉制；又重新划分行政区域，设立州、郡。但是，北周设立的州郡过于泛滥，有些地方方圆还没到百里，就设县，导致一块千户人家的弹丸之地，却要划分两个郡管辖区。这样做导致了各级官府机构迅速膨胀，官员和吏卒编制人数迅速增加，结果国家财政支付过重，文帝为此事整天忧心忡忡。此时前朝的老臣杨尚希在北周仍然担任重要职务，对隋文帝特别忠心。在一次上朝议事时，他对此弊端提出了建议。他说："我们现在设立的州郡多得像'十羊九牧'，这是浪费人员，国家骤然间要增加那么大的财政开支，国家财政是负担不起的。建议除了保留重要的州郡外，凡属闲置、臃肿的州郡，该撤的一定要撤、该并的一定要并，一切冗员都要坚决裁减掉，要通过此次改革和调整建立起精干、有效，能为我朝办事的官府机构。"隋文帝称赞杨尚希的建议很好，切实可行。于是颁布诏令，撤销归并了许多州郡，裁减了许多官员，果然收到很好的效果，进而巩固了北周政权。

三 对应的泰语词及其义项

๑๐ / สิบ［NUM］十（数字）

小　　结

汉语的数字从"一"到"十"和泰语的数字在计数功能方面相当，但是汉语的数字隐含着丰富的中国传统文化，所以我们在教给泰国学生汉语的数字时，也要顺便向泰国学生介绍中国的传统文化。

对留学生而言，如果对数词的了解仅停留在表层的数量意义上，就会对汉语深层的引申意义缺乏了解甚至一无所知。因此进行数词和数文化的教学是必不可少的，也是汉语文化教学的重要组成部分。我们可以采取讲故事的方法进行数字文化的教学，以数字词为点，其浓厚的文化背景知识为面，以点带面一举两得，形成一个数字文化系统，能够使学生摆脱单纯枯燥学习数字词的情况，激起他们对数字文化的兴趣，以期取得事半功倍的效果。

第二十章

汉泰方位关系义场对比研究

在人类的日常生活中，方位词无疑是使用频率颇高且不可缺少的一组词。方位词，是词的一种，是表示方向或位置的词，分单纯词的和合成的两类。其中，尤以单纯方位词最为常用。无论是居家，还是出行，抑或街边问路，都离不开这些描述地点和方位的词汇。我们根据斯瓦迪士200核心词汇表所提供的核心词，选出一套最基础、最实用、最简练的方位关系词，即远和近、左和右、里和外等几组常见的对应词。

在人们描述方位状态时，对于方位的最基本概括已经在以上一组词中得到很好的体现。以一个事物为中心点，其他所要提及的事物与该事物的关系或近或远、或里或外、或左或右，是十分显而易见的。世界各民族的日常交际均少不了此类方位词，它们是表达事物空间形态的最佳用词。

yuǎn
远^①ไกล

一 远字复字词义项归类

①形空间或时间距离长（跟"近"相对）：远方、远道、远程、远景、远足、远见、远虑、远谋、远客、遥远、远走高飞、舍近求远、路远、远处、远古、久远、敬而远之、远大、远东、远近、远门、远谋、

---

① 远、近是形容词，但它们常和一些词搭配，用来形容物体的位置，所以本书把它们归入方位关系义场。

远视、远眺、远行、远扬、远洋、远征、远祖、老远、山高路远、永远、深远、远离、声威远震、望远镜、远期、跳远、远去、远航、臭名远扬、远距离、远销、卧矩以知远、源远流长、高瞻远瞩。

例句：

a.【远方】我们呼吸着泥土与草混合着的香味，却也呼吸着来自远方的烟火的气息。

b.【远见】老人非常自傲这点先见之明，好像是表示胡子便代表智慧与远见。

c.【敬而远之】小明的爸爸是个非常严肃的人，小明从小就对他敬而远之。

d.【远门】出远门的人，恐怕是忘记临行时遗留的这块血肉了。

e.【远眺】梁建把军大衣脱下来，昂首远眺。

②形 关系疏，不亲密：远亲、疏远、远支、远房、远亲不如近邻。

例句：

a.【疏远】多年不来往，亲戚间渐渐疏远了。

b.【远房】第二天上午，陶祖泰去拜望夫人那位远房侄儿。

③形 差别程度大：差得远、远远不够、远胜。

433

二 远的文化词

【远水不救近火】远处的水救不了近处的火。比喻缓慢的解决办法不能满足急迫的需要。

战国初期，鲁国与强大的齐国、晋国、楚国相邻，鲁国的国君鲁穆公担心齐国侵略鲁国，便想结交晋国、楚国两个强国，希望以后鲁国遭到齐国侵略的时候，能够得到晋楚两国的援助。为了达到睦邻友好的目的，鲁穆公派公子们到晋楚两国去做官。一大臣认为这种做法并不能解决问题，就对鲁穆公说："越国是水乡之国，人们都善于游泳。可是，如果我们这里有人掉进水里，去请越国的人来抢救，那么不等人家赶来，溺水的人早就淹死了。又比如，如果着了火，到千里之外去取海水救，海水虽然很多，但是大火也一定扑不灭。这道理很简单：远水不救近火。同样的道理，晋国与楚国虽很强大，但是毕竟距离鲁国较远，而齐国距离鲁国较近。一旦齐国侵略鲁国，这种祸患靠晋楚两国恐怕救不了吧！"

例句：虽然北京找到了特效药，但是远水不救近火，如果不能紧急空运，还不是一场空欢喜！

【远走高飞】向远处走，向高处飞。多指摆脱困境，寻找光明的前途。

卓茂是汉末南阳人。他在丞相府当差时，一次坐车出去，有人说那马是他走失的，卓茂就给了他，自己拉着车走，回头对那人说："如果不是你的马，请到丞相府还我。"后来失马找到了，那人来丞相府把马还了。

卓茂任密县县令时，有人来告一亭长接受他的米肉。卓茂屏退左右问："是亭长找你要的，还是你有事求他？"那人说："因为我害怕他，才给送他的。亭长不能接受礼物，所以我才来告他。"卓茂说："你做得不对啊。乡里之间还讲究礼尚往来，相互表示亲近。官吏只是不能乘势求取礼物。你又不修行，如何能远走高飞、脱离这个世界呢？亭长是个好官，过年送给他些米肉也是应该的。"那人说："法律不是禁止吗？"卓茂说："我给你讲道理，你不会有怨恨之心。我要讲法律，就没有手足之情可言了。接受这次教训呢，还是接受法律惩处，希望你回去三思！"那人知道错了，那亭长也很感激卓茂。

开始官吏笑卓茂，郡里专门给卓茂配了精通法律条文的官吏，卓茂也没有意见。几年后，密县人都讲起道理来，路不拾遗。汉平帝时，天下蝗虫成灾，河南二十多个县受害，单单密县幸免。太守亲自去看了才相信。

例句：你想过好日子，我不反对。可是大家都远走高飞了，家乡怎么办？

【舍近求远】舍：放弃；求：追求。舍弃近便的，追求遥远的。形容做事走弯路或追求不切实际的东西。

例句：

a. 这种东西我们本地也出产，无须舍近求远到外地采购。

b. 这几天他所做的事都是在舍近求远，因而劳而无功。

三　对应的泰语词及其义项

ไกล〔A〕远

四　教学说明

"远"在汉语中的第一个义项和泰语相同，汉语中"远"字的其他义项应该作为教学重点。因此，②、③义项是汉泰语"远"字义项的主要不同之处，需要具体分析处理。

近 ไกล้

一　近字复字词义项归类

①形空间或时间距离短（跟"远"相对）：接近、附近、靠近、近路、近景、舍近求远、近在眉睫、近朱者赤，近墨者黑、近水楼台、近便、近道、近海、近邻、近旁、近视、远亲近邻、远水解不了近渴、临近、邻近、近郊、相近、挺近、就近、年近花甲、急功近利、挨近、将近、走近、逼近、近距离、贴近、近似。

例句：

a.【附近】萧队长连忙抬头，看见一片烟云似的远山的附近，有一长列土黄色的房子。

b.【靠近】不是客气，不是尊敬，却像多年的老朋友重逢，又亲热，又靠近，一点都不拘束。

c.【近视】灯光太暗，眼睛很容易近视。

②形关系亲密：亲近、近亲、近臣、平易近人、近乎、套近乎。

例句：

a.【亲近】秋月的深夜，没有虫声搅破寂寞，使悲哀也难和我亲近。

b.【近乎】两个人越谈越近乎。

c.【平易近人】周总理一向平易近人，和蔼可亲。

③ 形 距离现在不久之前的时间：近况、近来、近期、近前、近人、近日、近代、近岁、近闻、近照、近体诗、近年、新近、最近。

例句：

a.【近况】他的近况很不好。

b.【近期】在近期内，应土洋结合，以土为主、大中小结合，以中小为主，产、销地建库结合，以产地建库为主。

c.【近代】这部书虽写于1912年，但所引的例子，是古代多而近代少。

二　近的文化词

【近朱者赤，近墨者黑】朱：朱砂，红色的颜料；赤：红色；墨：黑色。接近朱砂就会变成红色，接近墨汁就会变成黑色。比喻接近好人容易使人变好，靠近坏人容易使人变坏。

孟子对戴不胜说："你希望你的君王向善吗？我明白告诉你吧。比如说有一位楚国的大夫，希望他的儿子学会说齐国话，是找齐国的人来教他好呢，还是找楚国的人来教他好？"戴不胜说："找齐国人来教他好。"

孟子说："如果一个齐国人来教他，却有许多楚国人在他周围，用楚国话来干扰他，即使你每天鞭打他，要求他说齐国话，那也是不可能的。反之，如果把他带到齐国去，住在齐国的某个街市，比方说叫庄岳的地方，在那里生活几年，那么，即使你每天鞭打他，要求他说楚国话，那也是不可能的了。你说薛居州是个好人，要他住在王宫中。如果在王宫中的人，无论年龄大小还是地位高低都是像薛居州那样的好人，那君王和谁去做坏事呢？相反，如果在王宫中的人，无论年龄大小还是地位高低都不是像薛居州那样的好人，那君王又和谁去做好事呢？单单一个薛居州能把宋王怎么样呢？"

例句：俗语说得好：近朱者赤，近墨者黑，他就是因为交友不慎而犯罪的。

【近水楼台先得月】水边的楼台先得到月光。比喻由于近便而获得优先的机会。

范仲淹是北宋时期非常著名的政治家和文学家。他小的时候，家里非常贫穷，但他学习刻苦，博览群书，后来在朝廷上做了大官。他曾在岳阳楼题写下"先天下之忧而忧，后天下之乐而乐"的千古名句。范仲淹为人非常正直，平易近人，尤其善于选拔人才。他在杭州做知府的时候，关心帮助城中的文武官员。很多官员因此得到了可以发挥自己才干的职务，因此都很感激范仲淹。有一个叫苏麟的巡检官，由于在杭州外县工作，所以未能得到范仲淹的提拔。一次，苏麟因公事见到范仲淹，便乘此机会给范仲淹写了一首诗。诗中有这样两句："近水楼台先得月，向阳花木易为春。"说的是靠近水边的楼房可以最先看到月亮，朝着阳光的地方生长的花草树木易成长开花，显现出春天的景象。苏麟是以此表达自己的不满，巧妙地指出接近范仲淹的人都得到了好处。范仲淹读后心领神会，哈哈大笑。于是，便按照苏麟的意愿，为他谋到了一个合适的职位。

例句：你调到那个部门之后，天天能见到她，岂不是近水楼台先得月吗？

三　对应的泰语词及其义项

ใกล้ [A] 近

四　教学说明

"近"在汉泰语中，只有第一个义项是相同的。汉语中"近"字的其他义项在泰语中都不得见。因此，义项②、③在教学过程中要作为重点讲述。

zuǒ
左　ซ้าย

一　左字复字词义项归类

① 名 面向南时，东的一边，与"右"相对：左手、左方、左右、左膀右臂、左边、左面、左撇子、左右逢源、左右开弓、男左女右、左脚、向左转、左挡、左转、左侧、左躲右闪。

例句：

a.【左手】一些人习惯用左手写字，而且写得很好。

b. 【左边】况且他跑得又一点没有规矩，不似上海只靠左边走，便没有碰撞之虞。

c. 【左右开弓】她手持双枪，左右开弓，百发百中，人称神枪手。

d. 【左右】主席台左右红旗迎风飘扬。

②名 地理上指东方：山左、江左。

例句：【山左】山左是山东省旧时的别称，山左中的"山"指太行山。

③形 指政治思想上进步或超过现实条件许可的过头思想和行动：左派、左翼、左倾、左倾路线、极"左"思想。

例句：

a. 【左倾】左倾是指政治上追求进步、同情劳动人民的倾向。

b. 【左翼】于是别一方面，就出现了所谓"第三种人"，是当然绝非左翼，但又不是右翼，超然于左右之外的人物。

④形 斜，偏，差错：左脾气、左嗓子、意见相左、想左了、旁门左道、左性子、相左。

例句：【左嗓子】左嗓子就是京剧界通常所指的高而窄的嗓音。

二　左的文化词

【左右逢源】到处都能碰到取之不尽的源泉。比喻做事、写作得心应手，应付自如。

战国时期，孟子给他的学生讲治学之道，学生问怎样才能学到高深的学问。孟子说："方法要对，态度要好，学习要有自觉性，学习知识要心有所得，久而久之，就学得广、深、透，使用起来就能取之不尽，用之不竭，自然就得心应手、左右逢源。"

例句：

a. 这个人最善于玩弄权术，看风使舵，左右逢源。

b. 一本好书，能为你带来智慧与启示，让你解惑去忧，触类旁通，左右逢源。

【旁门左道】左：不正；门：派别；道：路。喻指思想体系。泛指不正派、不正经的东西。

例句：

a. 在市场经济初期不可避免的"宰人"、"使假"、"坑人"等旁门左道在亲情、友情问题上的畸形反映，其社会危害不可低估。

b. 国外的经营战略上就有一招是借树乘凉，但过分钻研旁门左道，以致达到犯罪的地步，那就大错特错了。

三 对应的泰语词及其义项

ซ้าย［N］左

右 ขวา
^{yòu}

一 右字复字词义项归类

①名面向南时，西的一边，与"左"相对：右手、右边、右方、右面、右首、左顾右盼、左右、右侧、右移、向右转、右端、右脚、右眼。

例句：

a.【右手】俺听得皇帝的声，曾怕有来，如今俺与你做右手出气力。

b.【右首】钟楼便在鼓楼的右首。

②名地理上指西方：山右、江右。

例句：【山右】山右是山西省旧时的别称，山右中的"山"指太行山。

③形指政治思想上保守或反动的：右倾、右派、右翼、右倾机会主义错误、右派分子。

例句：

a.【右倾】政治思想上，右倾是指认识落后于实际，不能随变化了的客观情况变化、前进，甚至违背客观发展规律的倾向。

b.【右翼】右翼信奉的是"英雄史观"，认为历史是英雄创造的，其政治主张是偏向中产阶级、精英阶层的。

④ 形 古代称等级高的，崇尚的：右族、右职、右文、无出其右。

例句：【无出其右】他的作品据说已有一半译成中文。译文数量之多，东西方哲学家中无出其右。

二 右的文化词

【无出其右】出：超出；右：上，古代以右为尊。没有能超过他的。

汉高祖刘邦刚建立汉朝的时候，还有许多异姓的诸侯王。有一次，刘邦带兵前往代地镇压陈稀的反叛。途经赵国，赵王张敖深恐刘邦怪罪他，便下令做了许多美味佳肴，亲自端着盘子，送给刘邦吃。谁知刘邦故意大摆皇帝的威风，叉开两腿，大模大样地坐着。不但不回礼，而且开口就骂张敖招待不周。赵国的宰相赵午等见刘邦如此寻衅，羞辱赵王，气愤异常。回宫后，他们竭力劝说赵王反叛刘邦，赵王执意不允，并把手指咬出血来，要大臣们不要再提。大臣们见赵王不答应，便决定瞒着赵王去暗杀刘邦。谁知事情泄露，刘邦大怒，下令逮捕赵王及其近臣。

赵午等都自杀了，只有赵王和大臣贯高被捉去，并要把他俩押解到都城长安。许多忠于赵王的旧臣都想护送赵王去长安。刘邦知道了，立即下令，如有人胆敢跟随就灭他三族。田叔、孟舒等十几个臣子就剃掉头发，身穿红色衣服，用铁圈夹住脖子，伪装成赵王家族，一起去了长安。

到了长安，刘邦亲自审讯贯高，要他说出赵王谋反经过。贯高把赵王如何不肯谋反，还阻止臣子们谋反的经过详细地说了一遍。刘邦这才相信赵王确实没有谋反，但仍借口说赵王没有教育好臣子，把他降做宣平侯。

赵王向刘邦谢恩，并请刘邦宽恕随他而来的田叔、孟舒等大臣。刘邦一听有如此忠心的大臣，便召见了他们。通过谈话，刘邦了解到他们才学过人，有勇有谋，忠心耿耿，品德高尚。他感慨地说："现在汉朝的臣子没有一个能超过他们的。"心里一高兴，有意重用他们。于是有的做了郡的长官，有的做了诸侯的相国，田叔被委以重任，做了汉中守。

例句：

a. 此二方专治一切肿毒，初起者速服速消，已溃者亦能败毒收口，大约古人痈疽各方，无出其右了。

b. 他终生守候在测试机旁，检测过成千上万的油样，综合指标竟无出其右者。

三 对应的泰语词及其义项

ขวา［N］右

里 ใน

一 里字复字词义项归类

①名内部，与"外"相对，并引申为一定范围以内：手里、里外、心里、这里、那里、里屋、里头、里边、里应外合、表里如一、里面、家里、水里、风里来，雨里去、脑海里、梦里、书里、市里、城里、怀里、百里挑一、眼里、死里逃生、雾里看花、嘴里。

例句：

a.【里外】一时里外男女家人丫鬟小厮，黑压压跪了一屋子、半院子。

b.【里头】炉子里头的煤已经烧得很红了。

c.【心里】老太爷看见眼前许多兴奋的发红的脸，听见划拳行令的欢笑声，心里更快活。

②名衣物的内层：被里、衣服里儿、面儿和里儿、里子。

例句：【里子】女的是一身孔雀翠华尔纱面子，白印度绸里子的长旗袍。

③名居住的地方，家乡：故里、返里、乡里。

例句：

a.【故里】这就是我所熟悉的山区——我们英雄的故里。

b. 【乡里】我们两人算是同乡了。喂，乡里，你大还是我大？

④ 名 街坊：里弄、邻里、里巷。

例句：

a. 【里弄】当时，在上海某一条里弄里，住了一个很特别的人。

b. 【邻里】亲朋相邀，邻里相招。

二　里的文化词

【里应外合】应：接应；合：配合。外面攻打与里面接应相结合。

例句：尽管敌人防守严密，但我们的小部队早已潜入了敌后，按约定日期里应外合，一个冲锋便把敌人打得土崩瓦解了。

【表里如一】表：外表；里：内心。外表和内心一个样。外表与内部一致。形容人的言论、行动和思想完全一致。

例句：

a. 襟怀坦白、表里如一的人，永远受人尊敬。

b. 做领导的，尤其要言行一致、表里如一。

三　对应的泰语词及其义项

ใน ［N］ 里

外 ใน
wài

一　外字复字词义项归类

① 名 与"内"、"里"相对：外边、外因、里应外合、外行、外表、外伤、门外、窗外、出外、课外、课外活动、外部、外层、外耳、外敷、外海、外景、外力、外卖、外贸、外貌、外套、外衣、外面、外域、编外、天外有天，人外有人、山外青山、胳膊肘往外拐、国外、省外、门外汉、往外跑、外出、外八字、外界、外接、外借、外延。

例句：

a. 【外表】这是一个外表堂皇而内心卑鄙的伪君子。

b. 【外貌】原来你这厮外貌像人，倒有这等贼心贼肝！

c. 【外套】他连制服外套的风纪扣，也一丝不苟地扣着。

d. 【外行】历史资料真的没有吗？要说没有，那是骗外行的话。

②形 不是自己这方面的，外国的：外国、外路、外族、外省、外星人、外币、外宾、外埠、外道、外地、外敌、外藩、外货、外籍、外来、外派、外聘、外企、外乡、外姓、外援、外遇、河外星系、外头儿、对外、外交、关外、外逃、城外、除外、肥水不流外人田。

例句：

a. 【外国】去年外国新到了一种纸卷烟的机器，小巧得很。

b. 【外地】外地见华终寂寞，异乡闻乐更凄凉。

c. 【外籍】他是外籍人，我是本地人。

d. 【外援】我们的外援来了。

③名 称母亲、姐妹或女儿方面的亲戚：外公、外婆、外甥、外孙、外家、外祖父、外祖母、外孙女。

例句：

a. 【外公】外公也是我们的生命之源，不容轻视，应该爱戴他们。

b. 【外孙】他瞪着双眼，把外孙吓了一跳。

c. 【外家】男子谓舅家为外家，妇人谓父母之家为外家。

④形 关系疏远的：外人、见外。

例句：

a. 【外人】常言道：疏不间亲。你我终是外人，怎管得他家事。

b. 【见外】已经收下了，东西也不多，又是给巧珠的，退回去，反而见外了。

⑤形 对正式的而言，指非正式的：外号、外史、外传、以外、意外、另外、此外、例外、格外。

例句：

a. 【外号】我们所要介绍的是祥子，不是"骆驼"，因为"骆驼"只是个外号。

b. 【外史】外史也有参考价值。

二 外的文化词

【弦外之音】弦：乐器上发音的丝线。比喻言外之音，即在话里间接透露，而不是明说出来的意思。

例句：

a. 对于马先生这番话的弦外之音，在场的人当然是心领神会了。

b. 李老师这次找校长谈话，弦外之音是要求调动工作。

三 对应的泰语词及其义项

ใน ［N］外

四 教学说明

汉语中"外"字所表达的"关系疏远的"、"称母亲、姐妹或女儿方面的亲戚"、"非正式的"等义项，在泰语中并无对应项。所以，教学中必须仔细分析汉语义项③至⑤。

小　结

在汉语和泰语中都有对应的方位关系词，但引申的义项不一样。因此，我们在教学过程中，应根据跨文化交际中先同后异的教学原则，让泰国学生学习汉语相关的方位关系词。另外方位词的引申义一般都比较抽象，这就要求我们在授课过程中通过语境法以多举例的方式，让学生掌握汉语方位词的引申义及其构成的复字词。

第二十一章

汉泰其他关系词义场对比研究

　　世界上的语言分为孤立语和屈折语。印欧语是屈折语的代表语言，它们有丰富的形态变化，所以对词序和虚词的要求没有汉语严格。汉语是孤立语的代表，词形变化不重要，但虚词和词序在汉语中起着非常重要的作用，是表达语法意义的主要手段。

　　由于斯瓦迪士 200 核心词的选词以印欧语系语言为主，因此在核心词表里面虚词是很少的，也就是我们在本章中介绍的 4 个。虽然，我们在描写其他义场特别是动作义场中一些动词的时候，也解释了它们的一些具有虚词性质的义项，但还远远不能反映汉语的虚词系统。这就要求我们在具体教学中加以补充。

bù
不 ไม่

一　不字复字词义项归类

　　①副 用在动词、形容词和其他副词前面表示否定：不去、不能、不多、不经济、不一定、不很好、不合适、不懂、不会、不行、不想、不对、不可以、不好、不看、不听、不少、不要、不累、不安、不是、不说、不放、不敢、不够、不高、不急、不见、不肯、不清、不饿、不让、不同、不用、不怕、不平、不足、不在、不早、不信、不错、不吃、不差、不长、不变、不便、不难、不拿、不满、不买、不白之冤（指无法辩白或难以洗雪的冤枉）、不卑不亢（既不自卑，也不高傲，形容待人态度得体，分寸恰当。也说不亢不卑）、不辨菽麦（分不清豆子

和麦子，形容缺乏实际知识）、坐立不安（客套话。表达歉意和感激）、并行不悖（悖：违背，冲突。同时进行，不相冲突）、不差毫发（毫发：毫毛和头发。一点儿也没有差错，也作丝毫无差）、不逞之徒（为非作歹，不能得手的人）、不耻下问（不把向学问、地位等不如自己的人请教当成可耻的事。形容谦虚、好学）。

例句：

a.【不白之冤】这次蒙受不白之冤，对他的打击很大。

b.【不卑不亢】不论在什么情况下，我们都应该不卑不亢，维护自己的尊严。

c.【不辨菽麦】理论知识丰富，可是缺乏实际知识，不辨菽麦，怎么能搞好科研呢？

d.【坐立不安】有的县区工作上去了，别的县区便坐立不安。

e.【不耻下问】他不耻下问，每事必问。为了丰富知识，他拜了许多人为师，所以精通礼仪、音乐等许多领域的知识。

②[副]加在名词或名词性词素前面，构成形容词：不法、不规则。

③[副]单用，做否定性的回答（答话的意思跟问题相反）。

例句：

a. "他知道吗？""不，他不知道。"

b. "你会说西班牙语吗？""不，我只会说汉语。"

④[副]用在句末表示疑问，跟反复问句的作用相等：

例句：

a. 他现在身体好不？

b. 你最近还跟他联系不？

⑤[副]用在动补结构中间，表示不可能达到某种结果：拿不动、做不好、装不下、治不了、看不出、吃不下、想不开、喝不了、聊不来、请不动、解不开、听不懂、走不动、摔不烂、煮不熟、打不死、受不了。

⑥[副]"不"字的前后叠用相同的词，表示不在乎或不相干（常在

前面加"什么"）：

例句：

a. 什么累不累的，有工作就得做。

b. 什么钱不钱的，你喜欢就拿去。

⑦ 副 跟"就"搭用，表示选择。

例句：

a. 晚上他不是看书，就是写文章。

b. 他在学校里非常勤奋，不是学习，就是在参加社团活动，受到老师和同学的好评。

⑧ 副 不用，不要（限用于某些客套话）：不谢、不送、不客气。

二 不的文化词

【不到黄河心不死】不到无路可走的地步是不肯死心的。比喻不达目的不罢休。

在古时候，黄河岸边有个小村庄，有个叫柳生的孩子，家里很穷，他每天都要做很多家务事。做完事后，他经常到家后面的树林里听各种各样的鸟叫声，渐渐地柳生学会了模仿不同类型的鸟叫声，模仿出来的声音连鸟儿都分辨不出是真是假，经常能招来许多的鸟儿和他同乐。

柳生 16 岁的时候，唯一和他相依为命的母亲由于长年劳累过度，生了重病无法下床，需要很多钱买药治病，可是家里没有钱给母亲看病。正巧，附近村子里有个黄员外要买年轻家丁，于是柳生就把自己以 10 两银子的价格卖给了黄员外，从此，他就在黄员外家里负责照顾花园的工作。

黄员外有个女儿叫黄莺，长得很漂亮，养了很多小鸟，她最喜欢听一只金丝雀的叫声。柳生在花园里养花植草的时候，经常看到黄小姐痴痴地听着金丝雀唱歌。金丝雀的优美歌声和黄莺的美丽很快就打动了柳生的心，但是黄小姐只喜欢金丝雀，并没有注意柳生。

不久金丝雀死了，黄小姐非常伤心，整天以泪洗面。柳生看了非常心痛，于是他就躲在花丛里偷偷地模仿那只金丝雀的叫声叫了起来，黄小姐听到这熟悉的声音，以为那只金丝雀舍不得她又回来了，感到非常高兴。于是，就来到花园寻找，她发现是柳生在学鸟叫，虽然很失望，但很感激柳生，于是就叫柳生经常模仿金丝雀的声音给她听。日久生情，黄小姐渐渐地爱上了柳生。不久黄员外知道了这件事，便让家丁把柳生抓了起来，打了个半死后，叫人把柳生扔到黄河里。

黄小姐听到她的情郎遭遇这样的惨事，急火攻心，吐出一大摊鲜血后死了。在她死的时候，一只美丽的小鸟从她心口跳了出来，向黄河边飞去，不久就追到了黄河边。这时，只有一口气的柳生正被家丁扔下黄河，看到了这只小鸟眼睛便闭上了，马上从他心口也跳出一只一模一样的小鸟并且飞向黄小姐变的小鸟。两只小鸟合在一起，向天空飞去。

这两只小鸟自由地在天空飞来飞去，其中一只会唱动听的歌，一只不会唱。后来人们便说，那会唱歌的是柳生变的，而那不会唱歌的是黄莺变的。两人真心相爱，死后变成了鸟儿，人们便把这种鸟儿称作比翼鸟，从此世上便有了比翼鸟了。也有人被柳生的毅力打动了，便说柳生追求爱情不到黄河心不死，从此世上就有了这句话，比喻下定决心做某事，不达目的不罢休。

例句：

a. 看来不让你吃雪糕，你是不到黄河心不死了，对吗？

b. 他自己心里何尝不明白呢？不到黄河心不死罢哩！

【不二法门】不二：指不是两极端；法门：修行入道的门径。原为佛家语，意思是直接入道，不可言传的法门。后比喻最好的或独一无二的方法。

据说在佛家里面一共有八万四千个法门，而不二法门为第一法门，人一旦进入门，就是进了超越生死的涅槃境界便可以成佛了。当然这只是从思想境界上而不是从空间上来说的。法门可以理解为一种门道或途径，所有修行的人只要依着这样的途径去不断修炼便可以获得正果。既然说它是一种思想境界，它又体现了什么样的思想呢？不二是一种非常深奥的理念，不是我们言语可以说清楚的，简单地说，不是一，不是二，没有彼此的分别就是不二。佛教认为世界上的万事万物尽管在现象上有千差万别，但从佛性上来看都是没有分别的，只不过是因缘凑合，都是虚无的，没有相对，也没有绝对。

传说古印度有位叫维摩诘的人，他是释迦牟尼门下著名的居士，也是一位大家菩萨。维摩诘与其他菩萨不同的是，其他菩萨都没有家室，而维摩诘不仅有娇妻美妾，而且拥有大片的庄园田地，是当地的一位富翁，但他既虔心侍佛，刻苦修行，同时也积极参加世俗的活动，他这种出家又不出家的举止实在令人捉摸不透。有一次他声称病了，释尊便派弟子文殊等前来探病，与他进行了一场佛法真理的大辩论，维摩诘以他高深的佛学底蕴和超人的口才回答了众人的提问。他认为只要心中清净，佛土也就清净了：虽然他有眷属良田，但他的心不为贪念所蒙蔽；虽然他的行为不同于其他菩萨，但他实在是在追求佛道真理。所以一切都不必拘于形式，而在于自己内心如何把般若智慧运用于生活中去，于是他便证实了出家和在家的不二。谈到最后，文殊菩萨又问维摩诘："那么你认为到底什么才是不二呢？"维摩诘听后闭上了眼睛，什么也不说。文殊赞叹道："妙啊，没有文字、言语者是真正的不二。"

例句：

a. 历观战史，水战用火攻，是颠扑不破的不二法门。

b. 注重日常饮食的控制、多做运动，才是保持合理体重的不二法门。

【不费吹灰之力】形容事情做起来非常容易，不花一点力气。

例句：

a. 这意味着书店除去正常费用外一年不费吹灰之力就可净赚 100 多万元，是该店目前卖书利润的 10 至 20 倍。

b. 在这些培训班中，不少只需要交纳一笔学费，不费吹灰之力就能得到一张国际 MBA 证书。

【不管三七二十一】不顾一切，不问是非情由。

1. 成语典故

很久以前，有个叫李元的财主，雇了个五大三粗的小伙子当长工。起初，财主怕小伙子借尿尿的机会偷懒，便每天管小伙子三顿干饭，不久，财主就后悔起来，心想他一顿吃三碗干饭，一天下来就吃九碗。吝啬的财主觉得长工饭量太大，就对老婆说："这小伙子干活卖力气，一个能顶两个，只是太能吃了！从明天开始，每天管他三顿稀饭吧！"但小伙子即使每顿吃七碗稀饭，干起活来还是有气无力。眼看田中杂草丛生，再不抓紧除草，粮食就要减产，李元十分恼火，他生气地问长工："你一天吃我三七二十一碗饭，怎么干活不像个男子汉？"小伙子只管敲着碗边说："干干干，一天九碗，汗毛都有劲，喷嚏响过山！稀稀稀，三七二十一，尿像竹竿雨，手脚软如泥。我着急没力气，你着急，为的什么？"李元听了，当着长工的面对老婆说："算了，算了，从今天起，管他三三九碗干饭，不管他三七二十一。"这件事就这样慢慢传开了。后来，随着时间的推移，"不管三七二十一"这句俗语的意思也发生了变化，用来指不分是非的言行。

2. 历史传说

战国时器，齐、楚、燕、韩、赵、魏、秦等七个国家并称战国七雄。秦在西方，其他六国在东方，苏秦主张合纵抵抗秦国，张仪主张连横侍奉秦国。一次，苏秦到了齐国都城临淄，见到了齐宣王，进行游说抗秦。齐宣王谈到齐国的兵力不足时，苏秦说，都城临淄有七万户，我私自计算了一下，每户按三个男子服役，这就是三七二十一万兵，抗秦的兵源，用不着再往别处征兵，仅临淄一城，就足够了。苏秦的这个算法，显然是不切合实际的，全城不可能达到每户都出三个男子当兵。即使男子，也不一定都能从军，因为还有老、幼、病、残在内。后来，人们把"不管三七二十一"作为讥喻的贬义词来相传，并且在含义上有所扩展，成了不问是非情由，不分青红皂白，蛮干、愣头青的同义俗语而应用在社会生活方面了。

例句：

a. 我因为自己好作短文，好用反语，每逢辩论，辄不管三七二十一，就迎头一击，所以每见和我的办法不同者便以为缺点。（——鲁迅《两地书》十二）

b. 小明珠知道爷爷又要吃苦头了，不管三七二十一也跟着上了车。

【不见棺材不落泪】比喻不到彻底失败的时候不肯罢休。

古代有个人叫安鸿渐，特别幽默与滑稽。他十分害怕老婆，他岳父病故，夫妻两人前去吊唁，在路上他们就开始大哭。他老婆为人特别严格，见老公光哭而没有眼泪，觉得奇怪就问为什么。安鸿渐回答说用帕子擦了，其妻特别嘱咐他见了棺材一定要掉泪。

例句：

a. 范大昌眼睛一瞪："快闭住嘴，没有闲话给你说，不到西天不识佛，不见棺材不落泪，来人！叫这家伙去打打秋千。"

b. 天生的牛脾气害了我，认死理，不到黄河不死心，不见棺材不落泪。

【不经一事，不长一智】智：智慧，见识。不经历一件事情，就不能增长对那件事情的见识。

例句：

a. 俗话说："不经一事，不长一智。"我如今知道了，你又该来支问着我了。

b. 所谓"不经一事，不长一智"，一个人多一次经验，才会多明白一个环境的意义。

【不可同日而语】不能放在同一时间谈论。形容不能相提并论，不能相比。

战国中后期，各诸侯国之间战争不断，秦想吞并六国，洛阳人苏秦便到赵国劝说赵王联合其他五国齐心抗秦，可以打败秦国的野心，还说："夫破人之与破于人也，岂可同日而言之哉。"赵王接受苏秦的建议，封他为武安君，到各国去游说共同抗秦。从而出现了"合纵"和"连横"的政治活动：弱国联合进攻强国，称为"合纵"，随从强国去进攻其他弱国，称为"连横"。

例句：

a. 屏幕上播放的国庆 50 周年的游行场面，声势浩大，色彩艳丽，形象逼真，清晰度宛如现场实景，广场后部竖立的孙中山画像眉眼、衣纹均清晰可辨，其清晰度与模拟电视不可同日而语，给人以强大的震撼力。

b. 总之，自然主义虽然与现实主义有某些相通之处，但它对待现实的态度和塑造形象的原则，与现实主义仍然大相径庭，不可同日而语。

【不入虎穴，焉得虎子】不进老虎窝，怎能捉到小老虎。比喻不亲身经历险境就不能获得成功。

东汉时，汉明帝召见班超，派他到新疆去，和鄯善王交朋友。班超带着一队人马，不怕山高路远，千里迢迢，一路辛苦来到了新疆。鄯善王听说班超出使西域，亲自出城迎候。东道主把班超奉为上宾。班超向主人说明来意，鄯善王很高兴。

过了几天，匈奴也派使者来和鄯善王联络感情。鄯善王热情款待他们。匈奴人在主人面前，说了东汉许多坏话。鄯善王顿时黯然神伤，心绪不安。第二天，他拒不接见班超，态度十分冷淡。他甚至派兵监视班超。班超立刻召集大家商量对策。班超说："只有除掉匈奴使者才能消除主人的疑虑，两国和好。"可是班超他们人马不多，而匈奴兵强马壮，防守又严密。

班超说："不入虎穴，焉得虎子！"这天深夜，班超带领士兵潜到匈奴营地。他们兵分两路，一路拿着战鼓躲在营地后面，一路手执弓箭刀枪埋伏在营地两旁。他们一面放火烧帐篷，一面击鼓呐喊。匈奴人大乱，结果不是被大火烧死，就是被乱箭射死。

鄯善王看到汉朝使者这么厉害后，便和班超言归于好。

例句：

a. 中国人有一句老话："不入虎穴，焉得虎子。"这句话对人们的实践是真理，对于认识论也是真理。（——毛泽东《实践论》）

b. 蒋经国就把桌子一拍："不入虎穴，焉得虎子！今夜，是刀山，是火海，我也闯定了！"

【不知天高地厚】不知道天有多高，地有多深。形容骄狂无知。

例句：

a. 如今年过知非，想起幼年这些不知天高地厚的话来，真觉后悔。（——清·文康《儿女英雄传》第三十四回）

b. 在我们的报纸上，在相声和小品中，不就经常在讽刺和嘲笑那些不知天高地厚想成为演员的男男女女吗？

三 对应的泰语词及其义项

ไม่：不

四 教学说明

副词"不"的义项都很抽象，我们可以用语境法，通过设置大量的例句，让学生通过多练习掌握"不"的各种用法。

zài
在 อยู่

一 在字复字词义项归类

①动表示人或事物的位置：在厂里、在家里、在山上、在哪里、在这里、在那里、在河边、在树上、在水里、在外面、在教室里。

②动存留于某地点：在家、在职、在位、在读、在场、在岗、在理、在业、在校。

③动生存，存在：永在、存在、健在、青春常在、留得青山在、精神永在。

④动关于某方面，指出着重点：在于、在乎、事在人为、在所不辞、在所不计、在所难免、在意。

⑤介表示事情的时间、地点、情形、范围等：在逃、在望、在握、在理、在朝、在野、在世。

⑥副正在：正在、在写字、在做饭。

二 在的文化词

【在所难免】表示不容易避免，暗指不可能避免。

例句：编者水平有限，错误之处，在所难免。

【在所不辞】辞：推辞。表示全部接受，决不推辞。

例句：

a. 只要党和人民需要，我赴汤蹈火，在所不辞。

b. 只要能使他的病好起来，我肝脑涂地，在所不辞。

三　对应的泰语词及其义项

อยู่：在

四　教学说明

"在"的主要义项是表示人或事物的位置，多用作介词，也可用作动词。在教学过程中注重结合词语或句子的实例来说明"在"的不同用法。

和 กับ
hé

一　和字复字词义项归类

①形相安，谐调：和美、和睦、和谐、和声、和合、和衷共济、和美、和乐、和洽。

②形平静，和缓：温和、祥和、和平、和气、和悦、和煦、惠风和畅、平和、和缓、和蔼、和畅、和风、和暖、和雨、随和。

③动平息争端：讲和、和约、和议、和亲、和好、和解、和事老。

④连带：和盘托出（完全说出来）、和衣而卧。

⑤连跟，同：我和老师打球、我和你、老人和小孩。

⑤介向，对：我和老师请教。

二　和的文化词

【和衷共济】衷：内心；济：渡水。大家一条心，共同渡江河。比喻团结一致，共同克服困难。

例句：

a. 共产党和民主党派在新的历史时期要和衷共济、同心同德。

b. 危急时刻，大家要和衷共济渡过难关。

【和风细雨】温和的风和细小的雨。本指自然现象，现多指用和缓的态度和方式处理问题。

例句：

a. 在开展批评时，要和风细雨，注重方式，争取好效果。

b. 自己的同志犯了错误，不要和风细雨，应当快地进行帮助。

三　对应的泰语词及其义项

เพราะ ：和

四　教学说明

"和"的几个义项中兼有形容词、连词、介词词性。在教学中要注重不同词性的意义和区分方法。

因 yīn เพราะ

一　因字复字词义项归类

①动 依，顺着，沿袭：因此、因之、因而、因循、陈陈相因。

②名 故，缘由，事物发生前已具备的条件：原因、因为、因素、因果、病因、因此、因而、成因、因由、事出有因、前后因果、因小失大、因噎废食。

③介 凭借，依据：因势利导、因陋就简、因地制宜、因人成事、因材施教、因人而异、因人废文。

④连 因为。

例句：

a. 【因】因治疗及时，所以很快就痊愈了。

b. 【因】因水流太急，无法过江。

二　因的文化词

【因地制宜】因：随，顺；制：制定、规定；宜：适当、合宜。根据各地的实际情况，采取适宜的措施。

例句：我们应因地制宜，不能求简单划一。

【因噎废食】噎：食物堵塞在咽喉；废：停止；食：吃。因吃东西卡过喉咙，从此就停止吃东西。比喻偶然受了一次挫折，就停止不干。

相传，在古时候的一个节日之夜，有个财主在家大摆酒席。大家划拳喝酒，喧声如潮。

突然，闹得最欢的一个老头大汗淋漓，翻着白眼，捂住脖子，拼命地咽着唾沫。原来是他刚才急着说话，嘴里一块牛肉没嚼烂就吞了下去，结果喉咙被堵住了。这时，在场的人纷纷围了过来，有的说快灌一杯冷水，有的说要再咽一块肉，有人使劲扳开老头的嘴巴，拿起筷子就要往里夹取，有人则使劲捏着他的脖子往下刮。众人七嘴八舌，动手动脚，把老头折腾得痛苦异常。最后，老头气得按捺不住，大吼一声"滚开"，随着喊声，那块牛肉也跟着喷了出来。

众人大笑，正要回座位继续吃喝，财主却高声说道："各位请回吧。那位老者的遭遇是我们的前车之鉴。老夫认为：要想不再发生这样的灾祸，酒肉不可吃，三餐不可有。本府以后再也不许人吃饭了。"说完，就下令把厨房所有的坛坛罐罐全部打碎，柴米油盐一律放火烧掉。

例句：不能因为改革中的一些问题就因噎废食，走闭关自守的老路。

【因材施教】因：根据；材：资质；施：施加、进行；教：教育。根据学习的人的不同志趣、资质来进行不同的教育。

例句：教师应注意学生各方面的差异，以便因材施教。

三　对应的泰语词及其义项

เพราะ：因

四　教学说明

"因"的义项①、②是古代汉语的用法，因此多见于文言文或书面语，义项③、④是由义项①、②语法化而来，在现代汉语用得很普遍。在教学过程中，可以以"因"为例说明现代汉语和古代汉语、文言文和白话文、书面语和口语的区别。

小　结

在汉语中副词、介词、连词、助词等虚词对表达实词之间的关系特别重要，本章只是有代表性地选择了 4 个核心词作为例子说明。通过这4 个虚词，我们可以看出汉语中的虚词多数是由实词虚化来的。我们在教学过程中可以向学生介绍一些有关语法化的理论，使外国学生知道汉语中虚词的来源——多数是由实词虚化而来的，并让学生注意区分同一个词是实词还是虚词。

由于虚词的意义很抽象，因此，我们在教学过程中要用语境法教会学生掌握虚词的用法。

结　论

客观世界中的事物、动作以及它们的特性之间的关系是复杂的、无限多样的。语言与世界同构，对应于客观世界中纷繁复杂的关系，语言世界中也同样存在纷繁复杂的关系，本编只是介绍了汉语世界中的替代关系、方位关系以及在汉语中起着重要作用的虚词，离系统地反映语言中的各种关系还远得很！找出语言世界各个要素之间的关系，不仅是我们今后努力的方向，也是今后整个语言学界努力的方向。

总　　结

　　汉语词汇学界对词汇体系的认识先后经历了理论探讨阶段和实际建构阶段。20世纪60年代这个问题引起注意，例如周祖谟（1959）《词汇和词汇学》，岑麒祥（1961）《论词义的性质及其与概念的关系》，黄景欣（1961）《试论词汇学中的几个问题》，高名凯（1962）《论语言系统中的词位》、刘叔新（1964）《论词汇体系问题》，徐国庆（1999）《现代汉语词汇系统论》等对词汇的体系进行了理论探讨，直到80年代，词汇学家才开始成规模地把理论应用于对汉语词汇体系的建构，例如梅家驹、竺一鸣、高蕴琦等（1983）编《同义词词林》，林杏光、菲白（1987）编《简明汉语义类词典》等。

　　但是，上述学者对汉语词汇体系的建构是从本族语的角度建立起来的，并且这种体系至今仍没有应用于对外汉语词汇教学中去，我们可以从《HSK中国汉语水平考试词汇大纲》的编订看出来，该大纲除了按音序排列8000多个词外，别的方法几乎没有，无怪乎学习汉语的外国学生发出"学汉语难，学汉语词汇更难"的感叹。

　　我们认为学汉语难的原因在于学词汇难，学词汇难的原因在于在非母语是汉语的汉语学习者看来汉语的词汇就像一盘散沙，无组织无体系可循。作为孤立语的汉语词汇不像有词形变化的屈折语的语言那样容易从形式上寻找出规律来，因此在学习者看来，汉语的词汇变幻莫测、搭配随意，极难掌握。要改变这种情况，就要找出重新构建适合外国人学习汉语的汉语词汇体系。

　　要构建汉语的词汇体系，就要从汉语是语义型语言的特点出发，建立基于语义构成的汉语词汇体系。本书首先按照认知语言学中的基本范畴理论，参照斯瓦迪士200核心词列表，按照交际必需、使用频率、能产三个原则确定了213个汉语核心词，然后按照语义关系系联为不同的语义场，再找出每个语义场内部每个核心词的每个义项所组成的复字词，从而达到了汉语词汇体系的层级性，使为数众多的汉语词汇会聚在数量有限的汉语核心词条目之下。

本书只是从对外汉语教学的角度、从汉语是语义型语言的角度探讨了汉语词汇体系的建构问题，至于能否成立，还有待于广大学者的参与。

文化的附着要素是多方面的，然而，无疑词汇是文化最重要的附着物，本书只是叙述了与汉语核心词有关的少数带有中国传统文化的词语，离系统地介绍中国的传统文化还远得很。我们在深信汉语词汇是有体系的同时，也深信中国的传统文化也是有体系的，而文化的体系性也是可以在词汇的体系中显示出来的。怎样寻找文化体系，怎样建构中国传统文化体系和汉语词汇体系的对应关系，怎样通过汉语词汇体系把中国传统文化体系反映出来，这是我们今后的主要工作任务，也应是今后诸位语言学工作者思考的一个问题。

本书的主题是：第一，构建汉语的词汇体系；第二，挖掘汉语词汇蕴涵的中国传统文化知识。在此基础上，运用跨文化交际理论简要对比了汉语与泰语相同的核心词的共同义项后，对怎样教学做了相应的介绍。因此，本书不仅适用于泰国人学习汉语词汇，而且也适用于其他语言的汉语学习者。

总之，本书熔教材、工具书、学术专著于一炉。说它是教材，是因为可以应用于对外汉语词汇教学中，使汉语学习者系统地掌握汉语词汇；说它是工具书，是因为它在各核心词的每个义项下面收集了大量的以复字词为主的汉语词汇，同时为了便于外国人学习，把由核心词构成的复字词分义项排列，从这个意义上说这是本书的一个亮点；说它是学术专著，是因为本书汲取有关的研究成果，用系统的方法把大量的词汇分门别类地会聚起来，从另一个角度探讨汉语词汇的系统性。

本书的研究表明：

（1）无论是事物义场，还是动作义场、性状义场，都有很多使用频率不高构词能力不强，但在人们生活中占有非常重要地位的核心词。例如："发"在汉语中构词能力很弱，但是每个人都有，盐几乎没有构词能力，但在人的日常生活中缺它就不能生存。发、盐等词，不仅构词能力低而且使用频率也低，凡此种种，说明现在通行的纯粹按照使用频率选词的做法存在问题。

（2）文化在词汇中的表现有三个层面：首先是词语本身的引申义，它带有各个民族对相同事物的不同看法。其次是四字成语、典故、俗语、谚语。最后是神话故事、民间传说、人物传奇、历史故事等。

（3）事物义场蕴涵的文化最为丰富，其次是属性义场，再次是动作义场，最后是关系义场，关系义场中数字义场又最为丰富。本书尽可能地挖掘了汉语核心词所蕴涵的文化含义，但是离成系统还非常远。

（4）本书从社会、认知、语言等角度探讨汉语的词汇体系，由于篇幅限制，几乎每个义场都不够系统科学，特别是：第七章对社会物义场中的核心词的分类还很不科学，没有全面覆盖；第十二章对抽象动作义场中核心词的搜集也还不够全面等，都有待于进一步研究。

（5）进入 21 世纪后，不但语言学的各个分支学科都把语义研究作为热点，而且其他人文学科甚至自然学科也纷纷把研究的目光聚集在语义研究方面，而语义研究的主要任务一方面就是给词汇分类建立义类体系，另一方面则是要找出各义类体系之间的关系，因此，本书的前三编着重于建构汉语词汇的义类体系，第四编则是寻求各义类体系之间是怎样相互联系构成语言世界的。本书仅仅是初步做了这两方面的工作，并且还很不完善、很不成熟！但无疑，本书是对上述两方面任务进行研究的少数著作之一。

（6）限于篇幅，本书只是偏重于汉语核心词及其义项在现代汉语中分布规律的描写，略带提及了对应的泰语核心词及其义项。如能把泰语的对应的核心词及其义项的分布规律详细描写出来，并作详细的汉泰对比，则对反映汉泰两国民族的思维、文化差异、社会差异等将会非常有意义。

参考文献

［1］北京语言学院语言教学研究所：《现代汉语频率词典》，北京语言学院出版社 1986 年版。

［2］布莱恩·特纳：《身体与社会》，春风文艺出版社 2000 年版。

［3］蔡富有：《现代汉语词林（正反序编排)》，福建人民出版社 1986 年版。

［4］陈宝亚：《语言接触和语言联盟》，语文出版社 1996 年版。

［5］陈原：《社会语言学》，商务印书馆 2000 年版。

［6］陈保亚、何方：《核心词原则和澳越语的谱系树分类》，《云南民族学院学报》2001 年第 1 期。

［7］陈保亚：《论语言接触与语言联盟——汉越（侗台）语源关系的解释》，《民族语文》1995 年第 5 期。

［8］岑麒祥：《论词义的性质及其与概念的关系》，《中国语文》1961 年第 5 期。

［9］常宗林、李旭奎：《中国文化导读北京》，清华大学出版社 2006 年版。

［10］戴曼纯：《论第二语言词汇习得研究》，《外语教学与研究》2000 年第 2 期。

［11］邓炎昌、刘润清：《语言与文化》，上海外语教学与研究出版社 1997 年版。

［12］方绪军：《对外汉语词汇教与学》，北京师范大学出版社 2008 年版。

[13] 费尔迪南·德·索绪尔：《普通语言学教程》，商务印书馆1980年版。

[14] 傅兴岭、陈章焕：《常用构词字典》，中国人民大学出版社1982年版。

[15] 高一虹：《语言文化差异的认识与超越》，外语教学与研究出版社2000年版。

[16] 高名凯：《论语言系统中的义位》，《中国语文》1961年第11、12期。

[17] 高名凯：《论语言系统中的词位》，《北京大学学报》1962年第1期。

[18] 郭家锉、周淑清：《人体的文化语言学透视》，《佛山大学学报》。

[19] 龚群虎：《人体器官词普遍性的意义变化及相关问题》，《语文研究》1994年第4期。

[20] 国家对外汉语教学领导小组办公室汉语水平考试部：《汉语水平词汇与汉字等级大纲第1版》，北京语言学院出版社1992年版。

[21] 汉语大词典编纂处：《汉语成语词典》，汉语大词典出版社1996年版。

[22] 汉语水平考试中心：《汉语8000词词典》，北京语言文化大学出版社2000年版。

[23] 胡壮麟：《语言·认知·隐喻》，《现代外语》1997年第4期。

[24] 胡文仲、高一虹：《外语教学与文化》，湖南教育出版社1997年版。

[25] 胡文仲：《文化与交际》，外语教学与研究出版社1997年版。

[26] 胡文仲：《跨文化交际学面面观》，外语教学与研究出版社1999年版。

[27] 胡文仲：《文化与交际》，外语教学与研究出版社1994年版。

[28] 胡明扬：《对外汉语教学中语汇教学的若干问题》，《语言文字应用》1997年第1期。

[29] 黄树先：《从核心词看汉缅语关系》，《语言科学》2005年第

3 期。

［30］黄景欣：《试论词汇学中的几个问题》，《中国语文》1961 年第 3 期。

［31］贾玉新：《跨文化交际学》，上海外语与教学出版社 1998 年版。

［32］姜德梧：《关于〈汉语水平词汇与汉字等级大纲〉的思考》，《世界汉语教学》2004 年第 1 期。

［33］蒋绍愚：《两次分类——再谈词汇系统及其变化》，《中国语文》1999 年第 5 期。

［34］金理新：《从核心词看汉语和藏语缅语的亲疏关系》，《民族语文》2001 年第 6 期。

［35］刘珣：《对外汉语教育学引》，北京语言大学出版社 2007 年版。

［36］刘叔新：《a. 论词汇体系问题》，《中国语文》1964 年第 3 期。

［37］刘叔新：《b. 汉语描写词汇学》，商务印书馆 1990 年版。

［38］李如龙：《地名与语言学论集》，福建省地图出版社 1993 年版。

［39］李如龙：《汉语地名学论稿（现代语言学丛书之一)》，上海教育出版社 1998 年版。

［40］李仕春：《汉语构词法和造词法研究》，语文出版社 2011 年版。

［41］李英：《关于〈汉语水平词汇与汉字等级大纲〉的几个问题》，《中山大学学报论丛》1997 年第 4 期。

［42］林杏光：《词汇语义和计算语言学》，语文出版社 1999 年版。

［43］林杏光、菲白：《简明汉语义类词典》，商务印书馆 1987 年版。

［44］李树新：《谈人体词语的文化意蕴》，《内蒙古大学学报》（人文社会科学版）2002 年第 5 期。

［45］李树新：《人体词语的认知模式与语义类推》，《汉字文化》2004 年第 4 期。

［46］李玄玉：《汉语人体词语研究》，中国工人出版社 2005 年版。

［47］林裕文：《词汇、语法、修辞》，新知识出版社 1957 年版。

［48］陆俭明：《当代语法理论和现代汉语语法研究之管见》，《山西大学学报》2007 年第 3 期。

［49］罗常培：《语言与文化》，北京大学 1950 年版，语文出版社 1989 年再版。

［50］鲁健骥：《外国人学习汉语的词汇偏误分析》，《语言教学与研究》1987 年第 4 期。

［51］程朝辉：《把语境引入对外汉语教学》，《汉语学习》1991 年第 1 期。

［52］吕必松：《关于教学内容和教学方法的思考》，《语言教学与研究》1990 年第 2 期。

［53］吕叔湘：《现代汉语八百词》，商务印书馆 1980 年版。

［54］梅立崇：《谈文化与词汇教学》，《语言文字应用》1993 年第 5 期。

［55］梅家驹、竺一鸣、高蕴琦等编：《同义词词林》，上海辞书出版社 1983 年版。

［56］马冬：《中外文化交流及语用分析》，北京大学出版社 2006 年版。

［57］孙德金：《〈HSK 词汇等级大纲〉问题浅见》，《第四届国际汉语教学讨论会论文选》1993 年第 8 期。

［58］苏新春：《论语言的人文性与词的文化义》，《学术研究》1994 年第 3 期。

［59］魏光奇：《天人之际：中西文化观念比较》，首都师范大学出版社 2000 年版。

［60］万日升：《对泰汉语初级阶段教学词表研究》，厦门大学硕士学位论文 2008 年第 8 期。

［61］威廉·冯·洪堡特：《论人类语言结构的差异及其对人类精神发展的影响》，商务印书馆 1999 年版。

［62］王汉卫：《论词汇大纲研制原则》，《暨南大学华文学院学报》

2007 年第 3 期。

[63] 王又民：《汉语常用词分析及词汇教学》，《世界汉语教学》1994 年第 2 期。

[64] 徐颖：《核心词汇理论与对外汉语教学》，上海师范大学硕士毕业论文 2010 年。

[65] 徐国庆：《现代汉语词汇系统论》，北京大学出版社 1999 年版。

[66] 杨忠、张绍杰：《认知语言学中的类典型论》，《外语教学与研究》1998 年第 2 期。

[67] 杨晓黎：《汉语词语与对外汉语研究》，安徽大学出版社 2007 年版。

[68] 中国社会科学院语言研究所词典编辑室：《现代汉语词典（第 5 版)》，商务印书馆 2006 年版。

[69] 赵倩：《汉语人体词词义演变规律及其认知动因》，北京语言大学博士学位论文 2007 年。

[70] 赵金铭、张博、程娟：《关于〈修订《（汉语水平）词汇等级大纲》〉的若干意见》，《世界汉语教学》2003 年第 3 期。

[71] 赵艳芳：《认知语言学概论》，上海外语教育出版社 2001 年版。

[72] 张艺华：《体态语言奥秘》，中国物质出版社 1997 年版。

[73] 张毅：《常用谚语词典》，上海辞书出版社 1987 年版。

[74] 张勃、仰军、张文艳：《俗语谚语精选》，山东人民出版社 1999 年版。

[75] 张逊：《试论泰国汉语词汇教学策略》，暨南大学硕士学位论文 2009 年。

[76] 张红玲：《跨文化外语教学》，上海外语教育出版社 2007 年版。

[77] 张淑芹：《泰国汉语词汇特点浅析》，《长春师范学院学报》2005 年第 4 期。

[78] 张和生：《对外汉语词汇教学研究述评》，《语言文字应用》

2005 年第 9 期。

[79] 周小兵:《对外汉语教学中的跨文化交际》,《中山大学学报》1996 年第 6 期。

[80] 周祖谟:《词汇和词汇学》,人民教育出版社 1959 年版。

[81] Claire Kramsch:《语言与文化》,上海外语教育出版社 2000 年版。

[82] Davis Linell:《中西文化之鉴》,外语教学与研究出版社 2001 年版。

[83] Patrick Moron:《文化教学实践的观念》,外语教学与研究出版社 2004 年版。

[84] Larry A. S. *Communication Between Culture.* Beijing:Foreign Language Teaching and Research Press,2000.

[85] Evelyn Hatch Cheryl Brown. *Vocabulary Semantics and Language Education.* Beijing:Foreign Language Teaching and Research Press and Cambridge University Press,2001.

后　记

　　2005 年，时任南京大学常务副校长的陈骏，在保持共产党员先进性教育活动大会上讲话时，谈到南京大学的研究生培养模式，他说目前南京大学理工科的研究生培养模式还处在美国 20 世纪五六十年代的水平，而文科的研究生培养模式至今还处在四个一的水平，即"一根烟、一杯茶、一支笔、一本书"的水平。我把文科这种培养研究生的模式，称为200 多年前的乾嘉模式。

　　在南京大学的一次讲座上，我还听到一个故事：美国一位大学校长在新生开学典礼上，对着一边的理工科院系的学生说："同学们，我为你们感到骄傲！感到自豪！你们是时代的列车，我们这个时代因你们而精彩，我们这个时代多姿多彩的生活是由你们创造出来的。"是呀，你看电脑、电话、电视机、电冰箱等哪一样不和理工科的知识直接有关系。这时，站在另一边的文科学生非常失望，然而这位校长又转过头来对着文科的学生说："同学们，我同样为你们感到骄傲自豪，你们是时代列车的火车头，没有你们，我们的时代列车就会脱轨。"这时候，会场上一片欢呼雀跃。

　　无疑，前一个讲话是说南京大学文科很落后，但是作为全国高校的排头兵，南大文科再怎么落后，各专业还是在全国名列前茅的。"窥一斑而见全豹"，我们可以借此看出中国高校的文科与理工科相比很落后。第二个讲话是说文科很重要，是社会发展的"火车头"、在社会发展中起着灵魂作用、是社会前进的指南针。

　　"火车头"前进是要用"油"的，然而，时下中国的文科与理工科相比，不说别的就说年年参评的基金项目，自然科学基金项目动辄几十万、上百万乃至千万元，社会科学基金项目不过几万乃至数十万元而已。在科研成果的奖励上，有的高校，即使文科老师的文章发表在顶尖刊物上也只奖励100元，扣税后为80至90元，而理工科奖励上万乃至数十万元。由此看来，文科落后是有原因的。

为人父母者都知道，要想让孩子健康成长，就要注意让孩子在吃饭时营养要全面。同样的道理，一个人的学识要想得到全面发展，那么他的学缘结构就要合理。然而，"学会数理化走遍天下"的观念早已深深扎根于时下中国人的心中，文理过早地分科导致了中国学生偏科现象很普遍，目前约有80%的理工科出身的学生的文科知识停留在初中阶段，这不可避免地限制了中国学生的发展。

古今中外的案例说明人文学科在社会发展中起着极其重要的作用，创新来源于思想的先进，思想的先进归根结底来源于哲学的思辨，而正确的思辨必须建立在对文史哲发展规律的认识之上。理工科出身的学生如果没有思辨能力，就没有创新能力，没有创新能力的学生充其量也就是充当了"中国制造"的高级技工罢了。正是看到了这一点，越来越多的有识之士开始提倡重视培养大学生特别是理工科大学生的人文素养。广西大学前党委书记阳国亮先生就身体力行地在广西大学倡导要重视文科，重视文科的发展。本书得以顺利出版就是阳书记多次关怀的结果。

越来越多的事实证明单枪匹马、散兵游勇式地靠"四个一"做学问的方法已经不适合当今学术的发展了。一个项目一个课题的成功要靠多人互相协调、共同完成。因此，我来广西大学后，借鉴理工科建立学术团队的运作模式，建立了以导师为核心、研究生为主体、本科生为主要参与者的课题组。在具体培养过程中，首先让学生学习以文史哲为主体的学术思想发展史，其次在研读语言学史的基础上学习语言学各个分支学科的知识，最后才是我们课题组主攻的方向语义学，进而词汇学，最后才是词典学。

本书是我和我的学生共同努力的成果，首先由我编写全书大纲，阐明全书写作理念，然后指导学生进行搜集资料并做了初步的整理，他们分别是：

研究生同学：李潇第一章，邵帅第三章，欧阳丽文第四、第五章，焦子桓第六章，朱盼第八、九章，安乾第十、二十章，艾红培第十一、十二、十三章，胡孜孜第十六章，高兴艳第十八、二十一章，强利苗第十九章。

本科生同学：黄光苑第二章第三节，苏卫恒第十五章第一节，秦娟红第十五章第二节，李蓓第十五章第三节，黄荟蕾第十五章第四节。

泰国学生李茹丽对译了书中所选汉语核心词对应的泰语词及其义项，又借着内弟艾红培在泰国教学的机会，对汉泰对应的词及其义项进行了核对。

最后，我对全书做了统稿定稿的工作。在本书撰写过程中，我们参考了《现代汉语词典》、《现代汉语词林（正反序编排）》、百度词典、百度百科、在线成语词典等，吸收了其中一些观点和材料，对于前修时贤的劳动成果所给予我们的帮助和启迪，我们致以诚挚的谢意。

书中的错误，概由本人负责，望海内外专家提出尖锐的批评。

后
记

李仕春
2011 年 7 月 12 日

469